THE
LANGUAGE
OF
EMOTIONS

WHAT YOUR FEELINGS
ARE TRYING TO TELL YOU

卡拉‧麥拉倫 著
Karla McLaren

紀揚今、張芸禎 譯

情緒想告訴你的事

解析4大情緒家族，
讀懂18種情緒類別的天性，
學會情緒帶給你的天賦

目次

第二部分　擁抱你的情緒

悲傷家族 The Sadness Family

全新版序言

　　情緒對人極其重要：你的每一種想法、每一個選擇、每一段關係、每一場夢境、每一次失敗、每一次成功、每個暴力行為，還有每個愛的行為當中，都會有情緒存在。只要能學會情緒的語言，你就能改變你的人生；只要我們每個人都能學會情緒的語言，我們就能改變世界。

　　歡迎！我很榮幸能向你呈現這次最新的《情緒想告訴你的事》版本。長期以來，情緒受到忽略、輕視、不信任、過度美化，有時甚至遭受鄙棄，但情緒從不該受到這樣的暴力對待。我很高興你能跟我一起探索情緒的精彩、獨到之處，探索情緒的治癒力量和令人驚嘆的天賦。

　　原版的《情緒想告訴你的事》是第一本探討情緒的運作模式、探討情緒的功用以及如何與情緒共處的著作。我不把情緒當成要解決或屏除的問題，我反而著重在情緒的本質，亦即認為情緒是在我們的認知、意義建構、行為及智慧等層面當中，極為關鍵且無法取代的一塊。在這本書裡，我們會把情緒當成是智能系統，所有的成員缺一不可，包括被嚴重忽視的情緒，像是焦慮、憂鬱、嫉妒、羨慕、仇恨、恐慌和自殺衝動等等。

　　由於我們很多的情緒都受到高度質疑和強烈厭惡，我撰寫這本書的原版時並沒有能夠接住我的一張網，因此遺漏了一些東西。現在，經過十餘年的精進研究和實作之後，加上國際社群中的同仁與朋友們出力支持與協助，我對情緒已有了更深刻的了解。我很榮幸也很興奮能夠更新本書的內容，並與你分享這些新知。

建構新模型和新社群

自 2009 年我交出這本書原版的手稿至今，發生了好多事。我讀了研究所，為我的另一本書《同理心的藝術》（*The Art of Empathy*）開發出新的「四大要素模型」，可以幫助你了解情緒。而我也會在本書當中，分享幾項要素。其次，我修正了一個有關我親愛的朋友「焦慮」的嚴重錯誤——本書的原版裡，我並沒有把「焦慮」視為獨特且有意義的情緒，我誤把它當成是與調節「恐懼」有關的問題，幸好現在我懂得更多了。第三，我還撰寫了《擁抱焦慮》（*Embracing Anxiety*），向這個幫助我們完成事情的奇妙情緒道歉。

最重要的是，2014 年我遇見了雅曼達‧鮑爾（Amanda Ball），她以此書的研究為基礎，建構她心理健康諮詢的碩士學位。雅曼達狂熱與趣味的貢獻讓我意識到，我的作品需要有能夠應用的版本，於是我們一起開發了一套「動態情緒整合」（Dynamic Emotional Intergration®，簡稱 DEI）的系統。

我們從 2015 年開始運用 DEI 訓練大眾，至今我們在十國擁有具 DEI 專業執照的優異國際社群，擁有名為同理心學院（Empathy Academy）的線上教育平台，表現蒸蒸日上，而且現在我們已經在進行第七代執照教育訓練。

本書特點

在本書中，你將學會如何使用情緒賦予你的天賦，方法之一是透過提問來了解每種情緒獨特的天性特質。新版裡我又更加聚焦了許多問題，還為「幸福家族」裡面的情緒（包含幸福、滿足和喜悅）設立了一些提

問——原先我只有針對這些情緒進行描述，DEI 社群的討論使我明白，為什麼幸福家族的情緒也需要設計出提問。

而此刻我對於羞愧、冷漠、嫉妒、羨慕、悲慟、恐慌、混亂等情緒的了解，遠超過 2009 年。「焦慮」和「孤獨」都擁有了自己的專屬章節（雖說孤獨不是一種情緒），整個「恐懼家族」都更新了內容，而「冷漠」也受到應有的尊重。整體來說，不論是書的內容或每節的註記，每種情緒與每個觀念都有了全新的視角。我也納入了我喜愛的情緒定義，該定義來自社會學家愛爾麗・霍克希爾德（Arlie Hochschild），我更導入了我稱作「成為情緒天才的四大要素」（Four Keys to Emotional Genius）模型，協助你重塑情緒。我還加入了一些新的練習方式與概念，讓你能好好了解自己的情緒並與之共處。我的網站上也有補充資料，包括情緒技能量表（Emotional Skills Inventory）。另外還有道德同理八卦（Ethical Empathic Gossip）等練習，網址為 karlamclaren.com/the-language-of-emotions-book。

歡迎閱讀全新的《情緒想告訴你的事》！

在開始之前，請記得：我的教學和諮商都是發生在神聖且私人的空間。在本書中，我只能利用說故事、類比、研究和個人經驗，跟你一起創造類似的神聖空間。

你是自己的經歷的專家，沒有任何書籍、系統、意識形態或任何一個人有權顛覆你的智慧。如果這本書的概念和作法對你來說是合理的，那麼我祝福你，好好利用它；若你覺得不合理，敬請忽略，我還是祝福你。

如果你還在為反覆出現的焦慮、憂鬱、恐慌、狂暴或任何你無法處理的情緒所苦，那你一方面可以利用本書的觀念和作法試試看，但也記得要找醫師或諮商師談談。外面有很多能幫助你的資源（從非營利網站

HelpGuide.org 開始是個不錯的選擇），如果你的情緒出現了持續的不穩定，尋求並接受幫助絕對是個好主意。在你探索情緒世界的過程中，本書將是很好的助力。還有在開始之前，確認自己感到安全、舒適且受到妥善照顧，也至關重要。

為你自己的個體性和獨特的情緒組成感到自豪吧。依自己的速度來改變，或不改變也 OK。使用本書時，請態度謹慎，重視你自己的自主、完整。

願你更上層樓。

卡拉・麥拉倫

Karla McLaren, M. Ed.

第一部分

找回自己的母語

超越了雕塑與交響樂，

超越了傑出作品與大師之作，

是那更偉大、更精湛的藝術—創造有意識的人生。

天才無處不有，但都不如活得精采來得宏偉瑰麗。

1. 簡介
創造有意識的人生

　　為自己設下明確的界限，同時又能建立緊密且健康的人際關係，這會是什麼感覺？隨時能對自己和周遭事物擁有直覺感知，是什麼感覺？如果你體內有個羅盤，總能準確帶領你回到最想踏上的路徑和最真實的自我，那你會有何等的成就？如果你能取得無限能量、無限智慧和覺察力，又能何等的發展？

　　上述每一項能力，現在就存在於你的體內；它們存在於你的情緒當中。有了「情緒」幫助你，你將能夠自我覺察，且在人際關係上擁有大量資源。如果你能學會專注，真誠地與你每一種情緒狀態當中驚人的資訊合作，你就能緊密連結到內在智慧的源頭，聽見自己內心最深處的聲音，撫平最深切的傷痛。如果你能理解到，你的情緒就是你最深層覺察的工具，那你就是一個圓滿、功能健全的個體，不斷向前邁進。以上都是好消息，可是我們內心對於情緒常會有衝突的看法，加上我們接受的情緒教育品質太差，使我們不太相信這些好消息。

　　目前我們對情緒的認知，遠少於生命中其他面向。人類已能探索宇宙，分解原子，但我們受到外在情境刺激的時候，我們卻無法明白或管理我們自然而生的情緒反應。我們為了提振活力而研究營養物質或做運動，卻忽視了自己擁有最豐富的能量來源——我們的情緒。我們有了智慧，肢體的能量充足，在精神上擁有想像力，可是在情緒上卻發展不全。這是多麼可惜的事啊，因為情緒裡有著不可或缺的生命力，可以引導到

自我認知、人際關係覺察力與深層的治癒能力。不幸的是，我們並沒有這樣看待情緒。我們把情緒加以歸類、詆毀、壓抑、操弄、羞辱、忽略，或加以稱頌和喜愛，卻幾乎不曾「敬重」我們的情緒，幾乎不曾將情緒視為獨特且重要的治癒能量。

我童年不幸，因此學會了這樣看待情緒。我發展出超高度同理心的技能，使我能在極大的創傷和擾動的環境中存活下來，使我得以非常敏銳地觀察、理解情緒。你也具有同理心──每個人都有不同程度的同理心──但從我很小的時候開始，我的超高度同理心就讓我能把情緒當成是獨特的實體來看待和感受：每種情緒都有自己的聲音、個性、目的和用途。就如同畫家看待顏色和形狀一樣，情緒對我來說也既真實又獨特。

像我這般的同理心技能並不是什麼異常或超常的現象，而是我們每個人都具有的正常人類能力：同理心是我們的非語言溝通技能。有了同理心，我們可以聽見文字背後的意義，可以解構他人無意識下擺出的姿勢，了解他人的情緒狀態。我還發現，人類的同理心具有能力，可以使我們理解與處理天下萬事萬物：情緒、想法、概念、人類、動物、藝術、戲劇、文學、修水電、物理、數學、系統……任何你想得到的事。現在，我願稱具有超高度同理心的人為「**互動生物體**」（interaction organisms），因為他們有強大的理解他人、與他人互動能力。

同理心讓我們變得敏銳、喜歡互動和更直觀，但它也是一把雙面刃。擁有超高度同理心的人在面對情緒時，可以直指問題的核心（他們通常可以感受到其他人不願承認的情緒）。然而人類既不明白情緒為何物，遑論如何面對情緒，自然很難掌握高超的同理心。擁有超高度同理心的人當然能感受到我們周遭所有的情緒，卻很少意識到，埋藏在這些情緒中的治癒能力。事實上，大多數人都被教導要避免有情緒，有了情緒就要壓抑或逃避。這是很悲慘的事情，正是因為人類能敏銳感受到情緒（這

就是我們的同理心），才使得我們能不斷向前，能透徹理解萬事，能連結到自己、他人、我們的願景、我們的目的和整個世界。靈巧的言辭和純粹的理性固然可使我們變聰明，但唯有情緒和同理心才是關鍵，使我們成為傑出、果決且有慈悲心的人類。

雖然同理心是一種正常的人類能力（許多動物也都具有同理心），但在我們牙牙學語的階段，常常也學會了關閉或抑制同理心。大多數人在四歲或五歲的時候，學會了在社交情境中要隱藏、抑制或偽裝自己的情緒；我們很早就明白，大部分的人都不真誠，不會講出自己真正的感受，不把真正重要的話說出來，且毫不留情地踐踏別人顯而易見的情緒表現。人們學說話的過程，經常也是學習如何「**不要說真話**」，學習在人際關係中展現出詭譎的偽裝。雖然不同的文化在情緒上都有不同的不成文規定，但全都要求要掩飾、誇大或忽略特定的情緒。大多數孩子最終都學會了關閉自己靈敏的同理心能力，以便在社會上找到自己的出路。

我三歲時遭逢一起嚴重創傷，使我一方面必須提升自己讀懂別人的能力，另一方面也使我並沒有抑制自己的同理心技能。當時我反覆遭到侵犯，還有心靈上的侮辱，因此錯過了將口語作為主要溝通工具的機會。我盡可能地讓自己與人群隔離，因此我沒有參與到同儕所接受的情緒社會化過程。跟我同類的人因為沒有關閉自己的同理心技能，它仍處於覺醒狀態，所以能夠感知到我們周遭所有潛藏的情緒（通常這使我們極為痛苦）。而這正是我的經歷。

我的超高度同理心引領、推動著我研究情緒。我一生都把情緒當作特定個體來研究，把情緒當成「來自本能的我、傳遞精確訊息的使者」來研究，但我卻發現根本很少有人探討情緒。大部分的資料只告訴我們要管控情緒，別讓情緒自然展現，要不然就是把情緒簡單分類一下（這些情緒是好的，那些情緒是壞的）。我辛勤查找，卻找不著一種有用的、

可以啟發我們的方法來解釋情緒。

到了青少年時期，我尋找的過程中進入了靈性、玄學與能量治療的範疇，在其中找到一些有用的工具，可以幫助我掌控自己的超高度同理心技能，但依舊無法理解情緒的功能。許多靈性或玄學信念體系認為，人體與人體承受的病痛、世界與其中的動盪、心智與心智內的意見、情緒與其確切的需求等等，這些都是要克服的絆腳石或是要超越的障礙。人類在各面向都傳承了豐沛的能力，卻沒有被人接受，且我還發現許多玄學教誨都有分歧。我盡量從這些教誨裡汲取我可以使用的協助，但在情緒方面，能利用的則非常有限。

舉例來說，「憤怒」是我們心靈內高貴的戒哨兵或界限的守護者，可是大部分跟憤怒有關的資訊都強調，表現憤怒是不健康的（像是對他人發飆），憤怒是需要抑制的（要自我壓抑）。「悲傷」給予生命流動力與回春的力量，可是很少有人主動**歡迎**悲傷，大多數人根本無法承受悲傷。情境型「憂鬱」並非疾病，而是各種奇妙的因素加總在一起，使心靈豎立起重要的「暫停」標示。「恐懼」則是我們對當下的直覺與本能，如果沒了恐懼，我們將隨時處在危險之中，但這也徹底違背了我們對恐懼的信念。

我也清楚明白，如果大肆表揚「幸福」與「喜悅」，把他們當成是我們唯二該感覺到的情緒，那這樣將很危險。我見過許多人只願意去感受喜悅，因此他們不允許憤怒保護他們，排拒了恐懼的直覺，拒絕了悲傷帶來的新生力量，也抵抗憂鬱能賦予我們的的巧思，最後導致自己的生活崩潰。簡而言之，我發現我們學到有關情緒的事物不僅是錯的，還經常大錯特錯。

由於我錯過了早年關閉「口語前」階段和超高度同理心覺察力的關鍵時期，無法運用口語技能掩蓋情緒，因此我無法承受這種危險的理念。

我無時無刻都被排山倒海的情緒所包圍，因此我很清楚我們接受的情緒認知並不合理。我運用我的憤怒畫清界限，並將我自己與大家接受的情緒文化制約加以區隔，因為我知道自己無法在這些限制裡生存或發展，我得找到自己的一條路。我也明白，我不能光是從學術、歷史或心理面研究情緒，而是需要完整的研究——全心、全意、肉體和靈魂都必須結合起來，才能承擔情緒這個全面性的議題。我知道我必須成為天才——不是一般人以為的數理天才。在美國這個幾乎沒有同理心的文化中，身為具超高度同理心的人，如果我想活下來，我就必須成為**情緒**天才。

這本書即是我畢生對於情緒的深刻研究成果，其資訊和技能並非來自任何特定的文化或教學，而是直接來自情緒本身的世界。當然，我也研讀了所有我所能及的素材，但我還做了件不尋常的事：我不強制用語言描繪情緒，而是傾聽情緒，並將之運用於同理心對話。

這種對話並不困難，只是不尋常而已。同理心技能讓我們看見世界是活的，有知識且有意義；讓我們聽見文字背後的意義，了解生物與大自然，並且以情緒聯繫周遭的世界。聆聽純器樂的音樂作品，讓它對你說故事——這就是一場同理心對話，這個我們大家都會，我只是運用了像是情緒這樣不尋常的東西來執行而已。

與情緒對話並非像是唸路標一樣點名一個個情緒，也不是把它當成疾病的症狀來對待。與情緒對話，是讓你潛入自己的情緒中，從其最深層且原始的層面了解它；它能幫助你克服障礙，使你可以**擁有**情緒，同時讓你用全新、有意義的方式看見自己的情緒。簡單來說，如果你能把情緒當成獨特且了不起的訊息傳遞者，並與他們以同理心溝通，你會獲得一切所需的能量和資訊，可以創造出有意義、有意識的人生。

雖然我們都曾受過訓練，知道怎麼分類和抗拒情緒，知道怎麼忽視自己的同理心，但其實這些東西都不曾離開過；它們一直都為我們所擁

有。只要我們花點心思，每個人都能找到自己的同理心技能，也能獲得每種情緒裡豐富的訊息。

如何閱讀本書

這本書以同理的方式呈現。我們首先會探索困擾與困難——且始終明白情緒可以協助我們找到出路，解決問題。若我們用同理心看待事物，就可以穿透外顯的事實，深入理性的背後，揭開事情的表象。學會傾聽自己的情緒之後，這種同理心策略就至關重要，因為我們都經歷了社會化的過程，學會控管自己的情緒以便使別人覺得舒適，但我們並沒有學到如何使用適當的方法，與我們自己的情緒互動。

第一部分的章節帶我們一步一步往下走，深入那些因為把情緒視為問題而產生的困擾。在前幾章中，我們會仿照情緒的作法：點出問題、直搗核心、找出問題的關鍵，然後帶著更多的資訊、更大的深度與更廣的技能回到日常生活。

第二部分裡，每種情緒都有自己的章節、訊息和練習。但你需要經常回去參照第一部分的資訊——有關適當判斷力、五種元素和七種智力、分心與成癮、未癒合創傷如何影響有效運用情緒技能等等章節。情緒的語言和智慧存在於你的體內，但在深入了解「使你與情緒切割開來」的社會化過程之前，我們必須先做點同理心的功課。

2. 我的同理心之旅
超高度同理心的艱困起點

狂野女孩

我在樹上聆聽風聲,聽見你的母親希望她沒有孩子。

我在籬笆下聆聽貓叫,聽見我父親渴望的是別人,而非他的妻子。

我躺在草皮上聆聽雲朵,聽見鄰居的絕望。

然後我騎著單車奔馳聆聽我耳中的話語,聽見教會撒了瞞天大謊。

而你竟以為我不在乎。

為何局外人總能洞察,而當事者卻毫無遠見?

　　我成長於 1960 年代的天才與藝術家之中。我父親是作家和業餘的發明家,母親和姐妹金柏莉是天賦異稟的視覺藝術家,我的兄弟麥可和馬修是作曲家和冷知識專家,馬修也是數學和語言神童,而我姐妹珍妮佛則是訓練動物的奇才。在當時,只有智力水準高的人會被當作天才,不過在我家這片淨土上,智慧、語言、音樂、數學和藝術天賦都具同等價值。我和我的兄弟姐妹成長的環境中充滿了藝術與文字遊戲、數學與繪畫、冷知識、邏輯、電影、音樂與喜劇。我家對於天才的概念一向很隨性,我們(根據智力測驗衡量結果)幾乎都是智能天才,但在我母親的影響之下,我們也朝藝術天才、音樂天才、動物天才、廚藝天才等各種方向發展。

　　我們拿著天才這個概念到處亂用,我們取笑我爸是個打呼天才,我媽是健忘天才,珍妮佛很會替老笑話想出新的笑點。我的兄弟發明了一

個搞笑的詞——情緒天才，總是能讓我們哄堂大笑，因為我們誰也看不出來情緒化的人——馬虎、愛哭、暴怒、怕事的人——怎麼可能是天才。情緒與天才這兩個詞彙以最荒唐的方式碰撞，正是我往後一生都不斷回來探究它們的原因。我在想，人類在情緒方面的生活，有辦法像在知識和藝術生活那樣活得精彩嗎？人類有辦法跳脫情緒的「壓抑」或「展現」兩極模式，了解情緒的功能以擴展我們的人生嗎？像這樣的問題總是讓我非常著迷。

我三歲那年，一切都變了。我和妹妹跟鄰居的許多女孩子一樣，不斷反覆被住在對街那家的父親性侵。那樣的經驗讓我急速變成了我的家人大概想都沒想過的一種天才，他們也絕不會希望自己幼小的女兒變成這種天才；那樣的經驗也將我迅速捲入了激烈情緒的混亂世界與不受控的超高度同理心之中。

在這裡給敏感族一個提醒：同理心讓我深刻了解到文字和圖像對我們的影響。下文中我雖然會描繪痛苦的時刻，也會講述強烈的情緒，但我不會提到我或其他人經歷的創傷畫面。我會記得你的敏感心思，因為我沒有必要——也沒有藉口——讓你因為可怕的故事而受到精神創傷。我會用溫柔且較抽象的方式講述我的故事，以保護我的隱私並尊重你理應的受到的禮遇。

當大多數孩童開始遠離自己的同理心技能，以遵循一般社會較接受（且安全）的口述語言時期，我卻被迫全面接觸到人性之惡。我並沒有像一般的小孩那樣遠離非口語技能，反而更加投入非口語技能，以回應我受到的侵害。我的發展路線發生了驚人的變化：語言（與其他許多事物）開始對我造成極大的困擾，我出現口吃、失語症（想不起來要說的文字）和失寫症（難以書寫、繪畫與打字），還變得很過動。當我無法運用文字或理解他人的時候，我就會仰賴超高度同理心，但這樣的依賴

在我周遭和內心造成了極大的衝擊。

透過同理心的能力，不論對方想不想要，我都能夠感受到他人的感受——就算他們不曉得，我也知道我的家人在吵架或說謊；其他小孩不喜歡我的時候我感覺得出來，也知道原因；老師不懂自己在教什麼的時候我也會知道，校長不喜歡小孩的時候我也知道。而侵犯我的人在獵取目標的時候我也知道：我可以繞開他，或者選擇某天去他家，以拯救其他更年輕的女孩子免於遭他攻擊。我總是得到過多的資訊，但我沒有辦法用清晰或其他人能接受的方式來公開。大部分的人就連親近的成人好友所陳述的事實都聽不下去了，根本沒有人會願意聽一個小孩說實話，而我是吃盡了苦頭才學到這點。我可以看穿社交面具底下的真實情緒，然後不管在什麼情況下都針對事實加以回應。我會脫口而出沒人想聽的事實，一針見血指出社交玩笑背後的實際情況，找到好似正常狀態之下埋藏的怪異之處——簡而言之，我惹毛了周遭的所有事物和所有人。

雖然我的家人在漫長的兩年間都未曾發現我被侵犯，但他們在某種程度上仍然保護了我，他們把我異常的技能和缺陷視為我個人有意義的特質。雖然很多人建議帶我去做檢測和吃藥，但我家人保護了我不用再被藥物煩擾，也不用改變我的心理狀態。（現今對於受虐和神經表現特異的兒童已有許多很好的輔助工具，但在 1960 年代這個領域還一片荒蕪。）有了家人的支持，當時我得以在充滿局外人的家庭之中成長，擔任那個反骨又特異的孩子。在那個藝術與天才的場域中，我被音樂、文化、喜劇與戲劇還有很多的愛所圍繞，我可以把大量的情感投注到藝術或音樂之中，讓我的想像力遨翔，在某種程度上我也能夠表述自己所見的事物與感受。

我確實曾試圖融入鄰居那群孩子之中，但我不擅長與人相處，我太誠實又太古怪了，總是在說沒人想聽的事（例如他們父母假裝不痛恨彼此的原因，或他們對老師撒謊自己沒寫功課的原因，或別人侮辱他們時

他們不願承認自己受傷的原因）。我是個嚴重的控制狂，而且脾氣極差。最終我的童年大多時間都花在動物身上，因為牠們比較好相處，我不用隱藏自己的超高度同理心覺察力——不用假裝沒看見或不理解我那些毛茸茸的朋友。大部分的家畜都愛被看見、被理解，牠們也喜歡跟人產生緊密的關係，最重要的是，動物不會偽裝自己的感受，所以牠們也不會想要我偽裝自己的感受，我不用控制我的動物朋友，因為牠們都可以管好自己的行為。那實在是極大的解脫，我找到了我的同類，就算牠們披著貓或狗的皮毛也無所謂。我甚至找到了守護天使。

名為老虎湯米的良師

我被侵犯、生活紛亂的那幾年，每天早上母親會讓口吃又焦躁的我到前院去玩，但她並不知道我們的院子正好就在侵犯者住家的視線內。我在前院時帶著恐懼、焦慮又想嘔吐的心情幫草皮澆水，我會緊抓著水管、吐出舌頭、雙眼微凸，在水瘋狂流出幾乎要淹死草皮之際全身發抖。我的家人和其他小孩子常取笑我（老實說，我看起來確實挺荒唐的），這也讓我更加與人隔絕。過了幾天之後，一隻名為老虎湯米的長毛虎斑橘貓將牠的鼻子探過我們的籬笆。自此我們家的草皮終於解脫，我早晨的澆水活動終止了，而我與湯米的關係開始發展。

湯米非常真誠——聰明有自信，但也很願意裝傻；兇猛又有保護欲，但對我極有耐心且溫柔。後來我又認識了很多很棒的貓咪，但從沒有一隻跟湯米一樣。他是我的守護者、我的老師、我的摯友，他讓我非常安心，趕跑了惡犬又平撫了糟糕的記憶。每天早上湯米會和我一起窩在草皮上，我把所有的秘密——全部的秘密——都悄悄傳到他軟嫩的橘色毛髮中，而且因為我跟他相處的時間非常長，我也開始能透過他的眼睛看世界。

我能徹底感受他倘佯在陽光下柔軟草地上的體驗，我學會怎樣撫摸他能得到最滿意的呼嚕聲，我明白來自他腹部深處的憤怒吼叫是為了要保衛自己的領地，因為附近的笨狗一點禮貌都沒有。我不記得從什麼時候開始我不再對湯米說悄悄話了，我只要靜靜躺在他身旁就能感到快樂，且心中非常坦然。與他這樣溝通大幅提升了我的……嗯，口述語言能力。

跟湯米在一起的時候，我擁有安全感和內心的寧靜，可以去思考人類和他們古怪的行徑。我會思考人類有多麼糟糕，接著就會有張情緒圖像闖入我的腦海，提醒我不信任任何人是非常危險的事。我會思考父母與兄弟姐妹不間斷的繁忙生活──沒人有時間陪我──接著我就會看見他們疲累、絕望和焦慮的片段圖像。我跟湯米躺在一起，逐漸學會怎麼再次同理人類；有了湯米的幫助，我得以熬過那段時間。那些年痛苦不堪且經常讓我害怕，但我現在能把它當成是深刻的祝福。我的傷痕帶我離開了正常的世界，讓我有機會用獨特的方式看待人類，看待人際互動。

觸發行為／啟蒙

作家兼神話學家麥可・米德（Michael Meade）曾在演講中表示，性侵犯是一種觸發行為／啟蒙（initiation）──在錯誤的時間、以錯誤的方式、由錯誤的人帶著錯誤的意圖執行──但無論如何，這就是個觸發行為／啟蒙；自此之後與常規世界分離，留下永久改變了受啟蒙者的傷痕。我的童年在一瞬間結束，而我在那個下午老了一千歲。我在三歲時明白了野蠻和脆弱、愛和驚嚇、憤怒和原諒，明白了人們利用自己未曾滿足的情緒創造出的猛獸，我看見人性裡最醜陋的一面。幸好發生這一切的時候，我能夠倚靠湯米和其他的動物，倚靠我的藝術和音樂、我的家人、我的超高度同理心技能。我踏入人心之惡之後，並未像許多類似的故事

那樣，以成癮、發瘋、生病、坐牢、自殺告終。不，我的啟蒙把我扔到人類靈魂最脆弱之處，在那裡我以第一手經驗了解了絕望的折磨，詭異的是我也了解了心碎的美麗。我的超高度同理心技能並沒有讓我失去理智，反而引領了我走過痛苦的童年。

儘管我學會了與我的超高度同理心技能共處，但請容我以具同理心的方式告訴你：一開始它並不是個好的天賦，要是我有得選的話，我絕對會想要變得**非常**不敏感、**不要**這麼有同理心，但我並沒有得選，因為反覆的侵犯剝奪了我所有可用的界限和安全感。我失去了自我意識，失去了大多數人心靈外圍的「皮膚」。我失去了很多正常的能力，危險地暴露於世界的紛紛擾擾之中，這也是為什麼「憤怒」情緒提供的保護對我來說會如此重要。童年時期我的狂暴不僅暗示著發生了糟糕的事情，狂暴亦是我的應急措施，為暴露於險境中那個小小的自我設下了緊急的防線。

我的超高度同理心特質是一種獨特的生存反應，而我現在已經明白那是回應創傷而出現的保護機制。然而在我學會如何與同理心技能共處之前，它們可完全不具保護作用，我得要承受與他人全然、全方位的接觸，我彷彿是身歷其境地可以看見到、感受到他們的情緒，彷彿這些情緒是真真實實、有形有體的東西一般。而他們的情緒，和我自己的，常會把我擊潰。

你一定曾被情緒全面包圍了、震懾了、羞辱了、加固了，或者情緒曾像巨石般重擊了你。如果你對非口語訊號和肢體語言很敏銳的話，其他人的情緒一定也會以一樣的方式影響你，就算他們把情緒藏起來了也一樣。我們都知道待在憤怒的家長、絕望的朋友、興奮的小孩或受驚嚇的動物身旁是什麼樣子——他們的感受一定會傳遞過來。當然，很多時候別人的情緒會影響我們，是因為我們曾經自身體驗過那樣的痛苦或喜悅。但就算當下沒有表情或社交訊號，大多數人都還是能留意到他人的

情緒，我們能看見和感受到那些情緒，彷彿是自己的情緒一般。

當時我並沒有任何援助。我所展現出來的情緒失衡被外界稱之為過動、腦部損傷等等，總之是無藥可醫或無法解釋，卻沒人想到要問我「**為什麼**」在那時候會有這麼多的情緒在我腦中奔馳。有位精神科醫師看我沒有任何社交或感官過濾能力，他又沒辦法給予什麼建議，只能建議我多多在黑暗的房間獨處。當然也有人建議服用利他能（Ritalin），但我母親對此表達強烈的「不可以！」她的理由是如果我有那麼多的能量，那我一定就是需要那麼多的能量，不應該用藥物抑制，而我應該學會應對與調整。

長遠看來我媽或許是說對了，但過動又具有超高度同理心讓我的學生時光（和我大多數的童年）變成一場惡夢。我看到太多、聽到太多、感受到太多別人的感受——大多時候我都處在激動的狀態。我試圖要梳理所有的情緒，但我幾乎完全是在摸黑前進，因為我根本不知道怎麼跟別人解釋我的認知，我不知道要怎麼告訴他人，他們未滿足且未受尊重的情緒影響到**我**。當時（現在也是）並沒有把情緒視為是真實的事物。

但情緒絕對是真的。情緒充滿著獨特且各式各樣的訊息，且可以清楚區分——這點我可非常肯定。對我來說，情緒跟其他事物完全不同且顯而易見，但我找不到任何支持的證據，找不到任何相關的資訊，我隻身（至少是沒有人類陪伴）孤處在我的認知裡。我很早就發現，我和情緒的關係沒辦法在日常世界中解決，我得要在其他地方找到解答。

特殊防衛機制

身為性侵犯受害者的那幾年間，我學會了怎麼解離——離開我的身體，讓我的意識遠離肉體所受的虐待；學會了讓我的想像力和注意力飄

離當下事件發生的空間。多數意外或創傷受害者在經歷折磨時，也都會有類似的解離反應，可能是漂浮的感覺或是感官麻木，或以某種方式從折磨中抽離。那是很自然的——一種保護性的反應，透過解離以應對過量的刺激。可是如果過量的刺激不斷反覆出現，為了生存，則解離也會變成反覆出現的行為。解離經常是孩子唯一的抵禦方式，是可靠且安心的逃脫路徑。不斷受到創傷的孩子，成為了解離與發揮想像力的專家。

在很多個案中，反覆創傷的倖存者不僅學會把解離當成生存技能，更當成許多情境中的生活技能，還是很有效的舒壓方式。對我來說，解離不僅是緊急求生的工具，更可以有效調節、減緩我的超高度同理心。我學會了：當我身旁的人表露出過多未滿足的情緒時，我就直接與現實脫節；當我無法與人社交互動，我就離開我的身體，拋掉當下的生活，為自己創造另一種形式的隱私。事實上，我對我的童年幾乎毫無印象，就連我高中和後來的那幾年，我都只有片段和不完整的記憶，因為我根本就不存在於那裡。

我不想讓你覺得解離是什麼很特異或很嚇人的技能，完全不是的。我們每天都在專注及分心的循環之中，做白日夢就是最常見的解離，而像是開車這種重複的工作也很容易讓你進入解離狀態。你是否曾在回家後或抵達公司時，完全想不起來自己開車轉彎或變換車道？你的身體能靈巧地駕駛，但你的注意力卻在其他地方，那就是解離、脫離身體的感覺。解離非常普通，就只是人體本能在掌控身體的狀況，而你的心智斷線了一段時間而已，根本沒什麼大不了的。但對於許多受過創傷的人來說，斷線的情況會不斷持續，他們跟日常生活的連結非常微小。解離的人活在於未來、過去和幻想中，很難回到現實世界裡。他們可能能力很好、很聰明，可能是企業主管，但很大一部分的自我都不讓周遭的世界碰觸和滲透。

解離的時候，我可以脫離世上的痛苦，沒有任何事物可以傷害我，沒有人找得到我，因為我消失了。在這段幸福的時光裡，我覺得輕鬆且平靜，我能遇見住在平行世界裡友善的朋友，那個世界有內涵又富有靈性。很多創傷倖存者在解離的時候只感覺到一片空白，但我能清楚知道自己踏入了真實的平行世界，或許是因為我具有超高度同理心的緣故吧，它讓我能看透日常生活表象，也幫我在解離的狀態中建立了另一個現實。透過同理心和解離的技能，我學會了同時在兩個世界中立足：我同時活在自己體內的人生——家庭、學校、吃飯等——還有我超脫肉身之後飄浮、充滿生命力、幻想的人生。雖然我還是能與家人這片綠洲產生某種程度的連結，但反覆受到侵犯——而且沒有人來救我的事實——讓我明白人類就只是一群浪費氧氣的生物而已。我大多時間都脫離自己的生活、脫離這個世界，我成為人類觀察員，我不屬於他們。

動物女孩

雖然社區裡大部分的孩子都不懂我，但他們還是找到了讓我融入的方式，感謝他們善良的心。我變成大家口中的動物女孩，那個會走向兇猛的狗並拍拍牠們的人。七歲的時候，我學會運用我的同理心技能安撫受傷的動物，所以我變成了社區裡負責檢傷分類的獸醫，小朋友會帶迷航的鳥兒、受傷的貓咪、生病的小狗來找我，我則想辦法找出是哪裡出了錯。很多時候我一碰觸到受傷和迷失的動物，我就能感覺到牠們的情緒自我非常衰弱且遙遠；牠們身上會有一道微弱的聲音訴說他們的感受，但也僅只於此。我覺得牠們的自我並不在牠受傷的身體上，我就是知道！

透過動物的協助我開始了解，對牠們和對我來說，這種解離而脫離身體的狀態到底是怎麼回事。在那樣被需要的氛圍之中，我可以再次感

知，可以專注地停留在我的身體內，為動物帶來寧靜和安詳的氣氛。我把體內永遠存在的猛烈、熾熱的能量，轉換成沉靜和熱能，從雙手或軀體散射出熱量，彷彿用熱能包覆動物的身體。我會為動物分離的自我意識創建一個居所，一個安靜、溫暖、讓牠能回歸的地方。

一開始，很多受傷的動物都只是深沉地吸了一口氣就過世了，我以為是我弄死了牠們，但我媽告訴我牠們本來就在垂死邊緣，我只是給了牠們安全和寧靜的場所死去而已。我學會了沉靜下來，讓生與死自然發生；我學到自己唯一能掌控的就是我所創造的氛圍——那個場所。如果動物決定要活過來，牠們經常會突然找回意識，接著搖晃、發抖、亂踢，然後瞬間驚醒。這個驚醒的過程並不會花很多時間，然而從解離回歸到完全具有生命力的狀態則非常戲劇，充滿了情感。我學會了冷靜及耐心等待牠回來之後再處理牠的傷勢。等到牠與肉身重新整合，我就能替牠包紮傷口，或弄張病床讓牠休養。在那個年紀我看著這整個過程——在那個年紀我已經能了解這個過程——但我還無法把它跟我自身的解離狀態還有我的創傷連結在一起。那是更之後的事情了。

旅程中超自然的份量

我十歲時，母親因為嚴重的關節炎必須坐輪椅。當時的醫學完全幫不了她，只能描述出她的症狀，提供無效的藥物，因此她決定另找方法。她找到瑜珈，從此改變了她的想法、飲食、態度和健康，一切都是為了讓自己變好。我們全家人都跟著她的研究一起走，學了宗教靈性、替代醫學、冥想還有各式各樣的治療法，我媽變得超級健康，還教了好多年的瑜珈。我去上她的課，發現很多做瑜珈的人就跟我一樣，並沒有完全跟自己的身體融為一體。瑜珈似乎有部份就是在要求大家（或讓大家更

容易）解離，而我則很開心找到了一個地方，在那裡我的解離狀態代表的是達到靈性的成就！在其他人難以達到另一種狀態的同時，我的解離技能讓我能夠在不同狀態間自在穿梭。我花上好幾年的時間待在擁抱脫離身體狀態的靈性團體，因為在那個世界，我並不是不完整或破碎的人。我的解離能力第一次讓我變成優秀的人，而且是眾人之中的一員，我非常喜歡那種感受。

那個時候，我覺得在同一個地方可以找到那麼多會解離的人是很古怪的事——對我來說當然很好，但有點怪。後來幾十年間，我發現靈性和玄學對解離的創傷倖存者有強大的吸引力，而這些人佔了我們人口中很大的一部分。靈性練習裡面解離、脫離身體的部份，對許多創傷倖存者非常有吸引力（他們體內的經歷通常都很悲慘）。另外，在一些靈性團體裡，很多創傷倖存者身上典型的心理學標記——過強的責任感及許多神奇的思維、對世界和潛藏情緒的超高敏感度、解離的能力——都可以得到支持甚至被鼓勵，不少超自然和靈性團體實際上還偏好挑選未痊癒的創傷倖存者加入。在很多個案中，只有這類的團體能為創傷倖存者提供團體意識、歸屬感，或能夠治癒他們。

問題是，大部分這類的團體並不了解，對於經常解離的創傷倖存者來說（其中很多都是超高度同理心人），這類團體的定位實際上是關鍵的照護機構。如果缺乏這種意識和敏銳度，會使得最無法承受不必要折磨和再創傷的人遭受極大的傷害。解離的練習包含靈魂投射、能量練習、通靈、冥想與呼吸練習；在這類練習中人體常被視為是禁錮靈魂的容器，而靈魂渴望獲得自由。探索這些靈性實作方法之後，我注意到有些創傷倖存者在學習用這些方法離開自己身體時，常會進入極不穩定的狀態，一下子猛然進入強度太高的解離，結果反而像是得了精神疾病一樣——因為已經解離的人如果再把注意力更加偏離日常生活，那很可能就再也

找不到回來的路。

到了十六歲，我已學會怎麼幫助解離的人回到自己的身體裡，這也成為日後我療法的核心。我知道該怎麼做，就跟我幫助受傷的貓、狗和鳥的方式一模一樣。我會創造出安全、溫暖且安靜的氛圍——能夠回歸的安全空間，我會陪伴在對方身邊直到他身心靈合而為一。這樣的階段區隔常會嚇壞靈性團體，但其實這是非常稀鬆平常的事，一點也不稀奇。如果你要訓練別人解離——而且解離是心靈的緊急求生工具——那你也可能會觸發緊急的精神病學情況。解離是很強大的工具，因此它的後果也很猛烈。

隨著我越來越了解人類解離這件事，我也發現如果人要保持身心合一，就需要專注的覺察力和強壯的基礎，他必須要**成為一個**安全的容器，且需要發展出自己的技能。我開始教導他人怎麼設立界限，怎麼重新整合自我，而後來我把我從動物身上學到的資訊融入。我知道情緒並不是不好或可怕的東西，而是心靈在自我治癒的訊號。我明白情緒是必要的表達管道，且可能傳達了內在的、說不出來的真相。不過我也花了好一段時間才想通這件事，因為我對情緒的看法實在非常扭曲。

早年我所受到的超自然訓練，配上我童年的創傷，使我把誤把情緒當成是一種失衡、一種錯誤思考模式，是不充分疏離，是不當的靈性發展。把情緒當成失衡的概念完全說得過去，因為我認識的一些人被情緒扭曲成了可悲的惡魔，我因此相信情緒就是所有邪惡的根源。

為了要變得更具有靈性，我盡可能勉強自己變得毫無情緒且毫無偏見，內心只容許喜悅存在。但我做得不好，我的情緒狀態變得很不穩定，而且我經常解離。幸好治癒其他人的工作讓我有第一手的經驗，知道其他超自然能力的學習者的情緒狀態也不比我好到哪裡去（就連童年並不像我這麼複雜的人亦然）；在這場與情緒的交戰中，每個人都是輸家。

我開始明白情緒無可避免，我必須試著與之共存。我的外表會表現得精力充沛、很開心，但私下必要時我會允許自己的情緒（尤其憤怒）在體內流竄——當時我只想到可以這麼做，我沒有前例或良師告訴我任何其他的方法。

我在為自己豐沛的情緒所困的同時，也不斷學習治療相關的事，而且我因為治療他人而認識了很多創傷倖存者。我幫助這些人重建他們私人空間的外在界限，幫他們透過名為**接地**（grounding）的過程重新與大地連結。然而操作的過程中，我發現了一個讓我驚嚇的模式：這些倖存者重新找回意識後，往往會被憤怒、恐慌或憂鬱所宰制。我趕快停止我在做的事情——顯然我傷害到別人了，對吧？「有靈性」代表沒有情緒，所以我害他們的狀況變更糟了，對吧？

錯。一系列的事件和現象讓我明白為什麼會出現這種強烈的情緒：情緒是為了要保護、要深層潔淨、要使心靈強固；情緒也增強了人有意識地留在自己體內的能力。很快我就發現「憤怒」與「成功修復人際界限」之間特殊的關係（憤怒具有設立界限的天生能力），也發現健康的心靈必須要有恐懼存在（輕微而流動狀態的恐懼，是直覺和本能），我還發現解離的人所擁有的強烈情緒和身心合一之間有著某種關聯。儘管我還被外界洗腦，因此對情緒帶有偏見，但我又回想起當年的動物女孩學到的知識。我開始明白，人類湧現的強烈情緒其實就是動物在重傷後要找回意識之時，會亂踢、發抖、掙扎的現象。接著我小心翼翼地納入暴怒、憂鬱、悲慟和興奮等情緒到我的工作中，驚嘆地看著大家能夠再次成為完整的人。情緒所教導我的，遠超過任何人或任何事物曾教導我或給予我的知識。

我學到了情緒無時無刻都在幫助我們保護和治療自己——在創傷苦難發生之前、發生之時，且尤其是發生之後——而且情緒在心靈中創造

了不可或缺的連結。情緒絕對可以幫助人脫離解離狀態，更可以讓你的思想清晰且更深入，使肉身有安全感和警覺。我學到了情緒的存在是要幫助人類生存，為生命指引方向。情緒是流動的，是不斷變化的，且有千萬面孔；情緒會產生位移，情緒夾帶著大量訊息。只要我們能正確對待、妥善判讀、尊重情緒，那麼情緒就有非常強烈（有時太強了）的感知能力與深遠的治癒能力。

明白怎麼結合情緒傳達的訊息和超自然研究當中我學到的實用技巧之後，我開始能夠自我治癒並教導別人怎麼自我治癒。這二十多年來，我在治療實作中與情緒共處，而自 1997 到 2003 年間，我製作了一系列的書籍和錄音帶，裡面有實用的、在情緒上很智慧的靈性治癒資訊。我的專長是治療解離反應，而且我找到了能安全又合理地運用冥想的方法，又不會打擾到人們保持接地的能力或他們的人生。

最重要的是，我學會如何掌控自己的同理心技能與解離能力，從此不再為之所困。我學會將注意力留在自己的體內，就算是遭逢困難和衝擊也仍然如此。我學會調適我的同理心，給予他人和動物隱私，只在有必要時把強大的專注力放在他人身上。

那些後來的事

我在 2003 年退出治癒工作，部分是因為我再也不忍心看著人們因為「新時代」的靈修練習那些不負責任的資訊而受傷，而迷惘，另一部分則是因為 2001 年的 911 攻擊事件後，很多人把自己的靈性信念和衍生的情緒用在可怕且完全不能被接受的地方。我需要徹底離開靈性圈子，才能重新審視我自己做過、思考過的靈性、情緒、社會運動、忠誠信徒、替代療法、判斷力、智力、宗教等等一切的議題。我回到學校，在社會

學縝密的領域中研究人類社會和社會結構；我研究邪教、致命暴力、情緒社會學、宗教社會學、神經學、認知與社會心理學、犯罪學、謀殺的社會建構與學術菁英社群中派系的內部運作。我也在最高度監管的監獄裡教授藝術與歌唱，編輯學術書籍，做社會學研究，檢視懷疑者社群的經典觀點——他們高調否定靈魂、氣場、脈輪、通靈能力的存在，否定了幾乎所有我所相信的事物[1]。

退出我的事業雖然很痛苦，但也是很有價值的經驗，因為這次的經驗讓我能繼續治療曾在童年被撕裂的心靈。早年我主要致力於融合自己的身體和意識，我鑽研靈性的世界，研究了每一種情緒，卻沒把同樣強度的精力花在我自己的智力上。現在我已完成了，而且我回歸到這本書——這是**我的**作品，內有新的資訊、新的體悟和新的重點。我不再投入超自然領域，也放下了很多奇幻的思想，但我不斷關心著情緒，因為絕大多數人依舊聽不懂情緒的重要語言。

這本書不僅止於討論情緒而已。我們每個人都是有形的、有智慧的、有遠見的生命，而且是有情緒的生命，因此我們必須讓自己的一切，事實上要讓一切重要的事，都與情緒合而為一體。如果我們在生活的正中心點——我們周延思維的正中心，我們受到良好照護的肉體的正中心，受肯定的情緒的正中心，以及我們遠見視野的正中心——能夠站得穩又挺，我們就不僅止於擁有情緒相關的知識，也不只是為心靈帶來了平衡，我們乃是獨特聰慧、知道如何提問的探險家，能夠為最根本的議題帶來新的見解，為人際關係許下新的承諾，並為這個世界做出全新的付出。

我們將成為**情緒**天才。

3. 險流惡水
為何我們如此迷茫

　　什麼是情緒？聽起來是個單純的問題，但至今心理學家、行為學家、神經學家、演化生物學家和社會學家都未能對情緒的定義取得共識。情緒是一種心情、感受、衝動、神經化學事件、被建構的事實，還是上述全部的總和？我們能說一種情緒為主要，另一種為次要嗎？靈長類動物和其他動物都共有我們所有的情緒，還是只有部分擁有呢？

　　這些問題對於研究人員來說都至關重要。過去半個世紀以來，心理社會學和神經生物學已有非常大的進展，巴雷特（Lisa Feldman Barrett）有關情緒建構的著作《情緒的生成》（*How Emotions Are Made*）尤其精彩[1]。然而儘管「分類、分級」對科學是重要的，卻跟我們的每日生活非常脫節，很容易讓我們離題。而我們的日常重點是要現在就了解自己的情緒，並能在日常生活中與之共處。

　　還有，分類體系很容易讓人變得僵化。例如我曾聽到別人說憤怒是負面的，幸福是正面的，或者憤怒是次級的情緒（事實上在大多數的分類體系裡，憤怒都是最主要或普遍的情緒），你感受到的其實是其他東西等等。但在現實生活中，這種建議對你我一點幫助也沒有，有時候還會讓我們刻意壓抑自己真實的「負面」情緒，偽裝出「正面」的情緒（如果你想了解自己**所有**的情緒，這絕非好主意）。就算我們精準細分情緒，對於要怎麼**處理**情緒，基本上還是沒什麼頭緒。為此我開發了成為情緒天才的「四大要素模型」，讓我們能從全新且實用的角度處理情緒。四

大要素對於了解情緒不可或缺，不過第一大要素能幫助你解鎖情緒和你的治療天賦。

成為情緒天才的第一大要素：
沒有所謂的負面情緒，也沒有所謂的正面情緒

你的所有情緒都會為你帶來重要的訊息，賦予你在各種情境裡所需要的技能和能量。就算你處理情緒的方式可能會帶來正面或負面的結果，情緒本身其實並沒有好壞之分。每種情緒都具有它獨特的一面，對於你的認知、理解、行動能力、社交技能與你的福祉，都必不可少。

遺憾的是，我們受的教育告訴我們情緒有好有壞、有正有負，有親近社會或反社會，但這些都只是人類發明出來的分類而已，分類並不屬於情緒。這種分類反而常都是社會控制的手段：所謂好的、正向的是能夠支持現狀的情緒，讓人變得好相處；而所謂壞的、負面的情緒則會危害安寧。所謂好的情緒狀態如幸福、滿足、喜悅，還有部分形式的悲傷或悲慟（必須要在某個適當的悲傷情境裡，且這個悲傷情境是最近的）。如果憤怒是為了回應不公義，那麼它也算是好的類別，但大眾可以接受憤怒的時間可比悲傷或悲慟短得多了——人們可以忍受你為死亡哀悼的時間，遠比能忍受你憤怒的時間還要久。

所謂壞的情緒類別實在非常廣。悲傷太久不好（或太濃烈到變成絕望或悲慟）；憂鬱不好；自殺衝動則是急救等級的糟糕；憤怒不好，易怒、正義魔人、氣憤和狂怒也不好；狂暴、狂怒是超級壞。至於仇恨那就更不用說了，嫉妒則是壞、壞、壞透了。恐懼更是壞到讓我們用保險桿貼

紙對社會大眾公告：我可是完全都不怕——一丁點都沒有！所以所有跟恐懼有關的情緒也都是不好的：焦慮、擔憂、害怕都不好，恐慌更是快點叫救護車的不好。羞愧和罪惡感——壞到連它們是什麼意思都不曉得了！我們不斷被訓練、被要求要去表達（更多時候是要去壓抑）自己的情緒，這樣他人才能感到自在。

把情緒（或任何事物）歸類為正面或負面稱作效價（valencing）。你或許還記得在化學課上要把原子分為帶正電或帶負電，這樣才能組出電荷平衡的分子。情緒也是用一樣簡單的方式被效價，但這卻是個極其糟糕的概念。情緒不是帶有電荷的原子，它可是意識和認知中最關鍵的面向！沒有任何一種情緒是另一種情緒的相反面，也沒有任何兩種情緒可以互相抵銷。把情緒加以效價，讓我們錯誤地（卻又平整地）將情緒加以縫合，而在這麼做的同時，我們也替自己縫出了一件緊身衣。任何人只要有愉快和清爽以外的情緒，根據定義都是不好的。這種過度簡化的效價、好／壞的體系禁錮了大多數的人：憤怒的我們、悲慟的我們、恐懼的我們、感到羞愧的我們——我們常被迫把自己正當的情緒挪開，讓位給活潑又膚淺的表面情緒，因此很多情緒濃厚的人都在邊緣掙扎，因為就算我們已經把情緒分類和效價，我們仍然沒有採用有智慧的方式來對待情緒，或者對待感受到情緒的人。

我很幸運，自己是被迫用異常的角度來看待情緒。除了我童年學到的那些事之外，我早年同理心治療的工作主要是在幫助那些在傳統場域得不到幫助的人。很多個案在遇到我之前，都已試過一切想得到的辦法；他們並不會先求助同理式治療師！很多人都試過各種心理治療和傳統醫學，試過宗教的幫助和不同的靈性訓練，也經歷過物理和飲食療法以治療創傷，讓心智和心靈安靜下來。面對這種人，我不能回頭使用任何已為人接受或者替代的療法治療情緒障礙，因為這些療法都已經確定無法帶來舒緩。

我也不能依賴大眾所接受（且不幸被效價）的情緒信念，因為那些也都無用。舉例來說，我幫助過的很多人都覺得喜悅和幸福是唯二健康的情緒，這可荒謬極了。喜悅和幸福只能在其他情緒「全都存在」的時候才會存在，它們都是一體的。我們沒辦法挑選自己的情緒，否則就等同於是在挑選特定的腺體和器官（我只想要我的心臟和大腦，黏糊糊的消化器官通通不用），或者決定只用每隻腳掌上長得最好看的兩個腳趾頭走路一樣。喜悅和幸福本身當然很美好，但它們一點都不比恐懼、憤怒、悲慟、悲傷或任何其他情緒更好。每種情緒在我們的生命中都自有其用意，喜悅和幸福僅是豐富且多樣的情緒光譜上的兩種狀態罷了。

　　我合作過的很多人都曾試著用神奇的方法把所謂負面的情緒「轉化」成所謂正面的情緒——把憤怒轉化為喜悅或之類的，但都沒有用。憤怒**不等於**喜悅，就像喜悅也不等於滿足，而悲傷也不等於悲慟。我們的每種情緒都有其各自的訊息、天賦和技能，在心靈中亦有其存在目的；情緒不可能因為我們想要它改變，就變成其他東西。

　　此外，轉化情緒通常就代表壓抑真實但不被認可的生活，再憑空編織出新的生活，或者把它當成派對帽一樣裝飾。一開始這樣的轉化看起來會不錯，但最終會使人困惑及情緒不和諧。我曾遇過有人來尋求我的幫助時，帶著很多關於自己情緒的想法——充滿了應該和必須——但對於自己的情緒卻沒有任何感受，他們與自己的感受和自己天生的智慧脫節了。

　　我對每個人的作法就是消除所有假設和常規、所有分類和體系、所有效價和所有框架與輔助。我們回歸到最原始的情境，讓他以不尋常但有效的方式看見、感受或體驗生命。等我們深掘到他身分的真相時，我們會建構一個安全的場域，以具同理心的方式看待他的情緒。將同理心帶入情境之後，我們對情緒和情緒化會變得更有智慧。

你好情緒化！

每當聽見有人互稱彼此「情緒化」的時候我都會笑出來。我很想問：「你是指哪種情緒呢？你到底知不知道自己是在談論**情緒化**的哪個面向？」

就以韋氏詞典（*Merriam-Webster's Collegiate Dictionary*）和羅熱同義詞詞典（*Roget's Thesaurus*）舉例，兩本辭典都定義了情緒化，也給了我們情緒化的同義詞，有些還說得很好聽。根據詞典，如果我們很情緒化的話，那我們也是非常有意識、認知、熱情、願意回應、敏感且靈敏。有這些都很不錯啊！然而詞典又說我們多疑、情感強烈、戲劇化、歇斯底里、做作又煩躁。這些就不怎麼好了。接著再看看情緒的反義詞：放任、不關心、冷漠、無慾、冷靜、歇息、平靜和靜止──這些都是社交脫節的同義詞，甚至有三個是死亡的同義詞！沒有情緒，就等於是脫節、放任，基本上等於沒有生活或人際關係。沒有情緒的狀態可不是什麼值得高興的事。

情緒絕對必要，就算是讓人不適或沒人想要的情緒也一樣，因為它是你心靈的一部分、是你神經網路的一部分、是你社會化的一部分，更是你人性的一部分。

我最喜歡的情緒定義來自於社會學家亞莉·羅素·霍克希爾德（Arlie Russell Hochschild）的經典著作《情緒管理的探索》（*The Managed Heart*）。霍克希爾德摒除了無意義的內容，把重點放在情緒最關鍵的目的：

> 我認為情緒是與生俱來的感知，而且是人類最重要的感知。就跟其他感官──聽覺、觸覺和嗅覺──一樣，情緒是我們理解自己與世界的關係的工具，因此對人類在團體生活中生存實為必要。不過情緒在所有感官中仍然獨特，因為情緒不僅與行為的目的有關，更是與認知的目的有關[2]。

人類需要社交，所以情緒對於我們的生存不可或缺。它不是敵人，卻已被妖魔化，從而影響到我們發展「情緒覺察和技能」的能力。要裝作「我並沒有因為他人不夠細心而受傷」，這點很容易；要隱藏自己真實的情緒不讓他人看見，也很容易；要去「取笑哭泣的男人」或者「讓憤怒的女人羞愧」，也遠比「支持他們必要卻在社交上不被接受的情緒」來得容易。但問題是，我們真的需要情緒，沒了情緒我們根本沒辦法過生活。沒了情緒，我們無法下決定；我們無法描述自己的夢境與願景；我們無法設下適當的界限或在人際關係中表現圓融；我們無法指認出自己的願望，也無法支持他人的願望；我們無法連結、甚至無法找到深愛的人。沒了情緒，我們無法清晰或妥當地行動或思考。

　　如果沒辦法進入情緒自我，我們就會像生長在錯誤土壤中的樹一樣，能長高卻不健壯，能長得老卻不成熟。大多數人的情緒覺察能力都在童年就隱沒了，我們轉而發展其他面相——物理、學術、藝術、財經、智能、宗教、靈性或體育，我們在所有領域都富有智慧又有能力，只有一個領域除外。由於我們在五歲左右就選擇與情緒背道而馳，所以對於情緒的理解就只停留在那個程度的發展上。我們沒長成有情感的人，我們長成了「學會不要表達情感」的人。許多人都有令人悲傷的逆向學習曲線：智力技能不斷成長，情緒覺察能力卻不斷下滑。

　　許多當前的療法、冥想體系、書籍和師長企圖改正這種強烈的失衡情況，而且已經有不少很不錯的成果。大眾對情緒有了比較正面的看法，自我意識也變得比較為人接受。有些人學著更仔細聆聽他人說話，對他人的情緒產生適當的反應，有技巧地支持彼此——但在大多數案例裡，情緒仍然以其他方式被妖魔化或理想化。大家並沒有把情緒當成是認知和行為裡重要的面向，也不認為我們可以用情緒改變人生。人們沒有認可情緒，沒有當它是優秀的訊息傳遞者。

我並不是要無止境地深入情緒，這不是這本書的目的。我提到認可情緒的時候，並不是指我們要在情緒的聖殿之前俯伏敬拜，我們不是要從「不屑情緒」變成「崇拜情緒」，因為這兩種態度都不適當。這兩種態度都把情緒物化為「與我們無關、發生在我們身上的好事或壞事」，而非把情緒當成偉大人性和演化的工具。

本書是要教導我們在妖魔化和讚頌情緒之間找到中介點，在純粹表達或壓抑情緒之間找到中介點。如果我們能把所有的情緒都視為重要的工具，就可以有意識地、帶著支持的態度與情緒對話；如果我們能把情緒當成自己不可或缺的一部分——有如我們的母語，我們就會明白怎麼以尊重的態度與情緒共處，怎麼以有禮的方式思考情緒。如果我們能認可情緒，就不會把特定的情緒放逐到地下世界，而是會尋找中介點，讓所有情緒都能存在且良好運作。

表現、壓抑和中介點

不要只會表現或壓抑你的情緒，你可以學著刻意傾聽、理解情緒並與之合作。如果你了解了為什麼會產生情緒以及如何與它共存，你就會有更多選擇和更多想法。有時候，表現和壓抑確實有用，但你也可以學習怎麼直接處理自己的情緒，靈巧地引導情緒。對於每種你感受到的情緒，你都有非常多健康的選項。

> ## 成為情緒天才的第二大要素：
> ## 學習如何引導你的情緒

在欠缺覺察的情況下表達情緒，等於是把情緒交給外在的世界，希望有人會注意到、尊重認可並轉化這些情緒。情緒的表現有賴外在世界來解讀。雖然有些時候表現真實情感是健康的，但並非總是處理情緒最佳的方式。表現情緒使我們必須依賴外人的行為、外在的書籍、朋友和家人或治療師以達到情感抒發，如果我們無法取得外界的支援，可能就沒辦法處理自己的感受，因為我們的情緒技能依賴的是自身之外的事物或人。很多人被憤怒或憂鬱這種情緒籠罩、又無人能傾訴時，就會落入這種困境。如果我們不具備內在的情緒技能，就會覺得困在自己的情緒狀態之中，無法調和或甚至無法理解自己的心情，除非有自己之外的人或事物能夠幫忙。

另一種情況則是壓抑情緒。如果你還弄不清楚自己的情緒為何而來，就選擇壓抑情緒，等於是把它交給了內心世界，希望它在那裡消失、轉型，或者選個好一點的時間再登場。壓抑是我們大多數人唯一擁有的內在情緒管理技能，如果我們沒辦法安全或熟練地表達情緒，就是把它塞入自己的心靈內。要抑制情緒，我們得倚靠無意識的內在世界（通常還有我們的肉體）來接受並對我們的情緒做出處置。壓抑那些不受歡迎（通常也具有負面效價）的情緒（例如悲傷或狂暴）時，我們會把它往內推擠——數到十、想著快樂的事、複誦珍藏的佳句。我們不知道該怎麼面對不合時宜、丟臉或危險的想法，只想要把它們全部抹乾淨，繼續過日子。壓抑的問題在於，情緒正是來自於內在世界，把情緒打回它的來源處——而不是有意識地處理它——會造成心靈有不好的短路現象。

情緒是來自人類本能自我的訊息，是真相（且通常是沒人想聽的真相）的重要載體。雖然很多情緒都不受歡迎，但每種情緒都有必要的功能，且有具意義，也有它們精確要表達的事。就算我們忽視和抑制了情緒，也沒辦法消除那段訊息——只是把傳遞訊息的使者趕走而已，還干擾了重要的自然運作。此時無意識狀態會有兩種選擇：增加該情緒的強

度，再次呈現在我們的面前（因此可能啟動未解決的心情或加強情緒強度）；或者放棄我們，把情緒能量塞進我們心靈的深處。到了這個時候，原先的那種本能，將不再以它「原本的狀態」呈現——不再以恐懼、憤怒或悲慟這種狀態呈現，可是仍然具有它原本的強度和所有資訊。通常強度遭到抑制之後，就會變形成為其他東西，像是抽搐、身體上的症狀、強迫症、成癮或精神疾病。壓抑情緒實在不是管控情緒的好方式。

表現情緒比壓抑情緒好上一些，至少它讓我們生命中有誠實表現之處。如果是大哭大鬧之類的，至少我們有讓自己的情緒流動。然而如果情緒非常強烈，表現情緒就可能對內在和外在都是苦難。外在的苦難來自於，我們會把強烈的情緒全倒到某個不幸的人身上，而且想要他為我們的心情負責。我們會說：「是你讓我生氣、是你讓我哭的！」但這麼做我們不只傷了那個人，還給予了他控制我們情緒狀態的權力。我們無法成為有行動力、負責任的人——我們成了無助的魁儡，隨著自己周遭的人事物起舞。

內在的苦難來自於，我們會意識到自己可能透過多次的情緒失控，傷害、貶低或驚嚇到了某人。透過表現強烈的情緒，我們會感到某種程度的釋放，但我們可能會因為自己差勁的共感技能而失望，或是因為缺乏自制力而感到羞愧。對他人表現強烈的情緒，可能會摧毀人際界限的認知，摧毀我們的自尊，接下來，界限被摧毀之後使得我們下一次又更難妥善管控自己的情緒，還會陷入一種「總是無法克制地到處發洩強烈情緒」的困境。我們會被困在攻擊與退縮、糾結與孤立、爆炸與道歉的循環中，內在的審查和平衡機制似乎崩解了，我們的情緒變得極易失控。

有些神經學和心理學研究表示，不斷表現強烈的情緒會讓大腦習以為常。舉例來說，如果你每次憤怒都任由自己狂暴，那麼你的大腦就學會怎麼狂暴，因此下次遇到令人憤怒的情境你可能會立刻火大起來，因為你就是這麼教導自己的。大腦的可塑性不僅適用於學習新的技能或新

的語言，也適用於學習怎麼與你的情緒共處。

壓抑和表現情緒在很多情境裡都對我們有幫助，但不能用這兩者來面對所有我們遭遇的情緒。以壓抑來說，如果我們對嬰兒生氣，那麼壓抑憤怒絕對是個好主意——我們絕不該向寶寶表達狂怒。但壓抑了怒火、讓寶寶安全之後，我們還是得要能夠自行處理這種狂怒，否則它就會再次冒出頭來，下次能量可能還會更強。因為：情緒永遠是真的——情緒一定會說實話，告訴你自己現在的感受，但它不必在每種情境中都正確或適當，因此我們要學會怎麼理解、怎麼解釋和處理情緒，要在不健康的壓抑和不當的表現之間找到一條中庸之道。我們必須學著以更深刻、成熟、進步的方法認可並照顧自己的情緒。我們必須學著不要透過壓抑來和情緒對幹，也不要透過幼稚的表達來安撫情緒。我們要學著跟情緒共處。

在情緒的國度裡有一條中庸之道，我們可以學著用尊重和認同的方式對待情緒。我稱這樣的過程為「引導」（*channeling*）情緒，而我指的不是像用超自然的方法召喚出沒有實體的鬼怪，我指的是「引導」這個詞本身的實際意義，也就是謹慎地遵循選擇好的路線，來指引或傳達某事物。如果我們能學會適當引導自己的情緒，就可以用活潑且巧妙的方式與它共存，可以解讀情緒中存在的重要訊息，運用情緒所攜帶的豐富本能。

毫無技巧地展現出情緒——宣洩到外在世界——無法讓我們獲得太多技能。同樣的，毫無技巧地壓抑情緒——將情緒關進內在世界——只會使我們更無用而已。兩種作法都行不通，因為它們都沒把情緒當成重要且能夠幫助我們學習、思考、共感、表現和進步的訊息傳遞使者。如果我們不再把自己的情緒交出去，而是學會好好引導它，那就能將情緒掌握在自己的手中。我們會有意識地聆聽情緒、感受情緒，用可以支撐自我形象與人際關係的方式與它共處，而不是將之摧毀。

有能力引導情緒之後，你就會發掘大多數人不知道的事物，也就是

你的每種情緒裡都具有關鍵的技能和能力，協助你生存與發展。沒有感受到情緒並不表示情緒消失了，相反地，每種情緒都是認知的一種面向，無時無刻在你體內穿梭，每種都賦予了你特定的獻禮與能力。

三種情緒引導練習

在接下來的練習中，希望你能有實際的體驗，這樣你才會知道引導情緒是多麼簡單又舒服的事情。首先我們從簡單的能量生成練習開始，你或坐或站或躺都行。

練習一 ▶ 悲傷的修復軟膏

輕輕吸一口氣，讓空氣充滿胸腔，感覺到一點點緊繃，但也不用太過，一點點就好。閉氣幾秒鐘（數到三），吐氣的同時用雙手、雙臂、雙腳、雙腿、頸子或身體輕輕畫小小的圓圈，用輕柔、舒服、放鬆的方式移動你的身體。

現在再次吸氣，把你的胸口擴張到有一點壓力的程度，憋住三秒——再用有聲的嘆息將氣息吐出，同時用你的雙臂、雙腿和頸子畫圈。你甚至可以吐舌頭，放鬆就對了。你是個小布偶，放下一切吧。

現在正常地呼吸，確認自己的狀態。如果你覺得身體比較鬆軟和平靜，甚受可能有一點疲累，那都要感謝幫助你釋放部分的壓力並恢復了你能量流的情緒：你的悲傷。

這正是細緻且流動的悲傷帶給你的感受，而那也是它的功用——讓你放下一切，為你的身體找回一些能量流。你的每種情緒都有這樣柔軟、自在流動的狀態，可以帶給你特定的獻禮與技能。過往我們學習的是只有在情緒轉換到明顯狀態時才有辦法識別情緒，但情緒並不僅止於此。

你不一定要哭泣也能悲傷，你只要放鬆、嘆息和放下一切就可以了。悲傷就是釋放出你不需要的東西，放鬆成為你自己。

花點時間留意你對自己身體狀態的意識程度有多高。悲傷能替你找回自己，也讓你覺察自己內在的狀態。悲傷能替你找回能量流，它會安撫你、幫助你釋放自己緊抓著不放但其實不需要的東西——像是緊繃的肌肉、無用的想法、雜亂的念頭或失落。悲傷能幫助你放下無解的事情。

我們應該要多加利用悲傷帶給你的技能，因為我們都必須定期釋放自己——你懂的，趕在所有雜物堆積變成可識別的情緒損害，或造成生活徹底混亂「之前」就釋放自己。現在你已經知道悲傷是什麼感覺了，那麼維持你的情緒流和放下一切，就不難了。

只要有需要的時候，你就可以有意識地邀請悲傷到來。透過吸氣匯集不必要的緊張，再輕柔地呼氣，同時讓身體流暢地活動，為生命找回能量流。你可以抖抖身子、擺一擺手、伸個懶腰或嘆口氣（或許挑個沒人的時候再做好了）。就是這麼簡單。要引導你的悲傷，你只需要放鬆、軟下身子並放下。當然，有需要的話你也可以哭泣，但要小心，社會大眾對於情緒的不信任，代表哭泣的人可能會失去自尊，或遭人迴避。幸好，如果你沒有安全的地方哭泣，你也不用再壓抑自己的悲傷了，你可以迎接它的柔軟，輕輕吸氣再放下，靈巧且誠懇地在體內的私領域中引導自己的悲傷。

練習二 ▶ 歡迎幸福

現在我們來試試別的：先感謝你的悲傷幫助你放下和放鬆。接著舒服地坐著，把眼睛張得大一點，像是遇到要好的朋友那樣微笑，你甚至可以說聲「嗨！」對這位想像中的朋友伸出雙臂。持續微笑和張大雙眼，舒適地呼吸並感謝你的幸福。

幸福能幫你找出有趣和令人滿足的事物，可以讓你的靈魂小小休息

一下，只要睜大雙眼並微笑就可以帶出幸福。

　　因為幸福具有正向效價，（假設當時是適合感到幸福的時刻），它是可以與他人分享的實用情緒。如果你妥善地處理了某些更深層的情緒，也會自然產生幸福感。像是在嚎啕大哭後你可能會開懷大笑，或如果你解決了跟某人激烈的衝突，通常在和解後你們都會大笑和微笑。幸福是絕佳的小憩方式，但你不該試圖在所有時刻都感到幸福，因為它並不具備能讓你活得完整和快樂的所有技能。你需要自己所有的情緒。

練習三 ▶ 恐懼的本能獻禮

　　感謝你的幸福之後，我們來嘗試另一種情緒引導練習的方式。這次你需要一個安靜的空間，讓你能舒適地或坐或站。

　　找到安靜的場所後，身體略向前彎，試著聽見你所在的空間裡最小聲的聲音。把肩膀沉下來遠離你的耳朵；好的姿勢也能提升聽覺。你也可以把嘴巴打開一點（放鬆下巴可以給耳朵製造更多的空間），在尋找最細微的聲音時，輕輕移動頭部，過濾掉明顯的聲響。請保持雙眼張開，但運用耳朵聆聽。找到最小聲的聲音後，停住一下不要動，如果你本來坐著，那就起身試著用雙眼尋找聲音再向它靠近，並在靠近的同時不斷自我校正。你會覺得時間好像緩了下來，皮膚更加敏感，彷彿它能感受到你周遭的空氣一樣，而你的心智會自我淨化，排除任何與那個細微的寧靜之音沒有關聯的事物。在你能夠確切指認那道聲音時，感謝幫你找到它的情緒，感謝你的恐懼。

　　意外吧？你自在流動的恐懼其實就跟你的任一種直覺和本能一樣。需要恐懼的時候，你的恐懼就會集中你所有的感官，審視你周遭的環境以及檢視你儲存的記憶，它會增強你有效回應新的或變化中之情境的能力。你的恐懼自在流動的時候，你會感到專注、集中、富有能力與敏捷。

感謝你的恐懼。

自在流動的恐懼會帶給你本能、直覺和專注力。在你困擾或不悅的時候如果能拿出你的恐懼，你就能取得自己所需的資訊，冷靜地弄清楚到底發生了什麼事；你不用真的感到害怕，也可以獲得恐懼帶來的獻禮，你只要用你在聆聽最小聲的聲音的方式專注於當下即可。

如果不確定你該做什麼，或者如果你對於人際關係感到不適，你也可以使用你的恐懼。恐懼會協助你專注在自己的內在知識，因為它會讓你與周遭事物產生連結，因此它與悲傷有所不同——悲傷是專注於自己的內在，還有你需要釋放出去的東西，以求放鬆和放下對你無用的事物。而有了恐懼，你的專注力會在此時此刻為你帶來本能和直覺，宛如你在聆聽自己內在最細微的聲音，聆聽過去一直難以被聽見的聲音。

不同於流動的悲傷，流動的恐懼有向前、傾聽、感受的能力，幫助你與環境和他人互動。如果你能依靠恐懼冷靜、傾聽、感受的一面，它就能幫助你以具有同理心的方式理解他人和情境。恐懼是種了不起的情緒，不過所有情緒都是啊！它們是神奇的工具包，充滿著魔法，所以我們被教導不可信任自己的情緒是很詭異的事。

了解情緒的細微差別

如果你能了解每種情緒都存在於連續的光譜上，有從輕微到中等到強烈的程度，那麼引導自己的情緒並學習與之共處就會非常容易。

大多數人所學的，都是只有在情緒達到強烈的狀態時才要辨識情緒，而這表示我們並不會留意到情緒細微的差異。例如我們可能只會在哭泣的當下才辨識出悲傷，卻完全忽略了存在於其中細微、柔軟的治癒能力。

成為情緒天才的第三大要素：
掌握細微的差異

　　我們的每種情緒，都有諸多不同程度的細節與強度。有些情緒浮現的程度之輕微，你可能根本沒有留意到它出現了。情緒也能以中等的狀態浮上檯面，這種時候你會留意到它的存在。有時候情緒出現的狀態很強烈，此時它對你和你周遭的人來多都非常鮮明。所有情緒都有非常多種不同的強度，而你可以學會怎麼辨認它們，跟它們相處。書末附錄中有一串情緒詞彙表，對你也會有些幫助。

　　如果你正為強烈的情緒所苦，那麼學會怎麼在情緒仍是輕微且流動的狀態時辨識和回應它，對你的人生會有很大的變化。情緒來了的時候，它呈現出哪種強度都無所謂，但如果你籠罩於強烈的情緒之下，或如果某種情緒只會以強烈的狀態出現，那麼找到它輕微的樣貌可以協助你了解怎麼跟它的能量共存，並恢復自己的情緒流。

了解多種情緒

　　學會信任且妥善引導自己的情緒 —— 聆聽、感受、處理並與它對話 —— 是上述練習中的核心要點。但為了獲得這種程度的情緒靈敏力，我們也要了解什麼時候情緒會成對、成組和成群地浮現。

　　由於情緒是你基礎認知中關鍵的面向，而且每種情緒都能為你帶來獨特的獻禮、技能和智慧，因此你的情緒們彼此合作是很正常的事。很多時候，你會需要它們同時一起支援，幫助你設下界限（憤怒）、提升專注力

（恐懼）、為自己接地（悲傷）、找到自己能期待的事情（幸福）等等。

在本書中，每種情緒都有自己的章節，讓你學會清楚辨識每一種情緒。不過情緒處在自然狀態時，它們會根據你在每種情境裡的需求，而有彼此合作、一前一後出現、並肩出現、輪流合作等樣態。

成為情緒天才的第四大要素

辨識出多種情緒。

同時感覺到不只一種情緒是很正常的事（像是因幸福而落淚，或怒極而笑），儘管英文裡沒有太多詞彙可以描述「同時擁有多種情緒」的感受[3]，但情緒可以成對和成組發揮作用。只要你知道為什麼自己會產生這種情緒，你就能辨識它，找出處理每一種情緒最佳的方式。

為達成此目的，我們會需要一些工具和一些基礎。在日常生活中——與家人爭辯、因為人際衝突而延誤工作或學業進度、試圖加深自己的感情、學著支持深愛的人、發掘真正的自我和找到真正的道路——我們需要一些實用的情緒工具，我們需要辨識情緒、了解情緒的方法，並開始學習情緒的語言，才能巧妙地與情緒溝通，而不至於任憑情緒擺布或殘害情緒。因此我們應該深入探索與情緒相關的智慧，也要排除一切會阻撓我們的無理事物。為了達成這件事，我們得要導入一些不尋常的同理心資訊，而本書精彩的內容現在才正要開始。

4. 全村之力 全面支持你的情緒

　　人們在自己敏感、流動的狀態中體驗到情緒時，往往會震驚於情緒並不危險，不會浪費時間或讓人丟臉。處於流動狀態中的情緒非常細緻，因此一開始很難發現；情緒常被推擠到遙遠又陰暗的角落，所以我們經常沒有注意到自己的內在發生了什麼事。我們基本上並不歡迎也不認可自己自然且天生具有的同理心能力。

　　但同理心卻是正常的人類技能，且就我所知許多動物也擁有這項技能。同理心技能使我們可以與世界互動，可以讀懂內在的狀態、意圖、情緒、慾望，以及自己、他人和動物可能有的行為。如果我們很會閱讀情緒，那麼我們的社交智力和情緒智力通常會很高。我們會像一些智力天才很會數學或物理、或是藝術天才能夠分辨顏色、形狀、透視視角一樣，我們可以讀懂人和動物以及大家的需求。同理心是我們擁有的多元智力之中的一種。

　　然而，我們大多數人成長於一個普遍不理解多元智力的環境。一直到 1983 年哈佛大學心理學家霍華德‧加德納（Howard Gardner）的研究問世，多元智力才變得廣為人知。當時大多數人只知道邏輯智力——讓我們可以算數學、做科學研究、辨識規律、運用邏輯與演繹推理的智力，但加德納博士找到了更多種類的智力。邏輯智力是智力測驗中衡量的智力，而數十年以來，它也是我們唯一會公開稱呼為智力的性向。

　　加德納博士以不同的角度看待智力，為每種與邏輯智力並行的許多

智力形式取了名，包含語言智力（linguistic intelligence）——書寫、溝通和學習其他語言的智力；音樂智力（musical intelligence）——辨別音調、音高和節奏，以具音樂性的方式欣賞、創作或演奏音樂的能力；肢體動覺智力（body-kinesthetic intelligence）——能妥善運用自己的身體和肌肉組織（例如舞者、運動員或體操選手）的能力；還有空間智力（spatial intelligence）——能在空間中識別規律，並以新穎的方式運用空間的能力，建築師、建築工、擅長幾何學的人還有多數的視覺藝術家都屬於空間智力這個類別 [1]。

加德納博士還辨識出另外兩種智力：**人際智力（interpersonal intelligence）**——讓我們了解他人意圖、動機和慾望的智力，以及**內省智力（intrapersonal intelligence）**——讓我們了解**自己的**動機、意圖和慾望的智力。這些都是非常重要的智力形式，引導我們遊走於社交場合與自己的內心世界之間。

雖然其他所有形式的智力也都一樣重要，但提到情緒和同理心時，我們就應該注重上述這類人際與內省領域的智力。在你閱讀的此時，你正在使用你的語言智力，而在第十章裡我們學到五種同理心正念練習的時候，你也會運用到你的肢體動覺智力和空間智力。所有的智力都相互依存，所以你並不需要關閉任何一種智力。事實上，你無時無刻都在運用邏輯智力，而雖然現在看起來你好像並未啟動你的音樂智力，其實它也與你運用和了解語言的能力有關，因為語言結合了節奏、音高、斷句和聽覺。閱讀本書的時候，你也運用了你的人際智力來轉化書頁上的文字並判斷我的意思、我的用意和我想要你了解的事物，就如同你會運用你的內省智力，以便回應、反應和感受自己正在閱讀的內容。

有了加德納博士的研究，我們就可以把智力當成是各式各樣的能力，而不單只是你在智力測驗上運用的技能。但是要發展健康的同理心時，

問題就來了：我們大多數人長大的過程中，唯二重要的智力類型就是「邏輯」和「空間」。或許在學校裡我們有評量音樂和藝術智力，可能也有測定肢體、運動相關的能力，但我們在學校裡並不會使用所有的智力。

顯然，我們的人際和內省智力通常並不是正規教育的一部分。對大說數人而言，不論在校內或校外，行為和社交技能通常都是臨場匆忙學到的。我們是透過觀看他人，或因為被稱讚或被斥責，才知道該有什麼反應，但事前卻沒有任何確切的指示。我們都是透過潛移默化或跟著感覺走在學怎麼談感情、怎麼當別人的手足或朋友的。除非我們犯了滔天的社交大錯，像是公開表達沒人想看見的情緒（例如憤怒、嫉妒、悲慟），不然我們根本不會收到直接的指示告訴我們怎麼經營感情或情緒。

我們會因為自己的行為被記過或得到金星，但卻沒有學著怎麼有技巧地辨識自己的情緒或與它共處。如果我們表現出憤怒，可能就會被送到校長室或輔導室，或者放學後得要進行愛校服務留校察看。憤怒會使我們被抽離日常上課的生活、抽離教室、抽離本來的道路，而其他孩子就會學到自己不該這麼做。你不該表達憤怒，不然就會很丟臉或被逐出去。如果我們表現出自己的恐懼或悲傷，就可能被當成脆弱的人，成為其他小孩的攻擊目標，或者可能變成老師最喜愛的小孩──當然這樣也等於使自己變成他人攻擊的目標。

憤怒能幫助我們設下有效的界限，恐懼是我們的本能和直覺，而這些我們都沒學到，也沒有學到悲傷可以讓我們放鬆並放下自己根本不需要的東西。我在校園裡還發現，表現出憐憫也會遭人側目。假設有個孩子被孤立了，被當成是局外人或攻擊目標，如果你試著跟他當朋友或為他撐腰，那你就得為自己的社交存亡負責（當然這是指你沒有權勢的時候）。有時候我會看到一些有權勢的孩子──你知道，那種酷酷的小霸王──帶著憐憫伸出手，等於是在社交邊緣人身上丟了件斗篷保護他，

但發生的次數遠少於需要的次數。

　　我在成長過程中所看見的，而且至今也仍然會看見的，是我們被要求要長大成人，同時又將兩種關鍵的社交智力捆綁起來，藏在陰影之中，不讓任何人看見或發現。作為成人，儘管情緒和人際與內省智力根本就屬於我們，且對於我們做的幾乎所有事情都不可或缺，我們卻經常需要治療師、輔導員、人生導師和精神科醫師幫助我們找到它們，因此我們不知道情緒為何物、不知道情緒想要什麼、不知道情緒的作用為何，也毫不令人意外了。我們得在沒有清楚的指示或支援的情況下獨自在情緒下建立穩固的基礎這件事，當然也在意料之中。

　　加德納博士的多元智力給了我們絕佳的基礎，但我還想要加入另一個模型，也就是四元素或稱「**四位一體**」模型。

親愛的，那是元素

　　為了讓轉換到同理心覺察的過程有更強的後盾，我要提出四元素、或稱四位一體模型。土（**earth**）是有形世界和你的身體，風（**air**）是你的心靈和知識領域，水（**water**）是你的情緒和藝術領域，而火（**fire**）是你的遠見或靈性領域。這個模型讓我們能同時加深並釐清觀念。如果我們把人或事放進四位一體的模型裡，觀察他的土象與風象情況、水象活動和火象本質，我們就能對他有更多的了解。

　　這個四元素理論並不是科學的理論，人類並不是 —— 沒有東西是——由這四種元素組成的。這個元素架構來自於神話和詩歌，有史以來各地的文化都使用這四個元素來理解這個世界。在我們學習的此刻，宛如「憑空出世」、帶著夢境與遠見而直觀的火元素，原來是極精細協調的大腦和神經系統的一種功能。因此提到火元素的時候，我們要切記

整個火的範疇——夢境、靈性與遠見——基本上就是神經（而非異常）歷程的功能，但就算如此，火象特質也絲毫未顯遜色且仍然實用。

在現代社會裡，我們對宇宙、地球、人類和動物行為還有大腦的知識性，已有有大幅度的了解，然而我們卻未發展出同樣強大的能力，將所學應用於日常生活。探索四位一體概念的過程中，我們不僅運用了邏輯能力，也發揮了參透細節、神話和夢境的智慧。事實上我們必須少運用一點口語表達，多發揮同理心面向，以求了解情緒既深又美好的廣大學問。

雖然四位一體模型很玄，不過了解自己的四元素和它們的互動，能為我們的生活帶來異常的安定。如果我們把情緒視為是自己內在的水元素——畢竟部分的我們擁抱了流與動的特徵——就可以大大釐清內省和人際智力。有了水作為我們的模型，我們就能夠明白情緒的功能、情緒的特性，以及情緒在我們的人生中應該具有的地位。

水有不少獨特的特性，研究水與情緒之間的關聯性非常有價值。水柔軟而流動，但滴水也能穿石。水是熱與能量的良好導體，而它能負重又有浮力，因此也能承載物體。它能順著行徑中任何經過的東西移動與流動，且通常都能找到最深層、最根本的地方。水無時無刻都在移動，甚至還能向上流。如果你在水裡加入很多能量，它還會變態，變形成水蒸氣，或者把自己變成固態的冰塊。水會不斷流動而在不同狀態中移動，就如同情緒會不斷流動（或說應該流動），不斷在細微和明顯的狀態之間變換。水賦予了生命的可能性，澆灌並沐浴了每一種生物，調節了整個地球的溫度。水獨特的性質與特點使得地球能夠養育生命。

你的水象情緒獨特的性質與特點，也能為你的生命體系帶來一樣的效果——只要你願意讓它發揮作用。了解了水必須流動之後，如果水在你的心靈之中浮了上來，你就能有適當的表現。假設你能讓自己的情緒像水一樣流動，而你也能真誠回應它，你就能在自己體內創造出平衡。

運動與流動即是水和情緒最主要的特性。

　　不論在神話或心理學裡，水都代表著無意識、巨大的容器，代表所有生命和所有衝動的發源地。甚至情緒的英文 emotion 字源也與水有關，來自拉丁文的 emotus 或 emovere，意思是「向前移動、鼓舞，或向外流動」。我們妥善且有技巧地引導情緒的這份能力，其基礎就建立在「允許自己的情緒自然流動」這件事上。如果你肯讓情緒流動，如果你能注意到它、歡迎它，讓它在你的生命中自在活動，那麼你就能開始癒合。你不需要用力表現以增加自己的情緒流（如果你的情緒非常強烈，這麼做通常會產生出太大的流量），你只要有意識地迎接自己的每種情緒即可。

迎接情緒：範例

　　這邊提供一個成為情緒天才第四大要素的範例，我們要迎接兩種通常會合作的情緒：試想你在高速公路上被人切了車道，通常你會出現的情緒是恐懼和憤怒。恐懼在中等狀態裡會激發你的本能和直覺，讓你知道你可能面臨著危險，而憤怒則會衝上前，想要重建崩塌的界限。如果你毫無技巧地表現出這兩種情緒，那麼你可能會尖叫、罵髒話、比出不雅的手勢，或甚至追上那名失禮的駕駛。但這全都無法讓你脫離險境或重建你的界限。如果你**壓抑**了你的恐懼（你的本能）和你的憤怒（你設立界限的能力），試著忽視對方的魯莽而繼續開車，接下來的一段時間或幾公里內你可能警覺力會變差、意識下降，同樣的，這也無法降低危險程度或重建你的安全感。但如果你能迎接這兩種情緒，讓它們自然地流過你的身體，你就能運用它們提高警覺。你可以利用你的恐懼使感官更敏銳，這正是流動中的恐懼的功用——加強你的專注力與警覺心。恐懼會讓你詢問自己把專注力放在哪裡，還有自己為什麼如此驚嚇，也能

幫助你思考如何在未來避免這種注意力不集中的狀況。你也可以運用你的憤怒來適度修正，讓自己遠離危險駕駛。獲得妥善肯認的憤怒，會讓你能快速且有意識地重建你車子週邊的「交通界限」，保護你不受其他人的魯莽所傷害，使你變成技術更好的駕駛。如果你能有意識地歡迎並照顧你的恐懼和憤怒，那它們就都不會使你或其他駕駛陷入危險，只會幫你提升你的警覺心和技術。

　　一旦你的車脫離危險，且你的情緒被刻意照料了，那你的恐懼和憤怒就會流動並退回柔軟且細緻的狀態──正如它們應有的樣子。這兩種情緒都不需要保持活躍或持續顯著，當天接下來的時光裡你也無須一直執著於重現這場意外或開車時無意識地大腦放空駕駛，因為你已經把整個情況和你的情緒都妥善處理好了。如果你能擁戴自己的情緒，迎接它宛如養育生命的水元素，那情緒的作為就會與水完全相同，它會流動並改變、變換狀態、適度反應與回應，打造完美的生態系統讓你發揮。准許你的情緒在心靈中自由流動，會為你的生命帶來使生命積極向上的水，以及提高生活品質的同理心意識。

學會與你的情緒合作

　　透過土、風、水、火的模型，我們可以知道自己的情緒是重要且流動的力量，沒有了它們我們就無法生存或成長。但我們卻仍然想要，或說儘管如此我們還是想要不靠情緒生存。我們會掙扎著想要改變或刪除自己的情緒，想要在靈魂中沒有水的狀態下生存，然後不解為何生命就是不願配合我運作，或不解為何世界充滿了無法釋放的情緒痛楚。把四元素模型放在眼前時，我們就能得知沒有任何一樣元素（更重要的是沒有任何一個人）可以在缺乏水象情緒時存活──或說，缺少任何元素都

無法存活。我們告訴自己人能超越心智、昇華肉體、忽略精神渴求或掏空情緒，那全都是胡說八道。不過我們也得面對事實：我們每個人都曾用某種方法，想要使那胡說八道成真。

在四元素模型的幫助下，我們得以用更實際和成熟的態度，進入每種元素的世界。有意識地將每種元素代入完整的架構之中，可以協助我們從所有面向預想平衡和流動的樣子，那麼我們就會開始理解生命運作的方式，或明白為何心靈之中只要有任何元素失衡，生命就會運作不良。我們也會開始了解，如果希望能以精彩的方式體驗自己的情緒（或生命裡的任何面向），那平衡就不可或缺，我們必須完整且有意識地取得自己風象的智慧智力與能力、土象的肉體認知與智力、火象的遠見智慧和水象的情緒覺察力。假設我們真的在乎治癒和個人成長，就不能只著重自己一個或兩個面向而已；想要變得強壯、有覺察力且對情緒靈敏，那就得在自己體內打造一座村莊，學習認可四位一體的土、風、水、火以及我們所有種類的智力。

帶有情緒且具同理地踏入一個主題之前，我們會需要內心的這整座村莊，因為我們並不只是冷靜地研究問題而已，而是要直搗問題的核心，從深處下手。我發現，很多情緒都能識別出問題和失衡之處，接著就能從失衡轉移到理解和解決，而我們經常忽略這個情緒轉換的過程——我們老是試著要先跳到解決方案。然而在沒有真正理解問題的情況下所提出的解方，缺乏足夠的根基，因此並不是真的解決辦法，只是臨時應急的措施，沒有足夠的能量來產生實質的幫助。不過我們都很想逃避讓自己陷入難關的情緒活動，其實原因也很簡單，那就是因為我們都經歷過社會化，學會了要盡可能避免麻煩的事（和大多數的情緒）。好消息是，如果我們如同情緒所要求同意潛入問題、如果我們允許情緒自然流動，情緒就會貢獻出我們所需的能量和智慧幫我們遠離麻煩——且是有技巧

地遠離，不會造成任何不必要的風波。

情緒不會**造成**麻煩，情緒會來是為了幫助你**處理**麻煩的事。學會情緒的語言，你就能改變自己的人生與整個世界。

舉例來說，悲傷會讓我們放慢腳步，使我們不再假裝一切都很美好。如果我們不小心對抗了自己的悲傷，生活很快就會變得一團亂且無法運作。要是我們能驕傲地進入悲傷狀態，我們就能放下，並找到悲傷最核心的回春／重生和治癒力量。或者想想憤怒，它能使我們惱怒，不再裝作自己沒有受傷或被冒犯。如果我們抵抗了憤怒，就會錯失良機，可能還會因為沒有挺身為自己說話而再次受傷。要是我們能驕傲地進入憤怒狀態，我們就能學會辨識自己在乎的事物，修復被破壞的東西，用憤怒具有的力量和肯定去保護自己和他人。唯一能真正脫離任何不穩定狀態的方法，就是有意識地經歷它。如果你能把自己的每個面向都帶入不穩定的狀態之中，取得問題的完整面貌，你就能找到完整的解決方法。

假設你希望能在情緒浮現的時候運用自己的肉體技能，你就得先知道自己的情緒和身體如何交互影響；假設你想要快速思考並能有智慧地處理情緒，你就要明白你對自己情緒和智慧的概念；相對地，假設你想要取得有關自己情緒的見解或靈性知識，你就要知道自己火象精神與水象情緒之間的關係。

切記，絕不要用不穩定或膚淺的方法靠近情緒，因為如果你想要與情緒良好地共處，你就需要深入的知識，而只有完整且資源豐富的心靈才具有這樣的知識。情緒的力量很強大，絕對不要玩弄它，因為我們都知道，要是情緒變動成較為強烈的狀態或你沒小心對待它，情緒就可能非常危險。

展開這場同理心之旅，學習邀請所有元素和智慧同行的時候，我們也要稍稍停下腳步，理解一下社會刻意製造出來的「風象邏輯智力」和

「水象情緒智力」之間的矛盾。如果我們接受「表現情緒化與表現理性化兩者是對立的」這種詭異概念，那我們等於是在自己內心挑起了一場爭執。真相是，在健康的心靈裡，我們的情緒和我們的邏輯會——或說它們應該——互相合作配合。

人的智力中的風象元素——我們的邏輯、空間和語言智力——非常美麗、有價值且絕對必要，但它們僅是人體內整座村莊的一部分而已。除非它們與其他每種智力和四位一體中的每種元素都緊密且協調地連結，否則它不可能處於平衡或穩定的狀態。如果我們讓風象元素遠離它的夥伴——遠離土和水和火，我們就是在毀損它、使它無能，讓它暴露於不必要的危險中。

這問題絕對不是出在邏輯性的風象元素本身，問題在於我們處理自己內在（與外在）風象元素的方式極為不平衡。我們得要先明白自己的智能是如何跟情緒一樣同時被理想化和妖魔化，才能把情緒攤開來檢視；而我們必定也要明白如何有同理心地面對自己的智能、如何有智慧地面對自己的情緒，才能妥善地擁戴和引導自己的情緒。我們需要拿出自己優良的判斷力。

健康地運用判斷力

判斷力的真正作用，其實只是告訴你一項事物的本質，還有它對你有沒有用處。健康的判斷力結合了你的風象智慧與水象情緒，兩者合作形成了一種信念。健康且成熟的判斷力，並不是指壞脾氣的人身攻擊或過分簡化地評價世界，而是一個內在的決策過程，判斷事物的本質還有它適不適合你。如果你想要未經思考——未經判斷——就表露情緒，那你可能會用誇張的方式表達情緒。但如果你在判斷時沒有去感受自己的

決策過程，那你可能永遠無法做出決定。思想和情緒是認知中的合夥人，它們不是敵人。

　　健康的判斷力協助我們確認自己在世界中的定位，協助我們區別小麥和穀殼，這種確認的過程能讓我們保持專注且集中。健康的判斷力幫我們決定選擇某個或另個概念，這個或那個選項。健康的判斷力並不要求我們將自己放棄的選項視為糞土，它只是需要有決策的自由，能與環境互動。試圖關閉判斷力並沒有用，因為我們是活動、會反應、有回應能力的生物，我們面對事件絕對會有自己的想法和感受，也一定會獨立地判斷和理解周遭的環境──不論我們接收了多少的規範，也不論師長有多麼權威。健康的判斷力是我們的心智同時運作、做出有智慧和好的決策時的一個自然過程，同時我們的邏輯智力和內省智力也會恭敬地與彼此溝通。這與壞脾氣的人身攻擊或貼標籤的差別可大了。

　　現在我們用一個簡單的比喻，來區分「判斷力」和「人身攻擊」的差異。試想現在我們處在的房間內的地毯，和房間很不搭。我們可以批判這地毯說它太厚了，踩上去很不行；或者它顏色太淡了，容易看起來老舊和骯髒，所以我們同意這個地毯和房間很不搭。或許我們會難過浪費了錢，或許我們會想把跑鞋放在別處，但我們可以自在地處理有關地毯的資訊，並將資訊加入我們的技能組合，這就是判斷力。這不是人身攻擊，而是仔細的決策過程。我們對地毯有意見、對它有所感受，而且絕對是在批評它，但我們沒有對自己的心智、情緒或任何其他事物造成破壞，因此我們能帶著更多與地毯、地毯保養和整體購買有關的知識繼續過日子。

　　現在針對同一條地毯，我們來看看人身攻擊是什麼樣子：「誰會買這種地毯啊？什麼樣的白痴會把一條純白又毛茸茸厚厚的地毯放在大家都要走的公共區域？你看這顏色不搭嘛，像有人吃了一盒蠟筆又吐在地

上！怎麼會有人覺得這個東西可以當地毯……」在人身攻擊的時候，我們會覺得自己被侮辱且捲入衝突，也就是其實事件已經跟地毯無關了，有關的則是我們耿耿於懷的事、我們的童年問題或我們無法實現的情緒。在人身攻擊的時候，我們會責怪一切，也並未將任何與地毯有關有用的資訊內化。在這兩個例子裡面，我們都不喜歡地毯，但在人身攻擊的時候，我們會大發烈怒，做出瘋狂的假設和指控。

這種攻擊通常會傷害到自己。在把情緒散播到整個空間之中時，這種攻擊會傷害的我們的情緒；在我們攻擊他人之時，它會傷害到我們的智力；而它也會傷害到我們個人，因為我們的行為對自己和周遭的人來說都很丟臉。這樣的人身攻擊不會讓我們變得更聰明、更強壯或更有覺察力，只是讓我們徒勞地反對這個覆蓋在地面的物品而已。如果我們能妥當地判斷，就會限制自己運用擁有的資訊做出可以做的決定，也就能有條理地處理自己的情緒。健康的判斷力會幫助我們選擇對自己生活有用的東西，幫助我們謹慎運用自己的心智和情緒評估情況和他人，也幫助我們連結自己真實的反應和意見。健康的判斷力能讓我們變得更有智能。

這種智能非常重要且有用，但在我們這個獨尊風象、邏輯智力的社會裡，這種智能從來就不是為了我們強加給它的那些艱鉅任務而生。邏輯智力有非常確切的功能、非常確切的特性，然而大多數人都想改變和糟蹋這可憐的智能，讓它變成不是自己的樣子且無法成為的樣子。如果我們想要對智力表現得有智能，我們就要了解邏輯智能與四位一體中其他三元素的交互作用。

找回智能的正當地位

我來提供你一些例子，告訴你完善的四位一體會如何運作：我們的

情緒會傳達無意識和有意識心智的訊息，它們會賦予我們需要的技能和能力，去處理自己所遭遇到的每種情境。

我們可能會有種痛苦、無法言喻的感受讓我們無法完成某個計劃，一種詭異、不知名的東西在阻礙我們。如果我們能潛入自己的情緒中，或許就可以一窺部分情緒狀態大致的樣貌——但也僅此而已；如果我們沒有運作良好的四位一體，我們可能就會因為沒辦法立刻理解情緒而放棄它。然而，如果我們的元素更為融合，我們就能邀請智能加入這個情境，請求它的協助。我們可以為該情緒**以及**我們對情緒的看法挪出一樣的空間，我們可以信任自己的情緒和心智，在我們交互變換於感受情緒和指認情緒之間的時候，它們會互相合作，帶領邏輯和語言智力來執行任務：「這是恐懼嗎？」不是。「是恐慌嗎？」不，但比較接近了。「是焦慮嗎？」是的。「那麼這個呢……？」

只要我們的邏輯智力和情緒智力能夠合作，我們就可以有意識地感受和思考事物；只要我們辨認出情緒狀態，並有智慧地理解它，我們就能跟它和平共處。融合的心靈就是這麼運作的。在不平衡的心靈之中，智能可能會掌控大局，打擊或貶低未被辨識的情緒；但在完善的心靈之中，智能像是個翻譯官，會將它的能力運用於更加了解情緒上。

在下一個例子中，情緒和智力會在整個自我中支持另一種元素。許多人會想像要過著不同形式的生活，追求遠方的機會。這個範例呈現的就是我們的火象遠見攀升到現實之上，進入了平行的未來。如果我們不曉得怎麼依賴我們體內全村的元素和智力，那麼那樣的遠見就可能永遠無法成真，可能降格為破碎的幻想。但如果我們容許完整的自我自在運行，我們就能堅定地往目標的方向前進，使它成真。我們的情緒可以把目標轉化成動力和感受，並以夢想和慾望的形式進入人體內。如果我們能肯認自己的夢想和慾望，而不是因為它好像不合理就壓制，那我們就

能讓日常的行為朝向那個目標邁進。我們的邏輯智力能協助我們為這趟旅程搜集資料，規畫出合理的一條路；我們的情緒可以貢獻需要的技巧和力量，使我們維持在正軌上；我們的身體會幫助我們走向目標，讓它成為生活中的現實；我們的遠見靈魂能在我們疲憊或迷惘時提醒我們，前方還有著令人振奮的事。

這個範例中，我們的遠見智力能預視未來且具有目標，我們的情緒將目標放入我們的體內，我們的身體感受到目標並向它靠近，而我們的邏輯智力制定計劃，使目標成為現實。在失衡的心靈中，我們的邏輯智力可能會想太多，最終打擊我們的目標（它可能會壓制不是它提出的點子），或者未受肯認的情緒可能會過度反應，把我們嚇跑。但在完善的心靈中，我們的邏輯會運用自己轉化、規畫和計畫的能力，全心全意地支持火象遠見。

我們際遇的每種情境都能激發不同的長處，但每個部分的功能其實都是一樣的。我們的情緒可以推動能量、能力和資訊從一個地方移動到另一個地方，使用的方法則是藉由情緒在生命中進行反應與感受；我們的心智會轉化、分類與儲存所有呈現在它眼前的事物；我們的肉體會從內心感受與體驗所有的物體，讓它與現實接軌；我們的遠見靈魂會根據一切其他情境，提供整個事件的概要、大方向。在運作良好的心靈中，我們的四種元素和多元智力就像是編排縝密的芭蕾舞裡的舞者，每個人都隨自己的節奏與方向移動與演出；在運作不良的心靈或系統中（很遺憾地這是常態），元素和智力不會跳舞，它們陷入混亂且毫不優雅，會撞到他人又踩到別人的腳。

我們大多數人的心靈都運作不良，這是事實，沒什麼好丟臉的，我們就是這樣被訓練和養大的，而我們也這樣訓練和養大下一代。不過我們可以學著為自己的內在生活帶來平等與包容（下一章會細談），但只

有在了解自己承受了多嚴重的不平衡時，我們才能達到真正的平衡。

　　大多數人所受的教育都只重視顯而易見的「智能」智力，且切割了我們的四元素。換句話說，我們的精神或遠見生活與日常生活非常遙遠，我們的智能生活也與情緒生活非常遙遠。我們都曾受到訓練，要壓抑自己的情緒，要強調自己的智能，但同時我們卻似乎不曉得要怎麼樣才能擁有深刻的感受和精彩的思想，而且很難把自己的情緒流與智能思考歷程結合在一起。

　　大多數人也維持著身心分離的狀態，因為我們只知道可以這麼做，不曉得如何把冥想、做白日夢或沉思結合到開車、工作和繳房租的日常生活裡。在我們的失衡狀態中，土和火的世界彼此之間似乎毫無關聯。

　　不管我們這個分裂的狀態是在身體和精神的領域，還是在心智與情緒的領域，我們都曾有某種「部份靈魂分離」的經驗，這就是現代生活的真實情況。你可以在「二擇一」的人類特性裡看到及感受到這類的分離情況：人們「**要不是**」存活在金錢與競爭的世界中，「**不然**」就是要隱居過著像僧侶的生活，但不可能同時兩邊兼顧，因為人的身體與精神並不會溝通。他們「**要不是**」能研究所有可取得的資訊且非常肯定，「**不然**」就是迴避所有思緒，迴避在每種情境中徹底感受，但他們不可能同時運用自己的智能與情緒。

　　若我們分裂了，那我們的身體和精神之間（或我們的思想和情緒之間）就沒有東西流動，也就無法明白每種智力的重要性。結果就是，我們會在相對的兩極之間劇烈地擺盪。每種元素和智力會輪流被讚賞，爾後又被忽視。身體不被允許了解其他元素的真相，精神不被允許將它的遠見引入心靈的每個部位，心智不被允許轉化其他受苦的元素，情緒不被允許在鬥爭的拉扯中傳遞能量與訊息。假使我們所受的教育是只能完全仰賴智能，像這樣失衡狀態的結果就是，孤單可憐的心智別無選擇，

只能加強它脆弱、風象的性質。

如果身體與精神意見不合，而兩者又都忽略了情緒的傳遞能力，那麼智能通常會變得非常活躍，這是因為其他所有元素都被扼殺了，而且心靈之中極為缺乏情緒流。出現停滯現象時，邏輯、空間和語言智力通常都會站出來——並非因為它們比其他面向優秀、聰明或手腳比較快，只是單純因為它們是我們在就學過程、智力測驗和生活中，僅剩有機會被運用或被注意到的智力罷了。

假設元素之間都不溝通，那智能就會被迫在心靈之中接下主導的角色，我們就會想太多，往往到了以受到誤用和負擔過大的心理能量去虐待自己的地步。此時我們什麼也辦不到，因為身體無法發自內心地將我們的想法導入真實世界；此時沒有一件事是清晰明瞭的，因為我們的情緒無法做決定、無法感受想法的後果或為智能帶來有情感的資訊；此時也不可能有真正美好的事發生，因為我們的遠見靈魂不被允許協助心智觀察事情由來和最終去向的整體情況。

智能掌管一切的時候，心靈就沒有辦法良好運作，它反而會攪和在無盡的規畫、謀算、「要是這樣或那樣」和過度執著中。這就是我們大多數人體驗智能的方式，但並不是真正或完整的體驗。失衡的智力確實會以不當的方式運作——會造成很多的問題，但它別無選擇。你明白了吧，我們的風象邏輯智力沒辦法獨自平衡我們的整個系統，它沒辦法做其他元素或其他智力的工作，它只能加強自己的工作強度，卻使得我們的系統又更加失衡。

這邊舉個例子：試想你現在要在兩份工作中做出選擇，一份是在你住的地方，錢比較少，另一份在遙遠的城市，錢比較多。如果你只用心智做選擇，你就會把注意力放在交通和財務上——抉擇搬家或留在原地哪個比較合理。你的決策會非常理性。但若是搬家的費用，抵銷了遙遠

都市工作薪資增加的額度，使兩份工作的薪水最後都差不多？如果這兩者都沒有優勢，你或許就不知道該怎麼選了，你會在內心反覆思索這兩份工作：哪個比較好呢？該選哪個呢？假設你的風象智力是你心靈之中唯一能自在運作的元素，你可能會在兩份工作間來回游移，而在沒有真的確定的狀況下選擇了其中一個。但就算你做出決定，你搞不好還會不斷二度或三度懷疑自己，因為在這個情境裡，單靠邏輯其實並不具有力或有支持的指引。

然而，要是你恭敬地對待心中的整座村莊，你就會有更多的選項。如果你無法區別兩種都很有道理的選擇，你的情緒智力就可以提供它的感受，表達兩份工作在情緒上的差異。留下來的感覺會是如何？搬家的感覺會是如何？每份工作附帶的義務與責任是什麼，你對這些還有要合作的人有什麼感受？如果你能對每份工作有點感覺，你就會更清楚哪份工作對你來說比較適合。你的情緒會幫助你感受兩份工作和兩個城鎮的差異，進而幫助你的身體感受兩種決定之間內在的差異──或許其中一地的氣候比較潮濕或比較靠近山脈。你會對留下來或搬家有實質的了解，因為你的肢體動覺智力會把內在的能量和資訊代入情境。

如果你讓你的身體和情緒加入決策過程，你的心智就會冷靜下來，並在心靈之中負責適當的工作，甚至還可能放鬆到足以讓遠見視角浮現的地步。若你的心智適切地接地且集中，你就能享有自己所需的平和與寧靜，詢問自己從大局看來希望人生往哪個方向去，還有哪份工作能幫助你達成目標。如果你能運用自己的每個部分，你的判斷力就不會只包含智能面向，而是有肉體和情緒的支持，能夠肯定人生又有遠見，且有全方位的智慧。

然而，要是你過份依賴你的邏輯智力，你就無法有清晰或全面的判斷力，因為你的智力只能處理它所看見很平面的事實，無法深入事實之

下的感受和細節——沒有你的水象情緒它就做不到這些。若沒了你的火象遠見，它亦無法超越一切事實；沒有土象身體的協助，它也無法讓事實變得有用和實用。當你的邏輯智力孤立於整個四位一體之外時，它將不再那麼聰明、那麼有用、那麼有智慧。孤獨運作的智能，絕對不會有優良的判斷力，因為它無法看見全貌。風象智能可以單獨作業的事只有不斷思考、制定無數的計劃、重複檢視問題數百次，並折磨你的身體、情緒與靈魂，更不要說折磨它自己，但若你能在元素和智力這座平衡的村莊裡給它一個正當的位置，你的智能就可以表現得非常傑出。

如果你能以全村的技能和能力環繞你的情緒，那麼你的邏輯智力和情緒智力就能合作；如果你讓你的情緒流動，你就能把過度操勞的智能從不可能的任務中解放出來，不用再孤立無援地掌管你的整個人生。接著你的智能就能跟它本身風的性質一樣自由自在，能夠高超地轉化資訊，因為它不需要再把資訊從一處運送到另一處。運送資訊、技能和能量——那是情緒的工作；邏輯智能有它自己的工作，它會轉化、整理、儲存與取得資訊。若是這兩者在你平衡的心靈中能相互合作，你就能真正成為有智慧的人。

許多人都誤以為精神和科學、或邏輯和情緒、或肉體生命和靈性生活彼此對立，其實根本沒這回事。沒有任何一種智力會處於對立狀態，自然界裡的四種元素也沒有任一種與誰對立，只有在失衡的人類心靈裡，它們才會對立。我們的所有面向都神秘且美麗，而真正的天賦則舞動於它們交匯之地。

5. 重振你的元素本質
給予中心自我一片天地

　　如果你想要有同理心地面對自己的情緒，那麼在過程中你就得全人投入，維持平衡。把平衡帶入你的系統代表的是歡迎你的每種元素和智力進入你的整個生命。進入完滿狀態這件事並不困難，但可能會感覺不太尋常，這樣的變動始於你所在之處，從你的長處和你的舒適圈開始。一定有某個面向或某種智力是你最常運用的——你仍然是那個獨特的自我——然而一旦能自在且有意識地享有心靈中整座村莊的資源，你就能倚靠更為龐大、聰慧與更有能力的自我。如果開始練習平衡之時，你明白自己可以從一兩種早已訓練良好的元素下手，那你也會感到更加自在。如果你可以說出：「好的，我對自己的土象身體瞭若指掌」，或者「我本來就是個有智慧的人」，那你就可以從這項長處開始努力。接著你可以在自己的技能組合中加入火象遠見、情緒流、藝術和語言技能、智能覺察力或身體能力，並往完滿的方向邁進。失衡狀態是現代生活裡確切的事實，但並不是無期徒刑，只要你起身尋找自己遺失的元素，你就能找到它們，而找到後你就能使它們再次活躍起來。

平衡你的元素

　　了解自己每種元素的功能，有助於自我診斷自己元素平衡的狀態。舉例來說，如果你什麼事都做不到，如果你夢想或渴求的是你永遠辦不

到的事，那你就會知道自己的土象元素需要受到關注。假設你一直搞不懂事情，覺得每件事都不合理，你就知道你的風象元素沒能發揮它的作用——它沒有在轉化事情，而你大概也無法拿出最佳的判斷力。假設你無法徹底體驗或經歷事件——如果事物無法流動或與你毫無連結，而你也不知道自己的感受為何，那麼你會知道自己的水象元素並未在你的生命中流動。假設你對距離或視野毫無概念——假設你無法凌駕於情境之上，無法幻想其他人生的樣貌或結果，或你不相信、不信任直覺或遠見，那麼你就會知道自己的火象元素尚未完全啟動，或並未被心靈完全接納。平衡所有的元素和智力是一輩子的課題，但只要你意識到自己內在已擁有所有的一切，那事情就簡單了。找回失去的象限、支持並養育過度勞累的智力並平衡自己，其實很單純地就只是有意識地進入每種元素。在每種元素的世界中有意識地練習，能領導該元素回到完整自我的平衡狀態中，也能幫你為自己創造出基底，這樣你就能開始解讀情緒的語言。

▶ 平衡土象元素

假如你的土象元素失控了——你疏忽或過度操勞你的身體和肢體動覺能力，你可以有意識地進行身體活動、補充營養和適度休息。恢復土象元素的平衡意指將意識帶進肉體生命，不只要讓身體成長、感受、探索與創造，更要妥善且細心地照顧自己。舞蹈、運動、園藝栽種、攀岩、武術、性愛或任何類型的運動，都能讓你的身體和周遭世界有所接觸，協助你的土象智力達到平衡。

如果你以邏輯為重，你可以為自己設計有趣的運動或飲食養生法——只要你允許你的身體告訴你，當你提供的完美合理方案是否真的完美合理。如果你以情緒為重，你可以投入像是陶瓷業的觸覺藝術形式（或任何你喜歡的事物），或者為生活帶來一些會影響情緒的活動或舞

蹈動作，但在身體需要的時候，你得讓它休息或做些純然肢體的運動。如果你以靈性為重，你可以選擇像是瑜伽、太極或氣功等靈性活動，不過在身體需要的時候，你要給它跟世界玩樂、休息、胡搞和打鬧的機會。如果你以土象為重，而你想要讓你的肉體與其他元素取得平衡，你可以運用活動或舞蹈為肉體生命帶來情緒、遠見或智能的覺察力。

▶ 平衡風象元素

如果你的邏輯風象元素刮起了猛烈的風（或者靜止如一片死寂），你就可以進行有意識的心智活動，研究、閱讀、學習語言或探討你有興趣的事物。如果你不喜歡閱讀和研究，你可以玩拼圖、遊戲或算數。任何能讓你的心智有特定、明確任務的事情都能使它有清楚的重心，為你自己制定計劃並運用邏輯——做點什麼都好。

如果你以實體為重，你可以將知識研究和計劃帶入肉體生命、帶入你的飲食和運動，或帶入你的家庭和工作環境，但記得每隔一段時間就要靜下來，讓你的思緒能夠好好流動。如果你以情緒為重，你可以深入探索藝術、心理學、神話學、社會學或文化人類學（或任何注重藝術表現、人際關係、文化或人類發展的主題），但記得在你的心智需要時，要讓它能自由冥想，不用跟它的想法連上線。如果你以靈性為重，你可以研究比較宗教或深入研究你的信仰的歷史，你會擁有更多靈性信仰的知識，但記得在心智渴求的時候，讓它以邏輯探索事物（而不受任何有信念根基的規範限制）。如果你以智能為重，而且想要讓風象元素更加平衡，你就可以運用心智支撐你的肉體經驗、情緒知識和遠見覺察力。

▶ 平衡水象元素

如果你的水象元素氾濫（或乾涸）了，你可以有意識地進行表現性

活動。任何可以從身體或心智釋放出感受的事情都會協助你重新平衡水元素。恢復水元素的平衡意味著學習情緒的語言，且有意識地將它們的智慧引導進你的生活。舞蹈與表現性活動、音樂與所有類型的藝術、寫作（特別是詩詞）和任何自然的追尋，都可以深層地治癒你的情緒自我。你的情緒需要自在流動並感受所有事物間的連結，它得要能透過藝術或行動表現出自己的智慧。

　　如果你以土象為重，你就可以學著用肉體官能且敏銳的方式移動自己的身體，學著緩下來，用舞蹈、雕塑、戲水和美好的性愛感受食物的口感、感受自己身體的膚質與你周遭的世界。學著用無架構、流動的動作平衡自己身體的力量與穩定性。如果你以心靈為重，你可以研究情緒，或者你可以透過寫作、音樂或詩詞情緒化地表達自己，但記得在情緒渴望自由的時候，給它隨意吐出文字和想法的機會，不受任何形式或理智的限制。如果你以靈性為重，你可以透過流動（非靜態）的冥想式行為表達自我，例如太極或氣功，但記得仍要給予情緒自在而沒有框架的流動空間。你也可以在大自然中冥想，或在大海中花點時間安安靜靜的，提醒自己的遠見靈魂在世界上流動的必要。如果你以水象與情緒為重，而你想讓內心的村莊更為平衡，那麼你可以把人際和內省的覺察力導入智慧探索（你可以研究人類怎麼彼此建立人際關係）、你的實際經歷（你可以察覺到自己內心的感受）和靈魂遠見（你可以探索它與你日常生活的關係）。

▶ 平衡火象元素

　　如果你的火象元素正在肆虐（或被澆熄），你可以有意識地進行靈性或沉思活動，在日常生活中挪出點空間給夢境、直覺和遠見。對有些人來說，宗教式的觀察和冥想有治癒功效，但你也會發現大自然中其實就有靈性治癒的效果，存在你於花在動物、小孩、老年人身上時間，存

在於你待在水邊的時間。你體內的遠見，會需要有它自己的空間（和大量接觸生物），才能產出最佳的表現。

如果你以實體為重，你可以執行實體的冥想，例如瑜伽、太極或氣功，但記得每隔一段時間就要讓自己能悠遊攀升到想像的繁華世界之中。如果你以智慧為重，你可以在思考歷程中加入靈性的文字與想法，研究偉大的夢想家與有遠見的人，但記得在沒有研究指引時，也要讓自己知道真相。如果你以情緒為重，你可以在處理情緒時加入預想的概況，你可以從高處審視情緒——從你的文化中、跨文化中、在你的家庭裡、在你的心靈裡審視情緒。如果你以遠見為重而且你想要平衡你的心靈，你可以把敏銳的觀察力放到現實生活、知識思考與情緒覺察力之中。

合而為一

當你的情緒面向、智能獻禮、肉體的技能與長處和遠見靈魂都有了相互尊重的同儕關係，你就能表現得非常傑出。若是你讓你的身體處於平衡狀態，它就能反映出、能實現與實踐你的情緒真相、你的知識資訊和有遠見的確信。若是你給予邏輯心智自由，它就能轉化你的各種元素，提供事實與知識，以支撐你身體的感官、你的情緒現實和你的目標想法。若是你准許你的情緒自在地從一處流動到另一處，它就能為你的遠見靈魂、土象身體和風象心智傳遞能量與資訊。若是你給予你的遠見靈魂尊榮的地位，它就能發揚光大，為你的肉體、情緒和智慧生活帶來永恆的智慧。

不過在平衡的過程中，會發生一件奇特的事。在讓自己所有的部分都融合之後，你會突然意識到自己並不屬於任何一種元素或任何一種智力。當你首度猛然意識到，你不只是你的身體、你的情緒、你的智力、或你的藝術能力或你的遠見時，你可能會很驚嚇（甚至迷失方向），可能會覺得

很不安——彷彿雙腳浮在半空中一樣。你擁有每一種元素和智力，但卻不歸屬於任何一種。一旦你遠離了失衡和被藐視的狀態（你以為自己是以智力或靈性或情緒或實體為主），此時就開啟一個嶄新的世界。如果你體內所有的元素和智力都在平衡的狀態，那麼第五種元素，或稱元智力（meta-intelligence）——有關你的智力的智力——就會從你心靈的中心浮現出來。

在不同的古老智慧傳統中，這種新的元素可能叫作大自然、木或以太，它也是英文中「精華、第五元素」（quintessence，意思是一樣事物最純淨或最美好的展現）這個詞當中，表徵五（quint）的部分。雖然沒有它，你的四種元素都無法存在，但只有在外部的四種元素彼此之間關係都很平衡時，這項中心本質才能真的發揚光大。該第五本質元素成為你的個人、靈魂、自我或個性的新核心，且不再單純依靠一種或兩種的智力發展。這項真正的本質出現後，你就能自由和平均地運用自己的各個部分，因此你就又能作為完整和靈敏的個體生活並生存了。然而你必須能夠識別與整合體內的整座村莊，這項真實的第五元素才會真的繁盛起來（而且甚至一點都不顯眼）。

許多傳統和文化中，都有這種「在平衡和完滿的狀態中，浮現新的生命力或新的元素」的概念。中國道家有五行，土、金、水、火和木，在這個系統裡，金是智慧的風元素，而木則是所有元素都平衡之後會出現的那個元素。中國五行裡說的木並非一塊枯木，而是土、金、水和火都處於平衡狀態後出現之有生命的樹，或者有生植物的世界。道家也有飲食的五行，甜、酸、鹹、苦和辣，如果一道料理能結合所有的五味，據說就能治癒人體並平衡所有的器官與身體系統。

很多美國和非洲原住民的宇宙論都會提到，四種方位或四個季節是生命中神聖輪盤——或神祕螺旋——的外在面貌，但是在這種宇宙論之中，方位和季節的變動一定會有個中心點。北、南、東和西只相對於中

心存在，而四個季節以時間為核心，相對於生命的螺旋或偉大的大自然存在。在基督教傳統裡則盛行三位一體的系統，其中有聖父、聖子和聖靈，但許多人認為缺乏平衡與完整性。有些基督教徒會想創造一個神聖的第四方，將聖母瑪莉亞和整個女性的概念加入三位一體中。很多人認為，若是三位一體能成為四位一體，透過納入聖母瑪莉亞達到平衡，那基督教會就能再次復興與重生。同樣的，這個概念也是在說，新的生命會從完整且平衡的元素之中升起。

你自己人格中的四元素達到平衡時，同樣類型的生命也會出現，第五種元素的自我——進化且融合的全新自我——會突然甦醒過來，隨著你的元智力浮現，它會增強你的能力並增加你的選擇，你就能以全新的方式看待世界。你不再大幅擺盪在太敏感或太粗心、太現實或太虛幻、太情緒或太冷漠、太迷信或太世俗之間。一旦你能從自己四元素的核心站穩站挺，你就成為全新的人了。

對於自我的全新見解

元智力（或第五元素人格）出現在自我的核心時，肉體上世俗又受禁錮的想法會褪去，因為肉體的火象事實創造了四位一體的堅固的根基。心智煩人又不值得信任（或比其他元素都聰明）的想法會褪去，因為心智能把風象的優異能力導入徹底發揮作用的心靈。情緒不穩定又危險的想法會褪去，因為情緒會為心靈貫注具生命力的流動力，而靈性虛無飄渺又與生命無連結的想法也會褪去，因為靈性會將其火象遠見發揮到極致。判斷力會帶來麻煩的錯誤觀念亦會褪去，因為如果我們能平等地肯定土、風、水和火，我們就能做出完滿的判斷，而不是像人身攻擊那樣在失衡的心靈中隨意批評。根本上，平衡的四位一體消弭了幾乎所有我

們對人格與自我的認知，取而代之的是具有完整人性的鮮明畫面。

　　每當我聽見有人從一種元素、兩種元素或甚至三種元素體系獨斷地談論人格特質的作用，我都會搖搖頭，因為從四位一體之外能看見的，僅是殘影和破碎的自我而已。從失衡的立場看待像心靈這麼複雜的東西時，根據那種視角做出的結論一樣也會失衡。如果你自己都不擁有中心自我，那你根本不可能理解或者甚至描述什麼是中心自我。因此如果有人在詆毀自我或表示人類無我，你一定要仔細聆聽，是什麼樣的失衡狀態使他想要攻擊靈魂核心的第五要素呢？

　　如果有人攻擊了中心自我或四位一體中的任何一種元素，那麼問問你自己：「他是從擁有完整知識的角度發言嗎？」你必須先見識過健康且富足的人格後，你才可能真正完全理解那是什麼樣的東西——就如同你必須先了解四位一體的概念，才可能真正完全理解四種元素的每一種；你得先理解自我、人格或個人最完整的面貌，它們才可能出現在平衡且富足的心靈中。從失衡的體系中出現之破碎又絕望的東西，只不過是真實個體、真實人格或真實自我的殘影罷了。如果一個人只運用了部分的意識，那他的靈魂核心就長不出什麼有用的東西，能夠邊走路邊嚼口香糖就已經算他好運了！

　　如果你處在失衡的四位一體裡，你會不斷忘記要行動或思考或感受或做夢，且一天又一天你和你的心靈並未變得更富足或更有內涵，反而只是變得更加失衡。你的性格可能會一下冷淡或一下暴怒，你的自我可能搖擺於極度沮喪和極度膨脹之間，而你的自尊可能瘋狂擺盪於毫無支撐的高空和不切實際的低谷。但如果你能獲得你的每種元素和每種智力接地又平衡的特性，你就會有個穩定的基礎和真正的歸屬，你就能在生命中創造奇蹟，因為你完全且有意識地掌握了大自然和演化所賦予你在這個星球上生存所需的一切道具。

這樣平衡的模樣從理論看來非常簡單，你只需要把你的現實生活、你的情緒、你的智力歷程和你的靈性知識，納入你的日常生活即可。你可以每天回顧本章節裡的平衡元素練習，或者你也可以發明自己的方式來平衡你的四位一體，但現實是，首先你得要能每天執行才行。要在這個不支持平衡或不大理解平衡為何物的世界裡維持平衡狀態，真的很不容易，隨著一天又過去，你會發現要找到願意聆聽你的情緒或遠見認知的人是多麼困難，很多人都只想聽你的知識性想法（當然那還是指他肯聽你說話的情況）。成為擁有完整心靈的人是一段令人鼓舞且精彩的體驗，但其中也會有不適的地方——一開始可能會孤單到很痛苦。但只要解脫了那些使你盲目和緘默的體系與思維，你就會獲得無盡的自由，不過你也會遠離很多朋友和熟人。擁有完整智力與五種元素的人並不常見，且在我們的世界裡支持完整性的聲量也不大。

如果你提出肉體有智慧、心智可以安定、情緒有治癒能力或火象遠見能使人自由的說法，有些人還會變得有防衛心；因此為了你自己的成長與幸福著想，最好別驚動到你周遭的所有人，而是在摯友的支持下想辦法做到這些平衡練習，或來同理心學院跟我們練習。但是如果你找不到夥伴也不用擔心，**所有**個人的成長都必須要把一些人拋在身後，但這樣的成長也會為你的生命帶來新的人和新的經驗，很快你就會找到願意支持你持續改變的人了。

我倒是要警告你，如果你跟過去的我一樣，想要在完成自己的任務前就改變周遭失衡的體系或群體，你可能會中斷自己前進的進度。失衡的系統需要大量粉絲、馬屁精、代罪羔羊和親信才有辦法不斷前進——他們身邊彷彿有種磁力，會在你根本沒不知道的時候就把你扯過去。

這邊提供一些明顯失衡狀態的徵兆：存在（跟人、元素或智力有關的）階級和分層；無法容忍神秘性（以及必須從單一的視角解釋事情）；

抗拒整體的元素或智力；以及缺乏幽默感。這些是我絕不會忽略的警訊。如果你想要跟自己的四種元素和諧共處，我給你的最佳建議是最好對你正在進行的改變默不做聲且謹慎小心。只要祝福那些失衡的人和系統就好，讓自己脫離他們的影響範圍，專注於自己內在的變化和自己的情緒。當然，你也要研究自己周遭失衡的人和系統——他們總是很有趣——不過切記要保持自己的內在活動私人且神聖，不要被他們掌握。等你找到自己的平衡和完整性，你就可以用平衡且完整的方式去改變了。

在你富足心靈的中心有著富麗堂皇的偉大，而當你有了完整的自我能夠看世界，你就能跟世界產生深刻的連結。然而，這趟旅程的一開始你可能會經歷失去——失去幾段關係、你珍視但派不上用場的思考模式，和你過往對自我的認知。你要了解，這種失去是有意義的，它能幫助你明白改變確實正在發生。如果你能跟改變的長河一起流動，而不是緊守著老舊的停泊處，你就能把這段失去的時光轉換為卓越的個人成長。不過醜話說在前頭，在許多文化中，學習情緒的語言並非都是正常或可接受的轉變。情緒存在於我們不重視的元素之中，存在於我們不會有意識運用的智力之中，因此進入情緒的世界就代表了要遠離現況。

假設你在捨棄過往的生活模式上需要支持，那就重複本書第三章當中自在流動的悲傷練習，或者往前跳到後面有關悲傷的章節，在那邊你會學到，受到肯認的失落，必定會走向重新得力與重生。如果你想要對抗失去或者不願放下已不屬於你的東西，你就沒辦法自由地生活或生存。你的悲傷能幫助你理解，只有刻意進入失去的狀態，你才能再次覺得自己活著。

具有完整五元素的人格範例

我想提供你一些鮮明的例子，讓你明白動用了內心全村的智力和元

素，會是什麼樣子，感受又是如何。我曾讀過有關奈諾亞・湯普森（Nainoa Thompson）的故事，在裡面看到了具有完整資源的行為的絕佳範例。他是夏威夷籍的領航員以及玻里尼西亞遠航學會（Polynesian Voyage Society）海上獨木舟會長。湯普森接受的是古老技藝的「導視」（wayfinding）訓練，這是玻里尼西亞不使用儀器的導航方式。你可以想想，早期大溪地先民看著海鳥從夏威夷群島的方向飛來，於是駕著獨木舟啟程，最終找到且移民到夏威夷。這樣想就能明白導視真的是一門藝術與科學。

導視需要關於潮汐與行星方位強大的邏輯知識，以及能完整規劃航程的能力，但也仰賴很實際的體力和划艇與航行的能力，仰賴肢體動覺能力以感受海洋與空氣的細微變化，需要雄厚的內省能力以聆聽自己的情緒反應，還有人際能力以察覺到船員的情感變化。除此之外，導視還需要跟玻里尼西亞族的傳統、信念與夢想有真誠的連結，因為對他們來說導視是一種靈性行為，只有具強大火象覺察力且跟族裔知識有深刻連結的人，才能理解所有海中之神的訊息。導視也需要第五元素自我，才能根據各方來來去去的資訊做出完善的決策（且能在缺乏重要資訊時提供協助）。

湯普森在 1980 年首次擔任長程航行的領航員時，他和他的船員駕著獨木舟（不具任何儀器）從夏威夷航行到大溪地。航程半途中小船受困於赤道無風帶裡，那是可怕又危險的逆風區域，伴隨著兇猛且鋪天蓋地而來的狂風。好幾天裡那陣狂風把小船吹向一個方向、再吹向另一邊，接著又另一邊，湯普森幾乎無眠。死寂的夜裡，小船在強風吹動之下移動的非常快速，但到底是往哪裡去呢？他們根本無從得知，因為夜空已完全被雲層和大雨所遮蔽。湯普森心力交瘁且非常迷茫；他的心智和身體根本無法運作，他往後靠在欄杆上，突然一陣寧靜的感覺襲來，他彷彿看見了月亮——雖然當時肉眼是看不見月亮的。在那一刻，他的智力抵抗著這種幻覺，但湯普森有強烈的預感知道幻覺要傳達的訊息，所以

他將小船轉了向。這麼做之後，他的身體與情緒立刻感覺到做對了事，接下來雲層揭開了一小塊，顯示出月亮確實就在他的幻覺預言的方位。湯普森無法單用理智解釋這個經歷——他根本沒打算這麼做，他的中心自我知道領航需要的可不只是當個優秀的邏輯學家和水手而已。

拉丁語有句智慧的話語是這麼說的：事物與理智相符應（Adaequatio rei et intellectus），意思是「想要去理解事物的那個人」的理解能力，必須要與「他想要理解的那件事」相當或相匹配。奈諾亞‧湯普森正是這句諺語的超完美示例：他有多年的航行與划艇知識，有肉體的力量與能力，有對預示的信任，有情緒技能和能力以使自己從恐慌和疲勞中冷靜，有與祖先連結的感知，所以他絕對能應付眼前面對的任務。他沒有任何外在的東西可以依靠，因此他向內尋找，且在自己內心那座村莊找到了答案。

嘗試偉大或新的事物時，我們將會需要自己內在大量的資源，還有心靈上穩固的制衡機制，這樣才不會因為現實的衝擊而不知所措。如果我們能平均地依靠所有的元素和智力，我們就能完整且有意識地取得所有需要的資源，足以使我們做出完善的決策和有力的行動。然而，取得這麼多資源的過程中，也會有一個「中心自我」，它是獨立於各種元素和智力之外，而它能夠協調各種能量流（就像湯普森在看見看似不合理的月亮幻覺出現在他眼前時，能夠做出的表現）。這個中心自我可以說：「我的邏輯心智無法理解這個火象幻覺，但不表示這個幻覺就是虛假的。」只要有第五元素自我在心靈的中心運作，那麼每種元素就能彼此相互平衡地共處。

另一個五元素的有趣例子，是有些人可以在彼此的人際關係最中心處，創造出一個第五元素的個體。1960 年代出現了兩個四人男團，他們創造出的流行藝術，至今依舊存在。第一個是披頭四，他們具有四種元素（雖然每個人都是完整的人，並非只是一種元素的代表），林格斯塔（Ringo Starr）代表土元素，或者接地的節奏和根基；喬治‧

哈里遜（George Harrison）代表風元素或智慧的面向；約翰藍儂（John Lennon）代表水元素或者情緒，有時甚至是有爆發力的面向；保羅麥卡尼（Paul McCartney）代表火象的地位——儘管他常和藍儂爭執，會爭吵他們的水象和火象責任，不過他代表了群體中的願景或領導人。而在這個團體的人際關係最中心處，出現了一個反映這四個人平衡的第五元素：披頭四的音樂。他們的音樂迷倒、挑戰、吸引了無數的人，即便披頭四至今已解散，還是沒有任何人有辦法複製他們的現象，大家仍然不斷撰寫著披頭四的秘訣，卻沒有人討論表象之下「各元素的完整性」——這才是使他們音樂如此難忘且精彩的原因。

第二個四人組則見於電視影集《星際爭霸戰》（*Star Trek*）的角色中。在這個四位一體中（雖然每個人也都是完整的個體，而非僅具有單一元素的角色），史考特代表土元素，負責有效率地操作所有機械；史巴克代表風元素，具有智慧專業；麥考伊博士代表水元素，具有情緒覺察力（和治癒的責任）；寇克艦長代表火象、遠見的領導角色。儘管其他常見角色（像是烏瑚拉中尉在她的職務上同時代表風和水，因為她既是通訊官又是音樂家）也對整體元素平衡有重要作用，但這四個人具體呈現了清楚的元素性質。他們四位一體的最中心就是那艘星艦（以及任務）：企業號，有自己的樣貌與故事，主角在其中也有他們的生活和故事。就如同披頭四一樣，無數文字書寫著《星際爭霸戰》精彩的文化現象，但讓節目精彩難忘之完整性與四元素平衡的核心概念卻被忽略了。

雖然我們並不會有意識地表揚所有的智力，也未受到訓練要留意具有五元素的人或行為，但四位一體和中心天然元素似乎總能找到方法讓大家看見它們——透過藝術、小說、象徵主義或任何可行的方式。這是很有用的，因為如果你想要適應廣闊無邊的情緒世界，那麼找到具有完整資源和五元素的人和行為作為榜樣，就是非常重要的事。如果你問的

是深奧的問題或想要做大事，那你就需要龐大、強壯且平衡的中心來運算所有你取得的資訊，如果你沒有運用自己所有的資源，你就不可能學會新的技能，也不可能深入這博大精深的奧祕。

切記：「想要去理解事物的那個人」的理解能力，必須要與「他想要理解的那件事」相當或相匹配。在你進入情緒力量強大的世界之前，尤其是在這個情緒被貶低為廢物且淪為陰影的今日世界裡，你的肉體必須安定，心智必須集中，情緒必須靈敏，精神必須保持警覺。在你的心靈中心也需要一個具有完整資源的自我，而它能夠說：「我的老天，那真是強烈的狂暴怒意，但我不需要對誰發火啊，我可以拜託我的火象和風象元素讓我理解這件事」；或者「這真是強大的悲傷，但我不用逃避，我可以詢問需要釋放的是什麼、需要回春復生的是什麼」；或者「這是恐慌，這是僵住的反應。我可以問我的身體要怎麼再次移動，我也可以叫我的靈魂幫我從驚嚇和瀕臨死亡邊緣回過神來」。你那個具備完整資源的中心本質，不僅掌握了通往精彩情緒生活的關鍵，更握有了通往整個精彩人生的鎖鑰——只要你有意識地迎接自己所有的元素和智力，它就會有意識地浮現。本章提及的平衡元素練習能幫助你打好基礎，得以重新找到自己的完整性，恢復自己獨特的中心本質。

重新恢復與分心：明白其中的差異

現在你已經大概清楚自己的元素與智力適用於心靈的何處（或不適用於何處），而你的任務就是要找回自己遺失的部分，將它重新放回意識之中，恢復自己的完整性。平衡每種元素的方式其實都非常簡單（你只需要對該元素有所意識，以及了解它在世界上運作的方式即可），但恢復心靈完整性的過程則可能充滿阻礙。由於大多數人都不知道平衡或

整合自己的方法，因此我們在平衡的時候可能會用力過猛。我們可能會因為那些事物而分心，可能被自己弄糊塗了而想利用它們，而非運用其技能與能力。請為自己的心靈留意這種分心的可能性。

冥想或移動、創作藝術或做研究時請觀察自己，確保自己不是利用這些事來排除所有其他事情。我們很容易就會一頭栽進平衡的練習中，徹底忽略了你本來應該要平衡的元素或智力——過於勤奮地冥想而非單純讓自己放空和作夢；大量閱讀和研究而非讓自己無拘束地思考；刻意運動而不是讓身體自在活動並用感官感受世界；或者在難過時創作藝術作品或演奏音樂，而非與自己的感受共處。請小心這些狀況，確認自己能夠像處理藝術媒體那樣處理自己的情緒；規畫日常生活並在其中置入邏輯，而不是在生活遭遇困難時長時間閱讀、上網或玩電動遊戲；把直覺的遠見運用到每天的生活之中，而不以耗盡精力的冥想練習將自己隔絕起來；在日常生活中迎接自己的土象元素和身體的需求，而不要把運動或伸展當成是產生壓力後的釋放工具。你的每一個部位都有它的治癒歷程與平衡活動，但請小心運用，因為你可能會太過仰賴這些歷程與活動，而無法發展內在的技能！

集結你所有的元素和智力的目的，是要幫助你的心靈變得更有功用，並使你的中心自我能擁有更多的資源，這樣你才能良好且有技巧地面對自己的情緒。如果你不斷讓自己孤立於世界或人生之外，或者心不在焉，你的中心自我就不可能擁有完整的資源。

擁有資源的過程並不是要變得完美，而是要變得完整。完整的心靈能夠回應並參與這個世界，因為它能取得許多的資源和能力；完整的心靈得以與情緒合作，然而完美主義的心靈則只能在狹窄的空間內運作，亦即在「嚴格的認知和嚴謹的管控」之內。如果你發現自己專注於用堅定的決心和完美主義平衡自己的內在，那麼你要明白：你內心的情緒流已經不見了。

歡迎水元素回到你的心靈時，我們要的形式不是規律練習，而是它以情緒本身的形式出現。讓你的身體感受自己的感受，你的心靈就會再次流動起來。如果有任何一項平衡的練習開始籠罩著你，那就退一步重新檢視自己正在做什麼，重新找到重心再回到正軌上，最終你就會明白該怎麼做了。

切記，平衡是目標，不是事實。有些時刻、有些日子裡，甚至是接連好幾個月，可能你的一兩種元素或智力會因為某些原因退居背景（例如在某工作環境中對遠見的警覺力可能並不是最重要的事，或在學術環境中對情緒的警覺力可能不受重視等等）。很多情境中，你只會啟動部分的你，就像在地球上，很多地方並非同時都具有土、風、水和火所有的元素。想想寒冷、黑暗的深海，或者長不出任何東西的花崗岩表面，或者炙熱的沙漠，許多自然環境中都會缺少某種特定的元素，但因為我們的星球是一個整合的系統，所以就算在惡劣的環境裡大自然還是能夠苩壯。

這件事很重要，你得把它記下來。你內心全村的元素和智力會建立一個整合的系統，幫助你在艱困的環境裡脫穎而出。如果你的心靈失衡了，你可能會遇到麻煩的瑣事，其實就是因為你沒辦法運用完整的自我罷了。然而，如果你能肯定自己所有的元素和智力，那麼因為你享有大量資源，你就能避免不必要的麻煩。舉例來說，假設你隱藏了自己的智能和夢想的遠見，創造了乾涸如沙漠的靈魂，你就會因為忽略了肉體和情緒的現實而使自己深陷危機。但是如果你進入到某種情境（例如靈性活動），需要有風有火如荒漠的靈魂，而你又正好可以取得自己所有的資源，那你就能在自己體內打造出肉體和情緒的灌溉系統，創造出能休憩的綠洲。

或者，假使你悲慘地深陷於受碾壓且未受擁戴的情緒深水中，你可能會溺斃，但如果你選擇以完人的姿態進入自己強大情緒的那片深水中，你就能夠游起泳來並活下去。你可能會選擇（像潛水員一樣）追著自己吐出的氣泡來到水面，讓你的思緒帶領你向上脫離情緒的深淵，因此能

夠喘口氣；你也可以用實際的行為打造一座土地的島嶼，讓自己在每次深潛之間有地方休養；或者你可以讓自己火象的老鷹本質攀升到情緒的河流之上，使你記得所有事情的來龍去脈。

簡而言之，擁有完整資源的人格能幫助你在問題出現時，仍然保持完整。只要保持完整，你就能度過困難的日子，挺過艱困的環境——就像地球一樣。因為在你心靈的最核心，你擁有健全又多面向的自我本質。只要你保持完整，你就不需要像完美主義者一樣，身邊的一切都不可變動且必須受控，你也不會只有在所有條件都符合你的要求時才能感到快樂。只要你保持完整，你就會具有真實且多樣的情緒，體驗真實確切的成就與困難、真實的智能喜悅與掙扎、真實的遠見覺醒與困惑；你將擁有完整且豐富的人生。從那樣完整的地方起步，你就能與自己的情緒相遇，學會它們的語言。

記得重新複習本章提到的平衡元素練習，還有別忘了，在第十章會學到的五種同理心正念練習也會對你有所幫助，但你所擁有最具價值的平衡工具（如你在第三章中所學的三種情緒引導練習），則是你的情緒本身，而我們會在本書第二部分深究其流動力和精彩的世界。

對抗情緒流（警告：情緒流永遠會勝出）

假設我們沒有與自己自在流動的情緒建立有意識且刻意的關係，那麼我們就無法明白情緒流的必要性。我們可能會抵抗情緒流這樣的概念；我們會把特定的元素和智力推擠到陰暗的角落，會關閉我們能掌握的情緒流，試圖於內心壓力增加的同時，生活在麻木式的平和與寧靜之中。我們可能會被生理的疼痛和症狀擊倒，但明明只要傾聽自己的身體就能安撫它了；我們可能會飽受頑固且壓迫的思緒折磨，但明明只要邀請我

們的想法與其他元素對話，就能讓它放鬆；我們面對自己強烈且不受信任的情緒可能會變成無能的魁儡，但明明只要聆聽它們的訊息，就能治癒自己；或者我們可能因為不受控的遠見和想法而失去了方向，但明明只要肯定它們的存在，就能讓自己找回中心。試圖抵抗情緒流的時候，我們常被擊倒，悲慘的是這還會讓大多數人再挑起新的戰爭。這種人類跟情緒流之間徒勞征戰的景象看了實在讓人難過（經歷起來也非常痛苦），但卻充斥於我們周遭。假使我們無法明白，流動是所有元素和所有生命自然的行為，那我們就無法與自己的元素和智力結盟，也無法達到平衡狀態，反而是在打一場必定會輸的仗。

　　當代世界像個戰場，滿街都是無法抒發不適的肉體與靈魂。不論我們做什麼，情緒流動都不會停歇。我們跌入了戰場，稍稍恢復一點，脆弱地抬起頭來，接著砰的一聲！又是另一波浪潮襲來把我們打倒在地。我們學會了憎恨各種樣貌的流動力，而不是學著與永不停歇的流動力共舞。而在即將輸掉這場戰役的期間，我們會試圖抓住無用的東西來減輕痛苦——壓抑自己元素的流動力，或用分心策略（像是運用平衡練習而非「真正」邀請元素進入生活），或者對物質或行為成癮來模擬平衡的狀態。我們經常會利用成癮或分心來獲取或拒絕不想要的元素（或不想要的情緒），這種行為可以讓我們在一小段時間內引導情緒流。成癮和分心當然無法帶來平衡、完整性或真正的情緒流，然而如果我們所受的教育就是要區隔每種元素和智力、歸類每種情緒且極度不信任情緒流，那麼成癮和分心**確實能**帶來某種平靜。

　　這麼說好了：假設我們把流動力和情緒當成是問題，我們就會開始想要解決問題，最終就會根據「流動力和情緒等於問題和失序」這個前提去提出解決方案。如果我們相信情緒就是所有問題的根源（因為我們學到的是不要信任情緒流，因此不論做什麼都不可能達到平衡狀態），

那成癮和分心就可能是唯一的解答。反之，如果我們能歡迎流動的情緒，認為它們必要且無可取代——就跟完整運作的心靈中的水元素一樣，那我們就不用進入解決問題的模式了。我們不用拋棄自己的情緒，或把它綁在椅子上逼迫它認罪，我們只會想要了解情緒、跟著情緒流動，且在有能力的時候跟它成為好搭擋，共同合作。這就是我們正在做的事。

但要是你現在就正在利用成癮或分心處理自己的情緒生活怎麼辦？你該怎麼做呢？

這完全取決於你自己，但在下任何決定之前，你可以透過同理心的眼光，檢視自己為了讓心靈脫離停滯和干擾，而拿來舒緩的成癮和分心事物是什麼。關注會分心的習慣、操作和行為，可以打破分心事物對你的掌控，就像了解成癮的影響可以幫助你了解自己在尋找哪種解脫一樣。我們絕不會因為意外、錯誤或毫無理由就使用藥物或讓自己分心。在失衡的世界裡，成癮和分心都有非常重要的地位，生活在不具有內在完整資源的世界裡會使人很不穩定，也正是因為這樣，許多人才會轉而依靠成癮和分心，只為了過日子而已。沒有穩定核心的話，我們就會被那使我們活著的力量——流動力、移動和變動——所擾動。我們本來就知道這些事，但若我們沒有活出中心的自我，就會不知道該**拿它怎麼辦才好**。在最核心之處，沒有人能告訴我們該怎麼做，情緒流也可能會打擊和折磨我們，我們可能也不具備做出有意義決定所需的平靜或冷靜。我們並不是因為崩潰或無知，所以依靠成癮和分心，而是因為我們極度渴望恢復失去的能量並為困苦的心靈找回平衡，才會這麼做。

我們依靠成癮和分心的理由都非常合理——所以讓我們深入表面之下，帶著同理心的眼光看看成癮、分心和止痛的行為能為我們帶來怎樣的舒緩，接著我們再躍升到情境之上，想像不再需要成癮和分心的生活會是怎樣全新的樣貌。

6. 逃避、成癮與覺醒
了解分心的必要

　　如果我們已經發展出具有完整資源的心靈，那我們就能調和與調節自己許多的情緒流，能傾聽和觀察內在的任何活動或掙扎，並帶著善念，恢復自己心靈的平衡。然而如果我們沒有能夠運作的核心根基，我們可能會覺得被不受管控之流動的思緒、情緒、感知和異象見所打擊，而不是隨著它的潮起潮落優雅地移動。假若我們無法挺立於自己的中心，那麼我們的每一部位都可能會陷入某種困擾之中。

　　大多數人在面對困難的時候，都會學著堅持下去，我們會找出應對的方法——不是茁壯、不是翱翔、不是享受和擁抱，只是單純地去處理。很多人會尋求某種形式的解離行為，例如逃避問題、讓自己從問題分心，或者是對某物質成癮，以使自己能享有片刻的快樂並脫離問題。多數人並未學會怎麼引導自己的情緒流，而是找到遠離夢想的方法，脫離自己的情緒，不顧自己的思緒，遠離自己的遠見和離開自己的身體。我經常說所有人類都有脫離身體的經歷，但更準確地說，應該是我們的中心自我經常缺乏能夠領導或安撫自己的角色，因此我們會緊抓著任何能找到的舒緩形式。逃避、分心和成癮絕對是大多數人類的共通點，因為失衡即是大眾心靈的共通點。

　　靠向平衡的狀態就代表著遠離分心、成癮和逃避的行為，但是這樣的變動並不尋常，因為使人分心的事物隨處可見，我們基本上每天（甚至每分每秒）都在讓自己分心。大多數人都生活於某種固定的模式裡，我們

把忽略或逃避問題當成理所當然。你可以留意到，許多人不把咖啡當成飲品，而是當成睡眠的替代品，幫助日常專注力。你也可以觀察人的駕駛行為——他們會講電話、吃東西或閱讀，卻不把注意力放在馬路上。你可以發現，許多娛樂已經成為幾乎每個家戶的必備品，甚至是每個小孩日常生活的一部分，花了極多時間上網，讓心思被無關緊要的事情填滿。好多人在清醒的時間裡都處於緊張又分心的狀態，我們運用分心來處理工作、人際關係、家庭、健康照護、思考歷程，尤其用來處理我們的情緒。我們讓自己無法專注於目標和夢想、所愛和渴望的事物、困擾和傷痛，無法專注於最深的期盼和最真實的自我。我們使自己分心，無法進入完滿的狀態，最可能的原因就是我們沒有見證過，完滿是真實且可及的。

遠離分心、成癮和逃避行為意味著遠離徹底分心的社會，進入自己保有的世界裡。這樣的變動可能極為困難，也是因為這樣，我不建議你立刻戒除所有會令你分心的行為或物質。遠離分心和成癮除了需要強大的支持以外，更需要真切了解為什麼我們花了那麼多的時間讓自己分心。如果能問問自己這些問題，會對你很有幫助：「磨咖啡豆、頹坐在電腦前或者伸手拿巧克力、拿菸或酒前的那刻，發生了什麼事呢？運動、逛街、抱怨或著魔地繪畫之前的那刻，發生了什麼事呢？是什麼讓我們開始分心且有逃避的行為呢？」

這邊給你點提示：它如水一般、它非常強大，它總會告訴我們無法撼動的事實，它居住在我們每個人心靈的陰影中。在所有情況裡，每次我們要分心前，一定都有一種情緒試圖要進入有意識的狀態——不是想法、不是遠見、不是肉體的感官，而是一種情緒。儘管我們讓自己忽略了身上的疼痛，像是頭痛或痠痛的肌肉，但其實真正把我們推向分心的並不是疼痛，而是「我們對於疼痛的感受」；儘管我們讓自己忽略了擾人的見解或盤旋的思緒，但其實是我們對於見解和思緒的情緒，讓我們

有了逃避的行為。如果我們能有意識地進入情緒而不是分心，那我們就能學到關於自己和我們的處境非常精彩的事情。

　　要讓自己脫離逃避與分心出神狀態的關鍵，就是了解情緒為何物、水象元素有何功用，以及我們在逃避哪種情緒和逃避的原因。如果我們能對於逃避的行為有所意識，那我們就能學習怎麼跟情境一起流動（跟情緒一樣），而不是逃離情境。如果我們能學會解開情緒的訊息，如同第二部分會執行的練習那樣，我們就能帶著智慧和優雅面對我們的情緒。如果具有豐富資源的自我能自在生活，那我們對於分心的需求自然也就會減少。也許我們還是需要打破舊有的習慣或者彌補成癮行為和物質造成的傷害，但如果我們能感受到自己的情緒，我們就不會隨時都得要為了過日子而分心。

　　心靈資源匱乏的時候，在每種不受到肯認的元素及被忽視的智力中，貌似失去連結的流動力會產生刺耳且不穩定的噪音，因此分心和成癮的功用就像是生存技能一樣，讓你在過度衝擊時能保持距離。我們會盡可能地解離：陷入分心的行為，像是上網或打電動、瘋狂閱讀，或者花過多時間看電視和電影——不然我們就會進入成癮和強迫症的狀態。成癮、分心、重複行為、強迫症與解離都讓我們在混亂中還可以正常生活，都能為我們帶來特定形式的解放，也都能在一段時間內舒緩我們的壓力症狀。

為成癮及分心導入同理心

　　我們向成癮和分心靠攏的原因並非由於我們很脆弱或毫無原則，而是因為我們內心出了嚴重的差錯。從同理心的角度探究逃避、分心和成癮時，我們可以清楚地檢視成癮和分心的經驗。如果我們能明白令人分心的事物能帶來怎樣的舒緩功用，我們就能明白為何自己會被各種令人分心的事物吸引。

當我們分心的時候，留心觀察自己在尋求什麼，這樣做並不是在尋找病因，而是試圖理解我們透過成癮物質和解離行為而達到了什麼。成癮、解離等行為的力量很大，都能為我們過度焦慮的心靈，帶來一股能量或者短暫無慮的平靜。我們投向分心的事物與成癮的原因其實非常合理；而若想把這些會分心的習慣轉化成覺察的話，關鍵就是要理解我們為何（以及何時）會需要這些分心習慣。唯有先徹底了解自己為什麼會想要分心和成癮，我們才能接著拒絕分心和成癮。

各種成癮物質以及令人分心的行為之中，都有種特殊的性質可以幫助我們減緩特定的痛苦。舉例來說，想想酒精的性質，酒精澆灌了你的系統，它能為無法平衡心靈中水元素的人帶來暫時的情緒流，能夠釋放或麻痺受壓抑的情緒。不幸的是，試圖用錯誤的液體如酒精來灌溉你的系統，卻沒有學會重視水元素本身，其實無法平衡或治癒人體。

另一類的元素和行為則能給我們自由飛翔與和毫無阻礙的感受，如同風和火元素的功用。咖啡因、興奮劑、甲基安非他命、古柯鹼和快克、吸食劑、過量上網、糖分、性成癮、賭博、過量消費和在商店行竊帶來的刺激與輕狂的分心感，都能幫助人們提振情緒與振奮肉體。對於無法因為腳踏實地而感到自在的人來說，這些物質和行為能為他們帶來風一般的速度感和火一般的能量。興奮劑讓你確保自己能有能量、活力、速度且立即的樂趣，但很快地你就會需要更多更多的興奮劑，卻不是為了飛上天，只是為了早上能夠起得來。由於興奮劑並不能平衡四位一體，因此反而會拖慢我們的速度，變得只能在地上爬行。

在校園以及高壓工作環境裡，有人會利用興奮劑提升大腦能量，這種東西稱作腦部興奮劑（brain doping）。許多神經典型的人會服用注意力不足疾病適用的藥物，像是阿德拉（Adderall）和利他能（Ritalin），或者用於嗜睡症的藥物普衛醒（Provigil）。這些藥物其實還頗有市場的，

它們能降低對睡眠的需求，協助人非常專注於本來太無聊、沒辦法維持專注力（或一直拖延到最後一刻）的工作。如果我們從四位一體的角度來看待這類腦部振奮藥物，就可以發現它們說服了智能，以近乎殘忍的專注度執行這個人的命令。藥物也會壓制情緒和心靈中遠見的面向，干擾身體的正常睡眠循環。關於腦部興奮劑，令人驚奇的是 2009 年的一項神經學研究顯示，原先大眾認為白日夢與智能工作無關，實際上此過程中我們的大腦有很大一部分都活躍地運作著，而且還涉及高強度的問題解決與重整資訊 [1]，因此對服用腦部興奮劑的人來說，迫使他們的心智維持在持續專注的狀態可能降低了他們的知識能力，反而使他們變得更笨，也減少了資源，而非增加。持續且不間斷的專注力並不能支持智力。

刺激物質的子類別──火象的迷幻藥物例如 LSD、皮約特／麥司卡林、迷幻蘑菇、死藤水、搖頭丸、靈魂出竅的靈性行為或出神舞蹈──會造成靈魂脫離身體、心智與情緒的感覺。然而迷幻藥物也可能會造成解離，而且難以重新融合。這會是個問題，因為我們不需要再解離了，我們需要的是能讓自己腳踏實地的行為，我們需要擁抱自己的身體、多元智力、情緒，而在完整運作的心靈之中，遠見靈魂也有一樣的話語權（和一樣的自由度）。達到那樣的境界、平衡了我們的四位一體之後，我們就不必再解離或趕走自己的意識了。

還有另一種類別的物質與行為，我稱之為麻醉劑。麻醉藥物與行為──止痛藥、香菸、海洛因、大麻、過量閱讀或看電視電影及過量飲食──能夠麻痺身體、情緒和思想，這樣部分的我們就能在平靜和安寧之中生存。每一種麻醉劑都會以自己的方式替我們與疼痛、情緒、思想或其他人建立一道圍籬，這些藥物和行為面對情緒流的方式就是忽略或抑制。每種麻醉劑肯定都能提供片刻的安寧，但人為的安寧通常會造成過量的情緒流，這也是為什麼麻醉劑成癮力極強。人為透過麻醉劑減少

情緒流時，實際上反而會鼓勵心靈增強其流動力！

請記得，流動是自然現象，而且受到抑制後流動力一定會增強。假如我們服用麻醉劑抑制了自己的情緒，麻醉效果退去之後，情緒的強度通常會增加。如果我們用某種麻醉方式抑制令人不適的想法，那麼失去抑制效果之後那個想法可能會強化；如果我們用麻醉劑建立阻擋外在世界的圍籬，我們反而會不小心造成一股流動力朝自己撲來，簡直是挑動世界來擊垮那道虛假的圍籬。我看到最明顯的例子就是吸菸的習慣。吸菸會在吸菸者周遭創造出一片煙霧的畫面——彷彿與外在世界產生了隔閡——但這樣虛假的界限（還有吸菸造成的肉體損害）最終會摧毀吸菸者設下真實界限的能力。接著吸菸者便越來越難面對世界，很快地他就必須定時吸菸，以麻痺受到刺激且不受保護的心靈，但卻沒有真正解決痛苦，那些情緒當然沒有消失，思緒並非永遠消沉，而世界也並未停止轉動。

所有成癮和分心行為都能讓我們遠離問題，使我們進入某種特定的元素，也絕對能讓人解放。然而，使人解離的物質與作為，應該被當成暫時的支柱，它們在短期內會帶來不良的副作用，長期更會產生危險的副作用。有些時候使人解離的物質和作為確實能安定人心，但我們最好還是要學會引導自己的情緒流、面對自己的情緒，以及調節自己內心全村的技能和能力，而不倚靠會使人成癮或解離的安定劑。

假設我們能培養自己內在所有的元素和智力，那我們就能敏捷又優雅地應對內在與外在世界。我們可以運用自己的老鷹本質，俯視困難的情境，可以帶著尊重聆聽火元素的聲音，而不要逼迫它用解離的行為或物質站到前線。我們可以好好管理自己的工作量，信任自己的心智能自行找到出路，而不要對大腦下藥，逼迫它像是機器一樣地工作。我們可以讓自己的心智和情緒對話——感受、指認、感受、指認——不斷向當前的議題靠近，而不是淹沒、催趕或麻痺自己。我們可以用休息、美食

和健康的環境善待自己的身體，而不是逃避情緒對疼痛或疾病的反應，再用麻醉劑或興奮劑當成應急措施搪塞自己。簡而言之，我們可以由內而外治療自己，而不用緊抓著外來的能量、抑制或解離不放。

如果你仍困擾於成癮或強迫行為，哈佛精神科醫師兼榮退教授蘭斯·多德斯（Lance Dodes）有個極具同理心且有憑有據的解決方法。他與成癮相關的研究把焦點放在所有成癮和強迫行為核心的情緒痛楚，而且是我目前看過最易懂又最優秀之治療成癮的作品。多德斯博士的研究拯救了世人，並寫出了《成癮與戒除成癮之核心》（*The Heart of Addiction and Breaking Addiction*）一書。

在我們繼續往下探討的過程中，我們會把「能使自己保持完整又穩定，而不會一直分心」所需要的工具和支援整合起來。我們將學會怎麼集中自己，讓自己接地，學會與每種元素的流動力共處。我們將學會如何讓自己的情緒（而非分心或成癮行為）提供面對生命中多種流動力所需的能量，而這些天然的流動力會教導我們如何讓自己活在當下——所有真正力量的所在。

當苦難不再是苦難

還記得嗎，我們正在學習怎麼跟受到適當肯定的情緒一起移動，也就是從失衡轉移到了解，再到找到解決方法。找到解決方法的必要過程，就是處於失衡狀態直到我們能了解它（而不用讓自己分心）。

哲學家巴魯赫·史賓諾沙（Baruch Spinoza）曾寫道：「只要我們的苦難有清楚且明確的形象，苦難就不再是苦難了[2]。」如果此話為真——如果清楚了解自己的苦難就能找到解決方法——那麼利用成癮和分心釋放情緒上的苦難，其實會加劇苦難。如果成癮和分心能抹去我們的困境，

使我們與意識分離，那就代表它們其實是阻止我們有意識地走過自己的苦難，如果我們成了癮或分了心並逃避問題，我們就無法蒐集到與問題相關的清楚資訊。我們會因為麻痺而無法感受到疼痛或不適，因此我們也無法明白為什麼自己會經歷苦難。若不明白這個道理，我們對於讓自己痛苦的議題就沒辦法有明確且清楚的認知，只會透過人為方式將意識從情境中去除，所以苦難就會持續不斷。

如果我們靠飲酒來處理自己的情緒，短時間可能會覺得比較舒服，但就無法用水象元素解決人際關係中的具體問題。如果我們在解決問題的過程中沒有去體驗自己的感受，就沒辦法明白為什麼自己心靈中的情緒如此不平衡，因此也無法成長或發展。如果我們在生活中刻意迫使自己加速，我們（在一段時間內）會看起來精明幹練又反應很快，卻會忽略最需要解決的情緒問題，而這樣忽略的行徑最終會使我們非常無知。如果我們使用迷幻藥物取得火象遠見（同時讓自己的身體、情緒與心智昏迷），那就是創造了精疲力竭的心靈，無法使遠見有任何用處。同樣地，如果我們不斷麻痺自己的情緒痛楚，就沒辦法跟自己最焦慮的部分有意識地產生連結。

分心和解離能讓我們脫離苦難，放個舒服的小假，但如果這兩者成了習慣，就會使我們再也無法熟練地處理困境。如果我們沒有明白史賓諾沙的前提——也就是了解苦難之後苦難就會停止——那麼苦難在我們眼中就會是無法撼動、無法處理的事物。於是我們純粹為了活下去，就會需要讓人解離的物質和作為。但我們若能在自己內在最核心的地方站直了身子，我們就不必擔心賦予我們生命的東西——移動、變化、苦難與痛苦、情緒和流動力。當我們回到自己靈魂的歸屬，我們就能清楚看見使我們困擾的情境，能夠觀察並從自己的思緒洪流中獲益，感受並運用情緒的流動力，驚嘆並仰賴遠見靈魂賦予的高度，細細聆聽身體的感受。

如此一來，我們就不再為了躲避疼痛和苦難而逃到最近的酒吧（去

尋求酒精或巧克力），苦難反而會讓我們更加了解自己一點。若我們能學會引導自己內在的情緒流，那我們就能把苦難轉化成清楚明白的事物。

如果你現在有任何成癮、分心或解離行為，請不用覺得丟臉或想要立刻戒除，但你必須知道自己為何會有這些分心，還有你為什麼會這麼做。你可以祝福自己，因為你費盡千辛萬苦正在努力地過日子，然後再將你的元素智能轉向成癮及分心行為，它們能夠指出你最需要支持的領域。如果你受到酒精吸引，那你可以研究如何將水元素放在你的心靈與生活之中；如果你發現自己會靠向有速度感的藥物或行為，那你可以看看自己的心智和靈魂是如何與你的身體和情緒互動；如果你依賴火象的藥物或作為，那你可以學著將目標帶入你的身體，並在每天的生活裡實現你的目標；如果你用吸菸來設下界限、讓自己在社交場合感到舒適，那你可以利用「自己對自我的感知」和「用於設限的憤怒」，來研究自己的人際關係。每種令人分心的物質和行為都可以幫助你警覺到，自己過往是怎麼學會在世界上生存的，還有哪邊最需要治療與平衡。

請好好檢視每一個你用來進入或脫離某種狀態的事物，不管那樣事物是不是顯而易見會成癮的物質；請檢視你的運動項目、藝術表現、知識興趣、冥想或宗教活動，還有所有你用來舒壓的食物。花點時間研究你是不是在利用這些東西作為生活中的支柱。任何會取代整個靈魂產生情緒、感知、思考或直覺的事物，長期下來都可能像是顯而易見的成癮一樣，使你失去部分能力。

佛陀與兔子

佛教有句格言是這麼說的：「苦難為痛苦與抵抗的加成。」每我接近某些會分心的事物的時候，都會對自己複誦這句話。如果我能跟令人

不適的情緒共處，我就能更加了解我自己；但若我抗拒情緒，轉向逃避與分心，實際上我才會開始感到痛苦——可能不是當下，不是在我看過多影片、玩過多線上遊戲或暴吃巧克力而非正餐的時候，但是當我停止進行使我分心的事時，結果又如何呢？那已經是幾小時且錯過一餐之後的事了，而我還是沒有面對原本的情緒。下一次情緒出現時會不會更加頑固，或者會不會埋藏到我心靈的更深處？不論是哪一種情況，原本的情緒都處於更不健康的狀態了，我的意識已被抽離，還讓自己處於情緒失衡的情境中，而且下次這種情緒再次出現時，我可能已無法解決。

如果情緒再次以更強烈的形式暴發出來，我就會感到痛苦；如果它壓抑了自己讓我找不到，我也會感到痛苦；如果我抗拒了原本的不適感，那種不適的強度就會增強到使我處在完全的痛苦之中。我的分心行為不會讓我能力更好或更加警覺，只會暫時免除我該做的事。雖然我可能因為選擇分心而感到平靜或快樂，**但那樣的不適感仍然存在，我的抗拒力量會加強，情緒靈敏力會下降，而我的苦難則是必然。**這就像我用玩具來安撫不悅的寶寶，而不是幫助寶寶學習與成長。

讓我們來看看真實的寶寶案例：不論我們做什麼，寶寶都不停哭泣。待在那裡有著各種噪音與不快樂，非常不舒服，我們會發出安撫的聲音，試圖減輕她的焦慮。我們查看了尿布有沒有濕、她是否餓了或渴了，但哭聲卻隨著寶寶的沮喪不斷加大。我們要寶寶安靜。替她搖搖籃，但她還是哭個不停，因此我們試著讓她笑。我們找來了玩具，我們找到了安撫娃娃兔子先生（Mr. Bunny）來叫他跳舞。「你看，是兔子先生！兔子先生用頭跳動！兔子先生好好笑喔！我們跟兔子先生一起笑吧！」寶寶終於開始笑的時候，我們會覺得好過多了，不管剛剛寶寶困擾的是什麼事，現在就把它忘了吧，感恩讚嘆。我們得到了安寧，這才是最重要的事，對吧？但如果我們對寶寶這樣說呢？「妳現在很難過，事情並不好過，」如果我們

能讓寶寶感受，如果我們能支持她當下的感受的話，她停止哭泣的速度其實會快很多。我發現就算是年紀非常小的寶寶，如果你能支持他的感受，他就能讓自己冷靜下來或者對問題的來源做出反應。就算是年紀非常小的寶寶，哭泣也能讓他的不適感進入有意識的覺察中，而從那樣覺察狀態出發，就算是年紀非常小的寶寶也有能力溝通自己的需求。

如果我們只是採用讓寶寶分心的舉動，寶寶也可能會停止哭泣，但她卻錯失了重要的成長經歷。她沒能讓自己的感受告訴她是哪裡出了差錯，她無法有意識地跟自己的不適感以及內在重要的議題產生連結。更糟的是，我們也無法強化她與自己水元素的連結，意思是我們也更加遠離了自己的水元素。搬出兔子玩偶的同時，我們不僅壓制了其他人的覺察力，更是降低了自己的覺察力，變得更加無法面對生活的問題。

不幸的是，這就是我們過生活的方式。問題或痛苦出現的時候，我們很少面對它，很少直面真相，很少會肯認、支持情緒，或跟隨情緒從失衡走到理解再找到解決方法，反而是拿出某種形式的安撫娃娃來求暫時中斷自己的不適。但這麼一來，我們是把不適擴大變成苦難，把自己從心靈之中扔出去。我們從不承認遇到麻煩了，不承認自己的不舒適感，我們只會讓內在的寶寶分心。我們很小的時候就學到，社會不允許不舒適感的過程，也不允許那份不舒適感帶給我們任何資訊——任何東西都好過不適感。不論年少或年老、富有或貧窮，我們都把分心和逃避當成是天經地義的事，這就是我們所受的訓練，就是我們人生中最有代表性的行為。

瘋狗與安撫娃娃

我年輕時，從市郊搬到舊金山的田德隆區，被當地破舊區域牆上的東西所震撼——不是牆上的塗鴉，而是數量驚人的廣告傳單，以鮮明的色彩

在從未整修的牆面上喧囂——廉價烈酒的廣告（酒名包含夜車、瘋狗等）、極度昂貴的名牌服飾廣告、最新潮的音樂和影片廣告、許你一個美好未來的樂透彩廣告。企業花了驚人的廣告費用，灑在這些貧困的社區裡，而周遭則是要把他們壓倒的建物和社會服務網。在一切衰退之中，廣告看來多麼新潮、樂透彩又是多　令人興奮啊！你看見安撫娃娃在跳舞了嗎？

　　安撫娃娃在田德隆顯而易見，但其實到處都可見到它跳舞讓我們分心，使我們無法看見自己也是造成與孵化貧窮的一份子。大多數人的分心方法是賺錢，好像錢可以治癒我們一樣，並未停下腳步感受周遭一切的不適：不平等、歧視、不公平的勞資關係、不合格的教育與住宅、沒有一般人可負擔的兒童照護、健康照護、社會服務與心理健康資源。不，大多數人拒絕承受真誠探索會帶來的不適感，因此我們便創造出了難以解決的苦難。這樣的苦難絕對會表現在貧窮的區域以及遊民身上，但也會表現在各個社會階層之中。這樣的苦難滲透到主宰的上層階級之中，上層階級因此責怪貧窮的人使他們絕望，可是實際上這樣做完全無法解決問題。我並沒有要責怪任何一群人（體系才是真正的問題），因為不論我們處在哪個社經階層，每個人都學過要讓自己分心、為自己的問題找藉口，因此鮮少有人能帶感情或順暢地面對這些問題。結果問題變得更大，苦難的力量也更加強大——而安撫娃娃（而非佛陀）則成為了我們生活中的核心角色。

　　分心、成癮和逃避行為都已成為常態，我們打從出生就被訓練要迴避情緒並崇尚分心，所以很難脫離分心並進入完整的狀態。困難的並不在於打破特定的習慣或戒除特定的化學物質，而是在於做出極為異常的行為。

　　就如同面對情緒的方式，我們也需要去除對於成癮和分心病因的偏見。我們要明白，經由社會化而拒絕面對不適，使得我們所有人都落入了苦難之中，結果使得許多時候「分心」變成唯一能讓我們撐過苦難的

事。幫助我們度過苦難的物質與行為，固然值得稱揚；而分心是我們文化傳承中的一部分，分心屬於肉體與靈魂、心智與情緒之間的分裂。對於大多數的心靈來說，分心和成癮是它唯一能夠紓解的方式，為此我們無須感到羞愧──因為我們的社會化經歷即是如此。但我們可以重新社會化自己，可以創造出內在平衡且覺醒的文化。

不過，在我們繼續往下之前，在我們學習如何創造自我內在的平衡之前，我們還要面對分心與成癮之下巨大的動機。我們必須先徹底深入成癮與分心那陰暗的發源處，才有辦法明白自己對它最真實的需求。我們集體的苦難、對成癮和分心迫切的需求以及我們不去肯定情緒，都不是源自於個體的靈魂，我們對分心的渴求也不是源自於人類知識的泉源，而是直接來自於創傷尚未痊癒的心。

我們必須先嚴肅看待創傷，才能踏入情緒的世界，因為創傷深深地影響著我們的生活、家庭、文化及物種。創傷性磨難的核心有著不對等的資訊，且不僅對熬過侵犯或虐待的人來說是這樣，對所有人來說其實都是。儘管許多人都熬過了兒時的創傷經歷──性創傷、肉體創傷或情緒創傷──但關於未痊癒創傷對整體社會有什麼影響，我們所知道的卻非常少。未解決的創傷（尤其是在孩童時代）對於一個人有巨大的影響，而透過他們，對整體人類社群也有驚人的影響力。

我們每個人，不論是自己生活中或透過周遭親近的人，都與未痊癒創傷造成的後遺症有著緊密的關係。而每個人面對自己創傷的方式也會直接影響他分心的能力、傾向成癮的行為與他的情緒技能。這些苦難則會在任何你想得到的面向直接影響社會的運作。

7. 意料之外的治療師 創造靈魂時創傷的角色

討論情緒領域的問題時，必然要討論未痊癒創傷的影響，因為未痊癒創傷是當代生活的核心特色。假如你不是創傷倖存者，那麼你的父母、手足、伴侶、孩子、師長、朋友或同儕中一定有人是。你大概跟所有人一樣，從他們身上學到了怎麼讓自己分心、怎麼抗拒自己的感受、迴避自己的痛苦，因此在能夠真正踏入情緒的世界之前，我們一定要先面對創傷。如果你想要了解「大洪水」等級的情緒，像是恐慌、狂暴、悲慟和自殺衝動，那麼了解創傷就更為重要了，這類強烈的情緒通常都會在創傷之後浮現，如果你不明白它們在治癒創傷中的目的，它們可能就會在不必要的情況下擾動你。

每個人對創傷都有自己的定義：看到或經歷過之後，你就會明白了。當事件讓你不知所措而沒有能力回應，就會發生創傷事件，不過每個人對可能造成創傷的事件都有自己獨特的回應方式。創傷可能發生於你受到侵犯或攻擊時，但也可能發生於手術或牙科檢查時；創傷是對摯愛死亡的反應，或甚至是因目睹別人的創傷而起（尤其如果你是具超高度同理心）。你也可能因為重要的人對你吼叫或侮辱了你，或者因為在眾人面前丟了臉而有情緒創傷。但不是每個人對於可能造成創傷的事件都有一樣的反應，事實上，經歷創傷事件的人中，只有三分之一的人會有持續性的困擾。人類是具有心理韌性的物種。

檢視你是否正在面對未痊癒創傷的方法，就是看看自己能否傾聽並

靠近自己所有的情緒，而不必用解離、讓自己分心或逃避情緒。對於大多數未痊癒創傷倖存者來說，答案為否。

跟隨創傷的足跡

小時候我開始進行治癒工作的時候，我發現很多被帶來找我的動物的肢體創傷都會造成解離。青少年時期我在人類身上進行治癒工作時，我觀察到性創傷（尤其發生於孩童之時）通常會讓大家以幾乎相同的方式解離。在很多創傷磨難之中，人對於心理界限的認知會變得薄弱，他們與世界和他人連結的能力也很容易受到擾亂。傳統的療法對於治療創傷的心理和情緒層面固然有用，卻對被摧毀的界限以及解離的傾向沒有什麼幫助。

我這一生碰到過許多肢體傷害或情緒虐待倖存者（還有經歷手術和健康狀態不佳的人），他們對界限的概念與我遇過的性侵害倖存者幾乎無異。透過他們，我學到了人們對於任何類型的創傷事件——性侵犯、毆打、情緒虐待、痛苦的手術或住院，或甚至是可怕的牙科手術——的反應，都驚人地相似且驚人地有共通點。我很訝異我教導創傷倖存者的行為——接地、專注、接納自己的多元智力、治癒自己的界限和引導自己的情緒——幾乎適用於所有人。我們大多數人似乎都在面對著某種形式的解離、界限丟失、缺乏根基與目標，或者與生活無連結的問題。就連那些好像沒有任何顯著創傷經歷的人，也都曾有不愉快、抽離身體的經驗，且在情緒上有很大的障礙。

我對解離性創傷的定義不斷擴大，包含了任何會讓一個人的注意力瞬間抽離他所在的情境的任何刺激。我開始明白解離是常見的生存技能，不僅適用於常見的創傷情境，更包括了日常情境中大量會刺激人或使人

無法負荷的狀況。我也發現，創傷倖存者通常會影響他周遭的人，他會在自己的朋友圈和家人間創造出容易造成解離和逃避行為的氛圍。有些創傷倖存者會無意識地在周遭的人身上體現創傷（情緒上或肢體上的），有些則單純是在人際關係中不提供情感支持（使得周遭的人感到不適，因而有逃避行為）。我發現解離與分心的人通常都無法支持周遭的人變得完整和有覺察力，他們很常會在自己的環境裡造成分心和無意識的漣漪效應。

年幼的學習環境中就可以看到這種漣漪效應的例子，此時正在學習關閉自己同理心（這個動作，需要強大的逃避行為）的孩童，被迫創造出一個充滿嘲弄、充滿威脅、對情緒有危險的環境。在這樣的環境中，人根本不可能維持完整的狀態，使得被針對的孩子失去他的情緒根基以及完整性，而加害的孩子則完全失去了同理心。最後，整個環境變得非常有害——對完整的情緒和心靈來說都很危險，因此許多孩子為了要生存，就會與自己的情緒切割。

從同理心的角度來說，解離行為的感染力非常強，我們經常忽略（但仍然存在）的同理心技能，總是會在其他人有解離現象的時候，提醒我們留意。解離的人對界限的拿捏通常都很差，也無法感知到他人的界限，使得自己在情緒和社交上都很危險。解離的人會擾亂周遭的空氣，我們根本無法不注意到他，但因為我們隱藏了自己（大部分）的同理心技能，因此就無法明白自己遇到的狀況。通常我們感受到紛擾與不可理喻的事情時，就會乾脆解離。我在演講或舉辦工作坊的時候經常觀察到這種狀況：現場只要有一兩個人解離，整間屋子裡就會出現一連串的解離行為。當然，我的聽眾大多是未痊癒的創傷倖存者，早就都知道要怎麼解離，這也是為什麼我的演講總會先帶領他們體驗一段簡短的同理心練習以重設他們的界限，幫助他們接地（第十章中會學到這個練習）。但幾乎每

次的演講中，都會有個遲到的解離人錯過了練習，每次每次，不論這個人坐在哪裡，不論他多麼靜悄悄的入內，他在屋內的身影就會引起一連串的解離行為（大家會失去專注力，開始打瞌睡或扭動，情緒受到波動或者注意力飄移）。並不是每個人都會解離（也有些人因為能在強大的界限中整合自己而感到放鬆，所以會拒絕鬆懈），但更多時候超過一半的聽眾都會失去他們的立場、界限和專注力。情緒和心理狀態的傳染力是很強的！

　　你可以留意自己在生活中跟誰相處起來最舒適且放鬆——通常這些人都很接地、很融合且穩定，他們擁有我所稱的「優良心理健康」狀態。現在想想那些會讓你困擾和覺得紛亂的人，他們通常都具有大量未釋放的心理壓力、混亂的情緒且注意力渙散。這些人的心理健康狀態不佳：他沒有界線，他不尊重界限，不直接處理自己或你的情緒，他還會迴避衝突或製造太多衝突，造成他的人際關係很差。我們每個人都喜歡待在冷靜和穩定、擁有優良心理健康狀態的人身邊，但在這個分心的世代裡，這種人似乎少之又少、遙不可及。我們總是傾向將靈魂與肉體分離、將心智與情緒分離，因此大多數人的四位一體都很不協調或者具有解離的人格特質。我們無法讓自己好好集中注意力，心理健康狀態也非常得差。

　　大多數社會充滿了未痊癒的創傷和未解決的解離狀態，大多數人在社會化過程中都學會了理所當然地解離，讓自己與生活抽離，也因此大多數人都並沒有意識到我們是如何或為何要解離。大部分的心靈都缺乏清醒，無法在發現自己解離的時候將我們的注意力喚回體內，也都缺乏覺察力來傾聽並肯認我們的情緒，也沒有任何完整的東西能夠引導並指引心智的前進方向。我們心中經常交戰的四元素帶著衝突的流動力把我們往四處推擠，且就算我們並未以傳統方式經歷創傷，大多數人也像磁鐵一樣黏著在周遭分心和解離的行為之上。

分心、逃避和成癮是大多數心靈和社會中最主要的刺激，幾乎所有人在某種程度上都處於解離狀態，可能是我們的靈性生活與日常生活分離，或者我們的情緒與智力會以衝突且極為對立的方式運作，所以幾乎所有人都會表現出我在創傷倖存者身上看到的分裂情況：對自己心靈的界限掌握不佳，專注力也很差——但我們不需要一直如此。

對創傷的兩種反應與第三條路的治癒力量

我發現人們應對自己未痊癒創傷最基本的方式有兩種：一種是讓自己產生創傷，另一種是讓別人產生創傷。

若倖存者回應自己未痊癒創傷的方法是讓自己產生創傷，他通常會壓抑自己對傷口所有的意識，然後在自己的內在生活中重塑那樣的氛圍。創傷與其後遺症會存在於他的內在領域，造成無力、懼怕和無望的感覺。通常未痊癒創傷事件後都會出現身體和心理上的困擾，而對於學會把未痊癒創傷埋進自己內心的人來說，這些症狀通常會造成成癮或強迫症、精神官能症，或者不健康甚至虐待性的人際關係。許多創傷倖存者似乎都活在原始傷痛無止盡的慢動作播放中，活在絕望的人生裡，不論他們做什麼，生活都不會有所好轉。

第二種反應是轉身對他人造成創傷，在他人身上表現出創傷性行為，以釋放自己的創傷帶來的混亂效果。使他人產生創傷的倖存者會經歷無力、懼怕和無望的感覺，就跟使自己產生創傷的人一樣，但這些倖存者不會壓抑或隱藏自己的痛苦，而是在他人身上重現痛苦，以求了解、緩和或掌握痛苦。他們的反應是成為施暴者本人，披上加害者的外衣，絕望地想要重新奪回自己在原始傷痛中失去的力量。性侵我的人就跟所有的性侵犯一樣，絕對屬於第二種。殘酷是一種學習的行為，直接來自於

人所遭受的殘酷對待。我還是個孩子的時候，我會把壞脾氣一股腦發洩在朋友和家人身上，我就是在把我的受虐性創傷表現在他們身上，讓他們活得苦不堪言。表現我的創傷並不能解決任何事情，只會造成更多的悲劇而已。

　　不過你可以留意，這兩種反應——壓抑和表現——跟我們對自己情緒所做的選擇其實是一樣的。壓抑的反應是將傷痛壓縮到內在的自我中，而表現的反應是將傷痛加諸於他人身上，兩種反應就跟情緒一樣，皆無法解決創傷或治癒自己。壓抑創傷是將記憶、感受、遠見和恐懼都擠壓到無意識中，但缺乏完整意識的話，那些東西就只能腐爛。另一方面，表現創傷則是把困擾的東西都丟到別人頭上，表現創傷完全無法治癒或解決痛苦，只會留下殘酷的世界，且造成創傷的人還會有個破碎的自我。此外，壓抑和表現的行為通常也會直接轉換為創傷倖存者的情緒技能。

　　假若有人選擇**壓抑**自己的創傷，他通常也會壓抑自己的情緒。壓抑者會迫使記憶、認知和情緒進入無意識和潛意識的世界，來創造受虐的內在環境。壓抑者的創傷會維持在有生命力且完全激發的狀態，因為他不曾有意識或明確地面對創傷，所以創傷的苦難就會持續不斷。還記得史賓諾沙所說的：「只要我們的苦難有清楚且明確的形象，苦難就不再是苦難了。」如果我們不肯正視自己的苦難，此時我們無法為它塑造明確的形象，結果使得苦難就無法終止。壓抑者的中心自我並不存在所有覺醒的資源，而是被未受肯認的情緒、無人聽見的思緒、被忽視的痛苦和感知以及未解決的折磨所佔據。在這樣的心靈裡，為了要生存，解離、分心、成癮和逃避行為絕對必要。

　　假若有人選擇**表現**自己的創傷物質且表現在他人身上，他通常會成為情緒炸彈。表現者透過把自己的情緒、記憶和行為加諸在他們生命中的人身上，創造出具侵犯性的外在環境，他傷害了身邊所有的人，因此

也損害了自己的自我結構。同樣的，這種人不可能具有實用的意識或整合的自我，因為他的內在世界充滿了未痊癒創傷和絕望的自我，而他的外在世界則充滿了暴力和折磨。表現者無法獲得任何權力、平靜和意識，而是讓自己的創傷以毀滅性的方式存在著，所以所有人都得承受苦難。在這樣的心靈裡，為了要生存，解離、分心、成癮和逃避行為也絕對必要。

壓抑者不像表現者對外人有那麼明顯的傷害，但因為他的內在生活非常動盪，因此他通常無法有條理地與他人互動。由於壓抑者忙於把自己的創傷鎖起來，他們在情感中往往無法成為完好的另一半，因為壓抑者會理所當然地逃避、分心和解離，所以他會使自己的生活和周遭的人的生活都很不安定。壓抑者不會支持自己內在的意識，所以他在生活和人際關係上通常也無法完全支持他人的意識。

不論我們選擇壓抑自己的創傷，還是把創傷表現在他人身上，我們都會忙得不可開交，就沒有餘力專注在活得完整和活得有意識。兩種選擇——表現和壓抑——都創造出殘破的界限以及極劣質的心理健康狀態。

未痊癒創傷造成的絕望環繞著我們，我們卻不知道如何幫助那些並不是真的活著的人，因此我們就不審慎思考有關創傷的事。我們提供數百種治療、體系、藥物和分心的方法來抹去創傷——就像我們對情緒做的那樣——但我們卻從未停下腳步，思考是否有別的選擇。我們不會叫火元素告訴我們，為什麼創傷如此鮮明，或者要怎麼在潛在創傷事件發生後，讓自己回歸身體中。在水元素要我們探到水面下，感受來幫助我們痊癒的強大情緒時，我們卻不聆聽它的呼喚。我們逃離了體內要我們再次真切感受創傷苦難的那道聲音，因為我們不明白，如果我們以安全且接地的方式回顧創傷，其實可以幫助我們痊癒。接著我們還躲在自己的邏輯智力之中，打造出更多系統和治療想要停止創傷、抹去創傷和終結創傷，好似創傷不正常一樣（並非如此）。

我們甚至不會想到，或許就跟情緒一樣，其實還可以有第三條路可以選。**第三種應對未痊癒創傷的方式，就是將它從覺醒的心靈中引導出來，有意識地進入心靈，潛入情緒、思想、遠見和感知之中，為創傷帶來新氣象。**過去五十年來，我正是一直拚命朝這條路努力邁進，我可以告訴你，它比第一和第二種應對方式好上太多了。

創傷的社會學面向

在我明白了未痊癒創傷行為和解離幾乎普遍存在（還有表現和壓抑是問題的核心）之後，我在思考歷程中放入了更多的遠見與情緒。我已經親眼見證過，只要能理解：解離是肉體與靈魂之間脫節的後果，就真的能治療未痊癒創傷殘留的症狀。如果創傷倖存者能夠從自己內心最中心處碰觸自己的創傷記憶與事件（且不表現也不壓抑自己的創傷），他就能完全整合自己，面對使他解離的事件；他就能引導自己全身的情緒流，使情緒流回到中心。但如果沒有先徹底了解是身體哪一部分解離了、又要往哪裡去，那治癒創傷的效果肯定無法達到最佳情況。

隨著我的研究不斷深入，我很訝異地發現解離本身根本不是真正的問題所在，它只是我們每個人都會使用的內在生存技能罷了。我們大家每天都會使自己分心、逃避議題和解離——這都再正常不過，真正的問題出現在可怕或刺激的事件發生後，我們無法重新找回意識或重新取得平衡。奇怪的是，我還發現創傷也不是真正的問題所在，因為創傷是生命中的事實。樹木倒下、看牙醫、壓力源產生、汽車偏向、人們怒吼又出手打人、性騷擾者徘徊不去，危險無處不在。問題不在於危險也不在於解離，而在於危險過去之後，大多數人沒有能力讓自己找回中心。具有完整資源的心靈可以自然產生那樣的回復能力，但若沒有穩定和靈敏

的根基，就很難掌握回復的能力。

如果我們無法接近那個完整的自我，我們就無法接受情緒流，意味著我們將無法引導自己的思想、情緒、感受、遠見或創傷記憶。如果我們無法自然地接受自己的創傷，我們就得用危險的方式讓它活著，迫使我們分心和解離。隨著我們的解離情況和逃避行為開始蔓延感染我們周遭的人，接下來創傷會加劇，最終影響整個社會。

這是個雞生蛋、蛋生雞的問題：是因為我們的內在不具有完整的資源，所以我們才無法解決創傷？還是因為我們不知道怎麼在創傷之後整合自己，因而失去了內在的資源？不管是哪種情況，數百年來我們因為無法解決自己、家人、社群和社會的創傷，使得每一世代的未痊癒創傷倖存者人數不斷增加。為了解決這種幾乎普遍存在於所有心靈裡的問題，數世紀以來人類發展出了宗教教條、靈性指引、學術體系、醫學和心理學療法與社會化結構，本質上正是支持且鼓勵了解離、分心、元素失衡與情緒文盲的狀況。肉體與靈魂分離、過度強調非常小部分的智能以及普遍不去肯定情緒的存在——這些行為與思維並不僅限於一種文化或一套教條中，世界上幾乎所有的文化都嚴重缺乏內省的資源，在創傷事件後也無法回復專注力與健康，而我想知道原因。

我想知道，為什麼個人的痛苦與創傷會擴大成所有人都無法面對情緒或有條理地思考；我想知道，這樣的發展有什麼演化目的：為什麼大多數人明明知道創傷具有毀滅性，卻還是要握著它不放或在他人身上重現？為什麼解離行為會像野火一般蔓延到聽眾和群眾身上？還有，為什麼不論東方或西方，宗教都緊緊著超脫和從肉體、智能與情緒解離？最後一道問題引導我開始研究那些「不探討超脫」的宗教傳統，使我更加相信道教和原住民信仰系統，因為它們肯定有根基的土和水元素。

我研究了原住民的智慧、神話、榮格對神話與夢境的解釋、陰影工

作、創傷治療行為與任何我能找到的事物，上述的一切都帶我回到神話學家麥可·米德關於兒童性創傷的推論：性侵犯是一種觸發（啟蒙）行為，在錯誤的時間、由錯誤的人、以錯誤的方式帶著錯誤的意圖在錯誤的人身上發生的事——但無論如何，這就是個啟蒙行為。兒童性創傷就像刻意的啟蒙行為一樣，在常態運轉的世界和傷痛之間畫出分隔線，從此永遠改變了受啟蒙者。然而，所有形式的未痊癒創傷都會在心靈中塑造出與性侵犯倖存者所承受之相同的困擾，因此所有的創傷都可視為具有啟蒙性。所以我的目標不是要了解創傷，而是了解啟蒙行為。

通往地獄的旅程——以及回歸的旅程

神話學家麥可·米德解釋了啟蒙（initiation）行為的三階段：

1. 被已知的世界孤立或與之分離，2. 遭遇磨難或瀕臨死亡，3. 以曾被啟蒙的身分面對世界並被接納。

「刻意啟蒙行為儀式」的用途是引導團體成員走過生命的轉折。啟蒙儀式和典禮可以引導成員從受孕到生產，從生產到孩童時代，從青少年時期到成人，從婚姻和擇偶到老年，從老年到死亡和祖靈狀態。許多原住民與宗教群體會建立一個容納人的空間和根基，而他們就能從這裡了解並照看所有的成長與轉折。故事與傳說、舞蹈與音樂、藝術與文化和深刻的連結創造了群體身分，而啟蒙行為則是個體和團體生活之間重要的通道。值得留意的是，大多數四位一體或五元素的宇宙觀即是來自於原住民文化，而他們保存了刻意的啟蒙行為儀式。

在許多非原住民文化裡，完整性並不顯眼。我們非常清楚當代社會享有自由與個體性的優點，但為了自由所付出的代價也是那麼的大。尊崇個體性的西方社會發展的方向，是那些以傳統連結的社會無法到達的

模樣，然而西方社會的衰敗，也是這些社會不可能出現的模樣。我們與大地之母和四位一體脫節，即是與原住民根本分離的悲慘後果，不過我們發展出了可以容忍多元文化、建立能連結所有人的繁複溝通系統，這兩者則是讓人開心的成果。兩種生活都並不理想，它們各有自己的好與壞。最健康的社會大概就處在兩種極端之間神聖的中庸地帶，但我們還沒找到那塊神聖的領土。在非原住民文化裡，向靈性靠攏往往就是向祖先的智慧靠近——靠向儀式、典禮、啟蒙行為，與生命深層的波動產生連結；在另一方面，許多原住民則覺得被自己古老的習俗壓得喘不過氣、受困於其中。

我們非原住民族群正處在困境之中：我們重視自由大於傳統，但同時又無法克制地受傳統吸引。這其實一點都不稀奇，因為我們最初都來自於原住民社會，每個人都可以溯源至非洲或中東社群，溯源至凱爾特、維京、亞洲或東印度文化，溯源至加拿大第一民族或南太平洋的島嶼族群。那個原住民的自我仍居住在我們心中，而我們祖先的基因有成千上萬年的原住民記憶，要與僅有幾百年的現代生活競爭。我們的祖先仍然用火元素的聲音在對我們說話，我們的身體仍然回應著季節、土地與節奏，我們的多元智力仍然知道怎麼從深層的潛意識轉譯符號和衝動，我們的情緒仍然記得它神聖的功能是要傳承長遠的智慧，就像我們的心靈仍然需要典禮、儀式和啟蒙行為才能妥善地生存與成長。現代人在大多面向早已遠離了原住民社群，但最深遠的智慧其實從未離開我們的心靈。

孩童時期的創傷性傷害就像無意識的啟蒙行為儀式——並非因為它是靈性或值得慶祝的經驗，而是因為其中的行徑模仿了真實啟蒙行為前兩階段的行徑。了解啟蒙行為的各個階段（以及創傷事件會如何模仿啟蒙行為）能讓我們更加明白創傷會對心靈、對我們的家庭與文化、還有從社會學來說對整個人類物種造成的影響。

第一階段 ▶ 與已知世界分離

在刻意的啟蒙行為中，第一階段是有條理、可預期地離開社群和日常生活模式。在有啟蒙行為的文化中，孩子成長過程中就能預期會發生啟蒙行為，孩子和他的家人會為此做準備，而且對於啟蒙行為存在於他們的生活中有完整的意識。

然而在創傷中，人們毫無準備。創傷式的第一階段則是失序地離開已知世界——突然、驚嚇式且全然無預期地結束了常態。陌生人靠近、愛人背叛你、醫生靠過來或者事情變得醜陋——然後就開始了。

第二階段 ▶ 瀕臨死亡

刻意啟蒙行為的第二階段則是有條理的磨難，像是長途跋涉、儀式性的烙印疤痕或獨旅[1]。雖然其中會有痛苦和恐懼，但社群也會創造出能承接你的空間，且有能看照的長者。長途跋涉和旅行發生的地點會在部落境內，且有大量的追蹤系統，烙印傷疤和裝飾飾品通常會由成人執行，他們對於自己要執行的工作具有專業，而磨難則有確切的終點，且被啟蒙的人對終點有某種程度的認知。

在創傷中，磨難毫無章法又從未承諾有終點。創傷式的第二階段是侵犯失控的時刻——讓靈魂與肉體分離的鞭打、吼叫、不被允許的觸碰或正要開始的手術。創傷式的瀕死經驗中沒有東西可以承接住你，沒有安全網、沒有祖先的指引更沒有清楚的終點。（至於對小孩動的手術呢，有些人會說手術程序是由專業的成人進行，且手術有明確的終點，然而因為手術過程經常涉及抑制劑、麻醉劑，還有不能公開——尤其不能與小孩——討論、縈繞於心頭的死亡和失能，因此手術就可能觸發創傷性磨難。）

第三階段 ▶ 以曾被啟蒙的身分為世界所接納

　　刻意啟蒙行為的第三階段是慶祝，此時整個社群都會認可新人，接納他成為受到啟蒙的人，而且是群體中有價值的成員。被啟蒙的人返家時已不是相同的人，他的期待改變了、責任轉換了，新的生活正要開始。

　　悲傷的是，在創傷之中並不存在有條理架構的第三階段；沒有人會歡迎創傷倖存者回歸。創傷式啟蒙行為通常都在秘密中進行，或者為家庭或社區中固有的黑暗生活。沒有人會告訴創傷受害者他躲過了近乎死亡的折磨並以全新的面貌出現在世界的另一端，沒有人有意識地認可童年或正常生活瞬間終止這件事，當然也沒有人會幫他慶祝。在創傷式啟蒙行為中，第一和第二階段發生得毫無理由或原因，正常的世界停止了、恐懼開始了，也沒有保護性的典禮、過程中沒有人看照，當然也沒有人會歡迎他回歸，因此創傷倖存者就不可能把自己定位成社會上有意識且已被啟蒙的成員。若第三階段不發生，（不論刻意或創傷式）的受啟蒙者就會被困在灰色地帶裡。這也是為什麼在任何啟蒙行為中，第三階段都非常關鍵。若是沒有第三階段，啟蒙行為以及被啟蒙的人就會處於未完成的狀態，整個社會也因此變得不完整。

▶ 若第三階段沒有發生

　　啟蒙行為的理論表示，（不論任何原因）只要第三階段沒有完成，那受啟蒙者就必須再次經歷前兩階段的啟蒙行為。啟蒙行為的過程有三個階段，三階段都必須完成，整個行為才會終結。在這點上，我發現心靈與啟蒙行為的智慧不謀而合。

　　人類心靈的規則似乎是，第一和第二階段的創傷會不斷重複，直到第三階段發生，而且清楚明瞭的狀態只會發生在第三階段。我們無法從

「突然分離」的第一階段或「磨難未結束」的第二階段中，搞清楚創傷性苦難的全盤樣貌。必須等到創傷終止，且我們已理解了創傷，接著我們才能真正脫離創傷式啟蒙行為。

在具有啟蒙行為的文化中，未完成任務的受啟蒙者必須重新經歷啟蒙行為儀式，而在他順利完成完整的儀式後，社群將會妥善地迎接他。可是在受到「未結束創傷」所宰制的非啟蒙行為文化裡面，心靈會盡其所能重新經歷第一和第二階段——方法則是不斷壓抑創傷、不斷於內在世界重建創傷、不斷表現創傷並在他人身上重建創傷。創傷性磨難會持續存在，因為啟蒙行為的儀式仍然在進行中，如果沒有歡迎的儀式、沒有辦法證實他撐過了改變人生的磨難，那他就不可能脫離創傷式啟蒙行為；心靈會刻意地反覆經歷第一和第二階段，直到找到解決方法為止。在我們這種非觸發行為文化中，我們會把這個正常的過程予以醫學化，在它被壓抑時稱之為「創傷後精神壓力障礙」，在它表現出來時稱之為虐待或犯罪。

但如果我們能了解啟蒙行為的本質，我們就能看出對創傷式啟蒙行為的兩種反應——壓抑式的自殘和表現式的傷害他人——都是無意識地在重複第一和第二階段。如果我們透過自己的內在或外在世界不斷經歷未解決的創傷，其實就是還處在啟蒙的過程之中，我們會持續讓自己（或他人）與已知的世界分離，且會持續進入或製造磨難，絕望地期盼第三階段——歡迎回歸——會發生。我們陷入了無法掌控的情緒波動、成癮或精神官能症中，可能會巧妙地尋求讓自己想起原始創傷氛圍的工作或人際關係，或者可能造成他人的創傷。對大多數人來說，這些行為都會導向治療或康復，兩者也是某種形式的第三階段。

在治療或康復群體裡，我們會受到歡迎，在那裡有人了解我們的苦難，我們可以幫助自己和其他倖存者理解折磨的原因，也可以自在且開放地談論自己的創傷，因此可以結束迴圈。雖然這種場所通常有治癒效

果，但很多人會持續黏著在自己的治療師或康復、治療團體數年甚至數十年，純粹是因為只有在那裡，他們才有辦法被當成第三階段的人看待。當一個人起身說道：「你好，我是鮑伯，我酗酒。」而整間屋子裡的人都為你的誠實感到驕傲，整間屋子裡的人都這麼回覆你：「嗨，鮑伯！」這就是一種第三階段的體驗。我們可能會為十二步驟團體（美國的戒癮行為課程）裡大量的失敗例子感到悲傷，但許多人確實只有在那裡體會過「被群體接納」的經驗，能夠視啟蒙行為為理所當然[2]。

如果接納群體中的人都是受過類似創傷的人，那受啟蒙者很容易就會對於歸屬感及身分認同有錯誤的概念，而且很多治療和康復團體也無法跟整體社會或文化培養出深刻的連結，身分認同反而容易侷限於眼前的創傷。人們成為了某種特定情境裡的倖存者，而非「徹底獲得啟蒙」的長者；人們成為了酗酒群體、性侵害家族或受虐兒童社群的成員，但鮮少有人能成為「受到大千世界完全接納」的長者市民。這類團體中確實會有某種形式的第三階段接納發生，但它並不是真正的第三階段，因為它並沒有為整體文化帶來真正的榜樣和神聖的長者，因此這種形式的接納仍然依附著前兩階段的創傷式啟蒙行為，並與之糾纏不清。這類團體中確實也有不少認可和治癒發生，但大多時候並不存在第三階段中深刻與轉化，無法的變化完成啟蒙行為。

我在進行同理心諮商的時候，曾看過很多人經歷過各種治療，且在大多數個案中，我遇到的都是已經進入「倖存者」狀態的人。他們已不再是受害者了，他們已徹底認識自己的傷口，從知識的角度理解，也能夠監控自己有沒有出現創傷再現或創傷後行為的徵兆，但他們仍然覺得自己不完整，好似什麼被遺忘了一樣。他們的想法是對的——許多事情都被遺忘了，像是能夠告訴他創傷來源（與其去向）的遠見性火元素，或者在很多個案中，不論在知識上他有多了解自己的創傷，但他的土象

身體仍執著於創傷記憶；還有他如海洋般的情緒，不斷想要引導（或拉扯）他更加深入了解自己的創傷。這些倖存者往往都很迷惘，他的治療群體已經宣告他痊癒，然而他的生理症狀、情緒波動和空虛的靈魂或遠見卻仍然不減。顯然，有些東西尚未解決。

進入倖存者狀態固然重要，但無法完全滿足心靈定義的第三階段，還有更深刻的事需要發生，而那需要我們全村的元素和智力共同合作，我們才能回歸到有恢復力和平衡的狀態。

迎接你回來的村莊

如果你具有完整資源的心靈有能力承受得起創傷（不論為何或何時發生），那麼你神聖的傷口就會顯露出來。要回復完整性的第一步，就是要重新整合自己（接下來的章節中會學習這點）。重新整合就是一種自我接納，能夠為第三階段美好的過程鋪路。如果你能重建自己內心的村莊，而你展翅飛翔的老鷹本質使你可以清楚俯視整個情境的全局，你就能深刻並儀式性地面對創傷記憶。如果你能再次擁有完整的覺察力，真正的治癒就能夠發生，**因為在你的意識能夠承受苦難時，你的苦難就會停止**。如果你的遠見和多元智力能夠追蹤到創傷的根源，你就能在時間和文化的洪流中找到自己光榮的定位——不只在你特定創傷的文化中，而是在整體人類歷史中找到自己的定位。如果你的心靈重新整合了，且擁有所有的資源，那麼未痊癒創傷就不再是創傷了，而是會轉變為你通往完滿的通道。

人們離棄自己的原住民文化之際，或許得到了個人自由，但也遺忘了儀式和啟蒙行為的必要性，更忘記了靈魂仍然需要啟蒙行為、禮儀與儀式性的傷口，才能成長為完整且有意識的個體。許多人都忘了心靈最根本的道理，我們忘了自己的火象神話與故事，因此我們對神聖傷口的

知識已退居為背景，躲藏在陰影中，所以我們走向啟蒙行為與儀式的這件事也跟著躲藏到陰影中了。我們的心智早已遺忘了有關啟蒙行為前兩階段之神聖面向的記憶，但對於前兩階段的真切需求卻從未消退。

不論我們想或不想，啟蒙行為都會發生，因為它是我們人生的必經之路。如果我們無法理解這點，就會在未痊癒創傷周遭製造出許多未解的苦難。我們可能會逃避自己的記憶、感知、身體、情緒，以及我們的人生，我們也可能會躲在只有智力或靈性的體系中，絕望地渴求自己的創傷記憶和行為會就這麼消失——但它們不會，它們無法消失。第一和第二階段必須不斷重複，直到第三階段發生。如果我們一直處於解離的狀態，我們就無法進入第三階段，但如果我們能有意識地將整個自我重新整合，我們就會有資格創造自己的靈魂，進入第三階段。

進入整合狀態帶來的能量非常強大，因為它會直接面對未痊癒創傷最核心的問題。令人驚訝的是，核心問題不是痛苦也不是對事件的驚嚇，而是「因為無法進入第三階段而長存的無力感和脫節感」。我觀察到，如果創傷磨難被視為是個人的悲劇（而非多元文化現象），且創傷後行為被視為是病理（而非自然）反應，那我們就無法以心靈能夠接受的方式面對創傷。創傷倖存者可以做很多事讓自己不那麼困擾、變得有用處，但真正的治療有賴具有完整資源的心靈，也就是身體和靈魂要能自在溝通，且多元智力和所有的情緒都要被接納與擁戴。恢復這種內在平衡後，就絕對能往第三階段前進。

一旦心靈重新整合，我們就不會自動想要分心、逃避、成癮或解離，因此內在世界成為了穩固的地方，能夠產生清晰且完整的認知，能夠肯定與引導情緒。一旦情緒得以對心靈貢獻豐富且無止盡的能量，情緒就能為未痊癒創傷的地下世界帶來流動的力量——提供旅程中每個階段所需的能量和資訊。一旦心靈整合了，身體就會覺醒，為整個歷程貢獻自己的記憶、

能力和知識，而情緒則可以釋放身體帶入意識中的痛苦、症狀與行為。在這個流動且滋養的環境中，邏輯智力能為治癒過程貢獻自己的風象才能，它能研究治療和心理學，能夠解釋靈魂遠見、情緒衝動和生理感受，能夠把創傷放入歷史和文化的脈絡中。透過這一切，遠見靈魂不只能針對創傷提出概觀，更能針對可以治癒創傷的情緒、思想和生理感受提出概觀。在協調的元素和智力核心，完滿的第五元素心靈就能重新找回平衡與回復力。

　　如果我們能從具有完整資源的角度來治癒創傷，我們就能跟自己最內心的那塊產生深刻的連結。不僅如此，我們更能夠重新與困頓的社會核心產生連結。當我們變得完整，我們就能看見創傷後逃避、分心與解離行為塑造了大多數人的生活；當我們能從人類社群的中心認可未痊癒創傷（而不壓抑或表現它），我們就能有意識地解決創傷（而不逃避它），能了解構成大多數人的人生與社會的解離基礎。了解之後，我們就能根據與解離、分心和逃避的關係，進行有意識地決策，可以決定自己想在這個眾人都解離四元素又失衡的世界中扮演什麼樣的角色；我們可以決定自己要擔任榮譽的榜樣和長者的角色，而不要一直當個無意識的機器人。透過深入問題及進入第三階段，我們最終就能明白自己的苦難。而這麼做了之後，我們就能替自己與他人終結苦難。

　　我把這個有意識進入創傷的過程，稱之為「創造靈魂的旅程」，因為只要我們帶著完整的智力與能力潛入自己的傷口，我們就不再只是特殊事件的倖存者；我們成為了享有完整資源的靈魂。以第三階段神聖的根本作為起點，我們可以持續了解創傷，不用重複經歷壓抑或表現的循環，或者把自己視為無力的受害者，而是能夠對創傷和其後遺症有所意識，同時爭取社會與政治正義。

　　如果我們能有意識地進入第三階段，就能明白自己並沒有被傷口切割得破碎，而是被傷口切割開來，所以更多的能量、更多的資訊、更多

的愛、更多的藝術和更多的情感就能流過我們的身體。我們不再是半死不活的創傷倖存者，而是社群裡具有美麗傷疤的長者、有遠見的人和治療師。我們成為了在世的聖殿，握有整個文化的神聖知識，我們有能力在世界上擔任有意義的職務——且不是「儘管有傷口仍然可以做到」，反而是「正是因為有傷口，所以才做得到」。

　　能夠參與這些深遠的旅程，從只是心理學上的生存概念走到神聖的第三階段，是我最大的榮幸。許多倖存者從未走過這趟旅程，這是個不爭的事實，我們的監獄和街道上充斥的倖存者，他們因為困在無盡的第一和第二階段迴圈之中因而變得扭曲或絕望；我們的日常生活中充斥著倖存者，他們活在分心、逃避和悲慘的不眠夢魘中，試圖假裝自己沒有困在同樣的兩個階段裡。但我不尋常的治癒方式帶我接觸了大量的倖存者，他們在第三階段中仍然能抱有希望、愛，能夠持續奮鬥、保有信念，儘管他們的人生給他們充分的理由不這麼做。他們帶著空洞、見證過人類可怕殘暴的眼神來到我面前，跟我分享他們想要變好的渴望，這樣才能對這個世界有用處。他們想要深入並踏進第三階段，這樣他們個人的創傷才能終止，且可以在以創傷為中心包圍著我們的世界裡，找到自己神聖的地位。雖然這聽起來很像把因果關係弄反了，但我很榮幸能與具深刻創傷折磨的倖存者分享我的研究，而且我從中找到了我對人類最偉大的信念，以及對喜悅最清晰的想像。

終點會很美麗

　　法國作家及創傷倖存者尚・惹內（Jean Genet）在痛苦地撰寫自己創傷後的旅程《竊賊日記》（*The Thief's Journal*）時，道盡了第三階段治癒過程的真諦：「行為必須要被完成。不論行為的起點為何，終點都會

是美麗的，**行為會令人厭惡是因為沒有被完成。**」假設我們無意識地循環於未解決創傷悲慘的第一和第二階段，我們的行為就會令人厭惡，這並不是因為我們令人厭惡或生活令人厭惡，單純只是因為我們沒有完成行為。如果我們不知道有第三階段存在，我們就只能看見未痊癒創傷令人厭惡的那一面，無法擁有傷口另一面的美與力，無法看見值得努力前進的終點，因此就會抑制自己真正的情緒、記憶與傷口，跌入絕望與無意識不停反覆重播的後創傷階段。我們會試著讓自己分心或解離以遠離未痊癒的傷口，但拒絕接受只會讓前兩階段無意識的啟蒙循環越來越強烈。我們可能會尋求偏方、藥物或治療來舒緩痛苦的症狀，但卻無法終止厭惡的感覺。我們也不明白厭惡感是來自於「沒有完成行為，且沒有進入第三階段」，我們只是把厭惡感內化、失去了自己的方向。

我看過很多創傷治癒課程雖然立意良善，卻糟糕地想要在真正的治癒過程、通往完整的美麗過程中抄近路。許多釋放創傷實踐者運用的技術是要將未痊癒創傷從記憶中抹去，有些技術跟呼吸、身體活動、眼部運動、催眠甚至拍打皮膚的特定部位有關，也有些讓人麻痺的技術，是讓倖存者大量經歷創傷記憶，直到他對創傷完全沒有任何情緒反應為止。這些過程我都稱之為「抹除」的技術，他們想透過從心靈中刪除未解決創傷和其後遺症來治療——在很多個案中可能是不錯的做法，然而事實是創傷式啟蒙行為在靈魂和文化中有非常神聖的作用。由於許多創傷領域的治療師不明白靈魂的三階段歷程，因此他們會試圖從心靈中抹除創傷。他們想要移除創傷；他們想讓寶寶停止哭泣，並對著安撫娃娃大笑。

不幸的是，這並非聰明的那條路，並非創造靈魂的那條路，並非能夠治癒文化的那條路，也並非通往第三階段的那條路。我的經驗是，走另外一條路——從具有完整資源的心靈直接深入未痊癒創傷——不僅能幫助人們痊癒，還能徹底進入生命洶湧的潮流之中。

在極端的創傷後反應（長期失眠、反覆恐慌、失憶症、心身症或癱瘓等等）中，抹除技術有其價值所在，但大多數人都不是這種人。我們大多數人都已學會透過巧妙的逃避或成癮行為，在未痊癒創傷之中好好生活，大多數人得到解離、抑制及表現行為的幫助，能都好好面對生活；我們不完整也不協調，但我們過得還行。大多數人並不需要抹除的技巧，可是我們仍然會向它靠近，因為這種技巧有著如警鈴般的特質。（不過世上也確實存在著能覺察情緒又能支持靈魂的創傷治癒課程，請見第二十二章恐慌相關的段落。）確實大部分的抹除技巧是有用的，它能從有意識的心智中抹除對創傷的記憶，然而就算創傷記憶褪去了，心靈卻還是不穩定。抹除技術就是症狀治療，無法導向第三階段，它去除了第一和第二階段的記憶，因此第三階段就無法發生。抹除技術大概是終極版的逃避行為，為了要逃避痛苦，人們逃避的其實是真正的幸福與創造靈魂的機會。

如果我們不從錯誤或悲劇的角度去理解未痊癒創傷，而當成我們在啟蒙生命深層的流動力，那我們就不會想要抹除自己的記憶了。

就算啟蒙行為是以最可怕且無意識的方式發生（就像我的那樣），那仍然是啟蒙行為。如果我們能明白，就算是在最不堪入目的創傷式啟蒙行為中也存在著神聖性，我們就不會想要有人來擾亂自己的情緒領域，消除通往自己靈魂核心的道路。如果我們能完成未痊癒創傷中觸發的行為──不論行為有多麼令人厭惡──終點都會是美麗的。如果我們能肯定自己的傷口，交由情緒有意識且光榮地把資訊傳遞給整個自我，我們就能有意識且昂首闊步地進入第三階段，我們就能成為全新的人。

治療解離式創傷時，整合自己內在的村莊是至關重要的第一步，然而真正幫助我們進入和離開與原始創傷有關的記憶和感知的，其實是情緒；我們的情緒能把我們運送到第三階段。有了情緒的幫助，我們就能用偉大的旅程真切了解人類文化中最嚴重的問題──以及它壯麗的美。

8. 情緒在解決創傷中的角色
水能帶你返家

　　遭遇某些麻煩時，情緒會警告我們，而如果我們夠警覺聆聽情緒，如果我們注意力集中且心智專注，情緒就能給出我們真正需要的東西，讓我們能進入和離開任何你想像得到的麻煩。如果我們能有效聆聽並回應自己的情緒，我們就能理解自己靈魂最真誠的語言。有了完全覺醒的情緒幫忙，我們無止盡且大量的天賦就能適當地發揮在任何情境、任何議題或任何苦難上。

　　有句精彩的俗諺是這麼說的：「榮耀不在於永不跌落，而在於每次跌落後總能再爬起來。」

　　如果只有在所有事情都完美且不出錯的時候，我們才覺得生命光輝燦爛，那麼我們絕對無法理解真實世界的生活，我們甚至還會因生活本身的紊亂而有創傷。如果我們想要接觸生命的本質，我們就要有完整且適切的心靈，並從這裡開始努力，我們還得能夠取得自己所有的情緒——不只是平和的情緒而已。

　　從具有完整資源的視角看待未痊癒創傷磨難時，我們就能了解平衡與平衡的狀態是流動且具韌性的，會回應其所在的環境。我們不用再把未痊癒創傷不適或困擾的症狀都當成病症（狂暴和恐慌、情景再現、自殘或殘害他人、惡夢、憂鬱、成癮和分心等等），我們將轉而傾聽它們的聲音。我們要明白，在面對原始傷口、讓靈魂滿意之前，痊癒是不可能發生的。有了這樣的認知後，我們就會明白解離的人對危險的驚惶是

個事實，而非病態，因為人與身體如果沒有良好的連結，就會無時無刻處於危險之中。接著我們可以從全新的觀點看待從解離而來的行為，我們不用把心靈不斷失控和受打擾當作是疾病的徵兆，反而可以視其為「心靈正在堅定地想要把問題和失衡狀態，帶入意識覺察之中」。徹底了解情境之後，我們就不會想要抹去令人混亂的反應，而是會追隨其腳步來到問題的核心。只要能做到這點，症狀自然就會消退，因為它的聲音被聽見了，而且我們已經用完整的資源處理它了。如此一來我們就能破除第一和第二階段之間令人迷惘的迴圈，堅定且歡欣鼓舞地進入第三階段。不論磨難的起頭如何，終點都將會美麗。

這樣美好的過程並非逃避或抹除的技巧，也不是消毒或挑剔的過程。它可以是很洶湧、熱烈、泥濘、風暴的過程，創造出的不僅僅是倖存者，更是被完全啟蒙的長者。這正是為何它如此不尋常，它看起來或聽起來都不像我們所謂的治癒，它並不平和，也不可預測。進入第三階段是個猛烈且有張力的過程，因此取得內在完整的資源才會對於結果如此重要。一旦心靈離開了解離和創傷的前兩階段，它就會搖晃、發抖和亂踢──就跟動物從解離性創傷回復時一樣。身體會擺脫記憶，心智會擺脫以創傷為中心的信念，靈魂會將自己從恐懼和解離的行為中解放，而情緒會因為心靈受到治癒而流動並攀升。一切都再次動了起來，且不是以分心或解離的方式變動，而是進入深刻的歷程，找回了心靈之前丟失的所有東西，重新整合成為完整的人。

在整合的心靈中，身體不會受到禁錮，智能不會波動，靈魂不會表現武斷或出現幻覺，情緒不會折磨你；每種元素和智力都可以提供自己特定的資訊與能力，因此就能真的達到治癒效果。假設在這一切流動力的核心具有覺醒的第五元素，我們就能歡迎、面對並引導一切──不帶自我批判、小劇場或逃避行為。

打造儀式性空間：憤怒家族及恐懼家族回歸

　　通常人們從分心、逃避行為、成癮或解離中痊癒時，最初出現的情緒就是憤怒和恐懼家族的各個成員。兩個家族一直以來都當成是病症，且都具有徹底負面的效價，實在非常不幸，因為它們對回歸完滿的過程至關重要。憤怒家族能恢復我們在創傷性磨難中（以及讓自己分心和解離之後）失去的界限，而恐懼家族則能恢復在我們的本能無法負荷時失去的專注與直覺。這兩個家族的情緒加總在一起，能打造一個容器或神聖空間，在那裡我們能夠找回自己受重視、直觀、又有復原能力的中心自我。憤怒家族以憤怒、狂暴、仇恨、冷漠、或羞愧的形式浮上檯面時，代表治癒過程已經開始了。引導所有情緒的目的，是要運用情緒的強度來恢復我們心靈周邊的界限，打造真正的治癒能夠發生的神聖儀式空間。

　　在第三章學到的情緒引導練習之中，我們已得知「自在流動的恐懼」乃是人專注時的直覺與本能。恐懼家族以恐懼、擔憂、焦慮、混亂、嫉妒、羨慕或恐慌的形式浮現時，就是在暗示源自本能的治癒力量正在穿透心靈。引導恐懼家族的用意，是要透過有意識的行動，來恢復專注力與回復力，找回完整的資源與直覺。就連恐慌——受鄙視的可憐情緒——在解決未痊癒創傷中，都扮演了不可或缺的角色。恐慌出現的用意是要讓心靈回到原始磨難驚嚇的階段，如果我們能歡迎並引導恐慌，它就會利用其龐大的能量終結第一和第二階段絕望的輪迴。不論憤怒和恐懼家族出現的形式為何，只要我們能以開放的心態在完整的自我中迎接並引導這些情緒，那就能真正進入治癒的第三階段了。

　　一旦恢復了界限並再次具有本能，我稱之為「成龍能量」之驚人強大（且幽默！）的足智多謀就會覺醒，並開始用武術清除靈魂的煩惱[1]。這種振興情緒的情況發生後，其他的情緒就能進行其神聖的治癒工作。

接著，悲傷家族——悲傷、悲慟、憂鬱和自殺衝動——就可以挺身而出，幫助你釋放不可行的依戀，並讓心靈重新獲得活力。憂鬱可以挺身而出，告訴你哪部分的自我已經被丟失、揮霍或趕跑了；失去重要的東西後悲慟可以挺身而出，透過把我們帶入並經歷靈魂最深的水域，使整個自我重生；自殺衝動——在已經恢復且具有憤怒和恐懼家族情緒的整合心靈中，若被引導到前方——能照映並消滅困擾著心靈的痛苦情況，從而把靈魂從折磨中解放出來。

我們必須明白，我們對自殺衝動做的事絕對不會傷害到肉體，這種情緒的目的絕對不是傷害或殺害身體！如果我們能以接地的儀式性姿態肯定自殺衝動絕佳的天賦，那麼它就能為恢復靈魂的任務貢獻自己了不起、反抗死亡的堅定之情。

只要我們能用具有全村之力的心靈迎接每一種情緒，情緒就能告知我們是否有失衡的狀況出現，接著，每種被妥善引導的情緒就能貢獻自己特定的資訊與所需的強度，以減緩失衡狀態並治癒心靈。痊癒之後，該情緒就能回歸其柔軟且流動的狀態，如同所有的情緒應有的狀態一樣。能夠歡迎情緒且能擁戴情緒所要傳達的訊息之後，情緒就不再危險或使人困惑，而是變成光輝又不停歇的能量，能夠促成真正的治癒、啟發與整合。只要我們准許憤怒和恐懼家族站出來，創造能容納心靈的容器，那麼所有的情緒工作（以及所有的治癒）就能夠順利進行。

問題是，這兩家族裡包含了幾乎所有最為人鄙視的情緒。在這個情緒只會被壓抑或表現的世界裡，這是完全可以理解的，因為這些情緒的力量和破壞性都太強了，我們都聽過有關它們的驚悚故事，因此我們別無選擇必須強迫它們躲在陰影之中。然而，若是有另一種選擇——如果我們內在完全覺醒的村莊知道要怎麼妥善引導情緒，那它們的力量就能成為強大的治癒能力。進入第二部分之後，我們將會與這些高尚的情緒對話並認可它

們，使真正的治癒得以發生，但由於我們目前仍在創傷的領域之中，因此我們有必要稍微停下腳步，把同理心的目光放在憤怒身上。

世上有個錯誤的觀念認為所有憤怒都是不好的，但對於想要治癒解離或逃避行為的人來說，這可是嚴重地在幫倒忙。大家都遺忘了憤怒的治癒能力，而且忽視這個事實會危害到我們每一個人。憤怒處於自在流動的狀態時，可以幫助我們創造、維持並恢復我們的界限及對自我的認知，而解離和分心的人最缺乏的，就是明確、有力並由憤怒支持的界限，在那裡面才可能真的痊癒。如果我們叫憤怒的人放下真正的情緒，表現得更加能理喻一點（或者說「拜託拜託你就原諒吧」），那麼根本就是在叫他「**不要**」恢復他的界限，這麼一來反而是讓應該帶有正當憤怒情緒的人無法做他該做的事。

憤怒與原諒複雜的關係

憤怒帶給我們困擾，於是我們將它趕到陰影之中，我們同時美化了它的對立面：原諒。雖然原諒看起來比憤怒和善多了（如果我們單純是壓抑或表達憤怒，那原諒確實和善得多），但原諒可能會把人困在未痊癒創傷式啟蒙行為的前兩階段裡。假設我們沒有讓憤怒光榮地站出來，那就沒辦法進入第三階段，因為我們不具有神聖行為能在其中發生的容器或界限。原諒是美麗且必要的過程，然而它必須真誠地到來，必須是動情地發生。我們不能就把憤怒扔出窗外後直接把原諒套在身上，以為是萬聖節換裝那麼簡單。

憤怒和原諒之間過於簡化的關係變成像這樣：憤怒是惡，原諒是善。如果你能原諒對你造成創傷的人，你就是善；如果你對造成創傷的人感到憤怒，你就是惡。原諒並遺忘，你就會痊癒；保持憤怒，你就會生病。

因此原諒與憤怒都被效價了，且被當成是對立的力量——善和惡，對和錯。然而如果我們從具有完整資源的脈絡看待憤怒和原諒的關係，就會發現更加複雜的細節。實際上，在任何真正的治癒過程中，憤怒和原諒其實會合作（而且經常同時發生）。雖然憤怒和原諒很像是對立的力量，但在第三階段的旅程裡，它們其實是完全平等的夥伴，各有自己的位置，且彼此都只有在有對方的支持下才能前進。

如果你具有完整的資源，你的憤怒就會在出現界限問題時警告你。假設你能妥善引導憤怒，你就能恢復自己的界限和對自我的認知——而不用傷害任何人。一旦心靈再次受到完好的保護，你就能原諒對你造成傷害的人或情境，因為你已經進入第三階段了，你將能辨識出傷口、面對自己的情緒反應，並恢復心靈到完整的狀態。對方可能沒有改變，原始的情境可能也沒有改變，但你已經有所變化，你的憤怒將使循環完整，使你的力量來到新的境界，這樣一來你就真的可以原諒了。

然而，如果你想在界限恢復**之前**就進入原諒階段，你的原諒就不會完整，你會帶著有坑洞的心靈行走，因此你仍然處在第一和第二階段裡。而心靈的規則非常固定且明確：第一和第二階段必須不斷重複，直到第三階段發生為止。從第一和第二階段原諒——在你的界限恢復之前——會造成反效果，因為這就是必然的結果。

原諒並不是一種情緒，也不能替代任何一種情緒，它是在真正的情緒任務完成之後，你與你完滿的自我所做出的決定。只有在情緒讓你有意識地經歷第一和第二階段後，你才有辦法原諒，因為在你的心靈之中，只有情緒可以把能量、記憶和失衡狀態移動到你的覺察範圍裡。身體可以承載你的痛苦，心智和靈魂可以記下你的痛苦，但在你明白自己對痛苦的感受前，你都無法揭露它。如果你的痛苦（如同大多數的未痊癒創傷）深深埋藏在你的無意識之中，那就只有強烈且即時的情緒能夠揭開

它。因此，第三階段真正的原諒所需的不只是憤怒，更是狂暴和仇恨；不只是恐懼，更是焦慮和恐慌；不只是悲傷，更是悲慟自殺衝動。

真正的原諒不是精巧或細緻的過程，而是從迷惘的狀態中發自內心深層的情緒覺醒。它的本質是死而復生，真正、根本的原諒是從混亂、喧鬧、衝撞的過程中起死回生。從同理心的面向看來，這就跟我小時候幫助的那些動物一樣，牠們會晃動、亂踢、嘟囔、顫抖和吐口水——接著就完成了。

真正的原諒不是禮貌又淚眼婆娑，低頭行禮又端莊地握實雙手；真正的原諒絕對不會說出：「我知道你已經盡你所能表現出最好的一面了，所以我原諒你。」不！真正原諒的目的完全不同。真正的原諒不會為他人不妥的行為找藉口，真正的原諒不會告訴自己大家都盡自己所能了，因為那根本不合理。你有總是盡你所能嗎？我有嗎？當然沒有！我們都會犯錯，我們也都會做出自己覺得不光彩的事。真正的原諒懂得這個道理，它不會把自己塑造成是對你人生造成困擾的人的擁護者，它不會為他人混亂的行為找藉口——因為這樣荒謬的行為只會增強第一和第二階段的迴圈而已。

真正的原諒會說：「我知道你所做的是當時對你來說合理的事，但對我來說從來就不合理！」真正的原諒是明白傷口已經造成，因此必須有指責的對象，如此一來走過磨難之地下世界的真正過程才會發生。一旦真正的過程發生了，真正的原諒就會把你從平地上高舉，擦去你身上的口水、挑出你頭髮裡的樹枝並證實：「你沒辦法再傷害我了！已經結束了而且我自由了！你對我的人生再也沒有掌控力了！」

真正的原諒是能夠與折磨和折磨加害者真正分離的過程，而真正的分離需要妥善運用能恢復界限的憤怒，不然分離就完全沒有意義。恢復由憤怒支持的界限之後，原諒就會易如反掌。在你受到肯定的自我意識

恢復之後，原諒自然就會跟著來。憤怒和原諒**並不是**對立的力量，它們是治癒靈魂真正的過程裡完全平等的夥伴。

人們聽見原諒是善而憤怒是惡的時候，通常就會先有第一種恭敬、行禮式的原諒，從外在看起來很開明且如聖人一般，但對內在世界其實有非常不健康的效果。從第一和第二階段無意識狀態發生的原諒會造成兩件事：為他人破壞性的行為找藉口，還有降低我們感受到真正的痛苦與面對它的能力。如果我們急著要原諒，就會失去跟原始傷口的連結。

在我們能夠完全與傷口共處以前就原諒的話，只會讓治癒過程短路。我們告訴自己，因為我已經原諒所以我解決問題了，但傷口和所有與它相關的情緒只是移動到陰影之中而已，痛苦會埋藏到地底下──接著就失控了。

例如我就曾看過有人從第一和第二階段原諒自己的父親，之後就不再信任所有威權角色，或者跟行為與自己父親雷同的人建立起非常危險的親密關係。憤怒離開了他的父親，接著在不受檢視的狀況下緩緩流過他的心靈，進入他的世界觀。

我曾見過有人在進入第三階段前原諒了自己的祖母，因此就痛恨所有的女性或任何代表成熟女性的象徵物，或者進入完全模仿了他小時候生活之情緒氛圍的人際關係和工作環境。同樣的，某種程度上祖母受到了保護，但個人與他所居住的世界就變得非常有害。

如果我們先原諒了，卻還沒有感受到自己啟蒙經歷帶來的效果，我們就是刻意地把自己的目光從實際造成傷口的事件或人身上移開。我們失去了與情緒現實和背負的傷口之間的連結，接著傷口就會在不受檢視的狀況下，在我們的人生與世界裡衝撞和失控。從第一和第二階段原諒只會造成更多的傷口而已。

在真正的原諒裡，我們會在「為我們定義界線的憤怒」和「以生存

為根基的恐慌」這兩者的幫助下，回歸到最初第一階段啟蒙行為發生的那一刻（回到那個意識或感覺狀態）。這兩種情緒都能讓我們從失衡進入理解，接著它們可以替那個「為了前往美好的解決之道所需的能量」作出貢獻。與強烈的情緒共處（透過學習情緒的語言並引導情緒，而不只是表現或壓抑情緒），能夠恢復我們的專注力以及平衡的狀態。有了情緒的幫忙，我們的傷口就不再是無止盡的悲劇，而是成為了一個通道，透過這個通道我們可以找到真正的回復能力。適當引導情緒，使我們能夠完整地抵達心靈最核心的地帶，然後從那個已然恢復平衡之地再出發，原諒就是再自然且單純不過的事了。

耶穌曾說我們應該要原諒七十個七次，但我不認為祂是要我們找到四百九十個人來反抗我們，我認為耶穌要對我們表達的是，深層的傷口需要經歷不只一次原諒的過程，才能真的痊癒。於是原諒本身就成了一種練習。首先，我們可能會在大量憤怒獲得妥善引導之後才原諒，然後就能找回界限──受肯定的憤怒會幫我們再次發覺自己的力量和分離的能力。接著，我們可能會在有意識地迎接大量恐慌之後才原諒，然後就能取回我們的生存本能──真誠且受歡迎的恐慌會幫助我們每天變得更安全，思緒更清楚。再來，我們可能會在大量且沉重的悲慟之後才原諒，然後在破碎又受傷的心覺醒之後，我們就能再次愛人──就算是在深刻的痛苦和背叛之後也能做到。

我曾在孩童創傷倖存者身上看過無數次這個歷程，他們的傷口似乎包覆著他們的心靈。我總會建議這些人去圖書館，找些關於他們創傷磨難發生時期發展歷程的書（像是《兩歲的孩子》（*Your Two-Year-Old*）或《五歲的孩子》（*Your Five-Year-Old*）這種書）[2]。這些書很值得一讀，因為早期創傷會默默影響倖存者學習和社會化的歷程。根據磨難發生時的歲數，人們的語言能力（我就是這樣）、手眼協調能力、進食行為或依附和歸屬

的能力中都可能會參雜以創傷為本的反應。早年造成的創傷傷口也可能造成腦部有學習和行為困難，甚至會導致不斷持續的憂鬱或恐慌。

對於兒童創傷倖存者來說，原諒的過程（如同耶穌所言）極為漫長，因為未痊癒創傷會跟他一同長大。原諒並不是絕對的一次性事件，而是不斷變得強大、從中找到出路的過程，再變得更加強大又找到出路，一路進行下去。這樣漸進的過程能幫助未痊癒創傷磨難的倖存者將自己的先天自我與創傷性行為分離。他真實的情緒能引導他進入真正的問題，再幫助他回復到完整的狀態。他的身體能安穩地回想磨難，而他的心智能自在地傳達訊息，他的情緒能不受阻礙地流動，他的遠見也能被接納。有時候治癒的過程會需要治療協助，又有些時候則是單獨的行為，但過程絕對都是獨一無二、帶有深刻情緒且驚人地美麗。真正的原諒是沒有近路可走，沒有魔幻技巧，更沒有地圖的激烈治癒旅程——是創造靈魂、文化治癒的過程，需要你內在的全村之力來幫助。真正的原諒能讓人解放，讓他瞬間變得有所意識，而這樣的事件只會發生在具有完整資源的心靈中，此時身體、多元智力和遠見靈魂以及所有的情緒都得以自在移動。

只有保有真正的憤怒、真正的悲慟、真正的恐懼、真正的恐慌和真正的情緒完整性時，真正的原諒才能夠存在。憤怒和原諒並不是相互為敵的，它們都是完整的治癒過程和恢復完整自我中必要的面向，而且這個過程只能用充滿感情、因此也很情緒化的方式進行。

本書第一版的捷克出版商諾西（Noxi）在社群媒體上以捷克文標註了我，翻譯是這樣的：「你的情緒就是讓你康復的關鍵。」謝謝你，諾西，確實如此，正是情緒沒錯。

9. 為何愛不是情緒
忠貞不渝的承諾

　　隨著我們準備好要完全深入情緒之前，我們應該先把情緒與一個不是情緒的東西加以比對：愛。

　　情緒運作順暢的話，就只會在我們需要它的時候浮現出來，它會隨著環境轉換和改變，並在解決問題之後回歸柔軟且流動的狀態。而愛運作順暢的時候，並不會有上述任何的行為。

　　如果情緒會不斷重複，或以同樣的強度一再一再地出現，那肯定有什麼事出了差錯。真正的愛是忠貞不渝的承諾，會在生命中不斷反覆，甚至能超越死亡。愛不會隨著環境增加或減少，也不會因為風向變動就改變。愛不是一種情緒，它不會有跟情緒一樣的行為，真正的愛有自己歸屬的類別。

　　有不少事情，我們以為就是愛——渴望、外貌的吸引力、共同的嗜好、期盼、渴求、肉慾、投射、成癮循環、熱情——這些東西都跟情緒一樣會變動與起伏，但它們並不是愛。愛是完全穩定的，且完全不會受到任何情緒的影響。如果我們能真正去愛，我們就能體驗所有的情緒（包括恐懼、狂暴、仇恨、悲慟或羞愧），同時又能不斷愛著與尊重我們所愛的人。愛並不會與恐懼或憤怒或任何其他的情緒對立，愛比那些東西還要深刻多了。

　　對有些人來說，愛僅是迷戀而已，而迷戀只是「崇拜」的投射（請見第十五章的仇恨），這些人會尋找最能表現出他們無法實現、藏在陰

影中——受崇拜和鄙視——的東西，並與它共同生存於一種迷幻的舞蹈之中。雖然我不想稱這樣悲傷的事為「愛」，但那就是大多數感情中愛的意義：你找到能夠完成你無法實現的事物的人，依附著對方，並進入一場被情緒與渴望糾纏的嘉年華。一旦投射崩壞使你看見自己崇拜對象真實的面貌，你的幻想就會破滅，試圖想重新依附自己的投射，或者甚至是尋找另一個人作為投射的對象。但這並不是愛，因為真正的愛不會玩弄別人的靈魂，也不取決於你能在伴侶身上投射什麼，或者你可以從這段關係中得到什麼。

真正的愛是祈求，是不滅的承諾，是對愛人的靈魂和世界的靈魂不可撼動的奉獻。情緒和渴望隨時出現，隨時出現，且常有大幅變動，但真正的愛絕不消退。真正的愛能承受所有的情緒，也能挺過創傷、背叛、離婚甚至死亡。

愛的真相是：愛是永恆的，只是名稱會改變。愛不僅止於浪漫式的人際關係，愛無處不在：存在於孩子的擁抱中、對朋友的關心中、家庭的核心以及你的寵物的心裡。當你迷惘且似乎遍地尋不著愛的時候，你是在用人類的語言聆聽愛，而非用愛的語言聆聽。愛是永不止息，愛不是情緒。

如果你想把愛當成情緒來探索，那你不該讀我的書，因為我認為愛和情緒有本質上的差異。我可以對我愛的人感到震怒、害怕，也可以對他徹底失望，但愛從未消失。

如果我愛的人太過具破壞性或與我差異太大，使得這段關係沒有未來，我就會跟他保持距離（也不會讓他佔有我的信用卡！），但我還是會一直愛他。愛處於比情緒更深的地方——在那個深層又富饒的所在，文字並沒有太多意義，因此我要讓愛的文字以說不出的沉默包圍我們，然後我們就繼續前行。

10. 打造你的小艇
五種同理心正念練習

　　本章的五種同理心正念練習會幫助你打造自己的小舟，熟練地航行於你的情緒、思想、感知與遠見之間。如果你能讓自己專注，技巧高超地配合內心全村的元素與智力，你的情緒就會成為你的盟友和嚮導。你打造的小艇用於接地，而接地是以身體為主的過程，過程中你將睜大雙眼、運用心智、迎接情緒和遠見、且身體感到舒適。我在課堂上教導這五種練習的時候，我們會談笑、喝水、在教室中走來走去。

　　近來我不斷改良，使大多數的練習不論在何地都能派上用場：在工作場所、在車上，甚至是在衝突或爭論之中也行。我既有超高度同理心，我得要隨時隨地都能夠處理我的情緒才行，而這些簡單的練習就能幫助我做到這點。

　　在這個同理心練習中，我們當然會帶入自己的肢體動覺智力、智能與口語技能、遠見能力，不過這些練習主要用的是「想像」，也就是說它仰賴的是想像力。我們的水象智力能夠理解圖像、行為、意圖和細微的差異，因此你在這裡要學的技能其實會需要和運用情緒的邏輯與語言。透過這種想像力的練習，你會立刻變得更能夠進入自己的情緒世界，因為你練習的方式就會啟動自己天生具有的情緒性向。

　　不過學習這些練習方法前，我要先提醒你，假設現在你有任何一種情緒很強烈或者無法處理，那你得先諮詢醫師或治療師。請記得，你學習表達情緒的方式會在大腦中留下痕跡，假設你沒有給情緒任何具有治

癒能力的同理心練習，那麼你其實是在教導大腦放大強烈的情緒狀態。此外，生理的失衡也可能啟動反覆的情緒狀態，而未痊癒的創傷式觸發行為也可能喚起強烈或反覆的情緒。治療和藥物可以有很大的幫助，我們身邊絕對都有尋求幫助的管道。

就算你正在服藥或接受治療，對於自己的情緒你都還是有很多可以學習的事物，但在開始之前請記得要注意自己的安全，讓自己感到舒適，確認自己受到妥善的照顧。

進入同理心練習

如果你的情緒處於自在流動的狀態，那麼要處理情緒會是很簡單的事，然而如果情緒進入了較為強烈的狀態，你可能就會需要支援，而這些同理心練習能在情緒流增強的時候幫助你維持自己的平衡狀態。**第一種練習——接地**——運用輕微且流動的悲傷和恐懼幫助你專注，讓自己接地，使身體與大地產生連結。當你注意力集中且接地後，你就能享有自己內在的全村之力，你也就能夠**與**情緒共處，而不必阻擋、抑制或表現情緒。

第二種練習——定義你的界限——運用流動的憤怒和羞愧在你的心靈周遭打造堅固的界限，如此一來你就能擁有與思想、感知、想法、遠見及情緒共處時所需的隱私。**第三種練習——燒毀心理契約（Contracts）**——教導你以負責任且光榮的方式引導自己的情緒。**第四種練習——有意識的抱怨**——又是另一種引導情緒的技巧，雖然聽起來很蠢但卻意外地很有治療效果。**第五種練習——回春**——授予你簡易的方法，不論處在何時何地，有需要就能恢復活力。有了這五種練習的幫助，你就能整合並平衡自己的四位一體，運用自己的多元智力，有意識

地與每種情緒共處，而且還能笑著達到這一切。

每種練習都需要一點時間習慣，以我的經驗來說，我幾乎可以立刻重建我的界限，但我卻完全無法讓自己接地。作為經驗老道的解離人，我一點都不想靠近自己的身體或這個世界，我無法進入自己的體內，我不想依靠悲傷深層且接地的影響力，因為我誤以為就悲傷等於脆弱。歷經數個月的時間，我終於學會怎麼讓自己接地，但先前不懂得接地的時期其實也有正面意義，使我體驗了一個人在接地過程中可能會遇到的所有排斥反應，使我成為了更好的老師。對其他人來說，接地可能很容易，但設下界限卻很煎熬——那可能是他從沒做過或想都沒想過的事，因此他就要著重在為自己和他人打造私人空間。每個人對這些練習的反應都獨一無二，且會反映出他們心靈的狀況。

剛開始如果有哪項練習讓你覺得不可行，切記每種練習彼此會互相支持，只要你能做到其中一項，你就會變得更加平衡。一開始每種練習都會很陌生，不過很快的，反而是沒有它們你才會覺得陌生！我確知我的接地能力達到了轉振點的時候，是只要我一沒有接地就開始踢到腳趾，我的身體已經逐漸習慣接地的感覺。所以一旦我沒有刻意地跟自己流動中的悲傷、沒有使我的身體和土地連結，我就會失去協調能力。或者對有些人來說，剛開始練習設立界限的時候，他會覺得好像是在靠想像力來執行，不過很快地只要他的界限需要幫助，他就會感到一陣戰慄，或者耳朵裡出現啵啵的聲音。這些都是具同理心且以身體為本的練習，也就是說你的情緒和身體幾乎是立刻就會回歸本能且觸手可及。我們不只是想像自己能接地和設下界限而已，而是真的能夠不費吹灰之力地感受到它、與它對話、爭執和合作。

接地

對我來說，「活在當下此地」代表我能完全察覺且專注於當下，不解離也不分心。我處於完全覺察狀態的時候，我不需要逃避行為、成癮、任何形式的過度練習或表現完美，而是能夠坦然面對生命本來的樣貌，因為我已經與自己和周遭的環境連結了。

從四位一體的角度檢視「活在此刻」的概念時，我發現每個人的身體都是只能活在此刻。我們的心智和靈魂可以無拘無束，我們的情緒經常被忽視或者正埋頭處理重要的問題，可是我們的身體**只能**活在此刻。我們的身體無法回到過去、無法奔向未來，我們的身體只能活在當下，因此**我們只要能夠把注意力集中在自己身上，就能活在此時此刻，就是這麼簡單**。然而，把注意力集中在當下自己的身體上並非尋常的事，因為太多人會明確區隔實體（或世俗）世界與靈性（或神聖）境界（或者切割了肉體與心智）。肉體通常不是什麼值得頌揚的東西，而是被當成要能主宰、逃離、容忍或征服的東西。這實在很令人遺憾，因為把注意力集中在身體上其實是絕佳的專注工具，而且也是在解離、分心或靠向逃避行為或成癮時，重新整合自己的方式。

如果你能發展出集中且接地的專注力，你就能指引自己每一種元素的流動力，學會領導流動力而不是被它們牽著鼻子走。如果你能領導，你就不用讓自己分心或迴避自己的情緒（或任何的元素或智力），因為你將能透過這個第五元素練習來好好集中自己的注意力。

學習讓自己接地的方式，其實跟電線接地的方式沒有什麼差別：電線接地之後，可以把過多的電流釋放到地面（而不是釋放到電器、裝置或你身上！），所以就會變得比較可靠。這項接地練習也與「找到根本、對世界有用處的概念」有關。一個接了地的人，往往顯得比較有才能、

有知識、具有實力。同理心式的接地也能為你帶來這些特質，而你接地的程度與你內在和外在世界的能力直接相關。如果你並未接地，你可能輕易就會被心靈中相抵觸的流動力或衝突給打倒，但如果你能把專注力放在自己的身體上並讓自己接地，你就能夠指引和調節流動力，撫平任何衝突，讓自己安定。

假設你學過武術的話，你會發現接地就像是在向下運氣（生命的能量）一樣。在最嚴格的武術中，學徒必須擁有良好的平衡且跟自己中心的能量和力量連結之後，才可以跳躍和踢腿。跟自己的氣連結（在不同的文化中，氣可能存在於肚臍下方下腹處或者太陽神經叢中），並讓自己跟土地連結，就能創造出專注力和平衡。從這樣平衡的狀態出發，你就能自然進入更深入的練習，取得更多力量；你會變得更加靈敏、更加專注，更能夠行雲流水地面對內在和外在的刺激。

練習 ▶ 接地

在第三章所學的簡易情緒引導練習中，我們已體驗了兩種能幫助你接地和專注的情緒：自在流動的悲傷可以幫你在釋放壓力時與自己的身體連結，自在流動的恐懼能為你帶來平靜和警覺性。現在，讓我們將兩者結合在一起。

讓自己接地的時候，舒適地或坐或站，輕柔地吸吐，讓自己放鬆。感覺安定之後，吸氣並想像你在腹部集中了溫度和光線，而在吐氣的時候想像你的氣息與光線或溫度向身體下方移動，進入你的椅子裡（如果你坐著的話）。再次吸氣，並想像那道光如一條向下的繩索，往你身下的地面去，進入了你所在的建築的地基，再往下穿越這棟建築物底下層層的泥土與岩石。再次吸氣，不斷讓這道光線和溫度向下移動，讓你的循環接地並感謝你的悲傷。

現在，繼續輕柔地呼吸，並確保你沒有把一切都釋放出去。如果你覺得疲憊或沉重，可能是因為我們大多數人都睡不飽，但你要專注和活在當下，這樣接地才不會讓你過於放鬆而只想睡個懶覺。你要明白自己不是在**耗盡**能量，而是將部分的能量流向下傳送。你是在讓能量接地，只要你的身體習慣了與它的母體連結，那種沉重的感覺就會自然消失了。

感受向下流動之力的同時，站或坐挺、身體稍稍前傾，就像你在第三章的練習裡聆聽安靜的聲音一樣，去體會接地是什麼樣的感覺。運用你流動中的恐懼來集中注意力，感受自己身體內部正在發生的事。繼續輕柔地呼吸，再次向下吸吐到土地之中，保持專注，如果感覺對了，那就在與土地連結的過程中用手臂或身體輕輕畫圓。

想像你的氣息向下並遠離了你，好像你用極長的一根桿子往下穿過土地一樣，感覺你接地的那條繩索不斷向下直到碰觸到地球的核心。你可以想像你的繩索跟地球的核心以一條照亮的鏈子繫在錨座上，你也可以當作是樹根纏繞於這個星球的核心，或者你可以想像有一座小小的瀑布在地球核心創造了一池水。任何對你有用的畫面就是對的畫面。繼續呼吸。

如果你本來坐著的話，那就站起來，四處走走但要對你接地的那條繩索有所覺察。它還依附著土地嗎，還是你把它搞丟了？如果它陪著你行走，那好極了，因為你需要它無時無刻都跟隨著你。如果它消失了，請吸氣，想像你在腹部集中了光線與溫度，並再次往土地的核心吐氣，但這次想像有個輪子，或者運用其他想像力或者感官，讓你的五感也接地，與你一起移動。記得，這個練習是用想像力和意念完成的，意思就是你不需要有像實體物件的行為，你接地的繩索想往哪去就往哪去，可以穿越任何物體，且不論你移動速度多快它都能伴隨在你身旁——甚至在高空的飛機上，你也可以讓自己接地。

接地雖有實質的益處，但它卻是個想像的過程，運作於心靈最喜愛的幻想空間裡。它是由意念和編織創造而成，因此不需要很用力、很完美，更不需要合乎邏輯。我們需要邏輯智力來理解世界，但在獲取自己的情緒時，我們也需要仰賴自己的想像力、身體、內省智力及同理心。

以有同理心的方式活在此地、表現冷靜、專注、放鬆和活在當下，等於是在歡迎自己的恐懼和悲傷。或許現在我們就能明白，為什麼對許多人來說活在此地與當下如此困難，因此他們需要尋求神祕的冥想活動來達成。這兩種情緒──恐懼和悲傷──並非大家通常會喜歡的情緒，兩者都具有極負面的效價，但我們已體驗過它們治癒的本能了。自在流動的悲傷可以幫助我們放鬆，釋放自己不需要的東西，它是一種美好的情緒，而且我們不用感到難過也可以運用它。自在流動的恐懼也是一樣，會為我們帶來警覺、安寧、細微的能力，使我們在當下能夠完全清醒且專注，而且我們也不用感到非常害怕也可以運用它。恐懼與悲傷，謝謝你們！

練習 ▶ 接地以放鬆並整合自我

這邊有另一種練習能幫助你運用自在流動的恐懼和悲傷。

集中注意力，輕輕呼吸，感覺到身體與土地核心的連結，並將冷靜的專注力放到自己當下的內在狀態。如果你的肉體或情緒有任何緊繃的感覺，就把氣吸到那個位置，用氣息將之包覆。集中那股張力，把它向下吐去，讓它沉入地面。再試一次，把氣吐到任何你有緊繃感的地方，集中那股張力，再往下吐，進入土地。

讓那股緊張的力量遠離你，往地面去，你感覺到你放下之後身體放鬆的感覺。如果你還需要幫助的話，把手往下放到身上和腿上，用文字對身體描述接地的感覺。維持在冷靜的專注狀態，讓你的身體在它覺得完成的

時候主動告知你。如果你能同時運用你的悲傷和恐懼，你就不會釋放出過多的東西或者讓自己筋疲力盡，你的恐懼會協助你保持專注與警覺。隨你喜歡的頻率運用這項技巧；接地能幫你有意識地釋放壓力，協助你在身體或情緒需要你的注意力的時候，保持整合的狀態而不用分心[1]。

　　每天早上都讓自己接地是個不錯的點子，也要盡你所能隨時保持接地狀態（如果你還做不到也不用擔心，你總會掌握到技巧的），就像不論你有沒有在使用電器，你都會讓電線接地一樣。接地可以支持並促進體內的情緒流，而相對地它也會幫助你的情緒覺醒，存在於當下，從而幫助你的智力自我冷靜，又能幫助你的遠見靈魂變得更易取得。接地是這個過程中最關鍵的練習，因為它能協助你在讓自己跟土地連結時，專注於自己體內。接地能讓你淨化和穩定自己的內在世界，因而能在外在世界中保持專注。

　　接地的相反就是解離。以前我常處於解離，當時身體不舒服的時候，我常會脫離我的身體，把它拋下。我不會處理那種不舒服的感覺——我會直接逃走。學會接地之後，我就能傾聽自己的身體、處理我的不適感，完全活在當下，我不再逃跑讓我的身體獨自面對不適感。讓自己接地之後，我就能整合內心全村之力，讓我的第五元素自我有空間可以覺醒。接地也是讓你跟周遭世界連結的極佳方式。

　　接地絕對能讓你痊癒，可是它也能治癒你的人際關係、你的家庭、你的社群，讓你對自己、自己的思想、情緒、行為和社交世界更有意識。如果你能讓自己的壓力接地並活在當下，你就更能夠聆聽並引導你的情緒，而不用讓它向外爆炸，或把所有事物都向內壓抑。

　　一些協助你接地的小撇步：接地可以恢復身體裡健康的情緒流，而健康的身體需要動起來。你可以定期活動身體來協助自己接地，你不需要做什麼正式的運動，你只要抖抖身子、晃動一下、跳點舞，或以螺旋

的方式轉動自己的身體就可以了，任何能打破靜止狀態的事情都可以增強你接地的能力。另一種幫助你接地的方法是吃適量的新鮮原形食物，攝取足夠的蛋白質和有足夠的休息（飢餓、疲勞的身體沒辦法輕易地接地）。留意你攝取了什麼刺激性食物，包括咖啡、茶、巧克力和糖分，因為這些都會掩蓋需要透過休息與睡眠解決的疲勞。如果你沒有足夠的休息，那就很難保持專注，而如果你不專注，你就很難維持接地狀態。

有時候你會覺得自己接地且專注，彷彿可以感覺到你與身下土地的連結；其他時候你會覺得沒有接地且迷失方向，找不著自己接地的那條繩索。這很正常，這個過程並不是要完美，而是要完整，也就是說它涵蓋了安寧與磨難、優雅與笨拙、有能與無能，以及你生命中一切的經歷。

如果你需要一些實體的接地協助，你可以在沖澡的時候讓自己接地，想像自己在水流沖過身體、流到地上、進入排水孔之中的時候，就是你在接地。此外，待在流動的水域（或溫和的動物）旁邊時也是自然的接地行為。最後，任何能幫助你表達自己、集中注意力的藝術形式（舞蹈、歌唱、繪畫、陶藝、演奏音樂等等），都可以讓你集中並接地。藝術有治療效果！

關於專注力的小提醒：請認可健康專注力自然流動的本質。如果你准許自己分心、逃避事物、選擇解離，你就是在將解離和分心帶入你的意識之中。意識的關鍵就在於保持在有意識的狀態，就算你需要脫離意識，也要對它有所意識！

當你因為想要而主動去做白日夢、使用藥物、吃巧克力、歌唱、創作藝術、運動或使用媒體，這些事物或行為就不會讓你不安定；如果你接受分心和逃避行為是常態且必要的，那你在做這些行為的時候就能表現得正常，你會知道你的心靈中有些東西——你的某個部分——還無法感受某種感覺或無法參與某個情境，因此你會讓自己休憩片刻，而你也

知道只要想要，你就一定能回到那個核心。這種在清晰的專注力和迷失意識之間覺醒的行為，讓你能夠平衡地取用堅定、接地之覺察力的核心價值，也能運用心靈中夢幻且瞬息即逝的部分。如果你能在專注和迷失之間行雲流水地切換，你就能夠找回自己的恢復力和情緒流。

我們有必要盡可能保持接地狀態，因為接地能讓你的身體釋放壓力並充電，就像接地的電線一樣。在某些情況中，我一天會檢查好幾次自己的接地狀態。

定義你的界限

維持專注並接地後，你就能夠保持在集中的狀態，恢復心靈的流動力。一旦你活在當下的技能變得高超之後，你就會開始發現有多少人並不專注、沒有接地且沒有覺察力，還有在一切的喧鬧之中維持專注力是多麼困難的事情。現代社會傾向於以各種可能的方式支持分心和解離，因此維持在集中與整合狀態可能會很困難。為了要保持專注與接地，你會需要受到保護和保有定義；你會需要一個不受干擾而可以運作的神聖空間，還會需要在自己周遭建立強大和有彈性的界限。

幸好，這種界限確實存在。在心理學上，界限指的是你的個人空間，而在超自然的領域中則叫作「**氣場**」（aura），雖然氣場在超自然界有非常多不同的意義，不過我所指的單純是你的個人空間。在神經學界，這種個人空間被理解為你的**本體感覺**領域（proprioceptive territory），由特定的神經和肌肉網路在你的整個大腦與全身中創造出來。你的本體感覺系統會描繪出你的身體與姿勢跟周遭一切事物的關係，幫助你站立、平衡、移動和理解身體與其所在環境之間的關係。

你的本體接受器會描繪出你的身體和你的環境，因此你得以與實體

世界良好地互動；你的本體接受器會描繪出你的家園、汽車、工具、工作場所，以及你的實體住所的所有方位。對大多數人來說，個人空間的本體感覺會延伸到手腳末端，而這個確切的維度是大多數判讀氣場的人所認為健康氣場（及健康的個人空間）的大小。本書稍後我會著重在你個人界限的本體感覺概念上，但如果你比較喜歡把這個空間當成是氣場，那也沒關係，在我這個階段的研究上，我認為它們是一樣的東西。

如果你還沒辦法明白個人空間的概念，那也沒關係，你的本體感受器很會畫分領域，包括想像的領域在內，例如電動遊戲中你的虛擬角色，或者你在演默劇的時候創造出來的虛擬盒子。你的本體感受器已經待命，可以幫你畫出虛擬的界限，而在需要的時候它會變成真的界限。（想知道有關本體感覺系統的更多資訊，可以參考一本由科學作家桑德拉・布萊克斯利（Sandra Blakeslee）和馬修・布萊克斯利（Matthew Blakeslee）撰寫的精彩書籍《身體自有靈魂》（*The Body Has a Mind of Its Own*）。）

事實是，你的界限早已真實存在；有人盯著你看的時候你會感覺到它，在擁擠的電梯裡也能感受到它的確切維度。你的個人界限就是你個人空間神經性與感受性的表現。然而在大幅度分心且解離的當代社會裡，我們大多數人都不把自己當成是具有明確界限的獨立個體，許多人沒辦法徹底保護或定義自己，而我們通常會靠解離、分心和逃避內在生活以面對殘破的界限，因為我們是那麼的破碎且不受保護。可是，如果我們能讓自己接地，把注意力集中在自己身上，我們就能明確定義自己的心靈，然後透過這樣的定義，我們就能夠在內在之本體感覺與想像力的幫助下，堅定地刻畫出自己的個人界限。

只要能夠用接地找回自己的情緒流，你就能冷靜地讓自己專注，並在找回自我意識時釋放壓力——而這就能幫助你定義自己的界限。一旦你維持專注又接了地，察覺個人界限就是很容易的事了。

練習 ▶ 定義你的界限

假設你還無法維持專注或幫自己接地，本練習是個簡單的定義界限過程，可幫你建立隱私感和畫出界限。

可以的話，請舒適地坐著，讓自己接地並專注（不行的話也沒關係）。現在站起來，把手臂向左右兩側直直地伸出（如果你沒辦法這樣運用雙臂，請發揮你的想像力）。想像你的指尖碰到包覆著你的私密個人空間的輕盈泡泡，把手伸向前方，接著舉到頭上，請感受你的個人界限與身體有多遠的距離。理論上無論從哪個點出發，個人界限與你應該都是一個手臂的距離——你的前面、後面、兩側、上方甚至是你的下方。一旦你可以想像周遭有這樣的空間之後，放下手臂讓雙臂放鬆。

如果有需要的話可以閉上眼，想像這個在你周遭、上方甚至地底下的橢圓形泡泡，現在正被鮮明的霓虹色點亮，選個非常明亮活潑的顏色。（假設你無法把畫面具象化，那你可以想像與你身體這個距離之外有個明確的聲音或者明顯的動作，你也可以在地上用繩子或放一些布料，在自己周圍製造出一個圓。）盡你所能讓你的界限很明顯。

定義你的個人界限時，只需要這樣做即可——它是個非常簡單的活動。感受自己站立於橢圓形的泡泡之中，彷彿你是顆蛋黃，豎立於你的界限、保護著你的蛋殼之中。感受到自己周遭的界限之時，如果還有餘力的話檢視一下你冷靜的專注力，詢問自己：「我掌握了世界上這麼多的空間嗎？」隨著你與自己那被點亮的界限產生連結後，詢問自己這種完全掌控身體周遭區域的感受是否尋常。對我們大部分人來說，答案絕對是否定的！對大部分的人而言，我們的個人界限就是我們的皮膚本身，我們不以具有獨特且自我定義的身分存在，沒有足夠的空間充分地生活與呼吸。

在處理自己的界限時，你要記得這點。一開始可能會有點沮喪，因為從心理層面來說，你可能不知道如何維持適當的界限，或者如何在這個世界上佔有自己的一席之地。如果是這樣的話，千萬別覺得孤單，這是我們每個人都會面對的情況，就算如此，你**仍然擁有**個人空間，而且你有權擁有它。事實上，那是你的大腦定義你擁有的空間，就算你以前都不曉得它存在，你仍然擁有。而既然現在你**確切**知道了，就要熟悉你的個人界限，了解「在這世界上擁有一席之地、知道自己來自何方、終將往哪去，以及享有點隱私」是什麼感覺。這種有隱私的感受能幫助你在這個抗拒情緒的世界中，處理自己的思想、概念、夢想和情緒。

　　現在，感謝你的情緒幫助你建立你的個人界限，感謝你自在流動的憤怒與羞愧。憤怒幫助你觀察並回應外在世界違反界限的行為，而羞愧幫助你觀察並避免自己違反界限。憤怒和羞愧都能幫助你保護自己和他人的界限。

　　流動的恐懼能讓我們保持專注、具有直覺，悲傷能讓我們接地，而憤怒和羞愧可以為我們設立界限——這會不會有點好笑？我們通常會迴避這些情緒，但想想這代表了什麼：如果我們把恐懼推開，就會失去專注和直覺；如果我們逃避悲傷，我們就無法放下或接地；如果我們將憤怒和羞愧棄如敝屣，就會失去自我定義以及調整自己行為的能力！

　　我們都可以看到一些與界限、直覺、接地和放鬆相關的困擾——還有和情緒相關的無數困擾——大家日常生活都會遇到這種麻煩。數百年來我們不信任（甚至仇恨）情緒，導致我們與能夠讓自己過好生活的智力形式離得非常遠，幸好我們知道了情緒就是接地、專注直覺和健康界限的秘訣。因此，花點時間感受你冷靜傾聽的狀態，並感謝你的恐懼；花點時間感覺自己接了地，並感謝你的悲傷；感受你在自己個人空間中享有的安全感、被保護的感覺——你可以再次點亮自己身旁的界限，並

感謝你的憤怒和羞愧。

定義你的界限，能協助你不要跟別人攪和在一起，不要破壞**他們的**界限。而清楚定義自己的界限後，會更容易在這個壓抑情緒的世界中表現得有同理心，因為你會知道自己有沒有感覺到了別人的情緒或處境。在我擁有良好界限時，我發現我能夠以別人的角度體驗他經歷的事，而不需要掌控或改變對方。我沒辦法總是做到這點——誰又可以呢？但如果我接了地、專注又有妥善定義的界限，我的內省智力就會變得更加聰明。

如果此時此刻你跟自己界限的連結還不明確，真的沒有關係，這個練習——在自己周遭建立強大的界限，和對個人本體感覺範圍有所意識——可能很困難，因為個人界限的狀況與許多具有負面效價的情緒緊密連結。造成的直接後果，就是大多數人沒有適當連結到「回復界限的憤怒」和「幫助我們重振個人空間的羞愧」，也沒有適當連結到「回復直覺與本能的恐懼」和「幫助我們對周遭環境有完整意識的焦慮」。對界限的困擾隨處可見，但你也不用太擔心，因為其實你只要知道怎麼理解這種困擾，那它也可以很有指引作用。

舉例來說，假設不論你做什麼事，你的個人界限都很模糊不清，那可能是因為你心靈中回復界限的憤怒還無法流動（你可能正用壓抑來抑制它，或者用表現把它拋到一旁）。只要你擁有引導情緒的技能，明白憤怒在你的情緒地盤上有它應有的位置，那你就能面對這種情況了。

或者假設你的個人界限並非模糊又渺小，而是自我膨脹到超過手臂的長度，包圍了你周遭的所有人事物，那可能就是你體內「支持界限的羞愧」尚未獲得平衡（壓抑自己羞愧的話，會抹滅你對榮譽的概念，而使他人羞愧則會以無禮的方式脹大自己的地盤）。這也是擁有情緒技能之後就能解決的情況，由於你的界限隸屬於你身體，會在實體空間中描繪出自己的能力，因此隨著你所處的地方或別人跟你距離有多近，界限

的尺寸與形狀也會改變，它是極富彈性的。但如果不論你身邊發生了什麼事，你的個人界限都與你過於靠近，那可能就是恐懼重要的本能在你體內不具有榮譽的地位（壓抑和無意識地表現都會誤用恐懼帶來的直覺與保護資訊）。每一種界限的困擾都能順利對應到接地、專注和情緒引導——全都是我們在本書接下來會談到的事。

　　不過，請留意自己現在是如何創造定義與界限的。在覺得疲憊且脆弱的時候，你有變得暴躁又脾氣差嗎（這些是憤怒較為溫和的同義詞）？這是一種建立緊急界限的方式，憤怒會設下界限，讓別人知道不要惹你生氣（但通常用憤怒攻擊別人會更加破壞自己的界限，又會因此造成更強烈的憤怒，而且經常是狂暴，接著就會惹上麻煩）。

　　或者在疲憊和脆弱的時候，你會覺得恐懼和不安嗎？恐懼會帶來大量直觀的「防備式」注意力，讓你在沒有真正的個人界限時能保持安全；而焦慮則幫助你向前規畫未來。然而這兩種情緒都沒辦法真的為你設立界限，因此它們可能會把你拖進一個回饋循環中，讓你處在過動的狀態。

　　或者你在疲乏和脆弱的時候，會悲傷和憂鬱嗎？兩種情緒都可以讓你偏離眼前的任務，以求建立緊急界限，這樣你就無法與周遭世界互動（然而跟世界脫節太久的話，也會讓悲傷和憂鬱形成回饋循環，使你的能量耗盡）。悲傷和憂鬱做的事情很重要，但它們都不是用來設立界限的情緒，運用這兩者而非你的憤怒和羞愧時，可能會讓它們過勞，造成不適與失衡。

　　或許你的個人界限無法運作的時候，你會向成癮或分心靠攏——你可能會以過量飲食麻醉自己，或用強度極高的咖啡因讓自己飛上天，或者你可能會用煙霧在自己周遭建立人為的界限。每種情況裡（不論你是仰賴替代的情緒、分心或物質），你都感覺到了自己界限的問題並作出回應，也許是無意識的，但你**確實**回應了。就算你無法感受到、看見或

想像你的個人界限如我所述是個點亮的橢圓形，你也已經在處理它了，而且是自你出生的那天就已經開始。現在你已經能讓自己集中和接地，你就能更加刻意地面對自己的界限。你可以讓你的情緒告訴你現在自己個人界限的情況，而透過深入你的每種情緒（我們會在第二部分裡練習），你就能理解並治癒你的界限。很快地你就能技巧高明並專注地維持你的個人界限，而不用以替代的情緒、分心或成癮行為建立緊急界限。

練習 ▶ 與你的界限一起呼吸

這邊有個簡單的練習，能幫助你現在就對自己的個人界限更有意識。

如果可以的話，先讓自己接地且專注，舒適地坐著，想像你那一個手臂長的個人界限很明確，或者很明顯地發亮。為你的界限選個強烈的顏色，像是萊姆綠或螢光玫瑰紅；你的界限對你來說應該要極其明顯才是（如果你無法想像它的樣子，試著在你界限的邊界創造顯著的知覺或動作，或者用顏色鮮豔的線條或圍巾在周圍的地板上弄出一個圓形。）

輕輕吸一口氣，想像你的界限往各個方向拓展了幾公分（就像你在吸氣時身體會伸展那樣），吐氣時，想像你的個人界限回歸到健康的距離，與你身體的每個點都是一個手臂的長度。請留意，你那明亮的個人界限也會延伸到地面之下。再次吸氣，確認你的界限邊界確實往每個方向都擴展了一點點——就連你下方也是。吐氣並讓你的界限回歸到它與你的身體正確的距離。就是這樣，你隨時想要都可以跟你的界限一起呼吸，這是簡單且有療效的方法，能幫助你的本體感覺網路連線，描繪出你對個人界限的新認知。

一點小撇步：假設你還無法具象化或感覺到你的個人界限，你可以運用你的想像力暫時替代。例如你可用喜愛的自然環境填滿你的整個個人空間：你可以想像自己被一個手臂距離的濱線、山岳或沙漠場景環繞

（再說一次，如果你無法視覺化，你也不一定要**看見**這個場景，你可以聽見、感受或甚至聞它的味道）。你可以運用天然的場景來安撫身體，這也能幫助你安居於自己的個人空間。如果你能想像自己被喜愛的山岳或海洋包覆，你就能讓自己被帶有治癒力量的平靜感包圍。喜歡的話，你也可以邀請幻想的動物來幫你設立界限，你可以想像有猛禽或狩獵型動物守護著你的領土，很快地你就能夠守護自己了。你可以運用任何你覺得有用的象徵符號，這是你自己個人、神聖的領土，你有權讓自己的個人空間充斥著能使你感覺完滿的圖像。

此外，你也可以每天想像點亮了自己的界限並跟它一起呼吸，要不了多久，你的界限就能用健康的方式定義並保護你了。

你的個人空間應該是孤獨的神聖之地，任何人都不准進入──但如果動物、天使或祖先能讓你覺得更有安全感，你也可以讓牠／祂們進入，可是任何活人和外在世界的期待都不准進入這個神聖之地，這是你內心的村莊，你是這裡的主宰者。

隨著你越來越熟悉怎麼使自己的意識專注和如何保護自己的個人領土，你會發現特定的情境或人際關係很容易讓你失去平衡。小心留意，不要責罵自己或覺得你喪失了技能，大多數情況裡你只是在回應周遭解離或分心的人而已。無意識地模仿他人的行為是很正常的事（因為我們都是社交型的靈長類），但除此之外，解離也被認為是心靈中深層的一塊，也就是進入觸發行為的神聖行為。

我發現人們放下界限和解離不只是為了要遵從，更是為了在生活中解離的人周遭建立儀式性的界限，就好像我們無意識地進入了解離的第一和第二階段，以安撫或協助身旁解離的人。我們丟失了自己接地的狀態和界限並解離，為的是要建立一個神聖空間，但我們卻沒有意識到這點。這種「接觸式」的解離毫無幫助，但卻是很常見的反應。

隨著你越來越熟練接地和定義自己的技巧後，注意出現解離的人或解離的情境時，你能不能維持集中於自己體內並待在自己強大的界限後方。如果你能維持專注、找到自己的定義，你就能以新的方式建立這個神聖空間，提供解離的人新的整合方式。一開始可能會很困難，但很快的就算在一片混沌和分心之中，你也能維持整合的狀態。等到你能在自己和侵入當代世界的解離與分心行為之間設下界限，你就成為冷靜、專注之神聖空間的真實範例了。

你明確定義的界限應該隨時隨地都要存在，因為它就像你本體感覺上的皮膚一樣，你不容許自己肉體上的皮膚衰老或退化，你會保護自己的血管、動脈、器官、腺體、肌肉和骨骼。同理，你也要讓你的界限保持健康，因為它能保護和包覆你的個人領地，還有你內心所有的元素和智力。你可以每天定義並更新你的界限（或者有必要的話也可以提高頻率）。

心理契約

這個練習能支持你定義個人界限，幫你面對情境、想法、情緒立場以及讓你困擾或不再對你有用的行為。燒毀心理契約練習綜合了你目前學過的所有東西，邀請你所有的元素進入活躍且專注的療程中，以從束縛中解放你的靈魂。

能夠專注、接地且有意識地設立界限後，你就能夠引導生命中的流動力。你將能夠在艱苦的時刻維持集中狀態（而不解離），你會能夠讓不適的感覺和態度接地，離開你的身體（而不會無意識地對它們做出反應），你健康的界限會讓你看見自己與周遭的世界有所不同。處在這樣清楚且充滿能量的狀態，你就能夠打造神聖空間，讓你的元素和智力都會在這個神聖空間裡刻意地彼此互動。當你能夠專注地運用自己體內的

每個部位，你就能達到平衡的狀態。

　　燒毀心理契約這項同理心練習，會使你與讓自己不穩定的行為和態度分離，藉以支持你的平衡狀態。這項練習幫你把你的行為和態度看作是「**傾向**」，而不是固化且絕對的事物。接地、專注又良好定義自己的界限時，你就不用把自己的行為視為死刑，而是根據你的意圖將它當作你能夠選擇要支持或放手的傾向。如果你困擾於特定的情緒，你可以燒掉你和這些情緒的心理契約，並恢復你的情緒流。如果你不滿於某種分心或成癮行為，你可以燒掉跟它的心理契約，讓自己不再受它的影響。如果你無法經營一段人際關係，你可以燒掉自己和這些關係的心理契約——不一定總要**終結**關係，而是重整會主宰你和他人互動的行為。燒毀心理契約能幫助你從接地的狀態看待你的每種行為、態度和立場，也能帶你進入引導情緒的狀態。情緒能帶動能量和資訊，而這項練習有賴你每種情緒中的動力、能量和治癒的意圖來實行。

練習 ▶ 燒毀心理契約

　　燒毀與想法、行為、態度、情境或人際關係的心理契約時，首先你要讓自己專注與接地，以明亮的色彩點亮你的界限並正常地呼吸。想像你自己面前攤開一張巨大的空白羊皮紙，像是螢幕或黑板一樣（也可想像，你正用雙手攤開這張想像中的羊皮紙）。這張羊皮紙看起來應該很舒服，不該太明亮或絢麗，應該是柔和的色彩，不論你在上面寫什麼都可以。現在先將這捲羊皮紙放在你的個人界限之**內**（把這捲羊皮紙放在你的界限內，可以協助你為這項練習創造出神聖空間）。

　　面前有了羊皮紙後，你就能在上面投射、設想、書寫、訴說或思考你的困擾。你可以投射你的情緒期許——理論上你應有的感受並表達自己——在羊皮紙上；你可以投射你的智力立場——理論上你該怎麼想、

理論上你該想什麼、理論上你該怎麼表現得有智慧；你可以投射生理的規則——理論上你的身體在他人面前該是什麼樣子、有什麼行為；你可以投射你的靈性期許——以靈性或宗教角度來說，理論上你該怎麼冥想、祈禱或表現。

你也可以把整個情境投射到這張羊皮紙上，或者你可以把整段關係（自己、你的伴侶的影像，還有你與他人互動的方式）直接投射到上面去。只要你能把這些行為、人際關係和想法攤在自己眼前，你就開始能夠把自己跟它們區別開來。在這個神聖空間裡，你不用把自己當成是自己生命中倒霉的旁觀者，而是挺起胸膛的人，可以**決定**要以特定的方式行動、交涉或表現，而且能夠決定要以不同方式行動和表現。

隨著這些行為、信念和姿態離開來到你面前，你可能會感覺到情緒在你體內逐漸高漲，那絕對是種奇妙的經驗，這表示你的心靈在過程中覺醒了，並將情緒帶到表面，幫助你與這些困擾著你的想法和行為分離。如果有必要的話，請保持專注，強化你接地的強度並點亮你的界限，這樣你才會更加了解自己周邊的定義。歡迎你的情緒——不論是哪種情緒都好——並利用情緒把這些想法和行為挪出它們習慣的陰影之下，進到你有意識的控制之中。

如果你感到憤怒，把這些想法扔到你的羊皮紙上，或者想像一種你可以聯想到憤怒的顏色、動作、聲音或質感，並放在你自己的影像旁邊。如果你感到恐懼或不安，那就加快你的動作把這些想法趕到身體之外；如果你感到悲慟，緩慢且悲傷地把這種想法攤在你的羊皮紙上；如果你感到憂鬱，把影像或羊皮紙的色彩調整得黯淡一些（或者把動作下降到爬行的速度），並歡迎你的憂鬱來到這裡。不要對抗你的情緒或假裝你感受到的是其他情緒，感到恐懼、狂暴或絕望的時候，千萬別讓自己身邊充斥著安撫娃娃。

切記你正處在自己個人界限的神聖空間內，專注、接地且受到安全的保護。在這裡，你不需要壓抑、分心、逃避或解離。引導你的情緒代表你可以運用任何浮現的情緒幫助你識別和移除無用的想法或行為，而這麼做之後你就能恢復自己的情緒流了。這就是情緒的功用：它能把能量和資訊從一處轉移到另一處，它能恢復你的情緒流。倚靠情緒，你就能真正與舊有的態度和習慣分離，真正了解最真實的自我。

如果你還不確定要怎麼歡迎情緒或與特定的情緒共處，請跳到第二部分中各個情緒的章節（但也要盡快回到這邊來）。

假設你的第一張羊皮紙滿了，那就放到一旁，創造一張新的羊皮紙，繼續處理你的情境，直到你覺得好像有完成的感覺為止。等到你當下覺得完成時，你的那張（或好多張）羊皮紙已經充滿了文字、影像、感受或聲音，請用你的想像力或雙手將它捲起來。這張羊皮紙上保有著你和行為、信念、態度或人際關係締造的心理契約，把這份心理契約牢牢捲起，這樣就再也不會有人看見或聽見裡面的東西，這麼一來它就立刻變得不再那麼強大了。如果感覺對了，就用一條想像的繩子把契約綁起來，然後抓緊你捲起的心理契約，想像你將它扔出你的界限，離你遠遠的。它落地的時候，想像它開始燃燒：你可以用狂暴使它爆炸，用恐慌打擊它，用悲傷或憂鬱包覆它，或用悲慟為它辦一場火葬。你的情緒會為你提供摧毀那份心理契約所需的確切強度，還你自由。

心理契約燒成灰燼後，再次讓自己專注，檢查接地的狀態，點亮你的個人界限。此時你可能已在練習中觀察到一些變化——你的接地狀態可能會有點不同，或者（如果你創造了周遭的自然景觀）景觀可能有所改變，或者你會注意到自己界限的情況有所變化。如果是的話，恭喜你自己，你的想像力和本體感覺系統正在與你用具同理心的方式溝通！

請留意每種變化，並輕柔地帶領自己回到集中的狀態，你應該要感

覺自己接地，且鮮明的界限應該與你身體的每個點都有一個手臂的健康距離。就是這樣！

燒毀心理契約是情緒引導過程中最核心的練習，使你將能量和資訊從一處轉移到另一處，同時把你的行為、態度和立場放入你的意識覺察之中，也使你的小艇能夠航行過情緒之中的漩渦和急流。你不用再混亂地對外在世界表達你的情緒（或混亂地將情緒壓抑到你的內在世界），這個過程幫助你引導並**與**自己的每種情緒和行為共處。就算有強烈的情緒流過你的身體，你的接地技巧會讓你還是能保持專注和整合；你定義過的個人界限幫你創造了神聖空間，在其中你可以安全且具隱私地進行同理心練習；你能夠將行為和立場想像為心理契約的能力（而非刻在石頭上無法撼動的命運），使你能夠隨意修改、摧毀它們。

當你能夠擺脫舊有的習慣、僵化的態度或無用的情境和人際關係，你就不再需要不斷地分心、成癮或逃避，你也就不再需要用解離來應對無法實踐和不被擁戴的情緒造成的缺失。你可以在你絕對能擁有的地方建立自主權，而那個地方就在你界限的神聖空間裡。只要你能讓全村之力都來幫你解決問題，你就能發展出回復力以及達到平衡狀態的能力。

假設在情緒湧現的時候，你仍能站得直挺挺的，保持有意識的狀態，你的情緒就會如同史賓諾莎所述，幫助你終止苦難，讓你對自己的苦難有清楚和明確的概念。假設你不認可你的情緒——如果你將它扔到外在世界或趕到內在世界——你就永遠不會了解自己生命中發生了什麼事。然而，如果你能用覺醒的方式引導情緒，你就能變得更有意識，能夠更加了解自己。你也將能夠建立強大的治癒儀式，因為你已經能夠感受到自己和自己的情緒會對生命中不合理的事有所回應。從根本來說，強大的情緒反應可以喚起你的靈魂進行儀式，而燒毀心理契約不僅是情緒引導的練習，更是覺醒、自主和治癒的儀式。

你可以在任何時間、任何地點燒毀心理契約，不需要讓別人知道你正在做這件事。只要你專注且接地，你就可以想像你的個人界限是心靈周遭色彩明亮、有喜慶氛圍的泡泡，在那神聖空間中，你有權做任何對你來說合理的事——且完全享有隱私。你可以在工作中、開車時掏出你的羊皮紙，甚至是在爭執之中也行（不過在吵架的時候很難記得自己的技能！）。這個過程完全可以隨身攜帶使用，它是個非常有包容力、歡迎情緒且具同理心的過程，專為生活忙碌的人打造，且隨時隨地都可以使用。

你可以視需求而增加燒毀心理契約的次數。有些人每天早上或每幾個小時就會燒毀一次心理契約，而有些人則是每週（或每個月）大掃除一次。你的頻率取決於你的人生有多受限於心理契約或反應式行為。如果你有辦法以新的專注力面對每種新的情況，那你就不需要常常燒毀心理契約，但如果你的人生過得並不順遂（或者如果你不斷困擾於舊有的行為、分心行徑和態度），定期燃燒心理契約應該會對你有所益處。

燒毀心理契約可以恢復你的情緒流，使你的人生再次向前，不過它也具有保護的作用。如果你燃燒了你跟舊的立場和心態的心理契約，那你就不會再受困於舊的反應式行為。由於燒毀心理契約運用的是想像和情緒的語言，而這是心靈最喜歡的，因此你的意識會移動到新的定位，在那裡你不必再把時間浪費在無用的行為或不適宜的態度上。燒毀心理契約能使你自由。

有意識的抱怨

保持專注、保持接地以及定義良好的界限，是大家都崇尚的狀態，但沒有人能無時無刻維持這樣的狀態。你的大腦不喜歡持續專注，而如

果你的生活就只有工作，那生命也會令人厭倦。休息、做白日夢、浪費時間、分心、大笑、小睡片刻和遊戲都是完整且健康的生命中極為重要的一部分，學習怎麼流動就是在學習怎麼放鬆，讓事物保持輕盈是非常重要的。然而，如果你在「有需要」的時候仍無法專注、接地或定義自己的界限，那就是另一回事了。

我們很容易就會進入困擾的情緒或僵化的場所，忘記自己所有的技能與情緒智慧；我們很容易就會落入壓抑情緒和表達不當的圈套。這種情況發生時（而且一定會發生），你那受忽視和處理不當的情緒就會加強且反覆出現，因為壓抑或無意識地表達都無法真正解決你的情緒反應給你的問題。如果你持續忽視你的情緒（而且你肯定會這麼做），它就會越來越大聲，強度越來越高，很快地，情緒就會因為完全無關的情境而湧現，因為它已經被拖入了擾人的回饋循環中。原先變動自如的情緒對世界的回應變得單調且剩下慣性。如果你能歡迎並引導你的情緒，它通常就能輕易且快速地變動——情緒會湧現以回應真正的情境，提供你確切需要的東西，接著會自然地退回原處。在某些困境（例如失去、創傷性磨難或衝擊）中，像是焦慮、恐慌、憂鬱、憤怒、悲慟等等的情緒需要存在很長的一段時間，但就算在這種時候，你也會感覺到你的情緒在流動和改變，以符合每種新的情境。相反地，健康的情緒流中若出現干擾，會塑造出一個水壩，使你的整個心靈都不穩定。你的情緒絕對會被水壩困住，但如果阻塞的東西持續存在，你的其他元素也會一起受困。假設你允許自己的情緒腐敗和停滯，很快地你的心智就會被所有困擾阻撓，這種阻礙經常會引起重複性的想法，使你哪兒也去不了（就跟你受困的情緒一樣）。你的身體也會開始用疲勞和沮喪來回應你缺乏情緒流的狀態，而你也會經常解離或奔向分心或成癮行為，只為了逃離一切。

如果你現在就處於這種情況之中，那也沒關係！你可以用許多練習

來面對問題。例如你可以透過放鬆和輕柔的呼吸，讓自己接地和重新整合，或者就單純在大自然中散散步或洗個熱水澡。接著你可以定義你的界限，打造出神聖空間和燒毀你與反覆的思想和情緒締造的心理契約。但是，其實還有更簡單的方法可以讓受阻的心靈找回情緒流：我稱之為**有意識的抱怨**。

我一開始是在芭芭拉・謝爾（Barbara Sher）了不起的著作《願望魔法》（*Wishcraft*）之中學習到抱怨的重要性，書中提到願望和夢想並非讓人分心的愚蠢東西，而是會如水晶般清晰地指引你去做最重要的事。她寫道，如果你一直夢想著寫作、訓練馬匹、旅行、回到學校讀書或當個小丑，那個夢想其實就是一張非常明確的寶藏地圖，會引領你走向生命的天職。這可不是一本普通的自助書，作者明白，接近夢想經常是我們想像中最駭人、無理、惱人和不可行的事——這也是為什麼很少人願意試著實現夢想，還有為什麼這麼多人都失敗了。她的假設是，如果你不有意識地面對問題、恐懼和不可行的事，你就不可能把熱烈的夢想帶進到這個世界，不可能成功熬過那折騰人的過程。她認為我們應該定期花時間抱怨，不但是在花時間「滅火」，也是為了更加了解是什麼在阻礙著你。

雖然她的建議是要找一個能聽你抱怨的夥伴，但我把這個練習改良了一下，因為世界上很少有人能承受我所產生的抱怨量。大部分的人對自己就已經感到不適了，他們不可能還讓我表達出自己的不適，他們想要阻止我、改變我，或幫助我用愉快的方式看待世界（但如果我正巧心情不佳，那就是只是另一種形式的壓抑而已）。我採取了另一種方式，轉而將我的抱怨變成個人的行為，而那真是救了我的命。現在每次我失去所有信念或遇到了無法解決的障礙，我可以哀嚎、呻吟、發牢騷，用我正在經歷的殘忍真相使自己再次振作。結束之後，我不覺得憂鬱或憤

怒，反而經常能夠立刻繼續工作，因為我知道確切的問題在哪裡，還有生活就是這麼困難。這個練習不會打倒我，而是能提振我的心情，因為它把我所有的抱怨都從身體中清除了，又恢復了我的情緒流。

練習 ▶ 有意識的抱怨

這裡要教你怎麼有意識地抱怨。你可以接地也可以不接地，你可以待在強大的界限之內也可以不要——都無所謂，重要的是你要心情不佳，而且你有隱私。你先用像是「我現在要抱怨了！」的句子開始抱怨，如果你在室內，你可以對著牆壁或家具、對鏡子或對任何破壞你的夢想的物品抱怨；如果你在室外，你可以對著植物和樹木、動物、大自然、天空、地面或你的神抱怨。如果你跟我一樣是個愛抱怨的人，你可以為自己打造一個抱怨的避難所，裡面有所有能夠呼應你抱怨個性的支持圖片，像是脾氣很差的貓、個性刁蠻的小朋友、猛吠的狗、政治漫畫。

找到完美的抱怨場所後，放開對自己的束縛，給那個洩氣、無助、被嘲弄、討厭、個性刁蠻的自我一道聲音。讓拿出壓抑已久的挖苦幽默，開始抱怨和咒罵你所遭遇的沮喪、荒唐的事（附錄的情緒詞彙表可以幫助你找到最完美的詞彙來描述你所有的感受），想抱怨多久就抱怨多久，你會很驚訝於它的效果有多驚人。而當你無話可說了之後，感謝你剛剛抱怨或怒吼的事情。感謝家具、牆壁、地面、樹木、讓你抱怨的避難所，或者感謝神的聆聽，接著鞠躬、抖抖身子結束你有意識的抱怨，再去做點真正有趣的事情。就是這樣！

嘗試過這項練習的人都會很驚訝，抱怨不會讓他們陷入更多的鬱悶，實際上它的效果正巧相反，因為它打破了僵化和壓抑，把抱怨的本質告訴自己，卻不會產生負面效果。你找回了自己的情緒流，再次訴說了真相，清除了障礙，你獲得了關鍵的中場休息。而且由於這是個獨自一人

的練習，你不用擔心會丟臉或傷害到他人的感受，反而能夠快速滋潤你的靈魂，之後你就會發現你能夠用更新過的活力和遠見，重新面對你的困境了。

在一個力爭上游、為工作努力以及個人追求成長的生活中，有意識的抱怨格外有用。因為若在這些時候抱怨，都會被視為不好的（這實在太可惜了，因為若沒了抱怨的權利，將會造成情緒反覆的回饋循環，像是焦慮、憂鬱和冷漠）。如果你不花心思，有意識地在一片令人分心的海海人生當中，奮力過著有意識的日子會遇到的困境，那麼有意識的生活就會變得越來越不吸引人，而分心行為就會開始呼喚你，閃閃發光地誘惑著你。

如果你只花時間工作，從不花時間玩樂和休息或者發牢騷、呻吟、哀嚎和抱怨，你的心靈會變得很貧脊，你的情緒流會蒸發，而你會劣變為完美主義者，一點樂趣都沒有。你的各種部位都因為你的努力和完美而要求要放假，這就是分心行為開始浮現的時機。有意識的抱怨讓你的掙扎能夠發聲，而這麼做可以回復你的情緒流、你的能量、你的幽默感和希望。雖然這聽起來很衝突，但你一定要抱怨，否則你就不會幸福。

▶ 抱怨與正向肯定之對比

正向思考與正向肯定，恰好是有意識的抱怨之相反面。正向思考的概念是，每個人心裡都懷藏著一些會損害我們健康和福祉的思想，例如「我沒人愛」、「沒有人會成功」、「人生太難了」等，這些想法會拖慢我們進步的速度。正向思考的技巧是在教導我們揭開想法之後，用更有益的肯定語氣來取代它，像是「我身邊隨時都充滿了愛」或「成功屬於我」或「生命美好極了。」這聽起來是個好主意，對吧？

雖然找出摧毀你福祉的內在言論（接著燒毀你跟這些言論的心理契

約！）可能很有治癒力，但正向思考經常都只是暫時的修補方式（也通常都會壓抑情緒）。如果你從具有完整資源的角度檢視這個行為，你就會明白問題所在。正向的肯定面對問題時（像是缺乏愛或無法成功），會在心靈上套用一種反向心理學。「正向肯定」並不是坐下來面對問題和認可其中的情緒，而是用強迫的言論覆蓋原本的情境，否定了心靈中真實但令人不適的訊息。像是「我身邊總是圍繞著善良且愛我的人」這樣肯定性的言論**確實**會開啟令人愉快的內在對話，然而它說的並不是實話，也沒有認可真正想要浮出水面的真相。這樣肯定的言論並沒有面對問題背後無數的議題，也沒有治癒或解決破碎且倦怠的心——而且心靈絕對知曉這點。大多正向的肯定會讓口語智力的論述超越了情緒真相和肉體事實，實際上你是在**告訴**自己「應該有什麼感受」，而不是「真正**感覺到**」你的感受。

正向肯定也獲得了太過於正面的效價，它會試圖加強或採取所謂的正面情緒，覆蓋在所謂的負面情緒之上，這種行為就是在惡意破壞情緒。假設心靈中有「我不配被愛」這樣痛苦的訊息浮現，它是在訴說真相。這是不適且悲慘的真相，但其中有事實存在。燒毀心理契約或有意識的抱怨可以幫助我們感受這段痛苦的言論，在我們處理自己真誠的絕望和悲慟還有所有想幫忙的情緒時，了解到底發生了什麼事。強迫幸福或喜悅去掩蓋現實情境，完全不合理且不妥當，而且是對所謂的負面情緒表達出根深蒂固和效價式的不信任，甚至是表達了仇恨。

從同理心的角度來說，我還沒有看過或經歷過「正向肯定」可以帶來深刻或長遠的改變。我曾看過有人用它來解決問題的表象，我也曾看過他們獲得自己肯定的部分事物，但我不曾看過他們變得深刻或成熟，進入完整的狀態。這麼說好了，如果你刻意強化所謂的正面情緒，你就是在心靈之中豎立了對立的陣營。你所有的肯定言論都會否定或壓抑情

境的真相，也就是說你的心靈得要強化原始情緒或感覺的強度，才能讓你聽見它的聲音、採取有效的行為並恢復你的平衡。正向的肯定是想用不完整和分心的方式來面對問題，而且對你的情緒有極為傷人的效果，尤其對幸福家族的情緒最為明顯（關於這個問題，請見第二十八章有關滿足的討論）。

有意識的抱怨因為是從你對事物的實際感受來面對問題，因此有治療效果：它面對了你真正的疑慮，會與問題一起搏鬥直到情緒流能恢復，接著一切就結束了。有意識的抱怨不會美化事情或者試圖轉變任何東西，而是會如實呈現真相，而你的心靈就喜歡這樣。你讓自己做自己，讓你的情緒訴說真相，這樣一來沒有人會受傷。當你有意識地起身抱怨（而不是漫無目的地哀嚎），你的遠見和專注力都會回歸，你的情緒會流動，你的身體會釋放出累積在體內的壓力，而你的語言智力會開心地將你所有的感受翻譯為選擇過的字句。

正向思考在事情屬實時有用，就像「負向」思考在事情屬實時也有同樣有用。如果「我真是棒呆了！」這句話從你的心靈中流出，那就表示幸福和滿足正以它的方式和它的時機穿過你的身體。擁抱它！那是真的！你**真的是**棒呆了！同樣的，如果「我不能再這樣下去了！」這句話來自你的心靈，那就是悲傷、過勞、憂鬱或自殺衝動正在以它的方式和它的時機穿過你的身體。擁抱它！它是真的！你**不能**再這樣下去了——那就別再這麼做了！運用你的技能，傾聽你的情緒，面對心靈呈現在你眼前的任何真相——不論真相為何。在輝煌的時刻與你的成就一同共舞，在痛苦的時刻與你的心痛一同抱怨、哭泣、哀嚎並燒毀心理契約，接著往下一種情緒、下一種想法、下一個遠見或下一項任務去。真正的情緒健康不是永恆不變的幸福感，而是你能夠流動，並以專用於每種情緒（和每種元素）的方式回應它們。

設定能夠定期有意識地抱怨的時間，以支持你真正的自我、情緒真相、智力敏銳度，還有你完整生命實際的情況，你甚至可以把它變成冥想練習。有意識的抱怨可以恢復你的情緒流，再次集中你的注意力，重振你的心靈，用自然且治癒的方式釋放你的幸福、笑聲及喜悅。情緒流和誠實即是關鍵！

回春

我們的第五種且是最後一種同理心正念練習，能夠幫助你回到神清氣爽的狀態，因此你就能用清晰的專注力和意圖面對每種新的體驗。回春練習非常簡單，而且幾乎不用花時間，不過如果想要的話，你也可以把它變成綿長且盛大的活動。

練習 ▶ 回春

準備好之後就請坐下來，輕柔地呼吸，在吐氣之間讓自己接地，放鬆就對了。現在往前靠一點點以跟自己的恐懼產生連結，專注在當下並想像你的個人界限極為明亮清晰，與你的身體有一個手臂的距離——在你的前方、後方、兩側、上方和地面之下。想像你的界限完整、清晰且鮮明。

現在，在你身體和界限邊緣之間的個人空間內，我要你想像你正處在一天中最喜歡的時刻，位於世界上最喜歡的地點。例如你可以感覺自己在晚春的傍晚環繞於山岳之中，或者在清晨時的紅衫林內的溪邊，或者在能看見與聽見海洋的熱帶島嶼上的山洞裡。選擇你喜愛的地點，想像它包圍了你。記得，如果視覺化對你沒有幫助的話，你也可以用感覺、嗅覺或觸覺來體驗，重要的只是你要覺得自己環繞於那樣的美麗、放鬆

且美好、舒服的享受之中。

　　你可能會覺得在這裡自己的專注力軟化了，那也完全沒有關係。這是內在的練習，你不需要對外在世界有極高的覺察力，讓你的專注力自然流失吧。

　　在體驗周遭壯闊的自然景觀之時，把它們的一部分吸入自己的體內，彷彿你真的就在那裡一樣。吸一口氣，想像你吸入體內的是這片寧靜且美麗的所在，試著把你處在自己最喜愛的地點的感受具像化。於吐氣之間將這種感覺傳送到你的胸膛，往上來到你的頸部、臉頰和頭部。把氣息吸到你的胸膛和雙臂、雙手，再往下吐氣到你的腹部。把氣息吸到你的下腹部，再往下吐氣到你的雙腿和雙腳，讓自己全身充滿這樣寧靜與美的感受。當你感覺完滿時，讓你的身體、情緒和專注力都軟化下來並放鬆。你想在這裡停留多久就停留多久，不過現在我們先把這項練習結束，這樣你才能感受這項練習給你的完整感。要結束這項練習時，向前彎曲並用你的雙手碰到地面，頭部向下、放鬆，這樣就完成了。

　　你可以讓這樣的自然景觀隨時圍繞在你身旁，或者你也可以只在想要回春的時候呼喚它。至於我呢，我覺得可以同時塞在車陣中或飛機上或會議中，又可以同時在考艾島柯伊海灘的暖水中游泳，或者在北加州的紅衫林中聆聽溪流，是很好玩的事。同理心練習是最棒的旅行社！

　　這項回春練習很不錯，可以淨化、舒緩並修正你的心靈，尤其在人生產生變動後，就可以引導你的情緒或使用其他的同理心正念練習。像是燒毀心理契約之後，你就必須讓自己回春，這樣舊有的行為才不會再次活躍起來。使用燒毀心理契約挪出心靈中的空間後，有意識地重新填滿自己非常重要，如果你不有意識地填滿那個空缺，它就會在無意識下被填滿，而你絕對不會想要這種事情發生的！假設燒毀心理契約後你沒有時間休息和回春的話，那就花一點時間用明亮舒適的光線充滿你的個

人領域。這事花不到五秒鐘，但它能支撐著你直到你能好好照顧自己為止。你可以每天早晨或傍晚、每週一次或以任何喜歡的頻率進行回春練習，有時候你可能還會覺得每小時都需要回春，那就做吧——現在這些都是你的工具了，你想怎麼運用都行。

我發現在現代生活之中，回春和自我舒緩的練習並不盛行，我們大多數人都知道要怎麼放空和讓自己分心，大多數人也知道怎麼用興奮劑讓自己振作，但我們似乎不怎麼知道要如何緩和與補充自己的能量。舉例來說，研究顯示休息（和什麼事都不做）可以帶來健康又對記憶力有幫助，但我們之中又有多少人會花時間休息呢[2]？研究顯示肢體接觸對於生理和心理健康都實為必要，但大多數人都對肢體接觸有所警戒，因此我們只有在短暫的擁抱、性行為或花錢健身時，才會有肢體接觸。

唱歌、跳舞、做藝術、玩樂、打鬧、大笑和做白日夢也都是能舒緩和治癒的事，可大多數人似乎都沒時間做這些事，而我們則刻意工作和運動、匆忙吃飯、睡也睡不好，沒有時間或精力做些生命中簡單、美好又享受的事。

如果你找到了個方式可以在生命中挪出回春的時間——可以閱讀、跳舞、歌唱、玩遊戲、做白日夢、跟朋友玩耍、看夕陽或者大笑和打鬧的時間——那恭喜你！這是非常好的方式，可以把你奔波於各處的注意力和生命力找回來，因此你就能享有更多資源、變得更加敏捷，以接地且專注的方式對自己的生命更有用處。切記要留意，要在接地、定義自己的界限和引導情緒的治癒過程以及放鬆享受時的治癒過程這兩者之間保持平衡，它們在完滿的生命中同等重要。

要留意的是：我們許多人都會被家庭娛樂這種休息和放鬆的選擇所吸引——電影、電視節目或線上媒體，這很自然也正常，因為人類就是說故事的靈長類，而故事和戲劇就像是大腦的糧食一樣。然而我們都

有過被誘惑性、成癮性的電影和電視節目吸引的經歷，或者一上網、回私人訊息或簡訊幾個小時就不見了。隨著你對生命中每個細節都有更多的覺察力，請明確但溫柔地檢視自己花在娛樂或網路上的時間，這些可以是用來轉換注意力的有趣事物，但如果你深陷其中，也可以變成嚴重的分心行為。如果你花了很多空閒時間在電視或電腦前，請詢問自己你花了這麼多時間，有沒有獲得任何回饋。那些故事有安撫你的情緒嗎？懶散在電視機前，而節目使你的心智專注在自身之外的事上，你的身體真的有辦法休息嗎？上網或傳訊息能讓你的智力思考和研究很多有趣的事嗎？還是你已經陷入了這些活動分心或成癮的循環之中了呢？問就對了，每個人的答案都不一樣。還有問問自己，不在電視電腦前或傳著訊息的時候，你生活中的優先順序為何，你的房子舒適乾淨嗎？帳單繳了嗎？你有花足夠的時間陪伴家人嗎？還是你累到回家的時候就只能用爬的躲到訊息或網路之中，逃避所有事情？用覺察力檢視這些活動之後，你就能決定你希望這些事情如何參與你完滿的生活。如果這些事似乎困擾著你，或者你的人生被它所打亂，那請跳回到第六章（關於逃避和成癮的內容），看看你到底想透過這些娛樂獲得什麼。或者你可以燒毀跟這些活動的心理契約，看看你的情緒對它們有什麼話要說。你已經擁有技能了，你要有意識地做所有的事情，並在想要的時候做出改變。

變與不變──與它們共舞

改變本身就是一種練習，這些同理心練習可以喚醒你許多沉睡的部位，讓你的情緒站出來──而這會造成你的內在領域大幅地變動。一開始你可能會覺得不習慣甚至不舒服，這很正常，任何在心靈中的改變，都會驚動對立的停滯力量──也就是你重視傳統、常規和現況的那塊。

變與不變都不正常，對於有生命的生物體來說兩者都實為必要，但隨著你的視角不同，兩者分別可能會有治癒或毀滅的作用。

如果改變對你有益，你大概就會喜歡它，但如果無益的話，你可能會覺得改變讓人困擾。如果你很滿意於現況，你大概就會喜歡靜止的狀態，但如果你渴求改變，你就會覺得靜止不變是折磨。不論你當下的偏好為何，變與不變在真正的變動之中都具一樣的地位。改變告訴你新的情境或影響力正在對你的系統作用，而靜止則讓你能維持你已經具有的情況和影響力。確保能有效改變的方式並非抹除靜止狀態（彷彿它有多麼的討人厭），而是要理解變與不變都是你生命與心靈之中地位同等的夥伴。

學會這些練習之後，請仔細觀察自己的反應。如果有些改變感覺非常怪異或甚至不可行，那就傾聽並支持自己的反應。別弄錯了，這些練習很獨特，我們看待情緒的方式過於以效價為主且沒有幫助，因此我們知道要說什麼、穿什麼、擁有什麼、如何表現，但我們卻不知道自己的感受或自己內在的聲音在說什麼。這些練習能喚醒我們感覺、觀看、聆聽、感受內在聲音的部位，這就已經是非常驚人的改變了。

如果這些練習對你來說很不尋常，真的沒關係，它本來就該不尋常！不尋常和不習慣的感覺代表你內在對靜止的感知正在回應你所做的改變，假設你能跟你的困難一同呼吸（而不與它們對抗）並歡迎它的存在，你就能夠順利度過所有的不適。很快地，這些練習對你來說就會再自然不過，它會成為你新的靜止狀態，而你的心靈反而會在你不使用它時表現得浮躁。迎接改變與靜止狀態，就可以更為優雅地讓所有形式的成長和治癒發生。

但如果這些練習為你帶來極為不安的感覺——如果你覺得驚惶、生氣或不安穩，那就休息一下，尤其如果你正在面對未解決的創傷式觸發

行為，或者你正在治療成癮或解離的話就更是如此。這些練習（因為能夠讓你的所有部位再次回歸）會對你的心靈發出訊號，告訴它現在你已經擁有一定程度的安全感了。在某些個案中，這樣的訊號會促使心靈開始傾倒出記憶、感受、再現情景和未解決的問題，因為它希望你能夠盡快想辦法解決。這是絕佳的行進方向，但如果你沒有預期會發生、而且你也還不具有能力的話，你可能就會很驚嚇。如果有哪種練習真的讓你很不舒服，請停止並回到停滯的狀態，再去閱讀第二部分裡最能描繪你的反應的情緒章節。懂得那種情緒所需的治癒工作之後，你就可以再回到這裡，重新嘗試那項練習。

你要知道你完全掌控了整個過程，你可以選擇要做哪幾種練習，創造自己的版本，或者如果覺得不需要也可以忽略。傾聽自己的聲音，留給你的靜止狀態發聲的空間，依你的速度做出你的改變。你掌管了一切。

把練習融入生活之中

一旦你能夠運用一種或多種同理心正念練習後，你就可以在任何覺得適當的時機使用，也可以配合靈魂的狀況混合使用。本章談到的練習，並沒有附上時間長度的指引，因為我可以在兩分鐘內一次做完全部，也可以緩慢又用心地花一小時或更多時間執行，完全取決於我的需求和時間限制。我會提供一些基本的參考方針，但請信任並尊重你自己的資訊，你才是自己生命的專家。

接地和定義界限是很好的日常練習，不過你的注意力應該也要能夠恣意地遊走（只要確保在你需要完全專注的時候能夠讓自己專注即可）。你可以視自己的需求盡情燒毀你的心理契約，你也可以定期運用抱怨練習（或避難所），或者只用在脾氣特壞的場合。你應該定期運用回春練

習，因為我們很常都會忘了要照顧自己，我會為它設一個時程，這樣我才不會忘記。

請留意是否有任何練習在非你意識許可之下產生了變化，這就是你的內在自我對當下靈魂狀態發出的訊號。如果你在你的界限內創造了面海的避難所，但它突然變成了水晶洞穴或鄉村木屋（或者全部消失），那就要注意了，你的心靈正透過這樣的影像清楚傳達訊息。事實上，你應該非常仔細留意練習中的變化，你的心靈會用變化來以具同理心的方式與你溝通你最深層的問題。不要抵抗變化，而是要用自己所有的能力去解析心靈傳達的影像。如果你無法用知識來搞懂情況，那就拿出你的情緒技能、你的肢體能力來面對問題，或者用你的火象遠見來了解事情，或者跟親近的友人分享你的所見，看他能不能為你解釋到底是怎麼回事。

記得要定時活動身體，這也是冥想練習的一部分，運動、改變姿勢、抖一抖搖一搖、伸懶腰並盡可能發出聲音。這些事看起來可能會有點蠢，所以或許你可以在私下進行，但這些活動對你心靈的每部分來說都是必要的，你的身體要能自在活動，你的心智要能不受限制地思考與規畫，你的遠見靈魂要能做夢並漫步到心之所向，你的情緒要能有真實的反應與回應。一旦你能夠在心靈中培養出這樣的流動力，你就不需要壓抑、毫無技巧地表達、分心、逃避或解離，因為你已經能夠高明地與元素一起流動和調節元素了。

隨著你整合了內心村莊中的一切，請求你的心智用它強大的能力支援你的情緒，以表明和解讀它的感受；請求你的身體讓你在情緒通過你的身體（或阻塞於其中）時，能讓你跟情緒保持交流；請求你的遠見靈魂使你在情緒試圖解決龐大問題時，能讓你跟問題聯繫。還有記得你的目標是完滿——不是完美，而是**完滿**。這表示你將同時傑出又無知、莊重又荒唐、勇敢又膽小、美麗又醜陋、用功又懶惰等等。這項練習會歡

迎你所有的元素與智力，讓你有穩固的根基可以在這個世界上以它應有的樣貌活著。你不會變成洩氣、解離或沒有情緒的人，尋求不可能的完美，而是成為了真正的你：生氣蓬勃且流動的靈魂，能夠用專注和敏捷面對任何的情境。你不會被強大的情緒流擊倒，也不用再盛怒地看著你的風、火或土元素互相爭吵或者把水元素踩在腳下，因為你接地、定義、淨化和回春的能力使你擁有完整的回復能力，使你在每次跌倒後都能再次站起來，就如佛陀所述。

擁有同理心技能後，你的情緒就會成為你的盟友，而不像在調節不良的系統中變成討厭或困擾的影像力。很快地，只要你願意，你的情緒就能自然地移動、流動、與你溝通。它們會加入、處理手上的問題、解決，接著再退回幕後直到你下次需要它的支援。在我們進入每種情緒之前，請記得流動才是關鍵。你所有的情緒都要能夠與你一起自在流動、對你說話，還有幫助你解決所有的問題和情境。這才是它們流動、生動且源源不絕的天賦！

這些同理心正念練習打造了你航行於自己情緒的水域時所需的小艇，如果你對哪樣還不肯定的話，最好多在這個章節多停留一下，但如果你已經準備好繼續前進了，就請跟我一起踏入你那富麗的情緒絕美又充滿感情的汪洋之中吧。

第二部分

擁抱你的情緒

某天，又或者是數十億年前，你崩潰了。你那精心打造的自我融化了
彷彿棉花糖浸到水中一般
而那部分的你確知你明白　　某些部分　　已經離去
隨著日光下一切合理的無意義事物逝去。
你以為你孤身而行，但事實並非如此。你被海洋的聲音、影響力、實
際物體包圍
跳舞的你、歌唱的你，憶起了自己的一切
別被騙了，別丟失了自己的模樣。
一個緊咬著你的話，剛正且有原則
一個使你夢想中最深切的愛成真
一個給了你勇氣，投奔一切虛假無用
一個讓你往前快進、跳躍、開懷大笑
一個飛快地集結所有資源，挽救你寶貴的性命
每個──所有的──都以驚人且必要的天賦祝福你。
詩人魯米說祂們是天上來的貴客和指引，我則說祂們是來自你神聖且
無可取代之靈魂中，古老又真實的語言。

11. 涉水而行
喚醒你的所有情緒

　　歡迎來到水的世界——來到情緒、情緒流、深度、調節，以及不僅能告訴你事物的名稱，還能告訴你「它的感受和真實狀態」的語言。自此開始，你將運用你的同理心智力，它會流動，具有深度的覺察力，可以不斷領導你從失衡狀態來到理解再到解決。你剛才學會的同理心正念練習使你心靈中的水元素被喚醒且周遭一切事物都在流動時，也能夠站穩腳步。從接地且具有全村資源的內在中心開始，你將能夠引領並調節心靈中多種的情緒流。

　　在這本書的第二部分中我會把情緒分類，讓你更容易進入到水中，但隨著你的覺察力不斷拓展，你會發現它就跟你的元素和智力一樣，你沒辦法真正把一種情緒與另一種分離。我們沒辦法規規矩矩地把情緒分類，大多數情緒狀態之間都有大量的交互作用，在健康的心靈中，情緒會移動到彼此的下方、上方或穿越對方，而在不健康的心靈中則會躲藏在彼此身後或互相衝撞。因此這項練習需要情緒靈敏力的原因，並不是因為情緒本身很危險或難以理解，而是因為情緒會不斷流動和改變，而它與你和情緒彼此的關係都是獨一無二的，還會根據事件有特定的形式。

　　情緒靈敏力並非來自於分類和操弄情緒，而是來自於讓自己融入它持續的流動力之中，了解所有情緒都存在你清醒與睡著的每一刻之中。你的憤怒總是在幫你設立界限，你的恐懼總是想把它的直覺分給你，你的悲傷總是想幫助你放下和向前看，你的羞愧總是想替你留意自己的行

為，例子不勝枚舉。你的所有情緒隨時都在流動，你的工作並不是要把它們整理到整整齊齊的櫃子裡，而是在生命中迎接它充滿生命力的能量。我們會個別探索每種情緒，但它們很自然地會成對、結伴和成群出現；情緒是我們智力和認知的一部分，而它們會以群體為單位共同合作。

迎接情緒流

情緒流的首要規則是：所有情緒都是真的。所有的情緒訴說的絕對都是真相，不論是關於讓情緒出場的特定情境，或者關於心靈的某個部分。就連看似無理、受困或重複出現的情緒都訴說著**某件事**的真相——可能是未痊癒的創傷、失去的記憶、肢體的失衡狀況或是對特定情境的反應。**所有情緒都是真實的**。這並不意味著所有情緒都是「**對的**」，或者你要全然照著它們的話去做！有些情緒可能會讓你想要把別人揍得半死，其他則可能把你拖入深淵，或者使你對自己有強烈的恨意。有些情緒反應可能呈現出你根本不知道自己有的偏見，其他情緒則讓你渴望會摧毀你的事物，因此你不該像個倒霉的笨蛋一樣只會跟著情緒走。然而，你必須明白你的情緒都是真的，你的目標是要用完整的觀點檢視每種情緒，才能迎接真相，支持你的情緒流。

這些觀點需要有別於我們大多數人所習慣的詞彙來描述。我們不會說「我不該有那種感受」，或者「你太敏感了」，或者「不需要那麼情緒化吧！」不。我們必須使自己隔絕於「影響了大半個世界之麻痺情緒的態度和行為」，我們必須要打造出神聖的空間，在那裡情緒的真相可以挺身而出且受到認可。這就是為什麼同理心正念練習如此重要，這些練習能協助你喚醒靈魂進行儀式，在自己和他人內心建造出給情緒的神聖空間。但當然，如果你周遭的人正經歷嚴重的憂鬱或不斷反覆的焦慮

或狂暴，那你要協助他尋求支援，因為嚴重的憂鬱和疾病加上反覆焦慮和狂暴會讓人不穩定，而這種人通常會需要外力介入與支持。

如果你能用同理心理解情緒，你的情緒（和他人的情緒）就再也不能威脅你或使你不安定了。如果你遇見自己或他人的恐懼，你會知道在它之下住著的是偉大的本能；如果你碰到了憤怒或羞愧，你會知道恢復崇高的界限就近在眼前；如果你找到憂鬱，你會尋找它最中心微妙的停滯狀態，而如果你遇上了自殺衝動，你會知道稀有且美妙的重生即將發生。就連最令人不安的情緒也能夠被你迎接，以實用的方式引導它必要的能量與智力。

一般人都說，踏入情緒之中是不智之舉，因為你可能會沒有回頭路。像是如果你開始哭泣，你就會停不下來，或者如果你讓自己生氣了，你就會在盛怒之下找所有人出氣，或者如果你真的覺得很憂鬱，你就會傷害自己。然而，如果你有意識且有目的地進入情緒，那就會有不一樣、且具有治癒力的結果發生。如果你允許自己哭泣，你的悲傷就會穿過你的身體、淨化你的靈魂，接著哭泣就會自己停止，你也會因而回春。如果你能光榮地引導自己真實的憤怒，它就不會傷害任何人，事實上憤怒之中極為理性的特質還會恢復你的界限，保護你和你周遭的所有人。同樣地，如果你能夠真正歡迎你的憂鬱，它也會展現出絕美、能改變生命的事物，告訴你為什麼你的能量會那樣流走。

情緒本身並不會造成問題，他們出現是要幫你**解決**問題。你的情緒會為你帶來能量與資訊，讓你能夠面對任何你內在或外在世界所經歷的事。如果你無法認可這些偉大的訊息傳遞者——如果你不深入它們——你不只是終止了自己的成長和蛻變，更會造成自己的情緒腐敗和僵化。「**不踏入情緒**」才是造成情緒磨難的根源！無止盡的憂鬱、反覆的狂暴、無解的焦慮——這些都是不聆聽情緒或沒有以療癒的方式引導情緒的明確徵兆。

但你還是要小心，在你踏入情緒之河時，你可能會覺得自己的情緒很令你困擾。在某些情緒狀態中，你可能會覺得自己一個頭兩個大，如果是這樣的話，請記得水肺潛水員標定自己方向的方式，就是跟著自己吐出的氣泡回到水面上。如果你受到太大的衝擊，那就讓你的思緒帶領你回到水面，離開情緒的潮流，但你要知道你的智力無法獨自面對你的情緒，不論你想把多少的事實和想法加諸於情緒之上，它們仍會繼續以自己的方式移動。在引導情緒的時候進入你的風象邏輯智力可以是個短暫的休息，此時你浮上來換氣，讓自己醒一醒，重整狀態之後再回到情緒中。你的土和火元素也是一樣的道理；你當然可以用吃飯、跳舞、休息、運動、冥想、祈禱或做白日夢（或任何你選擇的土象或火象練習）來遠離惱人的情緒，但記得在安定下來之後還是會回到你的情緒中。等到你能在自己內心村莊的中心站穩腳步，你就不用再躲藏於某種元素中，或者是逃避另一種元素。

　　記得，你的情緒是人類最重要的感官，是你了解自己與世界之關係的工具。你的情緒是你的智力、認知、行為能力、與世界互動的能力和你的人性中關鍵且無可取代的面向，了解情緒代表你能進入自己靈魂的深水區，也代表你能進入世界的靈魂中。

了解兩種嚴重的情緒謬誤 [1]

　　在我們進入情緒的水域前，我想先釐清兩種多數人都會犯的情緒謬誤：

　　一、我們會指責情緒造成問題，但實際上情緒浮現是為了幫助我們**解決**問題。

　　二、我們會因為有些人缺乏情緒技能而指責情緒。

我稱這兩者為**情緒性歸因謬誤**，而它們隨處可見！

什麼是歸因謬誤呢？意思是在辨識因果關係中犯錯。

正確的歸因例如：因為現在頭上烏雲密佈，所以下雨了；錯誤的歸因例如：因為我運氣很差而且世界在對我出氣，所以下雨了。

儘管有時候確實會有那種感覺沒錯，但幸好你的運氣跟天氣可一點關係都沒有。歸因謬誤的感覺可以很真實，但因為它是錯的，所以它可能會帶你走向完全無益的道路。舉例來說，如果你把天氣歸因於你的運氣，你就會祈求好運而不查看氣象報告，你錯誤歸因的行為把你導向錯誤的方向，浪費你的時間（而你又會在沒帶傘的時候遇到下雨），你還得無緣無故承受壞天氣。了解因果關係很重要，因為因果關係會幫助你清楚理解這個世界，這樣你才能有效地行動。

在第一種情緒性歸因謬誤中，我們在問題發生時怪罪情緒，那是因為我們學到的就是要責怪它！大多數人都被教導情緒是問題，因為情緒一直被誤會為很不理性、不值得信任、不靈性或沒有幫助。我們都聽過很多迷思，像是正面和負面情緒的迷思，憤怒是次等情緒的迷思，羞愧和憤怒很沒用的迷思，或者愛與恐懼相對立的迷思等等，而且我們一直在逃離自己的情緒。也因為我們都學過不要信任情緒，所以我們就會以退步和無益的方式來看待情緒。舉例來說，我們可能會發現每次有問題的時候總是有情緒存在，問題越大，情緒就越多種！如果我們不明白情緒是來幫助我們的，我們可能就會責怪情緒造成了麻煩！這可是嚴重的歸因謬誤，會造成完全不必要的痛苦。情緒不是問題所在，而且從來就不是，你的情緒可以**辨別**問題，它們會為你帶來**解決**問題所需的智力、能量和技巧！

在第二種歸因謬誤中，我們會因為有人缺乏情緒技能而責怪情緒。舉例來說，大家想到憤怒或羨慕的時候，通常會想到的都是最糟的情況：

人們爆氣到處傷害別人，或者被羨慕淹沒而搶了太多東西，害別人什麼都沒有得到。這些都是很糟糕的行為，當然我們也很能理解為什麼大家會把這兩種情緒誤認為是罪魁禍首；然而憤怒和羨慕並不是這裡的罪人。

　　憤怒和羨慕都是強大的情緒，可以幫你達成了不起的事情，但你要先知道如何與它們為你帶來的力量共事才行。憤怒能為你在乎的事物設下界限，而你如何設限，則是你可以發揮情緒技能的地方。你可以技巧高超或笨拙地設下界限，你可以殘酷地設下界限並傷害他人，你可以被動地設下界限並使人困惑，或者你也可以用力量、弱點和仁慈設下界限。你的憤怒是工具，會為你帶來特定的技能，但你要如何**使用**憤怒的工具則取決於你自己（還有你被教導要怎麼使用憤怒）。

　　你的羨慕會幫你辨識出機會，讓你和他人在這個金錢、財產、獲取資源與認可當道的社交世界中保持安全，而**如何讓自己和他人保持安全**，就是情緒技能與練習能派上用場之處。你可以妥善或不當地辨別機會和資源：你可以只把注意力放在自己身上，什麼都不留給別人；你也可以給出太多而減少了自己擁有的資源；或者你也可以為自己和周遭所有人建立平等與公平。你的羨慕是個工具，而你如何**運用**羨慕提供的工具則取決於你自己和你所受的情緒訓練。

　　情緒性歸因謬誤是很可以理解的，因為我們都曾學過要懷疑、壓抑甚至痛恨自己的情緒，但感謝上天，雖然有這些不良的訓練，但我們自身和我們的情緒都能夠生還，而且我們還可以燒毀自己和所有糟糕想法的心理契約。我們的情緒——所有的情緒——都蘊藏著獻禮、技能和天賦，只要你能歡迎自己的情緒、學會它的語言、發展出自己的情緒技能，你就能獲得打出生以來就存在於你體內的情緒天賦。

合而為一

維持每種元素的流動力不一定要是艱難或費時的過程。一天當中，你可以在書桌旁用手腕或腳踝畫圓圈，或者在有點隱私空間時伸懶腰、拉筋、小聲發出聲音或抖抖身子，這些都可以維持身體的流動力。你可以透過讓心智自在地規畫、整理和構想，或者在生活中加入一些心智工作，像是解謎、玩數學或文字遊戲等，簡單地讓智力流動。你可以透過邀請情緒加入你的一天，讓自己被藝術和音樂圍繞（就算只是單純的塗鴉或對自己哼唱也好），還有不用文字表達自己的想法，以維持情緒的流動力。你也可以歡迎你的夢想、白日夢和遠見，以及讓事物的靈體對你說話，以輕鬆地支持你的火象靈魂。一旦你的火元素被啟動之後，你就會發現到處都存在著意義——在前方汽車上的保險桿貼紙上，在歌曲或雜誌中出現的句子裡，在野生動植物的景象中，或者在不經意聽見的對話片段裡。只要你認可了日常生活裡的每一種元素，你內心的村莊就會具有所有活得完滿且有意識所需的能力。

到你該引導情緒的時候，你就能邀請每種元素參與其中：讓你的情緒挺身而出，不用壓抑也不用過度展現。如果情緒非常強烈或者困在無法解決的回饋循環之中，那就要運用你的智能問出那種情緒所需要的問題（這些問題列在稍後每種情緒章節的第一頁），或者讓你的身體加入，用身體描述情緒的形狀、它的顏色（如果有的話）、它的溫度和它的移動規律。這麼一來，你就能把情緒當成是訊息和感官來對待，而不是要迴避的事物。你也可以讓你的火象遠見加入，讓老鷹的本質在身體之中、人生之中、你的家庭或文化之中追隨情緒，接著你可以用你的治癒練習來專注和使自己接地，強化你對界限的定義。假設你的情緒還困在回饋循環中，你也可以燒毀你的心理契約，或者如果你的困境讓你不安定或

筋疲力竭，那就讓自己回春。

　　你可以隨時隨地運用這些同理心正念練習，因為它能讓你隨身都攜帶著你的神聖空間。你在哪裡都可以接地、設立界限、燒毀心理契約——在工作場所、在車上、在機場的登機門，或者任何你所處的地方。你的回春練習甚至可以調整成適用於公共場所（你可以簡易地點亮你的界限，用舒緩的影像填滿來快速提振精神，稍晚的時候再進行全身性的回春）。如果你沒辦法一直挪出時間刻意練習，那麼肢體的活動也能夠打破身體僵化的狀態，也可以使其他元素不再停滯不前。如果你能建立象徵性的行為來解除反覆的思緒、受困的情緒或靈魂的不適，那你就能夠恢復自己的流動力與覺察力。你也可以在接地、點亮界限、燒毀心理契約或進行回春練習的時候運用雙手；你可以用雙手描述自己正在想像的歷程。

　　把有意識的抱怨和其他練習結合也很有趣，可以幫助你清除累積的想法和態度，那些東西會把你困在舊有的情感、思想或關係之中。我喜歡同時抱怨、四處活動並摧毀困住我的心理契約：「這是我認為我該做的事——蹦！這是我拾起那個糟糕點子的地方——哐噹！生活好難，我已經厭倦努力了！現在的生活真是爛透了！碰！」我在過程中玩得很愉快，而且不停放聲大笑，接著我又會回去工作、小睡，或者出門跟新的態度和全新的生命力玩玩。有意識的抱怨真的非常有意思。

　　在我們進入情緒深遠的領域之時，我希望你不要全然相信我的話，也不要在閱讀時關閉你的任何一部分。我希望你能專注於自己獨一無二完滿的自我，你可以對自己所遭遇的每種情緒做出自己的決定。如果某種情緒不會移動或者不回應你，或者特定的情緒狀態不斷反覆出現且令人困擾，那就尋求幫助。還有，有時候你會在情緒中發現我不曾發現的事，那就太好了！呼喚你的多元智力加入，引導你的情緒現身，讓你全村的資源都來解讀這個情境。運用你最佳的判斷力、需要的時候就尋求

協助，讓自己站得直挺挺的。我們都是有同理心的人，而我的資訊並沒有把你比下去！

憤怒家族
The Anger Family

界限、規則與行為準則

憤怒──冷漠／厭煩──羞愧／罪惡感──仇恨

界限被侵犯或規則被打破時，憤怒家族的情緒會讓你知道，
它們會為你和他人建立以價值為本的行為準則。

12. 憤怒 ANGER
高貴的戒哨兵

獻禮

榮譽——信念——適當的界限——
健康的自尊保護自己和他人——健康的疏離

內心的問題

我在乎什麼？
什麼是我必須保護和恢復的？

干擾的跡象

糾結的情感、自暴自棄及／或丟失界限；
反覆狂暴造成苛刻的界限、人際暴力或孤立

練習

　　你的自我形象、行為或界限受挑戰時，憤怒就會升起——或者看見
他人被挑戰時，你也會憤怒。首先連結你的價值觀，讓自己接地並設下

你的界限，憤怒可以為你帶來脆弱和誠實所需的力量。別壓抑憤怒或與它一起爆炸，而是要說出真相，運用明確和脆弱進行修正措施。你的憤怒會協助你用強大且關懷的方式重設界限，因此能保護你和你的人際關係。**小心留意**：反覆的狂暴可能是未接受治療之憂鬱的徵兆。

憤怒的細微差別

輕微的憤怒：煩躁、堅決、沮喪、有保護欲

中等的憤怒：憤怒、大膽、惱火、被冒犯

強烈的憤怒：狂怒、氣憤、盛怒、義憤填膺

如果要我把憤怒擬人化的話，我對它的描述會介於強壯的城堡哨兵與古老的聖者之間。憤怒會在你的靈魂外圍走動，以設下你的界限，幫你留意自己、身邊的人和你的環境的情況。如果你的界限（因為他人的粗心或會阻礙你的情境而）受到挑戰或被破壞，憤怒就會浮現以恢復你的個體性和可敬的力量。我們要問憤怒的問題是：**我在乎什麼？什麼是我必須保護和恢復的？**

你已經知道，憤怒可以為你帶來能量、力量和強度，但憤怒也可以為你帶來「**表現得脆弱**」所需的力量。大多數人都不懂這點，而他們使用憤怒的力量和能量時，不是想要表現某種形式的掌控力或暴力，就是要向內壓抑，讓它安靜，基本上就是棄情境於不顧。如果我們毫無技巧地表達憤怒，我們可能會傷害到他人；而如果我們毫無技巧地壓抑憤怒，我們可能會傷害到自己。然而這種傷害或暴力或自我壓抑的行為都並非

憤怒的目的，這些行為都無法表達或尊重憤怒最真實的用意。憤怒可以為我們帶來表現脆弱所需的強大能力，是深刻的關係型情緒。

憤怒與恐慌的關係

大約十年前我意識到，「表達」所外顯的戰鬥行為，和「壓抑」的緘默行為其實並不是憤怒，而是恐慌！恐慌的作用是在我們有危險時拯救我們的生命，其中包含了戰鬥、逃跑、僵住（再逃到安全地帶）的行為，確保你能存活。憤怒則是幫我們辨識自己在乎的事物，用明確的態度、力量和脆弱設下界限，且在乎我們自己和他人。

恐慌是美妙且必要的情緒，但它並不是憤怒，且雖然這兩種情緒經常在我們的價值觀受到威脅（或我們的界限瀕臨嚴重危險）時攜手合作，但它們是極為不同的情緒，有著大不相同的功能。然而，我們大多數人都學著要同時使用恐慌與憤怒這兩者，因此我們的社群就發明了一個詞彙「**恐怒**」（panger，panic 恐慌加上 anger 憤怒），幫助我們在出現憤怒反應時辨識自己戰鬥、逃跑或僵住的行為，本章稍後討論狂暴和狂怒時，還會仔細討論恐怒。

本章將教授你一種想像練習，幫助你培養能量來面對憤怒和恐怒時，所需要的技能。憤怒與界限有關，因此你要依靠第十章學習的界限定義練習，想像自己將憤怒的強度向外擴延出自己的身體與界限。

這麼做能立即產生兩種效果：從內在重設你的界限，因此你能夠重新找到自己的立足之地與對自我的認知，也能幫助你採用「尊重憤怒之原因」的方式引導它。單靠這個簡單的引導活動，你就可以面對情境，讓恐慌褪去，因為你已經妥善地修復你的界限了。如果你以這樣的方式強化自己，而且你也向憤怒帶來的能量靠攏，你就能創造出自己所需的

時間，從而讓自己打起精神，從具有力量和脆弱性的位置——而非從打鬥或自我壓抑（可能是基於恐慌而從內在逃跑、僵住，或兩者皆是）的位置——發聲。

這個引導情緒的歷程能幫助你獲取憤怒（和所有情緒）的核心治癒力量，這樣一來你就能以具同理心又尊重的態度與之共處。假設你沒有這麼做，反而是壓抑你的憤怒，你就無法恢復自己的界限，因為你不具有釐清自己價值觀和定義自己所需的能量，結果無可避免的會有更多的傷害緊接著原始的挑戰而來。如果你選擇不敬地對挑戰你的人或情境表達憤怒，你的界限就會危險地暴露在外而不受保護，就像你的城堡哨兵離開崗位了一樣（如果真的這樣，你其實就是在使用恐怒）。

假設你把恐怒當成武器使用，而你的領地無哨兵留守，那麼你的心靈就必須注入更多的恐怒到該情境中。如果你慣於表達自己的恐怒，最終你也會表達出新加入的恐怒，還會更加破壞自己（和他人）的界限。這就是為什麼狂暴和狂怒會開始節節攀升——問題不在於憤怒的根本源頭，而是存在著未被識別的恐慌，還有我們在面對這兩種情緒時，經常都技巧不足。

但令人意外的是：如果你的憤怒能自在流動且不需要恐慌，你可能根本不會發現憤怒的存在；憤怒只會幫你維持自己的界限、內在的信念，以及對自我和他人健康的意識。你的憤怒會隨時幫你保護與恢復自己重視的東西，自在流動的憤怒使你能帶著同情心對自己大笑並仁慈地設立自己的界限，因為這兩種行為都來自於憤怒帶給你的內在力量和榮耀的自我定義。然而如果你不認識自己的憤怒，或不知道怎麼與憤怒合作，你就會困擾於如何設定和維持自己的界限，通常也就會不尊重他人，或者會與他人攪和成一團，且由於你重視的是外界變幻無常的意見，因此你的自我形象也可能不再穩定。

見到他人因為不正義或殘酷而變得脆弱時，憤怒也會挺身而出。憤

怒在這種情境下是一種社交情緒，它不想看到任何人受到不必要的傷害。如果任何人選擇不戴面具或表現脆弱，那麼開放的心態帶來的結果就是治癒。然而如果同樣程度的開放和脆弱並非源自於我們的許可，那絕對會有威脅和侵略性，且不論是你或我受到傷害，我的憤怒都會警鈴大作。這種侵入亦會帶來恐慌、悲傷、憂鬱、羞愧等等情緒。但在任何侵入事件當中，只有憤怒可以同時傳遞受傷訊號和建立新的界限。由於憤怒之下通常都會有各種情緒，因此憤怒時常被誤認為次發性的情緒，讓人覺得它不重要或它是冒牌貨，但這可是個危險的錯誤。

如同我們在成為情緒天才的四大要素之中所學，所有的情緒都會成群和成隊出現，且所有情緒都與彼此緊密連結。就算悲傷經常會與恐懼和羞愧一起浮現，而且在你真的放下之後還會導致其他情緒，你也不會稱它冒牌貨；就算恐懼經常會與憤怒一起出現，而且在你熟練地面對恐懼之後還會產生滿足感，你也不會稱它為冒牌貨。同樣地，不管哪種情緒會與憤怒一同現身，或者在你技藝高超地恢復自己的界限後出現了哪些其他情緒，你也不該稱憤怒為冒牌貨或次發情緒。

憤怒會幫助你設立界限，那就是它的職責，如果你的憤怒表現得像是個守護者，挺身而出為你的其他情緒設立了界限，它其實就是在盡自己的職責而已。憤怒經常在你遭遇麻煩或危險的時候，跑上前擋在其他情緒之前保護它們。如果你曾有因驚恐而癱瘓的經驗，而你的憤怒來拯救了你，在你和任何使你當場呆掉的事物間設立了某種界限，那你早就知道憤怒有多管用了。或者如果你曾經需要大哭一場，但這麼做可能會很丟臉或受到威脅，那憤怒也可能曾經擋在你的悲傷面前保護過你。它絕對不是次發性的情緒。

憤怒就跟悲傷、恐懼、喜悅或任何其他情緒狀態一樣無可取代，而它自然地也會跟你的許多其他情緒合作。憤怒除了與恐慌有緊密的關係

以外，它與悲傷也是特殊的盟友（請見第二十三章），可以為你的心靈帶來驚人的力量和韌性，憤怒與恐懼亦是盟友（請見第十六章），能夠提升你鮮明、本能性的專注力。但只有在每種情緒都能以自己獨特的方式表現時，這些盟友關係才能大放異彩。

由於你的憤怒使你能誠懇且尊重地與人互動，因此它能為你設立界限，讓你用更有效的方式參與事物。假如你喚醒了與自己憤怒的連結，對自己的界限有清楚的認知，你就能認可他人的界限與個體性，因此你的人際關係就不會建立在權力鬥爭、投射或糾纏之上。然而如果你不具有關鍵、定義界限用的憤怒，你待人肯定不會有差別待遇，但你也會對周遭的人造成某種危險。

假如你抑制了自己的憤怒，你就會打造出被動且定義不良的界限，使你與他人的人生糾纏不清，因此危害他人。而且假如你不敬地表達自己的憤怒，你就會打造出壓迫、令人恐慌的界限，使你周遭所有人的穩定性下降。如果你能妥善地引導憤怒這種高尚的情緒，你就能帶著榮耀、脆弱與愛維持自己的界限──並保護他人的界限。憤怒和界限是健康的人際關係與愛之中不可或缺的面向。

我們並非同為一體

很多人都以為，只要能消除歧視或特權，接受所有人都是一體的，人類就和平了，憤怒從此就會消失。這樣的概念一開始聽起來似乎合理，但如果你多想一下，就會發現它並非源自於同理心的智慧。這樣的想法把界限和自我保護當成是和平與人際關係的阻礙，但其實，界限和自我保護卻是和平與人際關係的**先決條件**。如果你不知道自己是誰（或者你來自哪裡、要往何處去），那麼你不可能順暢地與他人往來，正如同若

你沒辦法了解且滿足自己的需求，你就不可能擁有寧靜的內心或滿足他人的需求。雖然所有人都是一體的概念看起來沒什麼問題，但如果你仔細觀察，就能證實其中有嚴重的錯誤。

如果我們拋下重要、由憤怒支持的界限，忽略自己的需求和渴望，那我們會徹底赤裸不受保護（失去心靈的「皮膚」），接著就會引發一連串擾動情緒的反應，造成心理不穩定。我發現，如果有人試著維持這種自我放棄的狀態，他常會落入憂鬱的循環（失去與自己憤怒、在乎的事物和自己個體性的連結時，很容易出現的狀況），或落入恐懼、焦慮或恐慌（失去本能時可能出現的狀況）之中。如果心靈未受到保護，那就需要憤怒和恐怒，可是如果憤怒一直被壓縮在陰影之下，它就只能用難以捉摸的方式爆發了。

但若從五元素的角度來講「一體性」，則在火象遠見靈魂之中，我們都是一體的。如果我們能夠用專注和接地與遠見靈魂產生連結，我們就能隨時與所有生命產生深刻且永恆的一體性。靈魂之中的一體性很健康且自然，但不需要摧毀界限，不需要否定憤怒、區隔元素或者放棄自我。

從智識的層面來說，我們確實可以努力跟他人合而為一，我們可以努力達成協議，學著讓彼此有一樣的想法，但智能上的一體性往往會限制風元素最喜愛的強烈和流動的移動方式。讓風元素達到一體性通常需要壓制個體思考的歷程，否決個人的情緒反應（令人難過的是，這麼做會迫使整個水元素躲到陰影之下）。雖然從根本概念——愛、健康、兒童安全和安危——來說，我們很容易能達到一致的想法，然而幾百年來關於如何建立或維持這些根本概念，卻產生了意識型態上的分歧，也造成人類爭戰不停。真實世界無法支持風元素的一體性，因為風元素的一體性會限制智識。智識的自由決定重要，我們不可能全都有一樣的想法，也不該試圖讓大家都有一樣的想法。

在水象情緒的世界中則很容易與他人合而為一。做得好的時候，這就叫做同理心，做得不好則叫做瞎攪和。然而，對每個你遭遇的人都給予完全的同理心也不健康（相信我！）。你的情緒必須在你自己的生命中流動，而不是在朋友、配偶或家人的生命中流動。如果你持續讓自己的同理感受能力停留在恆定且無變化的狀態，不去平衡、定義界限或者接地，你的人生就會陷入混亂，使得你的恐怒出現，只為了恢復破碎的界限。你可能會在分秒之間從憤怒切換到狂暴，膠著於無限的情緒循環裡或甚至落入自殺衝動中，或者尋求讓你生存下去必要的成癮和分心行為。

除非你已經具有高度發展的技能，而且確切知道自己在做什麼，不然憤怒那可敬的哨兵會請求你別想要跟他人的情緒達到一體性。我也可以從數十年的同理心經驗告訴你，教導別人與他自己產生同理心連結，遠比為別人詮釋他的情緒好多了（因為可能會導致不健康的依附行為）。我們最好尊重他人智識的神聖性與本質，並運用自己心靈內的同理心正念練習。況且只要能夠迎接所有的情緒，視其為真實且不可或缺的物件，那麼用清楚明白的方式在生命中為他人建立神聖的情緒空間其實就不是什麼難事。這種程度的同理心不會傷害到任何人，因為你不需要消滅自己的界限，無須丟棄自己的憤怒或把自己的一切都搬進別人的情緒生活之中。

在你世俗的肉體中，一體性是不可行的，物理上我們不可能與另外一人合而為一，我們不可能爬進別人的體內，也不可能跟他人交易血液或身體部位（除非有精密的手術）。在這世界上，我們不可能跟任何其他人在肉體上達到一致性——那是個荒唐的概念。

同理，在你內心村莊的最中心，在你第五元素的性格中，你也不可能跟任何其他的性格達到一致性。你是獨一無二、無可取代的生物，你的中心本質在此之前從未出現過，往後也不會再存在了。你的性格永遠不可能跟任何其他性格合而為一，因為你是完全原創的。在你面對自己

定義界限用的憤怒時，請謹記這點，它會幫助你了解並支持肉體神聖性、智能自由、情緒獨特性與個體自主性所需的東西。

達到靈魂的一體性則不需要任何努力；你只要在自己鮮明、由憤怒支持的界限中專注並接地，再歡迎火象遠見即可，接著你就能透過遠見、夢想和白日夢自在地達到火象的一體性（不過這些事物中還是會保有著你獨特的面向）。健康的一體性很容易達成；你要做的就只是跟自己有遠見的火元素合而為一，也就是學會運用憤怒給你的定義能力整合自己。

憤怒傳達的訊息

假設你能高明地引導憤怒，它就會恢復你的界限和你對榮耀的認知。然而若是你拙劣地表達出暴走的情緒，你就是對每個你遭遇的靈魂（包括自己的）不敬。同樣地，如果你用壓抑削弱自己的界限，你就會跟他人攪和在一起，失去自己對獨特性和清晰度的認知，也因此會導向各種與誠實和人性相對立的罪惡。然而若是你把憤怒引導到自己的界限內（或者想像將它點燃），你就能在靈魂周遭建立鮮明的神聖空間，使你能專注、接地，並與心靈中多種的情緒流共處。一旦你在自己強大、由憤怒支持的界限內集中且接地後，你就能夠帶著敬意說出、表現出、保護和恢復自己所在乎的事物，不再需要回到壓抑式的洩氣，或者暴走式的爆炸。

我們來看個確切的例子：若有人冒犯了你，說你無知又可悲，通常這會使憤怒出現，而且憤怒的存在可以幫助你維持自我意識，同時又能保護你和你周遭的人。如果此時恐慌也浮現了，而你選擇毫無技巧地表達自己的恐怒，你很可能就會以同樣冒犯的態度回應對方。雖然反擊可能可以讓你立刻恢復自我意識，但通常也會燃起冒犯你的人內心更強的憤怒及恐怒（你必須明白，在他最初攻擊你的時候，他的界限就已經受損了）。在大

多數案例中，你的反擊只會使衝突加劇，隨著你們的互動惡化成相互爭鬥與對立，你和對方彼此都會變得更加不穩定。假設我們用直覺和不敬的方式表現恐怒，它就無法保護任何人或恢復他的狀態，反而使雙方被剝奪了自尊、憐憫和榮譽。**這是我們在乎的嗎？**憤怒可能會這樣問。**是嗎？**在這樣無禮的互動中，憤怒中保護、恢復與榮耀的作用完全沒有派上用場。

現在試想相反的情況：想像你在被罵成是可悲的笨蛋時，你壓迫且抑制了想要上前的憤怒。你很可能會無視對方的冒犯，或者為冒犯你的人找藉口——兩者都無法恢復你的界限或者保護冒犯你的人的界限（如果你面對冒犯時習慣的反應是壓抑，請閱讀第二十三章有關憤怒和悲傷之關係的段落）。憤怒站出來不只是要保護你，更是要給你變得脆弱所需的力量，如此一來你才能在衝突中表現出尊嚴面。

這是很關鍵的一點：如果他人可以冒犯你卻不用承擔後果（雖然這很像是在以憐憫之心處理不當的行為），對方在這段互動之中也會跟你受到一樣的傷害。在衝突之中，你的界限和自尊肯定會受傷，但如果什麼都不做——什麼都不說——你也會讓對方因為沒有去**尊重那個「為了治癒而現身的衝突」**，降格為虐待和孤立的化身。如果你拒絕在他人表現得麻木或具侵略性時與他互動，那你就是對他和這段關係不敬。當你壓抑了自己的憤怒，你絕對也會降低自己對界限和榮譽的意識，但同時你也不尊重對方，漠視了情境中令人不適的真相。這可會帶來慘烈的後果，因為如果你拒絕面對自己真實的情緒，等同是邀請了紛擾與欺瞞來到你的每段關係和生活的每個面向之中。

現在我們來看看第三種反應：認可你的憤怒且妥善地引導它，意味著在你受到挑戰、阻礙或攻擊時，准許你的憤怒浮現出來。這代表你歡迎憤怒強大的能量且尊重情境的實況，而不是用虛假的風度裝作沒事（或讓你的恐怒開啟搜索與殲滅任務）。引導憤怒大概是情緒世界裡最簡單

的工作了，因為憤怒可以設立界限，所以你要做的就只是用想像力把憤怒的強度加諸到你的界限上。你只需要選擇能代表你的憤怒的顏色、熱度、聲音或感覺，再把它注入你的界限中，如果你真的氣壞了，你甚至可以讓你的界限著火（我稱之為「燃燒！」界限）。這個快速的動作可以認同你的憤怒，增強專注力，使你能終止你所面臨的挑戰，讓自己注意力集中，穩固地接地，而這一切都可以使你把事情看得更清楚。恢復了你的界限之後，你就會明白對手是覺得受威脅或被貶低了，他正想用不純熟的技巧建立緊急界限：透過挑戰你和讓你變得脆弱來達成。

你不要反擊和增加對手對危險情境的驚惶（或者忽視衝突而增強對方的暴力傾向），你可以巧妙地保護自己，同時又表現出可敬的憤怒行為。還有記得，因為我們都有同理心，所以你的對手絕對會感覺到有什麼新的事情正在發生，或許他還會透過你的榜樣來學習。一旦你集中自己並接地後，恐慌就會褪去，你就不需要暴露或隱藏自己，因為從你那已經恢復的個人界限之中，你能夠保護自己和你的對手，同時也能繼續在這次的互動中維持自己的界限。

你也可以溫柔地質疑對手的行為，以設下口頭的界限（我很抱歉，但你為什麼要挑起爭端呢？），或者可以加入一點自嘲的幽默來軟化情境（我知道有時候我是比較傻沒錯，但你不覺得「可悲的笨蛋」有點太難聽了嗎？）。如果在類似這樣的情境中，你都能認同且歡迎你的憤怒，那憤怒就不再需要恐慌的生存能量，而是會找到自己所屬的位置，作為你的靈魂、還有所有有幸與你相遇之靈魂的光榮哨兵。

有句話說，榮耀不在於永不跌落，而在於每次跌落後總能再爬起來。這句話對於了解憤怒可敬的用途非常有價值。你的界限一定會定期受到挑戰，你的自尊也會被擾動，你最珍視的價值觀和信念會遭到攻擊，你對是非的觀念會經常被迫受到打擾。一個完滿的人，他的目標不是要躲避這些

必要的困境，而是在跌倒後帶著榮耀、憐憫與正直重新站起來。你的憤怒不會（也不該）阻止你跌倒，而該在每次你失足時，給你站起來的力量。

壓抑憤怒就彷彿你試圖逃避生命中的挑戰一樣，彷彿不注意到你的傷口就可以避免跌倒一樣。如果這是你一貫的手法，那請重新閱讀第八章裡有關憤怒和原諒的段落。不敬地表達自己的憤怒（或恐怒）就彷彿你試圖要控制人生，彷彿你的兇惡能使跌倒不再必要。可惜的是，兩種態度都沒辦法給你有效或實用的力量。壓抑者會跌得特別深（經常落入憂鬱和反覆焦慮），因為他們會把自己和憤怒帶來的力量阻隔了，使得自己無法再爬起來。另一方面，不敬的表現者也會摔得很慘──落入暴力、虐待、孤立和自我傷害的行為中，因為他們將自己的恐怒往各個方向拋出，使得自己的界限受損，無法再爬起來。

如果你能引導自己的憤怒，你並不會變得無懈可擊，你還是會一直摔跤，但你也絕對能再站起來，因為你有辦法不假思索地（或有時候是在一陣驚濤駭浪中）恢復自己的專注力和界限。你的憤怒在你受到挑戰或冒犯而衝到前方時，你就能引導它的能量回到自己的界限內，並從地上起身。如果你能夠這樣引導自己的憤怒，它強烈的能量就不再是負擔，而是會直接與你定義、專注和接地的能力產生關聯。你的憤怒使你能輕易地定義自己，畫清界限。如果你能用這樣的方式引導你的憤怒，那就沒有人會感受到你的憤怒，因為你不會表達出來或者把它投射到任何人身上──你不會有憤怒的表情或說出難聽的話──你只會讓自己的界限更加強大且更加鮮明。

在可敬的互動交流之中，你的憤怒會給予你力量去辨識傷口和失足原因，而這正是許多表現者和壓抑者做不到的事。他們會浪費自己的能量，假裝沒跌倒，因而使自己陷入險境。如果你能妥善引導自己的憤怒，你就會發現摔倒有明確的原因，並非出自於無能，而是對於對手的技能

有所意識，也明白自己能多開放地面對挑戰。

此外，對於對手的技能有所概念也非常重要。憤怒只有在回應真正的挑戰與威脅時才會出現，如果我對你大喊：「你這個立陶宛的牧羊人！」你大概只會大笑而已，我的攻擊對你一點作用也沒有，因此你的憤怒就不會浮現（不過困惑或恐懼可能會出現，畢竟我表現得異常有侵犯性！）。但如果我對你低語：「你虐待你的母親，對吧？」你大概會瞬間燃起怒火，因為我可是戳到了痛處。如果你壓抑了憤怒，假裝我沒有傷害到你，這個痛點就會維持在未痊癒且沒有被處理的狀態（而且只要我想要干擾你，我就可以再次提起這件事）。換個角度，如果你對我大肆表達了你的恐怒，假裝你根本沒有受傷，當下你可能會覺得好過一點，但你也沒有做任何事來解決你和母親的關係——而且現在你跟我之間又有了沒解決的問題。不過如果你可以認同我造成的傷口，馬上引導你的憤怒，重設你的界限，你就能夠體面地準確回應我的攻擊——因為，老實說吧，我打中你了。

首先，你可以告訴我說我傷到你了，叫我解釋清楚自己的行為；顯然我給了你一些重要的資訊（否則你不會氣成這樣）。如果我能夠流暢表達我所見到的事情，我們就可以揭開重要的資訊，了解你真正或想要對待母親的方式。如果我們之間的關係仍然膠著，那你可以繼續把你的憤怒澆灌在你的界限上（並繼續在每次跌倒後爬起）。這樣不斷地設立界限並不會減低你與母親的關係造成的痛苦（或讓我閉嘴），但可以為你的心靈帶來它極需要的專注力。有了那樣的專注力後，你就可以在自己和我懷有敵意的行為間設下界限，讓你身上所有的不當接地，並燒毀與我、你的母親、你對母親的態度或任何其他千百種反應的心理契約。

在這段有尊嚴的交流互動中，你肯定會摔跤，但你也肯定能夠再站起來。你會釐清與我之間的關係，對於自己和母親之間的連結和心理契約有新的認識，在你的憤怒打造的神聖空間內擁戴你真正的情緒反應（不論反

應為何）。如果你能夠擁戴你的憤怒、辨識自己的傷口，你不僅會獲得力量，更將獲得清晰的視野、智慧、寬容的能力，且能夠從任何失敗中爬起來。

學會引導你的憤怒之後，你會發現憤怒的出現，都是針對那些對你來說重要且有價值的人、事、想法或物。違反界限的事件發生的前提，是那個人或情境對你的生命來說具有意義。憤怒會以它強大的方式，認可你面前的人或情境，因為對你來說不重要的事和人根本無法引起你的憤怒！這是你在憤怒之時最難以面對的事情，因為理智斷線比較容易嘛：「我才不在乎那個白痴（或那荒唐的事物）！」但如果你能運用憤怒內在的能量來重設你的界限，燒毀任何使你憤怒的事物的心理契約，你就能認可自己是有愛心的人的事實，明白自己正在經歷著極為重要的議題。你會了解自己必須面對該議題哪些關鍵的真相，以及你需要修補或認同哪些人際關係。

你的憤怒是所有情緒之中最武斷且最具自我定義性質的一種，它的存在是為了保護你、你在乎的事物、你的自我意識以及你周遭的人。請記得，你的憤怒和你的個人界限會緊密相連，如果你困擾於你的界限，那你就是困擾於你的憤怒，反之亦然。你可以研讀第十章中有關界限的練習以支持你的憤怒，你也可以認同你的憤怒以支持你的界限！

▶ 憤怒的練習

任何一種憤怒都應該進到你的界限之內，不管是以熱度、顏色、聲響、感官或動作的形式都好。你可以想像自己是顆太陽，感覺你的憤怒正在發光或者散發到你的體外、進入你的界限之中。這個練習能夠快速又簡便地迎接並引導你的憤怒，同時又可以重設你的界限，保護你的身體不受到過大的衝擊，讓你的心靈充滿活力。有了這樣爆發的能量和保護後，你就可以有尊嚴地面對令你憤怒的情境，而不用以壓抑或不敬的表現傷害自己或他人。這種行為也可以讓恐慌褪去，因為它知道你已經

能好好保護自己了。

　　重振你的界限後，你就能集中你的注意力讓自己穩固地接地，兩種行為都會幫助你在困難的情境中保持振作且能正常面對事物。如果你的對手投射了非常強烈的情緒在你身上，你的憤怒也極可能會因而強化（且恐慌也可能會浮現來幫忙）。繼續把這股能量注入你的界限中（如果你一直把強烈的憤怒鎖在你的體內，你很可能會崩潰），這是憤怒最核心的練習——繼續在發言或爭執的過程中將憤怒注入你的界限裡，而不要回歸到舊有的恐怒習慣：壓抑憤怒或發洩在他人身上。如果你全身發燙，那就想像這股熱力使你穩固地接地，也可以警告你的對手或者脫離情境休息一下。

　　我這麼做的時候，我會先跺著腳離開好自己一個人抱怨，或者我會用火焰噴射器和炸彈摧毀我和對手間的心理契約（顯然恐慌存在其中！）。本質上來說，我認同了自己強烈的恐怒而沒有摧毀對手的靈魂。回到情境中的時候（通常是在兩分鐘以內——同理心練習的動作真的非常快），對手和我重返衝突之中，此時情緒的強度絕對跟我離開時不同了。此時通常由受到認可的憤怒所建立的神聖空間裡會浮現其他情緒，而這些情緒能幫助我們將衝突導向新的方向。

　　還記得憤怒的問題是：**我在乎什麼？什麼是我必須保護和恢復的？**這兩道問題會幫助你在持續保護和恢復自己的界限以及對手的尊嚴時，有尊嚴地維持衝突。你要知道，你的目的不是要贏或輸，而是要了解自己的傷口和自己的脆弱之處，這樣你才能用有意義的方式增強自己的能力。你不能用壓抑憤怒或恐怒地暴走來強化自己，你只能在由憤怒引起的衝突之中，透過謹慎認真的交流得到實用的力量，而衝突出現的目的正是治癒。記得這點：衝突必將發生，你會被冒犯和受傷，且你**絕對會跌倒**——因為每次的挫折對你的成長和發展來說都不可或缺。你的憤怒不會使你所向無敵，它會給你力量，讓你在每次跌倒後都能帶著尊嚴、

憐憫與幽默感再站起來。

解決衝突後，花點時間私下重新讓自己接地及專注，燒毀幾張心理契約，動動身子還有讓自己回春。憤怒會釋放出大量的能量到你的系統中，因此讓自己清醒一下，把自己的每個部位都拉回到當下，此時此刻的你跟衝突開始前的那個人已經大大不同了。完成之後，感謝你的憤怒，讓它知道它完全不用客氣，可以在你的靈魂中作為哨兵、界限設定者、衝突調停者及可敬的保護者。

尊重他人的憤怒

許多人在面對他人的憤怒時，都會有錯誤的反應，想要用虛假的冷靜影響對方，彷彿沒什麼好生氣的一樣。雖然這樣好像有用，但其實也是一種壓抑的形式，嚴重孤立了憤怒的人。如果你可以設立你的界限，配合用來治癒之憤怒的性質（例如運用「燃燒」的界限），你就能打造出神聖的空間，這個憤怒的人就不再孤立無援了，因為他有你作為盟友。結盟之後，你就可以支持他恢復自己的界限——讓他抱怨和消氣、同情他、並在整段交流之中維持好你自己的界限。這個簡單的認可過程並不會花上你太多的時間或精力，你不需要諮詢、找到解方或者成為聖人，因為大家接觸到自己憤怒的原因後，通常就能在很短的時間內找到自己的解決方法。相反地，如果大家奉承、刻意忽略憤怒或因它而覺得羞愧，他就不會了解自己最一開始會憤怒的理由，因此也很難學習或成長。

需要恢復界限的時候，憤怒就會出現，因此你應該與人展開互動之前就謹慎留意，先設好自己的界限。這邊很適合套用飛機上氧氣面罩的比喻：在缺氧的危急時刻，你應先戴上自己的面罩再幫助他人。在憤怒的危急時刻，你應該先設好自己堅強的界限，再試圖介入他人。你不需

要**覺得**憤怒，你只需要用自己憤怒時會出現的顏色、質感或感官來照亮你的界限即可。你可以讓你的界限著火，可以強化你的界限以配合情境的強度，從而使你明白對方的感受，成為他在掙扎時的夥伴。

在面對憤怒的人時，反覆安靜地對自己這麼說會很有幫助：「需要被保護和恢復的價值究竟是什麼？」這樣詢問可以幫助你專注於目標之上，讓憤怒的人地解決自己的憤怒。不要試圖為憤怒的人設立界限或者以任何方式「教導」他；干擾反而會更加破壞他的界限（使得他把恐怒發洩在你身上）。只要繼續設立你自己的界限就好了，這個練習本身就可以維持神聖空間和歡迎情緒的氣場，而這就是你能為自己或任何其他人所做的事中，最有治癒力和帶有能量的一件了。

雖然這聽起來很不合常理，但經常憤怒的人其實是非常在乎的人，因為憤怒總是會直衝你在乎的地方（人不可能對自己不在乎的事情感到憤怒）。如果你生命中有人慣於處在憤怒的狀態中，請祝福他——他對於世界有過多的感受以致於使他不適，而且他的界限也經常很破碎。他的心通常會很痛苦，並不是因為他很憤怒，而是因為他不知道怎麼以更合理的方式解決自己最深層的困擾。

慣於憤怒的人會在自己周遭看見各種不義的事、侵犯界限的事，他會感覺到這些違規事件就發生於他的身體內，因此他必須把恐怒發洩出來，盡全力想掌控世界並讓痛苦停止。在這些狂暴之下，他也可能非常憂鬱。他的爆發行為一點用處也沒有，且大家也覺得他很難相處。但其實，這種人才是真正的人道主義者和最努力爭取和平的人。這聽起來很違背直覺，但卻是最真確的真相，只要你能尊重他人的憤怒（和恐怒）而不要羞辱、忽視或反擊，那你很快就會學到這點。祝福你生命中碰到的憤怒者吧，他們正在面對最根本的議題：尊敬、確信、保護、恢復、設立界限，以及深刻理解什麼才是真的有價值的事物。

如果你的憤怒陷入困境該怎麼辦

如果憤怒帶來了任何討厭的後遺症，那就用同理心面對它。憤怒會在你體內造成一些變化，因為它通常都帶有強烈的熱力和活力。你會覺得充滿精力、能量，甚至有點坐立不安，但如果你覺得受到刺激和擾動而不適、頭痛，或者腹部覺得緊張，那你可能就是締造了一份使你在憤怒出現時會覺得糟透了的心理契約。大多數人都具有類似的心理契約，形式不同而已，因為我們打出生開始就以自己的憤怒為恥。大多數人也曾對自己的恐怒做過些糟糕的事，因此在我們還不具有任何技能的時候，這些心理契約可能頗具保護作用也有效，但現在我們已經擁有技能且練習過了，因此我們要用新的視角看待這些心理契約。

憤怒就跟任何其他情緒一樣，會以中等或強烈的強度出現，解決問題，再回歸它細緻且流動的狀態。如果強烈的憤怒徘徊不去、使你感到困擾，或者造成你頭痛或肚子不舒服，那就是它的流動力受到了阻礙。如果你不歡迎憤怒帶來的感官或者覺得不適，那就要曉得你和憤怒間可能具有某種懲罰性的連結（這可以來自於任何人或任何地方）。你可以把這種連結想像成一份心理契約（或者很多份心理契約，畢竟數量可能不少）再燒毀，這樣你的憤怒就能順暢流動，成為它理應擔任的治癒力量。

這邊提供你燒毀無用的心理契約的方法：讓自己專注和接地，用如火的光線或感官點亮你的界限。現在想像在你困擾的地方前面有一張實體的心理契約（或者如果你真的很激動的話，就可以想像它很大，在你的整個人前方），輕輕把氣吸到你覺得不適的部位，集中氣息，想像你把不適的感覺呼出身體、吐到你的心理契約上。重複這個步驟：再吸一口氣到你覺得不適的部位，再次集中不適的感覺，想像你把氣呼出去、吐到你的心理契約上。待在你的界限之內保持專注，用眼睛觀察這份懲

罰性的心理契約，這麼一來你就能對它有點概念。你要知道這份心理契約與你自在流動的憤怒有所不同，也與你這個人有所不同，繼續吸入你感受到的所有感官、想法、感受或影像，集中之後吐氣到你的心理契約上。如果你的第一份心理契約承載了太多內容，請把它挪到一邊，然後創造一張新的心理契約，繼續作業。等你覺得現在可以告一段落了（像這種情緒壓抑性的心理契約通常都需要燒毀非常多回合），捲起你的契約（或很多份契約），丟到你的個人空間之外，並用任何你感受到的情緒強度燒毀它，放下一切。這樣就完成了！接下來可以進行你最喜愛的回春或活動練習，然後就出門玩樂吧！

請留意：反覆恐怒（尤其出現在男性身上的恐怒）可能是潛在憂鬱疾病的徵兆。如果你經常覺得憤怒、氣憤、因為不正義而義憤填膺或者盛怒，請找你的醫師或治療師檢查。恐怒是一種強烈的混合型情緒，如果你不斷表現出恐怒，你很容易就會讓自己的身體陷入混亂。此外如果你的身體失衡了，你就會不斷表現出恐怒，就算在這個情境下出現其他情緒可能較為適當，它也還是會現身。不管是哪種情況，都請你尋求幫助和協助。

有一句古代哲學家的話，可以完美解釋情緒受到干擾的情境：「同一條溪流，你不可能踏入它兩次。」如果你的情緒得以流動，那每次它浮現時都會有不同的反應，然而如果它受到阻斷（透過壓抑、毫無技巧的表現、掌控了你從他人身上獲得的訊息或者因肉體失衡），那它就會毫無變化地不斷重複。留意你的情緒生活中有沒有這種現象，任何情緒都不該根植且停滯於你的心靈之中，使得它每次出現的時候強度都相同，成為你的情緒或者造成消不去的生理症狀。留意沒有差別的情緒，或者會造成身體或行為有持續性後果的情緒，且你要知道問題並非由情緒造成。某些不健康的事正在發生，如果你對自己的情緒有不健康的信念，你會知道自己該怎做：燒毀自己和它的心理契約並放手吧！然而如果燒

毀心理契約還沒用的話，就請尋求支援[1]。

踏入急流：狂暴與狂怒

狂暴和狂怒是極度沮喪時會出現的狀態，可能是憤怒的聲音沒有被聽見，或者發生了嚴重的侵犯界限事件（或者關鍵的個人敏感事件受到忽略）。當然其中也有恐慌存在，因為該情境會危害性命（狂暴和狂怒幾乎就等於恐怒），在這種時候，我們要小心檢視狂暴和狂怒的人的身體與情緒環境。他的恐怒可能已經累積多年，而他的工作或家庭生活可能令人難以忍受。不受控的狂暴和狂怒也可能造成（或來自於）身體失衡和憂鬱，如果你已經引導了狂暴和狂怒好幾次但它們仍維持不變，那我建議你要去看醫生。

狂暴和狂怒是大洪水等級的情緒，攜帶著驚人的能量。表現出來的狂暴和狂怒通常都會危害到自己和他人，而壓抑的狂暴和狂怒則會使你不穩定。然而假設你的狂暴和狂怒的強烈能量能夠被引導到堅強的界限之內，且銷毀太具毀滅性的心理契約之後，那你的狂暴就能用精彩絕倫的方式治癒你，使你變得強大。狂暴和狂怒之中強烈的能量可以立刻恢復你的界限，使你脫離暴力且有害的行為，且讓你的身體離開所有使你無力的行為。如果你能夠引導這類強而有力的情緒，它們就可以使你思維更加敏捷、當下就做出反應——沒有人會受到不必要的傷害。

當憤怒的強度不足以處理外界情境，以及界限受到嚴重威脅甚至危害生命時（這也是為什麼恐慌會出來拯救你的性命），狂怒和狂暴就會現身。在人際關係中，當你的自我意識反覆遭受攻擊後，狂怒和狂暴就會挺身而出，告訴你如果你繼續容忍以下兩種情況，他人就會一直傷害你：①你沒有溝通你的困擾，②你的溝通被忽視時你沒有當下就轉身而

去。這種強烈的情緒是為了要給你力量去點燃你的心理契約，終結你與生命中討厭的人或惱人情境之間的關係，你或許不必斷絕與這些人的所有聯繫（這並不是燒毀心理契約的用意），但你確實需要讓狂怒和狂暴站出來，替你終結侵害。

狂暴和狂怒不會讓人指使它們該怎做什麼、去哪裡、如何感受或怎麼存活，而這正巧就是你在摧毀具侵略性的心理契約時所需的態度。狂暴和狂怒會說：夠了！過往所有的虐待或侵犯界限的事必須終止，現在！此時此刻！不接受任何提問，不接受任何藉口。狂暴和狂怒的兇猛會給予你所需的準確度和肯定性，以快速且果決地脫離陷阱與困境，進入具有完整資源的狀態。

▶ 狂暴和狂怒的練習：唯一的解法就是親身經歷

引導狂暴和狂怒的關鍵就是要歡迎它，不要發洩在他人身上或把它甩在地上，不要製造出的良善假象。只有在你遭遇真正的危險時，狂暴和狂怒才會浮現（謝謝你，恐慌），它們代表你的道德基礎、自我意識、健康甚至你的性命或他人的性命正遭受嚴重的威脅。狂暴和狂怒不會用日常的憤怒面對日常的問題──它們是後續的下一步。表達狂暴和狂怒會將它們趕出你的生命之外，而壓抑則宛如你坐在一綑炸藥上。引導它們是你唯一的真正選擇，這也是為什麼面對任何大洪水等級的情緒時，秘訣都是：「唯一的解法就是親身經歷。」

你一感覺到狂暴和狂怒，就要馬上將它們注入到你的界限中，如果你試圖抑制（或者假如你把它們煮沸了，準備攻擊在別人身上），它們強烈的能量會打亂你的身體。狂暴和狂怒都會喚起我稱之為「燃燒！」的那種界限，這種界限會立即標示出它們強烈的能量，同時強行為你設立界限。如果你處在如此猛烈的界限中，你就不用讓自己或他人失能，

也可以感受到狂暴和狂怒所有的力量與強度。同樣的，如果你這樣引導自己的情緒，沒有人會陷入危險之中，因為你不是用文字或行為來聚焦你的狂暴或狂怒，是在你的私人領域中運用自己的能量來處理它。你是在加強你的專注力和你的能力以使自己接地和穩定，你是在保護自己的身體不受到損傷，也保護他人不受到傷害；你是在做對的事。

一旦你以狂暴和狂怒的暴戾之氣定義出強大的界限，你就該用火焰噴射器立刻燒毀心理契約。如果你處在衝突之中，最好用這種方式暫時離開一下，這樣你的對手就知道你不是要永遠脫離衝突，而是為了在你的狂暴和狂怒存在時保護對方。如果可以的話就離開一下，如野火一般燒毀心理契約（也可用力抱怨）。別想要坐著不動或限制自己的行徑，這些情緒帶有大量的熱度和兇惡，因此你可以爽快地跺腳、發出聲音或抖動來釋放情緒。激烈的動作能擁戴你的狂暴和狂怒而不用傷害任何人，同時還可以淨化你的身體。你甚至可以在你的界限內踢拳，並在燒毀心理契約前用雙手雙腳揍它，把它（或抱怨）趕跑。

你會很訝異，如果你用這種方式來歡迎狂暴和狂怒，它們很快就能被解決。它們會詳細告訴你，你所承受了什麼傷害，會給你恢復界限所需的那股能量，幫助你用充滿力量的方式活動身體，還會協助你點燃你與最初讓它們出現的行為和關係之間的心理契約。

引導好你的狂暴和狂怒之後，你就能回到原本的衝突之中，因為你的界限和自我意識已然恢復，你的身體和心靈都已被淨化，而你也重新充滿活力了，因此之前使你狂暴的情境也不會再以之前的模式影響你了。如果你曾經是壓抑者，你已不再是界限破損且自我放棄的人，不再認同原本的心理契約或情境；如果你曾經是表現者，你已不再是火爆且不穩定的人，不再造成渾沌與混亂。你那被妥善引導的狂暴和狂怒將使你能表現得強大且明確——不用傷害自己或任何人。

祝福你的狂暴和狂怒，且你要知道，它們只有在你遭逢嚴重的困擾時才會出現。只要歡迎它，它就會保護你獨特的靈魂，如此一來使你受困於不可行或暴力之關係和情境的行為、信念或心理契約都無法再影響你了。

切記，如果你已經引導了狂暴和狂怒好幾次但它們仍維持不變，那請考慮聯絡你的醫師或治療師。反覆循環的狂暴和狂怒會使你全身上下都心力交瘁，因此請好好照顧自己，如果有問題就尋求協助。在你能夠用這種方式處理你強烈的恐怒之前，你可能會需要先強化自己。假設你正在面對未痊癒的創傷，那請繼續閱讀下去，但如果有需要也請你務必尋求支援。

狂暴、狂怒及治癒創傷

在未痊癒創傷倖存者（經常解離且界限已破損）的心靈中，狂暴和狂怒有著重要的功能。許多創傷倖存者會解離或讓自己分心，以逃脫創傷記憶和情景再現，這當然可以舒緩他的心情，但也可能會造成另一種苦難。只有在我們用完整的覺察力檢視苦難時，苦難才會終止。而人在解離的時候，會把覺察力抽離自己的肉體和日常生活，使得接地和專注極為困難，接著也就會破壞他的界限和他對個人空間的意識；因此，解離和分心的人幾乎不可能具有功能完善的界限——從同理心和心理學的角度來說皆不可能。

許多解離的人因為缺乏專注力和定義良好的界限，因此都會呈現出內在不穩定的樣貌，但大多數人也會呈現出典型的人際不穩定性（他們通常會選擇不合適的工作或人際關係，使自己更為困苦），因為他們無法在生活中做出有意識的選擇。許多未痊癒創傷倖存者和解離的人，還會有突然狂暴和狂怒的傾向，其實只要你明白他們是因為缺乏界限而不斷承受攻擊，就會覺得非常合理。所有情緒都帶著能量強度前來解決問

題——其強度是不多不少，剛剛好可以解決問題的。假如這個人的傷口很深且還在受傷，那他回應的情緒就會既深層又根本。換一種說法就是如果情緒很強烈，那傷口也會很深，反之亦然。

治癒創傷的整個過程就好比從瀕臨死亡再復活一樣，這個過程一點都不簡單有序，也不可能不帶情緒。它會依照靈魂最根本的邏輯走，而靈魂則是原始創傷記憶和三階段觸發行為知識存在之處。當我們能夠連結到這種根本的邏輯，我們就能明白狂暴和狂怒在未痊癒創傷倖存者的生命中具有的功能，看見他猛烈的界限能量蜂擁而至，取代他在創傷磨難中失去的那些。我們也可以明白，日常等級的憤怒不會被召喚出來，是因為受創傷的界限並不僅是被冒犯或受損而已，創傷磨難（尤其孩童時期）中遭破壞的界限經常是徹底被毀滅，通常都需要從頭重建，而且經常只有狂暴和狂怒才具有足夠的能量可以完成這項任務。因此狂暴和狂怒不一定總是失能或不穩定的象徵，它們也可以是為了治癒在創傷磨難時浮現的不穩定情況而專有的反應。

狂暴和狂怒都是猛烈的保護性情緒，會在有極端需求時才出現，它們對於重建殘破的界限不可或缺，且在「三階段治癒旅程中創造神聖空間」時，也是必要的。以狂暴和狂怒的強烈能量建造界限時，心靈將擁有度過創傷式觸發行為前兩階段所需的力量，抵達第三階段受祝福的解放。

為第三階段的旅程打造神聖空間

治癒創傷的同理心歷程沒有地圖或指南帶路，這是一段激烈且獨特的旅程，於一個人的個人時間以他自己的方式發生。雖然狂暴和狂怒通常會最先出現，但也並非必然。對有些人來說，最先出現的情緒是恐懼、焦慮和恐慌，這些情緒經常會伴隨著創傷性情景再現。我們會在接下來

的章節中探討恐懼家族的情緒，不過我們有必要先建立強而有力且由憤怒和狂暴支持的界限。如果你沒有良好的界限，你就無法讓自己接地或專注，而如果你試圖在混亂且不受保護的狀態經歷情景再現的歷程，你極可能會陷入危機。千萬別這麼做，你有的是時間站穩腳步，你有的是時間為這趟旅程做準備。

　　情景再現的歷程極為重要，因為它會帶你回到造成你原始傷口的氛圍中（第一和第二階段）。如果你已經處在具有完整資源的狀態中，你就會知道自己已經度過了磨難，也就表示你已經是合格的生還專家了（再次感謝恐慌）。從這樣的狀態經歷你的情景再現根本上是一種大掃除的過程——你利用接地和燒毀心理契約釋放出受困的身體姿態或情緒，同時你問出每種情緒的同理心問題，並且活動筋骨，甚至是在情境中踢拳（完整過程會在恐慌的章節中詳述）。但如果你還沒妥當地接地、專注和定義界限，你就沒有根基可以站穩，沒有隨時能發揮的技巧或功力，因此苦難絕對會把你打倒，就跟第一次發生的時候一樣。你極可能會解離、壓抑或爆發出任何你感受到的情緒，或者逃往最靠近的物質或分心事物，只為了能忍過痛楚。

　　我們的同理心治癒歷程能協助你不用再逃跑，因為它給了你正面迎擊創傷記憶所需的工具與資訊。如果你能夠將狂暴和狂怒引導到你的界限之中，你就能立即打造出神聖空間，在那裡進行最深層的事。如果你能使自己接地，不論冒出了哪種感官，你都能夠穩定自己的身體。如果你能專注於自己界限之內的事物，不論出現了哪種想法或畫面，你都能帶自己回到最核心的支柱。如果你能夠燒毀心理契約，你就能把任何東西趕出自己體外——行為、記憶、情景再現、痛苦甚至是整段人際關係。如果你能夠引導自己的情緒，你就可以運用情緒來幫助你燒毀舊的心理契約，以榮耀的方式使重現的創傷磨難完結。接著完成之後，你就可以

讓自己回春，讓情緒流重新注入靈魂的每一個部位。

準備好了之後，你就可以對觸發行為的第三階段執行這項全身性的活動。不過現在你的首要任務是要打造出讓整件事能發生的神聖空間——引導你的憤怒、恐怒、狂暴和狂怒到你的界限中，並穩固地接地，這些初步步驟可以穩定你的界限系統和增強你維持專注力的能力。

運用憤怒和狂暴增強你接地的強度，也會幫助身體釋放出以創傷為中心的五感記憶，可能是車子撞到你、火焰燒傷你或者是別人的手碰到你。接地還能幫助你放下你在磨難中拾起的情緒碎片，幫助你的邏輯和語言智力（可能固著在創傷磨難發生時和發生後的一切思想、計劃、規劃和決定上），開始鬆開過度警戒的狀態，這樣你就能夠再次清晰地思考。用狂暴和狂怒設立你的界限能給予你的火象靈魂定義完善的空間，你可以在其中定下心來和互動；讓身體接地則使你釋放出困在體內的感官和不適，同時你可以恢復情緒世界的流動力，使你的心智能再次清晰地思考。相應地，這也會使你能夠運用自己內在村莊的全力，因此能夠支持你的中心本質，也就是說你不用再針對自己的情緒、思想、感官、火象遠見、記憶或情景再現，發動徒勞的爭戰。

如果你能有同理心地引導自己的狂暴和狂怒，你就能夠重建自己的界限，增強你的專注力並治癒你的靈魂。狂暴和狂怒是你的守衛者和哨兵，只要能學著恭敬地對待他們，他們就會保護你，幫助你恢復創傷磨難中遭破壞的界限，拯救你無可取代的性命。

記得歡迎所有形式的憤怒：輕微且自在流動的憤怒可以設立並維持你的界限，中等強度的憤怒能夠在不正義的事發生時理解並做出反應，狂暴且巨大的憤怒可以在不正義事件徹底失控時給予強而有力的回覆。歡迎並感謝你的憤怒。

13. 冷漠與厭煩 APATHY AND BOREDOM
憤怒的保護面具

獻禮

疏離——設立界限——分離——休息一下

內心的問題

我在逃避什麼？

我該對什麼有意識？

干擾的跡象

一成不變的不關心、面無表情，或者會終止創意行為的注意力渙散

練習

冷漠（或厭煩）是憤怒的保護面具，你和你的需求不受重視但你又無法或不願意公開使用你的憤怒時，它就會出現。在你的內心，你不用免除自己該做的事，也可以擁戴自己想要分開和疏離的需求，且你能以健康的方式運用冷漠之下的憤怒來重設你的界限。

小心留意：持續的冷漠可能是睡眠問題的徵兆或者代表潛在的憂鬱症。

冷漠的細微差別

　　輕微的冷漠：舉棋不定、疏離、不關心、沒有想法
　　中等的冷漠：淡漠、無聊、不在乎、防衛心
　　強烈的冷漠：百無聊賴、麻木、封閉、置之不理

　　你的憤怒和你對界限的認知，對於你的自我意識以及在世界上找到自己定位的能力極為重要。然而經常你的需求並不重要，你的聲音不被重視，你的自我意識也完全無所謂（例如校園裡單調乏味的課程、沒有愛的情感或者沒有吸引力的工作）。又因為你的憤怒和界限是那麼的重要，因此就有另一種我稱之為「面具」狀態的情緒，會在你無法（或不願意）設立界限或說出真相時出現，它就是冷漠（或厭煩）。不幸的是它的效價非常負面，而且通常它都會被視為是懶惰或缺乏想像力的象徵。

　　有時候冷漠確實代表一個人失去了動力、想像力或在乎的能力。但我一定會問**為什麼呢**？發生了什麼，使他不得不表現出冷漠？為何他不能設立界限或說老實話？那份「可以幫助他強化人際關係、幫助他辨識他真正在乎的事」的脆弱，跑哪去了呢？為什麼非得要憤怒的保護面具出場不可？

　　如果你沒有能量或不被允許妥善面對自己的憤怒——在你沒辦法保護自己的界限或他人的界限時，你覺得自己無法表達你所見的困擾或不

正義時，你覺得自己無能改變周遭環境時——你很容易會進入戴上面具的狀態：冷漠。戴上面具可以用保護的態度幫你隱藏內心真相，使你與不適的情境拉開距離。它會給你與該情境之間必要的空間，而它「我不在乎，我才不會被影響，這些都不重要」的態度會讓你彷彿覺得自己有了掌控權。冷漠也會尋求分心，像是電視、好吃的食物（相對於營養品）、新的戀情、旅行、金錢、購物、瞬間成名、立即的意義還有簡單又容易的解決方法。冷漠可能是解離狀態，與你的需求受困於錯誤的環境中有關。它能帶你離開那個情境，安靜且間接地設立界限，也可以幫助你在無法或不願公開運用憤怒時使自己分心。

冷漠是有價值且必要的情緒狀態，但你可能也發現了，如果你不是有意識地依靠它的能力，它可能會把你拖入無力或無法發聲的狀態。如果冷漠變成你慣用的狀態，你可能會失去設立有效界限的能力，也無法在面對困難和衝突時開放地與人交涉。幸好我們也有具同理心的方法可以支持你的冷漠，還有在你需要讓自己疏離、休息一下時，維持平衡的作法。

冷漠傳達的訊息

冷漠經常會掩蓋憤怒和憂鬱，後兩者都是為了應對不當的環境和受破壞（或不被接受）的界限而起。你會發現冷漠正試圖把某種界限拼貼在一起，試著用逃避、諷刺、成癮和分心、物質佔有或完美世界的情境來定義自己。冷漠會點你出失去的界限和明確且急迫的改變需求，然而它執行的方式經常無效又擾人。冷漠可能會整天抱怨或發牢騷，但卻很少做到任何可以恢復健康界限的事，此時有意識的抱怨對於冷漠來說就是個絕佳的練習，因為這麼做可以把發牢騷轉換成有意圖且定義明確的

行為。

在許多不能採取有效行動的情境中，冷漠和厭煩都具有重要的功能。舉例來說，青少年的生活受制於學校和父母，把他們當小孩，此時冷漠就是非常普遍的現象。由於大多數人都沒有經歷轉變到青少年那個複雜的儀式過程，所以我們不會注意到或禮遇升格為成人的過程，我們也不再尊敬想要嶄露頭角的個人。困在青少年階段的人就是最容易發展出厭煩和冷漠的人，他處在容不下他靈魂的受控環境中，只能等待遲緩、固執又沒完沒了的時間會放她自由。冷漠會掩蓋並密封他心中巨量的恐怒——可能會燒毀他的恐怒，因此在缺乏覺察力的文化裡，青少年表現冷漠可能會被當成是好事。

成年人表現冷漠就是完全不同的一回事了，因為這象徵了你是受害者或是環境的產物，而不是有活動力和有意識的參與者。成年人（具有青少年想不到的選擇和選項）表現厭煩，經常意味著他們處在不友好的關係或環境中，且正在壓抑、逃避情緒或解離以面對情境。有時候這也沒關係，有時候我們就只能這麼做了。對某些人來說，冷漠和它的分心行為是唯一能帶我們度過這個時期的方法。我們對一份工作厭煩了就找了另一份工作，我們對一段關係沒勁了就找別人交往，我們埋頭苦幹只為了有足夠的錢買那輛完美的車或度過完美的假期；我們盡力生存。我們不懂自己，也沒有活出生命完整的色彩，但冷漠使我們能持續往前，像是某種屏障，將我們與情境中深埋的問題及自己堅信的價值觀隔絕。冷漠和厭煩所需的態度和活動甚至可以保護我們不落入真正的憂鬱，畢竟憂鬱可能會終止我們前進的進度（雖然最終必然需要走到這一步，不過在現階段或許還不會發生）。冷漠也可能掩蓋了真正的焦慮，但焦慮才能給我們脫離瓶頸所需要的能量。

我們可能會以能降低厭煩感的刺激物來解決自己先天的憂鬱和焦慮

（因為無法逃脫情境，或者因為我們拿憂鬱或焦慮沒辦法）——大多數人都有立即可取得的電視、手機、音樂和電腦，我們可以成天沉浸在噪音、他人、戲劇或枝微末節的資訊上，再也沒有任何社會認可的休息、安靜、冥想或私人時間，因為我們創造出的世界根本沒有容納這些事情的空間。我們汲汲營營於金錢、房屋和人際關係，過份執著於自己的健康、外表、家庭，試圖治療自己或他人，但在時間的摧殘下卻像是徒勞無功，而我們擁有的安寧卻是那麼得少。跟我們一樣被時間被佔據且飽受刺激的人，有時候**會需要**冷漠才能繼續前進，因為如果我們緩下腳步，可能就會虛脫陷入斷斷續續的睡眠，或者因為所有無法取得、無法得知或未執行的事情而落入嚴重的憂鬱和焦慮。因此我們不願緩下腳步傾聽自己的聲音和情緒，反而去上網、打開電視，用最喜愛的成癮或分心行為忽略自己需要休息的需求（或被踐踏的情緒和夢想），使得自己能做到所有該做的事。

冷漠遮蔽並保護了我們真正的自我，使我們得以在空洞的現代生活中走下去。它使我們相信另一輛車、另一個真命天子、另一個工作或另一塊完美的派餅就可以治好我們的問題。冷漠使我們膚淺，但有時候我們就只能做到膚淺。有時候我們能做的就只有掩蓋自己真正的感受，用毫無意義的行為活得很表面。我們帶著批評看待情緒，使得自己相信深刻且有同理心的生活態度不可能存在，彷彿真正的感受或厲害的遠見會不必要地拖慢我們的速度，或者讓我們無法交房租、養小孩或者變成忘恩負義的怪人。這當然不是真的，但凌駕於一切之上的訊息告訴我們因為我們必須不斷前進，所以我們不能停下腳步感受、休息、冥想或做夢，因此我們就成了極易分心的機器人。接下來的這個練習可以幫助我們再次成為有生命力、會呼吸的人類。

▶ 冷漠的練習

你的冷漠會因為諸多原因而站出來保護你，可能是因為你處在行不通的人際關係、工作或情境中，而你無法設下明確的界限。你可能也還沒有方法對付你的憤怒，你可能正在逃避你的疲勞。

如果你沒有時間放慢腳步（或者你還沒有方法對付你的憂鬱），你的冷漠可能是在保護你不要進入必要的憂鬱狀態。假如你的情境沒辦法讓你採取有效的行動，或者你還不知道怎麼面對自己的焦慮，它也可能是在保護你不要啟動焦慮，保護你不要被你還不懂怎麼處理的多種情緒或情境影響。冷漠有很好的保護作用，所以感謝它是最好的第一步。謝謝你，冷漠！

我們要問冷漠的第一道問題是：**我在逃避什麼？**如果你仔細思考這個問題，你會明白事情是怎麼一回事，你也會逐漸注意到自己所在乎的事如何不受到重視。你可能會意識到自己一直在逃避那些「如果你把話說清楚或設立界限，就會產生的衝突」，或者你一直在逃避極度的疲勞、潛藏的憂鬱、某種焦慮感甚至是懼怕，或者逃避任何的情緒和情境。那我們就坦白說吧：如果你真的沒有時間、空間或力氣去面對這些問題，那逃避當然也沒關係；只要你知道自己在做什麼，逃避就沒有關係。但如果你對自己的所作所為毫無意識，你的人生就不屬於你。

詢問這道關於逃避的問題，能幫助你面對自己的冷漠並引導它，因為你的冷漠會在你需要受到保護還有你無法或不願開口並設立明確界限時出現。冷漠遮掩和保護的行為是遭遇問題時重要的反應；然而假若你對自己的冷漠毫無意識，你可能就會迷失在遮掩的面具後。這也是為什麼第二道問題是：**我該對什麼有意識？**你可以對情境中的哪個部分有意識，你又要從哪個部分開始著手？你要怎麼跟冷漠保護的本質合作呢？

如果你可以把意識帶入情境中，你就能改變情況。就算你還受困於不健康的人際關係或情境中，你能夠把事情看清楚的能力也會為你找回一些自主權。你會開始為你在乎的事物設立界限——即使此刻正遭逢困擾你的情境或關係，也沒問題。在冷漠賦予你的隱私之中，你可以打造出你所處的情境沒辦法提供或支援的自由國度，冷漠能使你在自己心靈的私人空間中，成為完滿且具有五種元素的人。

如果你能把自己的意識帶入你的情境裡，你就會發現許多憤怒以外的情緒，都受到冷漠在保護。你可以先跳到那幾章，了解那些情緒的獻禮與引導練習，你也可以揭露自己的疲勞、丟失的夢想、未說出口的話語、不曾提及的渴望和你的能量。把意識帶入需要冷漠的情境中會造成巨大的變化，而你可能會發現自己偏好停滯的傾向警覺了起來，你可以在讓變化穩定下來後回歸到冷漠的行徑，這樣做並沒有關係。

意識並不是可以強迫它出現的東西，尤其如果你處在需要冷漠站出來的情境中更是如此，你可能需要來回於改變和停滯之間，來回於明確的行動和以冷漠遮掩之間，但重要的是你要清楚知道正在發生什麼事，就算在讓你厭惡、可能需要自我放棄的情境中，也能夠重新取得自己的發語權和自主權。

同理心正念練習可以幫助你。在「你對於你面對的情境所產生的新意識」之中接地，這是很重要的事。你必須要能讓自己處在當下，因為此時的你，與那個「冷漠會你在無意識中運作」時的你，已經不再是同一個人了。用想像力設立界限也很重要，這樣你才能夠開始在面對問題的時候為自己發聲。有意識的抱怨當然也實為必要，它能幫助你找到自己的聲音，並在自己心靈的私人空間中引導你的情緒。燒毀心理契約則可以幫助你盛大地終結對你無用的情境和人際關係，而回春則會用特殊的想像力幫助你淨化和再生，能夠安撫、養育你，讓你精神煥發。

由於冷漠是憤怒的面具，因此這些練習都會使你的憤怒站出來，你可能會覺得易怒、生氣、氣憤、想要攻擊或者受困於當前的情境，此時請跳回到憤怒的章節，為自己設下堅固的界限，燒毀你的心理契約，用憤怒帶來的訊息、強烈能量和脆弱保護自己。如果表現冷漠和厭煩是你的習慣，在你打破無意識的迴圈前可能需要先進行這個練習——但只要你能帶入自己完整的覺察力，就能順利完成這個循環了。當然，你也會希望自己處在另一種令人煩躁的情境時，你的冷漠可以自在地出現，但它得要以你的朋友和夥伴的身分出現，而不是你完全無法掌握又意識不到的影響力。

　　切記，無法有效地改變時，冷漠和厭煩是你的憤怒和能量的面具或斷流閥，如果你沒辦法影響自己周遭的情況，那就放手上你的冷漠去吧，躲到它為你打造的面具之中。在你具有五元素的心靈裡，你能夠運用自己所有的情緒、所有的智力和所有的同理心正念練習。你的情境或關係可能不讓你有所選擇，也可能不尊重你或你在乎的事物，但你可以在自己靈魂的避難所中打造出有選擇、可以聽見自己真正聲音的地方，直到你能進入健康的情境為止。我們在就學或工作的環境中都曾有只能跟著走而沒辦法盡太大努力的經驗，在這種情況裡，冷漠和分心就像是上天賜予的禮物一般。當我回頭檢視我保留的大學課堂筆記，我從筆記上的塗鴉量就可以知道課程有多無趣，某些課程甚至無聊到我有時間畫出整座城鎮、建個模擬網站、複習二次方程式的所有解析步驟。我的冷漠保護了我和我的同學，要不然我就會打斷課程跟教授爭執，或者用干擾的方式讓事情變得有趣，但誰想要這樣啊？冷漠讚透了！你的冷漠會浮現絕對有重要的原因，如果你可以引導它，找到你真正在逃避的東西還有是什麼讓你變得有意識，那麼就算你所處的情境不允許你有自我意識和自主權，你也可以找回它們。謝謝你，冷漠！

尊重他人的冷漠

　　有時候尊重他人的冷漠很困難，因為冷漠的人通常會企圖以不健康的方式尋求疏離——他們會自我孤立或拋棄自己的能量，而非設立清晰的界限，這樣做經常會使他們變得脆弱到無法經營人際關係，勢必會迷失方向。此時可能會出現因冷漠造成的無意識回饋循環，而孤立和逃避會導致需要更多的孤立、逃避、分析和成癮行為。你沒辦法為他人打破回饋循環，這是自我內心的事，但你可以塑造高貴的交流方式。你可以在接觸冷漠者的時候設立堅固的界限，不只是定義自己，更是為了保護對方不受到你的影響。你可以把冷漠的人想像成沒有皮膚的人，小心留意任何來自於你且不專注或未接地的交流都會使對方內心動盪，強化他的冷漠迴圈。

　　如果你讓冷漠的人抱怨，借他一隻耳朵傾聽他的痛苦，你或許就能幫助他們揭開令他困擾、造成他冷漠的困境。抱怨是一種引導情緒的形式，而如果你願意傾聽，你就能幫助對方聽見他自己的聲音。在交流過程中持續設立你的界限，並歡迎每種浮現出來的情緒，以將它們獨特的天賦運用於情境中。如果你能為他人的情緒打造出神聖空間（就算他不知道如何自己達到這件事也無所謂），你或許就能幫助他再次找回自己的專注力和平衡。

　　不論你的冷漠出現時狀態輕微，為你打造出隱私和疏離的空間，或者你的冷漠是以中等的強度幫你在需求不受到重視時，為你在人際關係或情境中設下內在的界限，或者你的冷漠以強烈的程度浮現於你、你的價值觀或你的需求無法容身的人際關係或情境中，都敬請你歡迎你的冷漠。歡迎並感謝你的冷漠。

14. 羞愧與罪惡感 SHAME AND GUILT
恢復正直

獻禮

賠罪──正直──良心──自我尊重──行為改變

內心的問題

誰的道德與價值觀不受重視？

哪些事情必須改正？

干擾的跡象

跛腳、反覆且無法指引你或改善你的人際關係的罪惡感；或者無恥，此時你和他人都會因為你延遲的悔恨或不當的行徑而遭遇危機

練習

羞愧（或罪惡感）的出現是為了確保你不會受到傷害、難堪，或者讓自己或他人喪失人性。把這種情緒引導到你的界限之中並建造出神聖的空間，在其中你可以識別並補償自己的過錯、探索並修正自己的行為、

拋棄不真誠的羞辱言論（請見燒毀心理契約的練習），並治癒自己和自己的人際關係。

羞愧的細微差別

輕微的羞愧：有良心、道德感、猶豫、被束縛

中等的羞愧：慚愧、有品行、後悔、抱歉

強烈的羞愧：有醜聞、被羞辱、剛正不阿、無地自容

羞愧（或罪惡感）是憤怒家族的成員，會在你的界限從內部遭破壞時出現，原因是你做錯了某事，或者你被說服某事物是錯的。若說憤怒是光榮的戒哨兵，面向外側保護你的界限不受外在侵犯，那羞愧就是面向內側的光榮戒哨兵，保護你的內在界限（和他人的界限）不受到自己錯誤或思考不周的行為破壞。羞愧是重要且無可取代的情緒，能幫助你成長為有意識且具有良好規範的人。有了它的協助，你就能坦然地監控自己的行為、情緒、想法和肉體慾望、靈魂渴望及自我結構。但如果你對自己自在流動的羞愧沒有意識，你就沒辦法了解自己，會飽受不當行為和道德瑕疵所苦，你也無法在自己的心靈中心挺身屹立。

羞愧是一種社交情緒，幫助我們了解並管理自己的行為和人際關係。兒童時期羞愧的發展也與其同理心的發展息息相關，如果兒童沒有學會怎麼感受和面對羞愧，那他的同理心就會延遲到來。同理心可以幫助我們發展出道德感和價值觀，了解自己對他人的影響，如果沒有羞愧引導我們，我們就無法發展出換位思考或為別人著想的能力，而這些都是同

理心中很關鍵的面向。幸好，人生任何階段都可以發展同理心的技能，而羞愧的技能亦同。想要擁有完整且關懷的同理心，羞愧絕對不可或缺。

當自在流動之羞愧的治癒力量優雅地穿過你的心靈時，你不會覺得痛苦、充滿羞愧或深感歉疚，而是會對倫理產生憐憫的意識，有勇氣批判和監督自己的行為，擁有力量修正自己的行徑而不會不必要地自我膨脹或自我打擊。成功面對自己必要的羞愧後，你會為自己感到驕傲，也會自然地感到滿足。

可惜的是，由於所有形式的憤怒都悲慘地被誤解和厭惡，所以羞愧一直被嚴重地抑制（和暴力地表達），程度之甚使得大部分的人都沒辦法以任何方式把羞愧和滿足連結在一起。羞愧和罪惡感被貼上無用、錯誤、有害、會成癮和不自然的標籤，兩者都被棄之如敝屣。這也是合理的反應，因為我們都曾看過和體會過強烈羞愧造成的破壞。然而這樣的反應卻同時構成了我在第十一章裡列出的兩種情緒歸因謬誤：羞愧明明是來解決問題的，我們卻把問題怪在羞愧頭上，也把別人造成的問題怪在羞愧頭上，因為我們不知道如何面對這種必要的社交情緒。

遺憾的是，我們早已丟失了與這種重要且具恢復力之治癒情緒的意識連結，我們徹底抗拒羞愧和罪惡感，使得我們再也無法分辨這兩者，不明白為什麼它們會出現，也不知道罪惡感根本不是一種情緒。

羞愧與罪惡感之間的區別

我以前閱讀過一本暢銷心理書，書中把羞愧和罪惡感宣傳成「沒有用」的情緒，主張每個人都是完美的，因此我們不該在任何時候身負罪惡感，也不用因為自己所為而覺得羞愧。這樣的概念在當時對我來說很奇怪，因此我就在辭典中查詢了「無辜 guiltless」和「無恥 shameless」

這兩個詞，發現這兩種狀態都沒什麼好慶祝的。無辜表示不留痕跡或沒有經驗，好像你是一張白紙，這並不是智慧或成長的象徵，因為無辜只存在於沒有生命經驗的人身上。無恥表示無知、粗野且放肆，顯然就是一種失控、脫離現實又過度自我中心的狀態，因此無恥只存在於不具有人際或倫理技巧的人身上。兩種狀態——無辜和無恥——都讓我明白了羞愧和罪惡內在的價值。

有趣的是，在有些詞典的定義中罪惡感並不是一種情緒狀態，只是對於錯誤行為的知識和認知而已。罪惡是一種情境狀態，根據你所在乎的法律或道德規範，你可以是有罪的或無罪的，但你不能**感覺**有罪，因為罪惡是一種固定的狀態而非情緒！你的感受與它毫無關聯，如果你做錯了事，你就有罪，你開不開心、生不生氣、是否恐慌或為此羞愧都無所謂；如果你沒做錯事，你就無罪，你的感受與這個因果關係完全無關。唯一你可能會覺得有罪的時候，是你不確定自己是不是犯了錯（「我覺得我好像有罪，但我不太確定」）的時候。不，此時你感覺到的其實是羞愧，罪惡是一種基於事實的狀態，羞愧則是一種情緒。

羞愧是來自於罪惡和過錯自然的情緒結果，如果你的心靈能歡迎羞愧進入其中，其強大的熱能和能量就能恢復你自己破壞的界限。然而我們大多數人都不歡迎羞愧進入自己的生活中，我們會說「我有罪惡感」而非「我感到羞愧」來隱藏它，這也正巧說明了我們目前沒有能力辨別與認知自己的罪惡、引導適當的羞愧並做出修正措施。

這是很不幸的事，因為如果我們不歡迎又不認可自在流動且必要的羞愧，我們就無法調整自己的行為。我們會繼續做自己知道不對的事，卻沒有力氣阻止自己。在無盡的無恥之中，我們會不斷地冒犯、冒犯、再冒犯——我們會永遠有罪，因為沒有任何事物能把我們喚醒以改變世界。

如果我們繼續使用錯誤的論述「我有罪惡感」，我們就無法改正自己

的錯誤、修正自己的行為或者挖掘羞愧要告訴我們的事——意思是我們就無法體會什麼是滿足（它與羞愧有種特別的關係）。如果我們不站出來正確地表示：「我為自己感到羞愧」，我們就永遠不會進步。在繼續深入之前，我要再說一次：罪惡是一種基於事實的狀態，並不是情緒。你只能有罪或無罪，如果你無罪，那就沒什麼好羞愧的，但如果你有罪，而且你想知道要怎麼面對你有罪的事實，那你就必須擁抱羞愧為你帶來的資訊。

有些人又會另外區分羞愧和罪惡，也就是假設罪惡感會告訴你做錯了什麼，而羞愧會告訴你，你**哪裡**不對。這樣的差異背後的概念是，罪惡感是可經營且可忍受的（因為你可以改正自己做錯的事），而羞愧則否（因為你沒辦法調整自己的核心價值）。我強烈反對這樣的概念，因為這在情緒上並非事實，在我所經歷的世界中也不屬實。我在我的著作《擁抱焦慮》（*Embracing Anxiety*）中撰寫過有關羞愧的文字，而我要在這裡復述：

面對因為自己本質（或自己變成的樣子）而產生的羞愧，是全世界從古至今所有人類做過的事情中，極為了不起的一件。

「羞愧」有一個強大的工作，就是轉型與創造靈魂、書寫深刻的詩詞、史詩般的戲劇、發展高深的生態學以及人類本質的進化。因為自己的本質而感到羞愧很痛苦，但也是必要的疼痛。當然我們必須小心掌握羞愧的某些面向，例如由權威角色、同儕或媒體用來作為掌控手段的羞辱，但羞愧本身是重要且必要的情緒。

羞愧會仔細留意你的行為和你同意的事情，確保你不會失敬於自己或他人。羞愧使你正直、有倫理，對自己的思想、想法和行為負責。如果你做錯了某事，你的羞愧就會出現，幫助你道歉、補正和學著下次可以做得更好，如果你變成了錯誤的模樣，你的羞愧就會出現，幫助你道歉、改變自己的行為作法、補正並升格為更好的人。而如果你被羞辱了，

或者有人告訴你，你根本的組成已損壞或不被接受（像是你的身體、膚色、智力、性向、情緒、血統或任何你的核心價值），你的羞愧就可能會傳遞給你那些謾罵的羞辱訊息。

燒毀心理契約是很適合羞愧使用的練習。如果你對於自己所作所為、自己的身分感到羞愧，或者你被迫或被操弄要感到羞愧（例如對於你無法改變的核心自我價值感到羞愧），那它就很有用。

羞愧是重要且有力的情緒，一旦你知道怎麼辨識並與羞愧合作，不管它來自於何處或者它正在處理你的哪個面向，它都可以是你強大的盟友。

羞愧傳達的訊息

羞愧是引導情緒的大師，你不用抬起手指或研究任何事情以引導羞愧穿過你的身體和界限；羞愧處於中等和強烈狀態時，不用你的幫助或許可，就會如浪潮般湧入。它會讓你暫停動作、全身發紅，使你說不出話或動彈不得。雖然以長期看來羞愧會使你變得強大，但在那個當下它會把你擊倒。如果你沒有任何能應對羞愧的行為，你就無法承受那種情境（或無法明白為什麼最初羞愧會出現）。羞愧會讓你在瞬間脫離你該做的事，如果你能熟練地面對自己的羞愧，那這個當機時間就是個福音，但如果你回應的是來自於他人行不通或不能忍受的羞辱言語（或者你被迫接受），這個當機時間就可能多此一舉地使你無能為力。

有關羞愧一個很大的問題，也是為什麼人們會逃避它甚至恨它的原因，就是我們大多數人都是透過「被羞辱」學會什麼是羞愧。我們在生活中從家長、師長、權威角色、同儕、媒體和各種地方接收到羞辱的訊息，有些羞辱訊息有其用處，像是當好人、守信用或每天要刷牙之類的，但有

些羞辱訊息根本沒有意義或甚至難以忍受，像是使你覺得自己永遠不可能達到任何成就、你根本就又慘又醜，或者你不變得完美就沒人會愛你等。

如果你的羞辱訊息是適當且可忍受的，那你和你的羞愧就會優雅地行走於生命之中，只有在你迷失方向的時候才會停下腳步。羞愧會說：「朋友啊，這並非我們說好的，你需要停下你正在做的事並回歸正途。」如果你有面對羞愧的辦法，你就可以改正並道歉，補正你的行為，接著再次出發。但如果你的羞辱訊息很糟糕或無法忍受，你和你的羞愧可能會不斷爭奪主導權——並非因為羞愧有害，而是因為它所導入的訊息令人厭惡。

我 DEI 社群的同事莎拉·亞歷山大（Sarah Alexander）稱羞愧為「忠誠的助理」，因為她發現你要羞愧做什麼它都會照做（就算你不記得你有叫它做也一樣）。我還要補充，羞愧也是個忠誠的心理契約管理員，因為它會監督你所同意的道德、倫理和行為心理契約。因此面對羞愧的神聖工作並不是要把它揮到一邊去，或者當它是創造這些契約的主角一樣跟它扭打（它不是）；神聖工作是要找出你確切同意的那個訊息和心理契約。**誰的道德與價值觀不受重視？**是你的嗎，你現在仍然認同嗎？如果不是你的，那是誰的呢？

當羞愧浮現以回應你自己真實且可解決的缺陷或錯誤時（且你的羞辱訊息適當又可忍受），羞愧就會適度地流動（經常還會擋在你做出行為前一步或兩步）。假設你歡迎你的羞愧，你就會在做出任何不當的事情、說錯話之前、做出不當行為之前、進入不當的關係之前就先阻止自己。你的羞愧會幫助你遠離自己的惡行、騙行和偷竊行為——就連沒人在看的時候也是，它會讓你準時、禮貌、誠實，也會溫柔但堅定地引導你遠離誘惑之路。你自在流動的羞愧會看照著你，確保你的行為高尚且正確，羞愧也會溫柔地控制你的其他情緒，給予你內在堅韌的力量來引導它們（而不是把它們當成蟲子一樣捏扁，或猛投到他人身上）。你的

羞愧會豎立於你的內在界限上，監控所有出自你靈魂的事物和所有在靈魂中發生的事。有了它正直的協助，你就會變得有良心、有倫理，對自己和我們的世界來說都是管控良好的資產。

如果你的羞辱訊息是可忍受的且能任你自由選擇，你就能體會真正的自我尊重。有趣的是，你的羞愧也會保護你不受到騙子和陰謀人士欺負，因為只要你樂意公開自己不光彩行為，你就會注意到別人的這種行為，而不會與他們一同捲入惡夢中。老演員威廉・克勞德・杜肯菲爾德（W. C. Fields）說過一句很有道理的話：「你無法欺騙誠實的人」。

辨認真實的羞辱訊息

我們多數人都沒有學過怎麼歡迎或面對自己真正的羞愧和悔恨（這些都是我們自然會感受到的情緒，尤其是傷害了別人的時候更是如此），反而都是透過「被羞辱」學會什麼是羞愧。而父母、師長、同儕和媒體這樣的權威形象，通常都會想要從外在加諸羞愧在我們身上，以試圖教導和控制我們，而不是信任我們具有天生的能力可以調整自己的行為，導致大多數人都會壓抑自己所感受到的羞愧（因而使我們無法有效監控自己的行為），或者把自己的羞愧全部表達在別人身上，徒勞地想要羞辱和控制對方。這種行為使我們失去了與羞愧強大影響力的連結，給了我們過量人為且外加的羞辱訊息。

如果我們跟自己的羞愧沒有健康的連結，我們就會被迫吸收他人對於是非的概念：好女孩不會生氣，大男孩不會哭泣，我們的家庭不會吵架，沒人喜歡自作聰明的人，在你（請自己填入一個條件）之前沒人會愛你等等。在這樣的衝擊之下，我們都被假象、陌生的概念、受損的心理契約和不健康的羞辱訊息所淹沒。如果我們能取用自己的其他情緒——用憤怒設

立界限，用悲傷來放下，用恐慌取得備戰反應等等——我們就能堅定地設立自己的界限，把壓垮我們的不健康羞辱訊息和心理契約燒成灰燼。遺憾的是，由於大多數人沒有方法面對羞愧，所以在悲慘的羞辱訊息面前我們很容易就被擊垮（這也是合理的事，因為那些訊息本身就無法處理，還經常帶有惡意）。這種被淹沒的感覺會讓人完全無法面對羞愧——就算我們有辦法處理它部分的訊息，而且訊息還對我們有治癒功效也沒有用！在這樣的困境中，我們很容易就可以明白為什麼人們會同時產生兩種羞愧的歸因謬誤；我們都只學過要差勁地對待羞愧、彼此和自己。

但我們並沒有看見羞愧的核心，我們沒有看見羞愧真正的本質是忠誠的助理和心理契約管理員，可以幫助我們符合自己的道德標準和價值觀。因此羞愧出現來修正事情的時候，就算這些事情真的需要修正，大多數人也會過於衝擊而無法負荷，最終與自己的情緒自我解離。我們會落入混亂的羞愧螺旋（又同時受到羞愧且被禁止的行為所吸引和排斥），而我們則與看似愚蠢又值得和不值得在乎的羞辱訊息徒勞地爭鬥。

這種螺旋根本沒有必要存在，只要你學著辨識自己自由選擇、自在流動而且其實很明理、巨大又強烈的羞愧，你就能暫時停止這種螺旋：你想到一件好笑但有點殘酷的事情，你發現其實你不用說出來，繼續過你的日子就好。這就是羞愧優雅面對可忍受的羞辱訊息的樣子，之後你就會覺得自己更為強大、有意識且滿足。在這種形式的羞愧中並不會產生螺旋，因為你只是遵循道德準則而活罷了。你剔牙是因為你喜歡整潔的牙齒，你不喜愛殘暴和犯罪是因為你沒興趣，你尊重待人是因為那似乎才是對的事。適當且實際的羞辱訊息會輕柔且可靠地阻止你的衝動——程度輕微到你根本感覺不到它的存在。不當的行為不會盤旋在你的心靈中或者用誘惑的力量呼喚你，因為你的羞愧會讓你保持清醒且思想清晰。這就是在面對適當、實際且可忍受的訊息與心理契約時，擁有

自在流動的羞愧的感覺。

但從另一邊看來，不當、不實際或惡意的羞辱訊息則可能嚴重影響你的穩定性。你會讓自己閉嘴，或者你會把所有飛過你腦袋裡好笑、殘酷的話全說出口。你會無恥地對待自己和他人，你會因為不具有羞愧那了不起又能恢復你完整性的智慧，無法控制自己。

如果你可以辨識出不當、過時或有害的羞辱訊息，你就能點亮並定義自己的界限，安穩地接地，檢視（並摧毀）與這些不健康訊息連結的心理契約。但如果你還沒有辦法處理你的羞愧，這些羞辱訊息的強烈能量可能會使你失去能力，以致於你無法再前進或挑戰自己，以避免犯下新的錯誤（可能從而以更為麻痺的方式強化你的羞愧）。或者你面對內心擾動的羞辱訊息時，也可能變得無恥，你會像個麻煩的兩歲小孩或者正在叛逆期巔峰的青少年：你會打破自己同意的規則只為了證明自己的獨立性，你會脫口而出一些話語而只在傷害造成之後臉紅，你會吃下、買下錯誤的東西又做錯事，你會不斷不斷受騙，你會找不到真正的方向。

如果你正糾纏於這樣必輸的鬥爭裡，你可能會一再重複同樣毀滅性的行為，彷彿你是陷在回饋循環中的機器人一樣。你的心靈中心沒有任何東西是清醒的，你內心的村莊一片荒蕪，你的智力、遠見靈魂和你的身體都因為羞愧輸出的醜陋訊息而被摧毀，而為了回應一切的混亂，你的其他情緒可能會增強並被點燃。你可能會祈禱能擁有意志力、老天爺的幫助和任何你想得到的東西，但如果你無法歡迎自己羞愧具有的強大影響力，你就沒有決心做出有意識的改變或者恢復自己的完整性。

而且在此過程中，你絕不孤單。我們都會用羞愧來教養孩子、訓練彼此、得到我們想要的——在這個界限受損的世界裡，這就是我們的行事方式，而且短期內絕不會有所改變。此刻你的任務並不是要由外而內改變這個問題，而是要由內而外改變自己——強化自己使你具有個體性，並再

次創造出屬於自己的真正界限。我們必須反對並拒絕外來和外加的羞辱訊息，恢復自己真正的道德和正直，但要做到這點，你就一定要歡迎羞愧進入你的靈魂。如果你能夠掌握自己的羞愧、有意識地終止螺旋，你就能表現得正直，以新的視角環顧周遭。你將能夠辨識並釋放自己內在不當且惡意的羞辱訊息，你將能夠辨識並避免來自任何外源所有新的羞辱訊息。（你可以在自己的界限對他人的看法或批評產生反應時強化自己。謝謝你，憤怒！）最重要的是，你就能抑制自己不要對他人表達羞辱的訊息，因此能以深切的方式——由內而外——改變自己周遭的文化。

你的羞愧會在出了大錯的時候站出來或衝出來，可能是你的行為所致，或者是你受到不好的行為所誘騙控制或受到迫害的後果。如果你可以認同並歡迎你的羞愧，它就會賦予你所需的力量，同時修正你思慮不周的行為**以及**丟掉干擾你正直那不善或蠻橫的羞辱訊息。如果你運用你的技能和練習區隔自己與他人造成的羞辱訊息，你就能釋放驚人的能量，有了這些能量你就可以聽見自己真正的倫理準則，而且不論你在任何時間、正在面對多少的羞愧，你也能夠尊重並擁戴他人的界限。有了自在流動的羞愧協助，你隨時都會擁有一位忠誠的內在哨兵，不斷不斷地帶領你回去擁戴你刻意選擇、獨特的道德準則。

▶ 羞愧的練習

羞愧的練習涉及許多技巧，但面對羞愧的第一件事就是要張開雙臂歡迎它。如果你的羞愧在他人面前出現（一開始它可能會先以輕微的狀態出現，形成為內在的拉力、面紅耳赤、一時語塞或內心警戒的感覺），你必須停下來趕快讓自己接地，強化你的界限並專注於你的羞愧上。如果在你說了或做出某些羞愧的事之前，你的羞愧就阻止了你，你可以感謝它並搶先進行必要的修正措施。如果你不知道為什麼你的羞愧會站出

來，就可以詢問自己或周遭的人你是否做錯了什麼事（**誰的道德與價值觀不受重視？**），有必要的話就道歉或修正（**哪些事情必須改正？**）。

處理羞愧時，這是很重要的第一大步——立即且坦然地在它出現的那刻就面對它。許多人都會忽略輕微的羞愧，繼續做最初使羞愧出現的那個行為（因此反覆或強化的羞愧就變得不可或缺）。終結羞愧螺旋和打斷所有回饋循環的方法，就是刻意接觸你的羞愧（並立刻使用它）來設立你的界限、恢復自己的完整性和修補過錯（**哪些事情必須改正？**）。如果你能坦然地歡迎你的羞愧，一旦協助你修正行為後它就會自然（且迅速）地退下，接著你自然就會感到滿足，而且能以更聰明、強壯、更可敬的姿態繼續前進。

如果你無法用這種簡單的方式引導自己的羞愧，而且感覺到它持續增強，你可能就需要脫離現場找個安靜的地方私下引導你的羞愧。當然如果你需要協助，你可以跟治療師或具執照的 DEI 專業人士合作[1]，但你也可以繼續往下閱讀以了解引導羞愧的流程。

如果你能離開現場，你就該把自己的羞愧都傾注到你的界限之內，因為如果你讓這令人困擾的羞愧留在你體內，它的強度會把你搞到失衡。羞辱的訊息可能會從每個角落冒出，長期壓抑的羞愧事件造成的記憶或感官可能再次浮現，而你可能會受到過大的衝擊或甚至失能。引導你的羞愧進入界限則會重振你對自我的認知並為你的羞愧設立一個神聖空間，也能安撫你的身體、給予心智它所需的平靜以區別你和你的情緒（如果你正在面對的是不受尊敬且變質的情緒的話，這種區分行為就絕對必要）。羞愧浮現的時候，能運作的批判力會是你的救命恩人，因此要感謝你的智力，歡迎它加入這個歷程。別讓你的邏輯蓋過了羞愧或不讓羞愧發揮作用，而是要讓它擔任那榮耀的職務——翻譯官，告訴你羞愧試圖要傳達的重要資訊。

將羞愧帶進你的界限並安撫你的身體之後，請讓自己安穩地接地。接地會幫助你釋放出部分你所背負的肢體羞辱訊息（例如身體意象扭曲、性羞辱、強迫或成癮行為），隨著你讓自己接地，你會感覺到不舒服的感官在體內攀升。這是個美好的現象，代表你的身體成為了你情緒引導過程中有意識且地位同等的夥伴。在很多情況裡，你被羞辱的身體部位實際上會同時背負著肉體與情緒的疼痛。保持專注，運用你的技能讓所有不適的部位的接地，如果你的不適感還在持續或增強，那就在令你困擾的部位面前放置一份心理契約，把不適感投射到心理契約上，這樣一來你就可以理解自己的身體正在試圖讓什麼東西產生意識（可能需要多次嘗試）。

　　我稱這個過程是「脫離肉體但不解離」。大部分的人在受到羞愧和其他情緒衝擊的時候，都會讓自己分心、解離或用其他行為或物質來取代當下；我們就只會逃跑。從元素看來，這表示我們的心智和遠見靈魂拋下了我們的肉體和情緒使它們孤立無援。我們所有的同理心正念練習都是在幫助你整合你的元素，學習怎麼跟你的情緒和困擾共處。而這些練習也都會以自己的方式幫助你脫離情境以在不用分心、解離或取代之下，獲得一些治癒的空間。這些練習幫助你把東西挪到體外，而你不用喪失自己五元素的穩定性，也能觀察那些東西。

　　當你在你鮮明、由羞愧支持的界限內接地並集中注意力後，羞愧所攜帶的熱力和強度就會賦予你能量，使你能照亮自己的行為並檢視任何使你的羞愧挺身而出的心理契約。在這個神聖空間之中，我們很輕易就能分辨適當且有價值的羞辱訊息，以及試圖控制、懲罰或摧毀你的自信的訊息。只要你能把心理契約具象化，你幾乎是立刻就能看出這樣的差異。如果你的羞辱訊息對你來說是適當的，你只會感覺到自己的行為飄浮到你的心理契約之上，你會看見或感覺到自己做了或說了什麼事，而你知道那是錯的，你會感覺到適度的羞愧結合了一種動力讓你修正行為，

補償你所傷害的人（包括你自己）。

假設你能面對這類適當的羞辱訊息，你就不必費太大的力氣也能面對發生的事。你會需要稍微努力一下，因為在你打破自己的協議或表現地不可敬時，你確實要感到不舒服才對，但這種不適感有它存在的意義。而你改正了事情、道了歉、彌補之後，你就能把那份心理契約放回它在架上的位置，心裡明白它對你來說具重要的倫理價值，它是一名守門員。

然而，如果你試圖要處理行不通或無法忍受的羞辱訊息或心理契約，你可能會受到過大的衝擊，或者可能會經歷強烈的情緒痛楚。但請記得，你的羞愧扮演的是忠誠的助理和心理契約管理員，它只是在做你同意的事而已（就算你是無意識、非蓄意或被哄騙而同意也一樣）。假設你拿出一份充滿不當或惡意羞辱訊息的心理契約，你可能會感覺到混亂嘈雜的影像、噪音和靜止的狀態從你體內湧出。你可能會聽見羞辱你的權威角色的聲音，可能感知到嚴格紀律信奉者的影響，你也很可能會失去專注力，穿越時空回到你最初接收到羞辱訊息的那一刻。

這份心理契約可能很快就會滿了（如果是的話，把它移到一旁創造一份新的），而在你燒毀之後，你的羞愧可能會強化為煉獄。假設你擁有足夠的技巧，這樣強大的能量就是完美的資產，但如果你沒有的話就可能會讓你不穩定（這也是為什麼大多數人拒絕面對自己的羞愧）。惡意的羞辱訊息還很活躍的時候，大量的能量就會困在你體內。假設你能穩固地接地、集中注意力、燒毀心理契約，這樣的能量就會讓你獲得自由。不論心理契約來自何方，將它捲起扔到你的個人空間之外，用你羞愧兇猛的能量摧毀它。

引導強烈的羞愧以及處理惡意的羞辱訊息時，每種練習都可以幫助你保持穩定。接地會幫你釋放出困在體內或心靈中的所有壓力；內在專注力會在你整個人被點燃時，讓你有私人的空間可以運作；燒毀心理契

約的能力讓你能辨別並釋放所有受困的羞辱訊息（不論來自何方）；回春的能力使你再次充滿能量。在處理羞愧時，請記得一定要定時回春，你燒毀與不當羞辱訊息的心理契約的時候會發生大幅的治癒性變動，也就是說你偏好停滯的傾向會處於高度警戒狀態。如果你有意識地增強自己的能力，你支持現況的能力就會跟你改變的能力一樣有自覺。

由於我們和羞愧的關係非常糾結，羞愧成為了大多數人的絆腳石，也因此引導羞愧的活動就可能會很冗長。但請別在這個過程上花太多時間，傾聽你的身體、心智、靈魂和你的其他情緒，如果你的任何一個部位感到疲倦或煩躁，那就要注意了。捲起你的心理契約，猛烈地燒毀它，接著直接進行回春練習或者某種形式的玩樂，別讓引導練習變得讓人反感和過於奢求完美主義（處理羞愧的時候尤是）。讓你的情緒知道你在未來也隨時可以進行引導羞愧的活動，在當下照顧好自己。在你的村莊中心找到自己的定位，並切記你擁有情緒，但你不是由情緒所構成。給自己一點懶散的機會。表現頑強和冷漠的機會，不用隨時落入深水之中。

就算你內心的書架已經擠滿了不當、過時或惡意的羞辱性心理契約，你還是可以繼續思考、感受、做夢並流暢地活動和大笑。你可能從此生吸入第一口氣開始就在搜集這些心理契約，你不需要今天下午就把它們全都淨空！你有的是時間，而如果你向自己的羞愧清楚表明此事，它就會冷靜下來，讓你以輕鬆且有治癒力的步調前進。

切記有關羞辱的這點：如果你可以引導自己真誠且自由地選擇的羞愧式心理契約，你會為自己感到驕傲（你理應這麼覺得），藉此也會帶出你的滿足感。你在大部分當紅的心理學書籍裡不會讀到這種概念，因為它們通常都把羞愧視為垃圾並妖魔化，但這點是真的！羞愧對你的健康和人際關係來說都不可或缺，且沒有了它你不可能覺得完滿。羞愧會這麼說：「我們的到來是為了互相幫助，轉變自己、修正錯誤。這不表

示人生該是令人煩悶的事，人生並不是懲罰之地而是恩典之地，有獲得恩典的機會。每天每天，在羞愧偉大的協助下，我們每個人都有機會做對的事、把事情做對。」

有一本很精彩的書籍可以教你引導羞愧中最重要的就是真誠地道歉。哈里特・勒納（Harriet Lernet）精彩的著作《你為什麼不道歉》（Why Won't You Apologize?）中告訴了我們要如何道歉。你以為我們早就知道該如何道歉了，但其實事實並不然。舉例來說，你知道要求原諒從來就不該是道歉的一部分嗎？原不原諒是你冒犯的人（就算你沒有惡意）需要自己做出的選擇，可以決定要給出——或是不給出原諒（請見第八章中憤怒和原諒的段落），良好的道歉讓你不需要辯證或藉口就可以點出自己的過錯（或觸犯界限的事），道歉並承諾不再犯。要求原諒則是預期你傷害的人會赦免你的過錯，讓你覺得一切都沒事了！但這麼做其實只是觸犯了更多的界限而已。學習道歉是很重要的技能，而《你為什麼不道歉》是一本很重要的書。謝謝你，哈里特！

如果你的羞愧陷入困境該怎麼辦

想要在長期遭受不當或惡意羞辱訊息攻擊後找回意識，情況可能會有點複雜，因為羞辱訊息與標籤可能會構成你身分認同很大的一部分。你可能會習慣於以羞愧為基礎的稱號來介紹自己（「我是個魯蛇、癮君子，有情緒障礙、是創傷後賭博強迫症患者，我還會咬指甲！」），因此對自己設了限，又更加強化了你的羞愧。踏出羞愧螺旋時，你必須檢視自我對話的內容，因為這些舊有的稱號和標籤可能會把你打回從前的身分認同。在治癒的過程中有個方法很有幫助，就是把介紹自己的句子，改成那些可以使你有自主感、主動選擇這樣說的句子（而非「正向」

肯定）。例如，如果你對自己的菸癮很困擾，而你習慣說出「我沒辦法戒菸！我已經試過幾百遍了，我就是個癮君子！」那你可以把那軟弱的文字變成更有威力的文字和主張：「我絕不會戒菸！我拒絕，我熱愛抽菸！」你甚至可以滔滔不絕地支持抽菸，把所有抽菸為你人生帶來的好處通通列出。你可以有意識地讚揚自己抽菸的行為。

如果你能讓抽菸的行為脫離羞愧螺旋，那你就能用全新的視野檢視抽菸的決定。假設抽菸是個選擇，你就能從更有力的觀點看待。你可以從你天生的道德準則做出抽菸的決定，而不用從無用且惡意的羞辱訊息造成的羞愧式回饋循環做決定。你讓自己對抽菸的肢體反應與想法進入意識，運用智力檢視和研究抽菸行為，還有它在人類文化中的歷史，你可以探索自己對香菸和尼古丁的情緒依戀，也可以要求你的遠見靈魂幫助你了解為何自己周遭隨時都需要有煙霧構成的屏蔽。接著你的羞愧會牽引出任何你所保留有關抽菸的真實想法，而現在你已能以具有智慧、正直的身分聆聽又擁有千百種選擇，而不是那個畏畏縮縮的輸家，整個靈魂都被尼古丁擊垮與禁錮。從這裡開始，不論你走向何處你都能站得穩，你能夠專注，燒毀與自己的行為（或任何壓垮你的心靈的輕蔑訊息或標籤）之間的任何心理契約，而你將能夠以完整的姿態向前邁進，再也不是環境中、成長背景或氛圍中無能為力的受害者。

界限的困擾：假如羞愧真的陷入困境

如果你在自己的心靈中並未發現大量的羞辱訊息或名號，但你還是極度苦於反覆的羞愧，那你可能有界限的困擾。假如你的界限變得脆弱或不當地膨脹，你很可能就會跟他人糾纏在一起，這單純是因為你的界限定義並不明確。如果你的羞愧是常態且持續性的，或者你發現自己不知為何無

法發聲或做出適當的反應，那麼你的羞愧可能正陷於另一種回饋循環中。

假設你的個人界限定義不明確，你的憤怒就會進入較為明顯的狀態以幫助你保護和恢復自己的狀況。如果你還不知道如何引導自己的憤怒（或恐懼），而你壓抑或過度表現了它，那你界限的困擾就會更為嚴重，接著你的羞愧也會上前，因為現在你不只在處理來自外界的界限挑戰，其實你還因為不當管理自己的憤怒而在傷害自己和他人。在這種情況裡，你的羞愧會讓你噤聲，壓制你的行為，因為你的界限太脆弱了根本無法保護你（也就是說你真的不該待在公共場合中），或者你的界限太寬廣了而不小心干擾了所有人的界限（也就是說你冒犯了他人——就算你沒有惡意也一樣）。

如果你的羞愧是長期存在卻不受歡迎的夥伴，請跳回到第十章中定義界限的練習，仔細地維持好距離自己周遭所有位置一個手臂長（不多也不少）的界限，接著把你的羞愧注入你的界限中，讓它使你的個人空間活躍起來。如果你讓羞愧和憤怒做自己該做的事，擔任你的哨兵和行為導師（而不是虐待你的人），你就能有意識地生活、行動和反應，而不用只因為界限受損就爆炸或洩氣。

學習定義與照顧個人界限的過程中，請確保你有老老實實地引導憤怒家族的情緒，不是把它壓抑回你的內在世界，或者恣意地表達於外在世界。等到你的界限再次變得牢固，你就可以保護自己和周遭所有人，不用遭遇糾結的關係、界限被破壞或者面對無用且反覆的羞愧螺旋。

尊重他人的羞愧

看見有人真的做錯事的時候，我會觀察：幫助他們改正自己行為適當的羞愧和悔恨。如果朋友冒犯了我，我會點出來，等著看是不是會出現適

當的羞愧和悔恨。如果有的話，我就知道冒犯的事件結束了，而我不用再執著於此。但在另一種情況中，如果朋友冒犯了我卻拒絕認錯或道歉，我就知道他有羞愧的障礙了。如果是這樣的話，我會仔細留意這個人。我通常會給朋友三次搞砸的機會，但如果他還是表現地無恥，我就會遠離他。設立界限不僅僅是想像的練習而已，讓自己身邊環繞著可敬的人、遠離無法管控自己道德行為的人，也很重要。你的人際關係是界限系統中非常關鍵的一部分，人際關係必須保持健康、可靠且對你有幫助。

我們大家都該支持自己和他人適當的羞愧，然而孩童時期曾有過的羞辱經歷經常會妨礙我們。管教小孩的時候，如果可以明顯看出他真的覺得錯了，就應該立即終止管教。你希望看到的是因應原本的議題所出現之適當的羞愧——而不是因應你嚴格的管教而出現。在孩子已經展現悔恨之後還繼續羞辱，就只是虐待而已，這是在誤用羞愧，可能會迫使孩子的心靈變得剛硬。這種剛硬我們都曾體會過，且會導致無恥的行為，使人變得不值得信任。一個人表現得很無恥的原因，可能是不熟練的養育方式或不熟練的教導使他受困，這也是為什麼我會給每個人三次機會。我們都可以學習並成長，突破自己孩童時代的傷口，但有時候有些人就是不願意。祝福他吧，我離去的時候會這樣說道。

養育或面對孩子的時候，切記要幫助他們以健康的方式跟自己的羞愧產生連結，而讓他們參與修正過錯的過程是個很不錯的方法。很多家長都不認同這種說法，但我在父母教養、師長教育和體育訓練中發現，孩子的懺悔都非常認真，大多數的孩子會深感悔意，他們為自己設下的懲罰還常常搞笑地很老派。身為家長或權威角色，你可以輕易地減輕他們提議的懲罰，幫助孩子找到別的方式彌補而不用懲罰自己不可吃東西（像我認識的一大堆小朋友所提議過的），或是賠兩千美元給警察，或者把自己所有的玩具都捐給孤兒。如果孩子可以參與決定他們懺悔行為

的過程（只要你能制止他自殘式地懲罰自己的靈魂），他就能以健康的方式與羞愧產生連結。

當然，我們很少人是這樣長大的，因此大多數認識的人都還在跟羞愧搏鬥，也因為這樣，為沒有任何技巧的人設計羞愧的神聖空間也變得很困難。我們濫用羞愧使得所有人都陷入危險，因此羞愧浮現的時候大多數人就只會崩潰和迷失方向。就連平常適合於其他情緒的口語表達，也可能會讓人直接墜入羞愧的螺旋中，因為他所接收到的羞辱訊息打從一開始就不恰當或帶有惡意，羞愧一進入公開場合之後強度就會瞬間增強。羞愧對於靈魂的神聖性再重要不過，以至於羞愧一被釋放出來，它就會不斷揭開不光彩的事、恢復完整性。如果人們擁有技巧，他就能抓住自己的羞愧，筏過急流抵達安全的地方；但如果他沒有技巧，他就只會被淹沒。

我那適當的羞愧告訴我，面對充滿羞愧的人這件事應當由受過訓練的治療師或具執照的 DEI 專業人士執行，他們能為正在經歷危機的人提供技能並支持他，或者這是（透過這本書或其他方法）自行累積了技能的人內在的修行。我要鄭重提醒你，如果一個人沒有支持他的結構，那就不要企圖解決他的羞愧循環，我讚賞你想要為他人創造羞愧之神聖空間的想法，但有些時候最神聖的行為反而是讓對方知道他正陷於危機中，伸手請求更多幫助並不可恥。

創傷倖存者與毒性羞愧

創傷磨難的倖存者通常都飽受羞愧所苦，有時是因為他們自責（他們因為造成了自己的磨難而有罪惡感），但更多時候是因為他們在經歷磨難之時與之後，仍然在被羞辱。有些施暴者（或其他情緒功能不健全

的人）會責備倖存者在錯誤的時間出現在錯誤的地點，許多創傷倖存者都因為反覆且無解的羞辱訊息而失能，或者因為自己徒勞又叛逆地企圖挑戰自己感受到的強烈羞愧而被擊潰。

這種混亂且痛苦的創傷後羞愧螺旋被許多心理健康照護提供者說成是「有害的」，但儘管這種強烈且反覆的羞辱訊息在被表現或壓抑的時候絕對有害，然而如果你能**引導**它，它就完全無害。事實上，這種強烈的羞愧經歷可以直接帶領創傷倖存者通往受祝福的第三階段治癒過程。

引導這種強度的羞愧只能在神聖的脈絡下進行，所以如果你對同理心正念練習還不夠熟練，你就該向外尋求支援。很多治療師可以在自己的諮商室裡創造出神聖空間，而許多創傷治療支持團體也很有幫助，因為如果你能看見那些理應羞愧的行為，在倖存同胞的靈魂中也反映出相似的模樣（或者治療師對你解釋了這些狀況），你或許就能從自己內心去除對病理的污名。你會發現創傷後羞愧螺旋其實很常見，並不專屬於你，你也會明白強大羞愧的存在目的不是要讓你崩潰失能，而是要提醒你自己正在面對糟糕、傷害你的羞辱訊息。

如果你正在面對未痊癒和未解決的創傷磨難（你分心、界限受損、情緒未接地或解離了），你可能會覺得自己一直在第一和第二階段兜圈子，你會尋求新的創傷式情境或人際關係以加強你的迴圈，無助、無意識地渴望第三階段終將到來。在這種悲慘的情境中，你的心靈會希望你動也不動，還會以任何方式阻止你，同時試圖重建你那殘破的界限，澆熄那不停在你靈魂中噴發的火焰。

在這種磨難面前我們很容易就會被擊垮，這也是為什麼我們絕對需要身負技能、擁有支持和神聖空間。不論你選擇獨自走過這趟旅程或尋求幫助，你接地和專注的能力都會讓你緩和所有自己可能經歷的分心事物或解離事件，就像定義你的個人空間可以修復損壞的界限一樣。如果

你在你的神聖空間中接地且重新整合了，你就可以引導（或受幫助而能引導）任何出現的情緒，同時燒毀你與任何羞愧記憶、標籤或使你失能的控制訊息之間的心理契約。

我們的同理心練習可以協助你帶著資源、專注力和明白這件事也終將過去的認知，有意識地進入自己觸發行為的前兩階段，接著你的羞愧能幫助你打直腰桿，面對所有困擾你、或使你籠罩在惡意羞辱訊息之下的記憶或行為。

你的羞愧會提供你摧毀應被摧毀的心理契約和原諒自己所需的能量和專注力，並彌補自己與任何你可能傷害過的人。你的羞愧——忠誠的助理和心理契約管理員——會幫你恢復自己的自尊與榮耀，那即是他的天職。

強烈的羞愧出現時，它能提供你執行重要的靈魂任務所需的專注力與動力。如果你還不具有自己所需的技能，那就請尋求專業協助，但請記得祝福你的羞愧，歡迎它加入你的治癒過程。你的羞愧存在的目的並不是要懲罰你，而是要強化你內在的界限和你的決心，如此一來你就可以終止你的羞愧螺旋、讓自己脫離外加且人為的羞辱訊息、恢復自己的倫理和完整性並治癒你的靈魂。

如果你能夠歡迎你的羞愧，你就能開始辨認出不同樣貌的羞愧，而不用再落入羞愧螺旋中。歡迎你輕柔且自在流動的羞愧，不費吹灰之力地支持自己與他人有德行的行為；做錯事時歡迎你中等強度的羞愧到來並彌補過錯；在你認知出錯或惡意的羞辱訊息正在折磨你的時候，歡迎你強烈且巨大的羞愧進入自己的意識。歡迎並感謝你的羞愧。

15. 仇恨 HATRED
看透一切的鏡子

獻禮

強烈的覺察力——犀利的視野——突然的發展——陰影工作

內心的問題

什麼東西落入了我的陰影中？

哪樣事物必須重新整合？

干擾的跡象

猛烈、如雷射般精準攻擊他人的靈魂，

卻缺乏任何並行的自我覺察力或整合能力

練習

仇恨發自於你所具有的陰影，或者你無法忍受自己的事（因而鄙視或欣賞他人）。陰影工作能幫助你探索這些事情，這樣你就可以消除它的負面形象並將它重新整合。透過仔細描述自己感知到的困擾，你能夠

從痛恨的對象身上索取你的陰影素材，對你丟失的自我道聲好，燒毀你與這些困擾締造的心理契約，並使你自己的自我變回完滿狀態。

仇恨的細微差別

輕微的仇恨：惱火、察覺到自己的陰影、寒毛豎立、急躁
中等的仇恨：被惹怒、帶恨意、不滿、具自我覺察力
強烈的仇恨：輕蔑、憎恨、充滿正義感、陰影擁有資源

雖然在歷史上，人類因為表達仇恨而造成了無法減輕的苦難，但仇恨其實是一種自然、必要且特別的情緒。仇恨是能量集中的狂暴／恐怒，出現於你的界限遭人毀壞時——這個毀壞並不是來自外部的攻擊，而是來自個人的、內在的、你現在還無法自行處理的危險。仇恨並非單純的討厭而已，討厭是指不愉快的事物讓你想與另一人分開；仇恨也不單是恐懼或恐慌，這兩者是你接收到來自他人不當或具威脅性的意圖時，直覺會產生的反應。不，仇恨是狂暴和狂怒猛烈的大火，意思是你面對的是界限被摧毀且幾乎完全喪失了自己的平衡。如果你能夠立刻抓住你的仇恨，把自己所有的覺察力都放在它之上，你就能運用仇恨的力量了解有關自己、自己的行為和仇恨對象的行為中非常驚人的事情。事實上，許多深藏的議題都必須等到仇恨的猛烈能量浮現才能夠顯現出來，因為若是沒有它強大的哨兵能力和集中的覺察力與信念，你可能就無法從日常的故步自封大躍進，突然邁入仇恨所能啟動之即時又犀利的覺察力及發展。

仇恨代表了界限被摧毀（這也是為什麼恐慌會參與其中，因為你遭遇危險了），但它集中的注意力則有第二項極佳的功能，那就是警告你有特定的內在問題正阻礙且危害著你。我要再說一次，仇恨並非單純的討厭而已，討厭是指你主動與行為舉止不佳的人分開。不，仇恨是集中攻擊一種想法或一個人（或假如你的仇恨爆發為種族歧視、殘障歧視、恐同症、恐外症或任何形式的偏見，那你就是在攻擊一群人）。仇恨浮現的時候，你所回應的是你在仇恨對象身上看見的事物，但你也在埋藏於靈魂陰影的嚴重界限問題上，用狂暴為它打亮一盞聚光燈。

來自內在的攻擊：照亮陰影

在心靈（或社會）中運用壓抑時，受壓抑的物質就被困在無意識之中，這個受困且不被擁戴的物質並不會消失，而是整合自我、形成了精神分析師卡爾・榮格（Carl Jung）所謂的「陰影」。很多流派的精神治療（主要以榮格學派最為著名）會把注意力放在陰影上，因為陰影具有人類心靈中部分最深層的資訊。陰影工作是門內容豐富的學問，需要一輩子來研究（請參閱本書最後〈更多資源〉章節所附之〈陰影工作、神話與儀式〉分類），但在這裡我會先附上一些關於陰影重要的簡易概要。

簡而言之，陰影是心靈中我們覺察不到的部分——並非因為它很神祕或被隱藏起來了，而是因為我們拒絕看見它。陰影中保存著我們受壓制的衝動、未體會的情緒、不被接受的行為和未實現的夢想。雖然很多人認為陰影只具有我們「不好」的那部分，但陰影並不這麼單純。陰影中也包含了我們的藝術天賦、真實的聲音、數學天賦、財務才能，甚至是我們的美，一切都是根據我們最強烈否認的自我面相而定。每個人的陰影都是不同的猛獸。

羅伯特‧布萊（Robert Bly）在他精湛的著作《淺談人性陰影》（*A Little Book on the Human Shadow*）中是這麼寫的：「故事是這樣的。我們以嬰孩之身來到這個世界，『如華麗的雲彩飄逸』，來自宇宙最遙遠的地方，保有哺乳類完好傳承的慾望，來自十五萬年的生命之樹中保存完好的自發性，來自五千年部落生活保存完好的憤怒——簡而言之，帶著我們三百六十度全方位散發的光芒——我們將這份禮物獻給自己的父母。但他們並不想要，他們只想要個好女孩或好男孩。」

這樣的戲碼會在我們的人生中不斷上演。首先我們因為愛（或懼怕）自己的父母因而減弱了自己的光芒、壓抑了慾望，接著我們進入同儕關係與校園情境中，要求我們抑制自己的情緒、生理慾望、部分的智力以及大部分的遠見，最終，我們成為了大人，對於原先三百六十度全方位的光芒只剩下一丁點的意識。我們剩下的光芒潛藏在陰影的世界，那裡有著被壓抑的渴望和能力，往往在我們沒有注意的時候，不受認可的物質就會偷偷溜出來露餡。陰影具有強大的能量，不只是因為有很大一部分的自我困在其中，更是因為它奮力地否認我們的完整性。我們所壓抑和忽略的事物並不是因為事物本身有危險才會變得危險，而是因為我們拚命地禁止它進入意識中而變得危險。

我們都帶著全方位的靈魂來到這個世界，它既勇敢又膽小、傑出又無知、溫柔又兇殘、有愛心又自私、優雅又笨拙，依此類推。隨著我們長大，我們被教育要壓抑部分的自我（這是社會化正常的一塊）而強調其他部分。每個家庭、社區、群體、學校、文化和國家都會逼迫不同套不受重用的才能和行為進入陰影之中，轉而歡迎適合該環境的那套才能和行為的光臨。每個人都具有陰影自我，包含著我們被教導要壓抑的各種能力和行為，然而在看見使我們想起自己的陰影的人物時，我們很容易會感到莫名的浮躁。遺憾的是，在這個羞愧嚴重被破壞的世界裡，浮

躁經常代表著違反正直和人性的罪惡——種族歧視、性別歧視、恐同症、跨性別恐懼症、殘障歧視、戰爭、殘暴、種族屠殺、種族清洗和偏見——或者壓抑為自我仇恨，使人極其難受。

表現和壓抑仇恨徹底毀壞了仇恨的重點，而這可是莫大的恥辱，因為如果你沒有察覺到自己的仇恨、怒罵和待人殘酷的行為，你就不會發現自己的心靈是如何變得荒蕪。如果你無法有意識地運用自己的仇恨，你就不具有個體化的覺察力，無法整合那完滿、全方位自我中受壓抑和丟失的部分，而你將完全錯過你的心靈試圖進行的重大變化。

如果你表現出你的仇恨，你將傷害你的仇恨對象，讓自己陷入仇恨的螺旋迴圈中，最終使你失能；但如果你用偽裝壓抑了你的仇恨，你就不可能具有足夠的意識發覺最初讓你的仇恨出現的問題。不管是哪種情況，你都不具有進行深度陰影工作所需的力量或靈敏力，不巧的是你也會強化你的仇恨，因為你自我屏棄的界限現在會需要仇恨所具有的猛烈保護能量。

你當然有權感受到仇恨，實際上我們根本不可能制止自己感受到仇恨，除非你真的想要用穩定強迫的壓抑傷害自己。仇恨會因為很重要的原因出現，而且我們絕不該忽視它，唯一能排解仇恨的方式就是走過這段路，意思是了解為什麼仇恨會出現，還有了解如何認可它強大、改變你一生的訊息。假設你能夠大大方方地掌握並引導自己的仇恨，你就能輕而易舉解決自己最艱難的議題，立即讓自己的覺察力更上層樓——而不用傷害自己或任何人。仇恨一點都不是問題，其實只要你用具同理心的覺察力看待仇恨，它的凶性與能量其實可以轉變你自己。

仇恨傳達的訊息

我一直在想，我們真的恨一個人的時候，為什麼不就放過他、過自己的生活就好了？為什麼我們要一直深陷其中，攻擊、謾罵且不斷批評？為什麼不能就放手就好了？為什麼仇恨會讓我們像是寄生蟲一樣黏著在仇恨的對象身上？治療師兼作家約翰・布拉德肖（John Bradshaw）在一堂演講中用一句話回答了我的這些問題：「怨恨就是最強烈的依戀。」怨恨比愛還強大，比血脈還強大。我曾看見和感受過怨恨、仇恨和輕視出現時，興奮與迷戀交織成一支詭譎的舞蹈，我無法明白那種極其微妙的仇恨以及對於參與和牽連的極致渴望，直到後來我才了解在怨恨和仇恨之下的，其實是狂熱的依戀。

表達仇恨的時候，我們都會欺騙自己，認為我們與仇恨的對象完全分離了——我們跟他一點都不像，我們比較強大、真實、優秀且更加正直。但如果真的是這樣，我們就會具有良好的界限和恭敬待人的能力，感到強大和完滿時，怨恨、仇恨和輕視並不會出現。不，它們只會在我們的界限被自己內在強烈的失衡踐踏時才會出現，而且它們會帶來最集中的恐怒。如果我們能引導自己心靈中的仇恨，我們只要一眨眼功夫就能重建自己的界限、專注地集中自己，進行了不起的陰影探索及發展工作。如果我們表現了仇恨（讓我再次提醒你，仇恨絕非單純的討厭）並把狂暴和厭惡投注在另一個人的靈魂上，我們就是在依靠對方實現自己陰影中的某個部分。這種扔出自己不想要的東西的行為——把自己強烈失衡帶來的穢物丟到他人的靈魂之上——可以使你感到徹底解脫（儘管極具毀滅性）。

被我們壓抑的事物浮現出來，並打翻了自我認知的平衡，這時仇恨就會浮現。我們丟失的貪婪、才能、渴望、殘暴和脆弱，從我們壓抑的

大鍋子裡逐漸往上冒出來，想要使我們變得完滿，這時仇恨就會浮現。如果我們具有內在的技能和靈敏力，我們就能撐過這些強烈干擾的時刻，有意識地立刻往前走。我們可以抓住自己的仇恨，運用它猛烈的能量設下堅不可摧的界限，在這個界限內我們可以創造滾燙的爐缸，承載我們與壓抑和內在暴行締結的心理契約。但如果我們欠缺能力，我們就無法容忍一丁點的動盪，就會容許自己的陰影開啟一段尋找並摧毀的任務。

其實，我們常發現有人能夠展現出我們丟失且摒棄的事物（這一點都不困難，因為所有人類都具有了所有的人類特質），此時我們會表現自己的仇恨，以把問題向外投射。我們可以想像，把仇恨的對象當成是行李推車，而投射的行為就能使我們內在的負荷量減輕一段時間。把仇恨向外投射可能會帶來鎮靜的效果，讓我們休息一下，覺得事情好像總算走對了方向。但實際上的問題則是，投射會扭曲我們的覺察力，也就是說我們將無法專注、恢復界限、保護自己、尊重真正的情緒或尊重他人。我們把自己的事物投射在他人身上時，我們就失去了自己的完整性、榮譽、平衡和技能。

其實，「投射到他人」是非常常見的行為——而且並不總是這麼可怕。投射並不是糟糕的事，只要是人都會這麼做，我們都會投射自己的陰影物質，因為我們通常沒辦法直接面對它（如果可以的話，我們就不會稱它為陰影了吧？）事實上，大多數人投射「好的」陰影物質到他人身上的頻率，就跟投射「壞的」物質的頻率一樣頻繁。舉例來說，如果我們崇拜某個公眾人物，我們就會把自己最好的一面投射在他身上——讓他擁有我們的才能、勇氣和才華（這些特質跟我們不想要的特質一樣，也經常被壓抑到陰影中）。這通常也是必經之路，因為大多數人都沒辦法說出：「我的家人希望我長大能當科學家，但我不管，我就要當畫家。」不，我們要觀察並將畫家理想化，才能讓自己展現出藝術才能。我們可

能還會把自己黏著在特定的畫家身上（彷彿他能把畫作人格化），這種形式的投射就稱為崇拜。卡爾・榮格指出，有時候投射是我們唯一能察覺到自己的陰影物質的方式，他甚至還說投射是我們唯一能脫離父母掌控的方式。因此崇拜和投射在某人的才能上，可能是讓自己安全地向前靠近自己才能的方式。

可是，如果你發現自己崇拜的人表現得像個普通人而非聖人，強烈的崇拜經常淪為失望。此時就是投射崩塌的時候，我們理論上應該放手回歸自己的才能（並回到自己的界限之內）。遺憾的是，大多數人都不懂得這點。我們會繼續依附在自己崇拜的人身上，試圖改變對方、讓他再次成為我們完美的想像，使自己跟著對方像搭雲霄飛車一樣上上下下。如果我們能再次依附在投射事物上，所有東西都會變得很順利，但如果又崩塌了，我們就得從頭來過。這種極度不穩定的依戀就像翹翹板一樣不斷來回於痴迷和幻滅之中。在很多狀況裡，這種崇拜甚至會淪為仇恨，變成猛烈且陰暗的依戀（想想跟蹤狂和瘋狂粉絲你就會懂了）。這種強烈的崇拜就可以幫助我們了解仇恨到底是什麼。

仇恨即是扭曲的崇拜！那詭譎又纏綿的興奮感就是這樣來的。仇恨就是崇拜的黑暗面，此處陰影投射和情感牽連的強度相同，但投射出來的物質卻不相同。羅伯特・布萊（Robert Bly）、羅伯特・強森（Robert Johnson）和康尼・茨威格（Connie Zweig）合寫的一本關於陰影的精彩著作中（請見書末〈更多資源〉），每位作者都點出了我們只要仔細觀察自己用崇拜或仇恨依附的對象，就能輕易找到自己的陰影、無法實現的事物。如果有人實現了我們渴望卻壓抑了的美與才能，我們通常就會透過崇拜、偶像化或痴迷依附於對方身上；如果他們實現了我們壓抑的醜陋，我們通常就會透過仇恨、輕視或怨恨依附於對方身上。

大多數人都能明白自己與偶像或崇拜對象之間建立的緊密關係，但

用盡全力恨一個人的時候，我們卻不太會發現自己的依附性有多麼強大且使人深陷其中，就連聽到相關的事情都會使我們不安。但事實其實是這樣的：假如我們不喜歡某人，我們可以離開；假如我們害怕某人，我們可以逃走；但假如我們恨一個人，我們卻兩種都不做。表達仇恨的時候，我們用強烈的興奮感使自己依附在仇恨的對象身上。發現有人真的能實現我們不想要的東西時——我們的自私、權力、自傲、才華、無知、性癖好、拘謹、溫和……彷彿我們的靈魂正在狂歡作樂，體內有人在瘋狂地跳舞和叫囂：「看看那些壞透的人！他可是在享受所有我們否定的事物！」我們著了魔且著了迷，眼珠子離不開對方，我們病態地驚嘆，看著他們做出我們被迫壓抑的事——那些不被喜歡的事，對我們的父母、師長或同儕來說極其危險、他們甚至說不出口的事。我們看著他們，還不可置信地憤怒了起來，因為地上竟沒裂開一個縫把這些壞人通通吞噬，上帝沒有把他打死，黑夜也沒有變成白天。因此我們自己的陰影物質開始猛烈震動，我們以壓抑構成的自我形象開始粉碎，我們的憤怒和狂暴（更不要說恐懼和恐慌）傾瀉而出，以應對我們內心正在爆發的劇烈動盪。

這種動盪發生的時候，大多數人都不會運用這個絕佳的機會留意自己的陰影和我們所承受的壓抑。不，大多數人拒絕這樣深刻的活動，反而把仇恨噴濺在實踐自己陰影面向的人身上——就像我們把自己糾結的崇拜傾注在以歌唱、演藝或繪畫為生的人身上一樣。不論我們痛恨或崇拜這個人，我們都點燃了一種扭曲的愛，其中我們投射的對象為我們實現了自己的陰影。我們與他人締結這種陰影心理契約時，我們被剝奪了界限，專注力被扔出自己體外，而我們內心的村莊會是一團糟。我們還會使自己的投射對象蒙羞——不論你是恨他或崇拜他——因為我們強迫他成為了非人類的事物。

如果你在此刻能發現自己的狀況，你就能夠進行「個體化」這項了不起的任務——個體化的起點，就是你終於意識到「每個人都具有一切人性」的那一刻。每個人都帶有貪婪與大方、脆弱與力量、悲苦與恩惠、溫柔與殘暴等等。你也等於這一切，而個體化的過程就是回想起完滿自我的過程，以及運用所有元素、傾向、情緒和智力創造有意識的安寧。仇恨浮現就是來自於你靈魂的訊號：「這些是我尚未能夠實現的事，這是我迷失的地方。」

仇恨浮現時，你的任務是要大方地引導你的仇恨，因為「表現出仇恨與陰影物質」會摧毀你的界限、傷害他人的靈魂；而壓抑你的仇恨及陰影，則會使你整體內在生態系統失衡。仇恨浮現的時刻，就是領悟力及受壓抑物質完成整合的時刻，因為它們都奮力想要讓自己被看見。如果你明白這種高貴的行為，你就會感謝你的仇恨和仇恨的對象，因為仇恨替你顯明出來「你自己還困在陰影中」的那些部分。你不必再執著於仇恨對象上，你現在能夠光榮地與之斷絕關係，再次變得正直且能正常生活。假設你能體面地引導你的仇恨，你就能保護自己和周遭所有人不受以投射為本的任何一種人際關係影響。

▶ 仇恨的練習

仇恨當然能展現出你仇恨對象的某種事實，但它展現出了更多的你自己。如果你表達了自己的仇恨，你可能傷害了仇恨對象（和你的人性），讓自己覺得爽一點，但你卻無法學習到最初是什麼事使你的仇恨浮現。你要做的並不是到處指責，而是要真的禮遇有膽量和誠實在你面前展示你心靈中丟失與受鄙視部分的勇敢的人（儘管他是無意識地做了這件事）。你的工作是要讚美和保護你的仇恨對象，同時又能夠挖掘、消化和整合自己的陰影物質。

因此，仇恨會馬上（或者很快）直接進入你的界限，這種狂暴和恐怒集中的烈火攜帶著巨大、能改變生命的能量，且我們絕不可浪費這種能量，也絕不可將它表現在他人身上，因此這項練習可能需要私下或在擁有技能的夥伴（不能是你的仇恨對象！）的協助下進行。仇恨會帶你進入狂暴的急流中，此時有兩句諺語很適用：「唯一的出路就是撐過去」和「一切終將過去。」

請將你的界限以火點燃，利用仇恨的能量打造定義清晰的神聖空間。穩固地接地並集中精神，在你面前攤開一張巨大的羊皮紙並把仇恨對象的影像丟到上頭。書寫、叫嚷、像瘋子一樣投射，把那個影像弄到你面前來。如果有必要就大聲地對這張羊皮紙抱怨，假設羊皮紙滿了，就把它移到一邊，創造一張新的。繼續投射直到你覺得自己內在有所改變，接著緊緊捲起羊皮紙，使自己無法再閱讀上面的東西，把它扔出你的個人空間，用你的仇恨將它燒毀。

這個第一步驟保護了你的仇恨對象不受你的狂暴攻擊。如果你能在自己周遭建立烈火熊熊且強大的界限，你就可以極為誠實地面對自己神聖空間內的感受，同時保護你的仇恨對象不被你的憤怒波及。不管火有多旺，燒毀你的心理契約都不會傷害到他人，因為你並不是對著他投射東西、不是在對他說話、甚至沒有看向他——你只是在自己定義良好的神聖空間中，於絕對的隱私內誠實面對最真實的感受。事實上，你仇恨的強度會直接等於你讓自己脫離的程度，在這個神聖的儀式性空間中，你的仇恨能放你自由。

假設你試圖燒毀仇恨的心理契約時——徹底糾纏、全然無意識且極為扭曲的心理契約——心裡帶著一丁點的怒氣，你就不可能辦到了！如果你跟一個人陷在仇恨螺旋中，你就需要猛烈且具破壞力的情緒讓自己脫身，從頭打造自己被擊垮的界限。這可不是表現風度的時候，所以快

點直接點火——它會治癒你的界限、行為和你的人際關係。

只有在你把猛烈的情緒扔到他人身上或塞進自己的陰影裡時，那些情緒才會出問題。假設你能妥善地引導情緒，它就會提供你治癒自己嚴重失衡情況所需的穩定性。讚美你猛烈的情緒——它使你得以進行靈魂相關的深度活動。

燒毀幾份你與仇恨對象的心理契約後，你就可以開始進行真正的工作，也就是確切了解你的仇恨對象為你實現了什麼。你可能會需要紙筆，因為如果你能寫下（或喊出）那些使你的仇恨對象如此可憎的特質的話，你就會明白很多事情。列出你的仇恨對象確切的缺點（**什麼東西落入了我的陰影中？**）時，切記不要盯著你的仇恨對象——要往下且往旁邊看，看向陰影所在之處。把它全發洩出來，把聚光燈打在他的自私和雙重標準上、他的殘暴和無知上、他的缺乏自制或他的脆弱上。接著詢問自己，在你的生命之中，你是否為這些缺點保留了空間，如果你的答案是爆炸性的「當然沒有！」，那我會說，你已經找到你的陰影了。

知道自己哪個部分受困於地下世界後，你就可以為每個丟失的面向拿出一份心理契約——舉例來說，為殘暴、無知或自私各拿一份——然後看看裡面有什麼。仇恨之中強大的智慧將給予你了解這些面向所需的強烈專注力，使你明白它們是如何落入你的陰影中，以及為什麼你同意把它放在那裡。檢視接著燒毀這些陰影中的心理契約，讓你得以整合你受壓抑的物質（**什麼必須重新整合？**），但這並不會使你變成殘暴、無知或自私的人，實際上還能保護你，因為你已不再受殘暴、無知或自私以不明不白的方式折磨或誘惑。重新整合你的陰影物質後，你就不會突然享受殘暴、無知或自私，也不會受他們危害。你將能夠清楚且憐憫地與體現這些特質的人分離，而不是讓自己和他陷入扭曲、充滿恨意的愛情關係。

假設你能把意識帶入自己先前無意識的面向，你就能喚醒自己的靈魂，恢復我們曾經壓抑和阻斷之區域的情緒流。假設你能把自己的陰影物質放到陽光之下，你就可以立刻消除它的負面形象，也能減少陰影對你靈魂的拉扯。

　　假設你能掌握自己的仇恨、妥善引導它，你甚至能夠對曾經仇恨的對象產生某種感謝和保護欲，因為你已經能把對方視為一個個體，不是你扭曲幻想中的反派或主角。假設你能夠把曾經仇恨的對象當成是獨立的人，與你有著不同的命運，你就能徹底執行這種治癒工作。做得好！

　　拿出並燒毀幾份仇恨的心理契約後，你就會跟先前進入仇恨循環時的你處在非常不同的位置。請接地，重設你的界限，讓自己回春以使自己再次充滿活力。許多人在完成陰影工作之後，會選擇把想像的動物帶入自己界限的庇護所中——以維持自己剛得到的專注力——可能是獵鷹或猛禽、大型貓科動物、熊、鱷魚或其他獵食者。這些當然都是你假想能代表自己的動物，但具有這些看守的象徵會很有幫助，牠們能替你留意自己的界限和行為。

　　當下完成工作後，感謝你的仇恨為你豎立一面靈魂用的鏡子，讓它知道它隨時可以在你迷失方向時回歸，接著就去做些有趣的事。

等等——這意思難道是我得要接受每個人？

　　第一次完成這項仇恨練習之後，很多人經常會懷疑到底可不可以因為任何原因討厭一個人，還是不論任何理由他都該接受每個人。你能聽見他的憤怒和羞愧正在試圖建立適當界限嗎？你能看見他的判斷力正在試圖做出好的決定嗎？這是個極好的跡象。這項仇恨練習很令人驚嚇，而且通常會讓人天翻地覆，因為他失去了那個會用「舊方式」回應事件

的那個「老我」。這樣突然的變化喚醒了他保護性的停滯傾向，會為新的情境尋找新的規範。

　　以下是新的基本原則：如果你就是不喜歡某人，那也沒關係，如果某人的行為不適用於你的生活，而且你可以遠離他、不用造成傷害，就去做吧！你可以不喜歡某個人，不想與他共處，這是沒關係的；你可以對你願意和不願意花時間待在一起的人做出成熟的批判，這是沒關係的。但如果你對某人有猛烈的能量，而你又無法在改變或戰勝對方前與之疏離，那就有關係了。那是糾結的關係，是投射，是仇恨。你有權感受自己的仇恨，但無權用自己無法體現的物質糟蹋他人的靈魂。現在你已經擁有能用於仇恨的練習，讓你誠實面對自己的投射、糾結的關係以及任何充滿仇恨的人際關係中與陰影有關的人事物了。

　　我發現試圖將自己的仇恨轉變為虛偽的愛和接納（或者糾結的「治癒」行為）的人，都有種有趣的傾向，我稱這種傾向為「壓迫者的藉口」，來自於我很喜歡的一句話：「解放者經常採取壓迫者的藉口。」如果我們對自己受壓迫的仇恨毫無意識，這些仇恨就可能操弄我們接受或治癒他人的意圖，這即是我們都曾見過的「討厭罪惡本身但關愛罪人」的行為，而它造成的痛苦卻比能減輕的還要更多。也是這種行為會從仇恨中激發出不正義、貧窮、暴力等等，最終反而造成了令人深陷且絕望的系統與結構。純粹的恨意或反對某事物不足以真的轉變它，我們還要了解並整合自己痛恨的東西，才能造成任何能持續的改變。如果我們企圖在整合自己和變得正直前改正錯誤、終結不正義、拯救世界，我們會把自己無意識的陰影物質牽扯進自己變動的核心之中。

　　假如我們不了解自己仇恨的事物和原因，我們等於就是為我們的陰影建立起一個組織和慈善事業，把自己所謂的解放者變成了最新的壓迫者。我們被誤導要抗拒仇恨——我們不願正面迎戰它、體面地引導它——

造成了不幸因而不必要的磨難。

　　你在仇恨的時候，你的靈魂已經準備好進行一些你從未體會過、最深刻的活動。幫自己和你周遭的人一把吧：跟你的仇恨和你的投射進入一段有意識的關係，別壓抑你的仇恨、別跟它一塊爆炸，也別試圖以無用的虛偽接受，意圖要抹滅它。否則你會危害到自己、你的人際關係、你「好的」行為和你的社會。體面地引導你的仇恨，你就能用驚人的方式治癒自己和你的世界。

如果你的仇恨陷入困境該怎麼辦

　　假設在完成你最喜歡的回春練習之後，你還是覺得因為仇恨的火而無法安寧，請翻回到憤怒章節中狂暴和狂怒用的練習。這些練習會幫助你趕走你和你的仇恨之間懲罰性的心理契約，並再次恢復你的情緒流。如果這些練習還沒辦法帶來紓緩，請記得不斷循環的恐怒和仇恨可能會掩蓋潛藏的憂鬱性疾病，而憂鬱就必須好好處理。好好照顧自己，如果你覺得自己受到仇恨的折磨，請尋求心理學或醫療協助。

尊重他人的仇恨

　　如果他人不具有技巧和覺察力的話，要為他人的仇恨建立神聖空間就會非常困難。仇恨是大洪水等級的情緒，如果沒有恭敬地處理就可能會造成真正的破壞——遺憾的是仇恨幾乎沒有被恭敬處理的時候。我們可以把「進入充滿仇恨之人的領域」視為是最嚴重等級的憤怒緊急事故，絕對必須在其內設立自己牢固的界限。有恨意的人不但要處理自己嚴重受損的界限，更是被他們自己所壓抑的強烈陰影物質，不斷地推擠與戳

刺。你可以想像，你說或做的任何事都可能使他的仇恨轉向你，因此你在面對的時候要非常小心。

引導仇恨通常是孤獨的過程（因為這件事極為私人），但你可以提供一個釋放怒氣的閥門給充滿仇恨的人，而且只要讓他對著你抱怨就可以了（但僅限於你可以承擔的時候，你沒有義務這麼做）。這是件困難的事，而且你得先接地和設好自己的界限，不過如果你能讓這些人把心裡的話說出來，你就是讓他有機會將自己所有的東西都攤在眼前。這種訴說的過程本身就有治癒性，因為很多人根本沒有機會徹底探索自己的仇恨，大多數人都會踐踏他人的仇恨，因為仇恨很危險且駭人。我們都知道仇恨會導向什麼後果，沒有人想走到那一步，遺憾的是，假如我們壓抑了他人心中的仇恨，我們實際上是增強了他心靈中的壓力，因此在不遠的未來他的仇恨向外爆炸（或內爆）的可能性也就增加了。如果你能以這些人原本的樣貌面對他（而不是你希望他們成為的模樣），並點燃你自己的界限來配合他的情緒，你就是他治癒的盟友，因此他就不再危險地孤立於自己的仇恨之中。就跟面對任何情緒一樣，讓充滿仇恨的人感覺到自己不再孤單也是很撫慰人心的事。情緒孤立太痛苦了。

你不需要擔任輔導員或聖人，因為只要你能歡迎被陰影籠罩的物質來到陽光之下，這些物質就會立刻變得不那麼有害了，他們的仇恨不再不受控和充滿威脅性，因為它處在公開的位置，能夠體面地被聽見、處理和面對。記得在設立與重設你的界限時，悄悄地反覆問自己有關仇恨的問題（**什麼東西落入了陰影中？和什麼必須重新整合？**）以及面對強烈情緒的兩句話（「唯一的出路就是撐過去」和「一切終將過去」）。提醒自己，仇恨具有強大的建立界限與探索陰影的能力，並祝福你生命中充滿仇恨的人。他們正陷在一汪深潭裡，面對著關鍵、能改變一生的議題，如果你能為他打造一個神聖空間，他就能夠喘一口氣，把所有的

覺察力都放在他必須進行的重要靈魂任務上。如果你幫不上忙而對方也無法把任何覺察力放在他的仇恨上，請照顧好你自己，而如果他願意接受的話，請溫柔地建議他尋求醫療或心理專業人士的協助。

陰影的有趣之處

是的，陰影可能很危險，但如果你知道陰影的運作方式，它也可以異常地有趣。你不用先遭遇滿載的仇恨，也可以進行一些很實用的陰影探索工作。要達到這點，你可以寫下所有你所崇拜的人的特質，或者你現在在八卦的另一個人的所有特質。你的八卦對象會承載你的陰影（不然你就不會花時間八卦他了），就跟你崇拜的對象一樣——兩者都能為你帶來驚人的資訊。

如果你能完整描述你在崇拜對象身上看到的所有特質，你會看見自己靈魂最深處之願望、夢想和理想的鏡像。一開始你可能還不願相信，但這是真的，如果你燒毀了你和崇拜對象之間的心理契約，接著想像你用這些喜愛的特質把自己的個人空間填滿，你就能開始將這些特質與自己的生命整合。同樣地，如果你能描述或寫下所有你八卦對象令人生厭的特質，你就會看到那些你無法表達或實現的事物的鏡像。如果你燒毀了你與八卦對象的心理契約，接著在你的個人空間內為這些你不想要的特質挪出一點位置，你就會開始整合你所丟失的面向並治癒自己的靈魂。

如果你能夠預先進行這些探索陰影的活動，你肯定會被自己陰影上演的荒謬喜劇嚇傻，也會驚訝於你的仇恨是如何推動你前往你該去的方向。我在將近三十歲時寫出了以下這首關於仇恨的詩，這是個真實故事，但我把名字都換過了以保護無辜的人。

好吧！

小時候我鄙視橘色，

恨它的鮮明強烈，不喜歡它靠我太近──

躲在藍色慰藉的冷靜中。

選好了我的顏色，沒有藍色，

但有橘色、橘紅、紅橘、桃紅、粉橘、杏色！

後來我放下了我的自傲……

好吧！我穿橘色好看！

青少年的時候我鄙視科學家──科學家和男大生──

寫反科學小說、巨量篇幅的不道德劇

講述他們冷漠、無情的人生。

二十六歲，我勉強上了大學

發現人生少了科學的模樣後──

以畢業生代表拿了個學位……

好吧！科學學位！

成年之後我鄙視詩歌──詩歌和廣告，

兩者都用討厭又丟臉的方式宣傳觀點。

現在，我得獎了……

好吧！廣告！還有兩座詩歌獎。

明白了這一切，現在我還膽敢鄙視什麼？

高個兒！

你也可以替這個幼稚的創意過程創造一個你自己的版本：只要感覺

到仇恨在你靈魂裡浮現，就問自己：「這個可怕的人有什麼特別，讓我即將變成他？這個人表現出我哪個不可或缺的部分──哪種丟失或壓抑的面向或才能？」接著設立自己穩固的界限，燒毀你的心理契約，把目光從那可憐的傢伙身上移開，擺到自己身上，然後去忙你的。好嗎？

仇恨看似合理之時：仇恨、原諒與通往第三階段的旅程

許多從不在正常情境中容忍仇恨的人，都會覺得痛恨傷害他人的人是合理的事。我們許多人對於特定的罪犯都抱有仇恨──尤其是殺人犯、強姦犯、施暴犯與兒童性侵犯。這些人並未實踐你我陰影中無意識的成分，而是實踐了我們整個物種的陰影。與這種人接觸過且存活下來的我們，往往不只充滿了憤怒、恐慌和殘留的創傷磨難，更存在著仇恨灼燒的烈焰和怒火。雖然這種仇恨完全合理也可以理解，但它的存在會使得治癒極為困難，原因有二。第一，大多數人都缺乏仇恨練習技巧，也就是說，這些熊熊的恨意不是以犯罪行為或自殘的形式表現，就是遭壓抑成為災難性的情緒障礙、成癮、狂躁症、無法解決的憂鬱、恐慌和自殺衝動循環。如果忽略又不尊重這種程度的仇恨，磨難就會無可避免地隨之而來。

第二種創傷磨難難以治癒的嚴重問題，來自於我們大多數人對原諒都具有錯誤的概念。那些誤以為「仇恨」和「原諒」是相對概念的人，常哄騙、力勸或恐嚇所有倖存者都應該要儘早原諒（老實說這樣反而會造成危險）。在第八章憤怒與原諒的段落裡，我說過這兩種貌似相對的狀態之間有很深刻的連結。但現在我們進入到仇恨的急流之中（也是憤怒最猛烈且最直接的形式），我們就可以更直截了當地討論這個由憤怒支持的過程，會如何引導你進入觸發行為的第三階段。在我們的同理心

仇恨練習裡，體面地經歷創傷真實的情緒餘波，就能夠導向真切的寬恕。

　　我要再一次提醒你，真正的原諒不會為他人糟糕的行為找藉口，你也無須成為造成你困擾的人的擁護者。真正的原諒不會支持荒唐的幻想，以為所有人隨時都會表現出自己最好的一面（比較健康的原諒語句是：「我知道你所做的是當時對你來說合理的事，但對我來說從來就不合理！」）。真正的原諒是知道真正的傷害已經造成了，這也是為什麼憤怒、狂暴、恐怒和仇恨會站出來，幫助恢復已遭破壞的界限。真正的原諒是能夠清楚區分磨難和造成磨難的人，而這種區分必須建立在「能恢復界限的憤怒」之上，這樣才能打造出「撐過可怕苦難」的道路。憤怒（和狂暴與仇恨）和原諒並不是對立的力量，它們是經歷創傷式觸發行為後，通往受祝福之第三階段治癒的路上完全平等的夥伴。

　　舉我自己為例：我在將近三十歲的時候被白熱化的仇恨給吞噬，一部分是針對最初侵犯我的人（在他之後還有很多人），一部分是針對外人強迫加諸在我身上之無情的原諒概念。我的仇恨使我大幅被孤立，它兇猛的力量讓我不斷來回——來回於怒火和狂暴及毛骨悚然、可怕的自殺性憂鬱中。我懂得要引導狂暴和憂鬱，但那令人厭惡的「寬恕即神聖」大道理一直在我腦中盤旋，因此我無法看清仇恨的真相而搞不懂它。我最終使用了自己的語言和邏輯智力，在字典裡查找，而我驚訝地發現原諒的意思其實是「展現憐憫的能力」。

　　我從來沒從任何提倡原諒的人口中聽過這件事。沒有。他們把原諒表現成是屈服，或是拋棄那份「我想告訴大家我受傷了」的需求。我極感興趣地又查詢了憐憫這個字 mercy——對不幸的人展現出關懷，或者饒恕對方，不使對方受傷害。這可完全在我的預期之外——原來原諒和憐憫只能來自於你有力量和能力傷害他人、但有意識地選擇不去這麼做。我未曾擁有這樣的能力，因為相對於侵犯我的人，我不曾感覺自己是強

壯的。我當時太年輕、太幼小、太過受到原始事件衝擊，而那種受傷與無能的感覺便與我一同長大。

　　孩童時代發生的創傷磨難可能會形塑後續的成長與發展，因為創傷的姿態通常會與孩子一起成長——彷彿被注入他們所生活的房子的根基，或者用釘子捶進樑柱裡一般。然而在傷口之下還有更重要的資訊，而它會以強烈的情緒湧到前頭：那是一個人之中無法被偷走、抹滅、褻瀆或摧毀的本質。這種本質會以強大且可怕的情緒回歸，彷彿倖存者那看不見、陰暗但穩固的本質為問題的最核心送來了特定的援助。

　　如果你知道憤怒會在界限被破壞時重設並恢復界限，你就能徹底了解為什麼界限被摧毀的人會需要狂暴、狂怒和仇恨。你將能看見這些情緒的原理，以及那個人沉沒在水面底下的內在完整性，而他正依靠著這些情緒的強大協助，奮力要浮上水面。如果你了解這些情緒治癒和恢復的能量，不論它們選擇以什麼形式出現，你都會歡迎它的到來，你不會壓抑或妖魔化這些情緒，也不會讚美某種情緒，卻貶抑另一種情緒——你也不會允許原諒蓋過任何一種情緒。你會明白，原諒是深刻的情緒歷程最終的結果，是從創傷磨難與背叛的絕境回歸，再次找回力量。你會明白「憤怒」與「真正原諒」之間深刻的連結。你也會明白憐憫的真相：只有當你具有傷害對方的能力、有辦法控制自己的衝動且你選擇不傷害時，憐憫才會出現。

　　這是受到認可和引導的憤怒與仇恨贈送給你的禮物，它們使你成為可敬的保護者，不只保護自己也保護他人。如果你能引導自己的狂暴和仇恨進入堅固的界限內，運用它們的強度徹底銷毀你與造成創傷者之間的心理契約，你就能夠明確且果斷地與他分離了。

　　對你造成創傷的人將再也無法困擾你，因為你已經找回了你的力量和本能。

等到我終於進入了真正原諒的過程，我能夠運用自己的狂暴和仇恨摧毀所有嘲弄著我的惡夢與低語，我能夠從自己體內趕走碰觸與厭惡的陰影，我也終於能夠清除自己靈魂中的干擾。這種干擾很容易辨識，因為它總是會帶來強烈的情緒。在我面對自己真實的情緒來源時，侵犯我的人不再籠罩於我之上。我開始能站挺身子，他則變得越來越小，直到最後我不再視他為猛獸，反而是不幸又悲慘的人物，以及我最真誠的同情對象。我沒辦法傷害他或詛咒他，因為我能做或想做的任何事情，都遠不及他每天日常為自己創造出的恐懼。你看見了嗎？他沒有任何力量，因為每個人在傷害他人的時候，才是他最無力的時候──而他將存活於自己打造的地獄之中。

　　我得要盡非常大的努力才能從他所打造的地獄走出來，但他卻摧毀了自己的靈魂，因為他讓一個孩子進入了他有害、創傷性的惡夢中。如果我為了責怪他一直維持病態與惡毒的恨意──證明他的罪惡令人髮指──我根本無法為我們兩人改變任何事，我只是緊抓著那份絕望且剝奪我力量的心理契約，讓它將我倆吞噬。但一旦我好轉了，我就自由了，而我也能讓他人自由，更重要的是，面對悖逆我的人，我能表現得更溫和，因為我現在知道只有傷害他人的人──真正、無法挽回的傷害──才是受傷的那一個。

　　我生命的根基承受了巨大的傷害，但我的仇恨和怒火前來證明我仍然具有可為我所用的無限力量。有了它們強烈且穩固的支持，我能夠洗刷攀附在我身上的淫穢之物──並非用無情的抹除技術，或者對原諒不成熟的幻想，而是帶著我憤怒和仇恨的強大支持（以及確知我自己其實熬過了那些侵犯的事實），深入探索創傷式觸發行為第一和第二階段糟糕的真相。有了這樣的支持，我就能夠穩固地接地、燒毀數百份在被侵犯時拾起的心理契約、反覆地恢復自己的界限，最終能以具有完整資源

的樣貌挺直腰桿。從這樣的立場出發，原諒就是件再簡單不過的事了，因為我已經想得夠透徹，且有足夠的力量給出真正的憐憫。磨難結束了，我不再需要與侵犯我的人糾纏不清。仇恨重建了我的界限，使我的心靈再次充滿生氣，讓我與恐懼分離並恢復了我的尊嚴。那樣的創傷式觸發行為總算完成了，而我的情緒是使我康復的關鍵。

如果你能引導自己的仇恨、找回你的陰影，你就能再次找到完整的自我。歡迎輕微狀態的仇恨，這樣能幫助你察覺到自己的不完整；歡迎中等狀態的仇恨，你就能把自己的注意力完全放在仇恨對象（或你的崇拜對象）身上；歡迎它強烈的狀態，此時——如果你擁有你的技能——你就能讓靈魂有深刻的發展。如果你能歡迎並引導你的仇恨，你就能成為被陰影所強化（而非被陰影迫害）且完整的人，得以運用可靠的力量打造和平、真正的憐憫和真誠的原諒。歡迎並感謝你的仇恨，因為它具有揭開陰影這項偉大的天賦。

恐懼家族
The Fear Family

本能、直覺與定位

恐懼──焦慮／擔憂──混亂──嫉妒──羨慕──恐慌
恐懼家族的情緒是你的直覺與本能，會幫助你定位自己與周
遭環境的關係、留意變化、新事物或可能的危險，並採取有
效的行動。

16. 恐懼 FEAR
直覺與行動

獻禮

直覺──本能──專注──明確──用心──準備──活力

內心的問題

我感覺到什麼？

應該採取什麼行動？

干擾的跡象

對周圍環境或生活中的人缺乏足夠的認識或本能；

持續的活化作用（activation）與憂慮降低你的注意力與明確性

練習

恐懼的出現是為了幫助你專注於當下，

發揮你的本能與直覺，並適應環境的變化。

將注意力集中在恐懼上，讓自己適應周圍的環境。做好準備，有意識地行動，並透過恐懼帶給你多變又直觀的專注來為自己注入新的活力。

恐懼的細微差別

輕微恐懼：警覺、本能、直覺、警惕

中等恐懼：害怕、專注、不安、精力充沛

強烈恐懼：瘋狂、過動、高度聚焦、嚇呆

正如我們在接地與專注練習中學到的，自在流動的恐懼會帶來專注、本能與直覺。恐懼會打磨你的感官，讓你專注於當下，並提高你的反應能力，讓你對新奇或不斷變化的環境做出有效的反應。當你的恐懼自在流動，你會感到專注、集中、富有能力與敏捷。可悲的是，我們與自在流動的恐懼之間的聯繫已經中斷，以至於大多數人對恐懼都一無所知。大多數人以為自己了解恐懼，是因為我們都經歷過擔憂、焦慮、恐慌或驚恐等「恐懼家族」的情緒，然而這些情緒都不是恐懼！雖然我們都感受過真正的恐懼（沒有恐懼就無法存活），但我們完全將恐懼與焦慮、恐慌搞混，以至於不少人已經沒有能力將恐懼視為一種獨特且重要的情緒。

然而，一旦你知道要尋找什麼，辨識自在流動的輕微恐懼就很簡單了。舉例來說，你開車時察看兩邊的後照鏡，在慢速與快速的車陣間尋找空間，打燈號表示要變換車道了，並與其他駕駛進行眼神交流，就是你的流動恐懼在發揮功效。你充分利用自己的直覺，不斷審視不停變化的環境，並且清楚且專注地關注當下。恐懼流竄你全身的時候，它會幫助你變得更專注、更清醒，並能夠有效應對你所面對的環境。如果你遇到令人吃驚或危險的事情，你的焦慮可能會站出來，幫助你為未來做好準備，或者你的恐慌可能會幫助你採取保護性且以生存為主的行動，但

正是恐懼的注意力與準備讓你保持專注、直觀與警惕。流動狀態的恐懼是你永遠的夥伴，不只是在開車等具有潛在危險的情況下，而是在所有的情況下都是如此。

不論你是在工作、接聽電話、安排行程、同時進行兩或三段對話，還是追蹤備品或同事的進度，你流動的恐懼（可能還有你的焦慮，這有助於你完成任務）都正在工作。你整個人都很投入且專注，瀏覽大量訊息，改變自己的行為以因應不斷變化的需求，以獨特的方式與很多人、機器與企業互動，並確保自己與工作場合都將持續蓬勃發展，並對不斷變化的市場狀況做出良好的反應。當你的恐懼自在流動，你在人生的各方面都會很能幹、有能力且充滿悟性。

大多數高度直觀的人都沒有意識到這一點，但直觀的技能與恐懼的本能能量之間密切相關。自在流動的恐懼讓每個人都有能力去辨識、分類、翻譯並理解我們接收到的情緒與肢體暗示，並據此採取行動。這並不是什麼魔法（直覺是閃電般快速的神經傳導過程裡的一種功能，我們的意識無法完全感知），但是因為大多數人都被教導要拒絕並鄙視恐懼，所以直覺被視為一種神祕的能力，而不是一種正常、可自由使用並由恐懼支持的技能。

同樣地，恐懼不是焦慮，焦慮可以幫助你專注於未來並完成任務；恐懼也不是恐慌，恐慌可以幫助你在危險出現時採取救命行動。自在流動的恐懼無時無刻都將你的本能與機智聯繫起來。如果你平常很有能力、天生直觀且專注，那你實際上已經與流動的輕微恐懼聯繫在一起了（即使你可能不認為自己害怕）。你現在需要做的就是正視自己的恐懼，歡迎它，並感謝它提供的所有幫助。恐懼不是你的敵人，事實上，它可能是你最好的一位朋友。

那麼，恐懼發生了什麼事，為什麼大多數的人都完全沒有發現它的

真實本質呢？原因出在三個問題。第一是我們沒有正視恐懼——沒有把它當作自己與生俱來的出色能力，讓我們得以根據接收到的一切來感知、行動、反應與改變自己的行為。我們稱恐懼為常識、腸道反應、直覺或甚至守護天使，但我們不稱之為恐懼，所以我們無法正確辨識它。

第二個問題依附在第一個問題上：因為我們無法辨識恐懼，所以我們經常將它與恐懼家族的成員搞混，也就是焦慮與恐慌。事實上，我們所接收到關於恐懼的大部分訊息與訓練，大都是關於焦慮與恐慌，這會讓學習如何理解與處理這三種情緒變得非常困難。請記住，情緒詞彙對我們理解與調解情緒的能力來說極為重要。如果我們甚至不知道自己感受到的是哪種情緒，我們就無法發展技能，也無法正確引導情緒，因為我們不知道哪一個情緒是哪一種！

然而，在我們與恐懼的關係中存在著第三個混淆的區域，它不是來自恐懼本身，而是來自恐懼與憤怒之間的關係（或來自缺乏這種關係）。最重要的是，這種混亂的關係會讓我們無法辨識、認可或處理自己既講究又不可或缺的恐懼。

恐懼，及恐懼與憤怒的關係

如果你能想像自己周圍的恐懼（定義自己與自己的價值，並不斷監控自己的社交世界），你就會發現憤怒所帶來的麻煩，會劣化自己的心理界限、人際關係、個人空間與自尊。如果你的憤怒沒有好好引導並獲得善待，你的心理健康就會變差，而且會對世界過於開放。此時你的恐懼就必須高度戒備，來提升你的直覺與專注力，幫助你對變化與新刺激做出反應，還可以幫助你從當下轉換到下一刻。

恐懼與憤怒之間的關係可以這樣比喻：你在一個雨夜開車，車代表

你的憤怒界限，而你（駕駛）代表你的恐懼。如果你的車完好無缺，輪胎與剎車性能良好，車窗乾淨且雨刷正常，你開車可能會有些挑戰，但不會特別危險。當你的車況良好，你可以在大多數的天氣狀況下駕駛而不會遇到太多麻煩，如果你遇到路面坑洞、暴衝的動物或糟糕的駕駛，你的車況很可能會幫助你巧妙避開那些危險。這就是你的憤怒與恐懼共同運作的方式，當你的憤怒設定一個良好的界限，並幫助你在這個世界上定義自己，你的恐懼就可以在沒有太多浮誇情節的情況下，引導你度過人生。

然而，如果你開一輛破車，煞車不良、車窗起霧、雨刷破舊，那你就必須高度警惕才能安全度過難關。如果你遇到任何危險，你的車況將會是一項扣分，你可能無法完好無缺地完成整趟旅程。在你的情緒領域不受保護的時候，這就是你的憤怒與恐懼共同運作的方式。當你的界限因為你不知道如何處理自己的憤怒而衰退、被忽視且維護不周，你的恐懼不得不變得高度警惕且過度活躍，只為了讓你正常運作。你的焦慮也需要向前推進，因為有太多東西需要掌握（而且未來相當不確定）；你的恐慌則需要保持警惕，因為你根本不安全。

缺少你的界限，你的羞愧也可能會失焦，你將無法監控自己的行為或辨識他人合宜的行為（這代表你的人際關係會讓你一直感到不安），你會羞辱別人或讓別人無緣無故地羞辱你，而你大部分的時間都會很脆弱。當你處於這種痛苦，你的恐懼將不得不加班。你將缺乏隱私與神聖空間來調節自己的情緒，雖然整個恐懼家族的情緒都會上前保護你，但當你的界限很脆弱，它的強度可能會讓你變得不穩定。恐懼會要求你集中注意力，但當你不知道該從哪裡開始或結束，你幾乎不可能集中注意力，因此，增加注意力會需要焦慮與恐慌的支持。這些情緒會帶來難以置信的能量與腎上腺素，幫助你應對挑戰與威脅，但如果你的界限因為

壓抑憤怒而減弱，或因爆發性地表達憤怒而過度膨脹，你增加的能量只會從你身上流洩或暴衝出來。靠近你的一切都可能被視為是威脅（如果你的車很爛，路上的每一個新轉彎都可能是死亡陷阱）。

請記住，恐懼可以幫助你辨識轉變與新事務。如果你缺乏界限，每次你走進房間、走出房子、遇到人或動物、接聽電話，甚至打開電子郵件，你都會被惱人的變化所控制。缺乏堅強的界限，你可能會經歷持續的焦慮與恐慌，你可能會口頭（或肢體）攻擊別人或指責他們密謀反對你，或者你可能會扼殺自己的聲音，永不說出自己遭遇的麻煩，而上述這些都只是因為你的恐懼家族被迫在你缺乏保護的心裡，採取了不自然的緊張姿態。

如果你的界限受損，而且你經歷反覆或無法解決的擔憂、焦慮或恐慌，請好好照顧自己，你其實已經在處理緊急狀況。這種緊急狀況不是由你的恐懼家族引起的，而是來自於你的恐懼拼命想要修復破壞。你可能需要尋求一些治療或醫療支持，幫助你的身體與情緒平靜下來。但重要的是要知道：你的情緒沒有崩潰！當你無法為憤怒設定明確的界限，你就會失去保護，你所有的情緒（尤其是恐懼家族的情緒）都會幫助你從當下生存到下一刻。

你還可以依靠本書先前提過的同理心正念練習，包含接地、定義你的界限等。你也可以使用以下這個快速練習，看看它是否可以幫助你在不讓自己脫離自我的情況下，擺脫這種過度躁動。

練習 ▶ 快速燃燒心理契約

讓自己接地，想像一下在自己的身體前方展開了一卷心理契約。你接地的時候，將任何不舒服或躁動的感覺從身體流洩到心理契約上。如果這樣讓你感覺舒緩，就繼續讓這種強烈的活化作用從你身上流洩而出，

直到你感到輕鬆了。但如果感覺不對，請相信自己的反應，立刻停止，你與自己的情緒知道該怎麼做。

如果這個簡單的燃燒心理契約練習對你有用，那你可以不斷寫出一張又一張的心理契約，然後以你覺得適當的強度摧毀它們：一股悲傷或悲慟、一陣強烈的憤怒或暴怒、一股暴增的恐慌（任何感覺對的事情）。

這個練習可能有助於讓你的身體平靜下來，讓你可以重新集中注意力。當你銷毀了這些心理契約，並且處於更放鬆的狀態，請跳回到第十章的界限定義，並確保你完全理解界限的作用。然後請重新閱讀憤怒的章節，以恢復你治癒情緒領域所需的精確情緒（並讓你的恐懼家族獲得急需的休息！）。

當你允許流動恐懼在你明確界定的界限範圍內佔據安全且適當的位置，它會為你帶來一種有所準備、專注、平靜與活力的本能感覺。事實上，你看起來一點也不害怕，就像你恭敬地設定界限的時候不會顯得生氣一樣。你允許情緒自在流動的時候，它們可以治癒、賦予你力量並以微妙的方式通知你，這樣你就不需要等到它們以更明顯的狀態出現。然而，為了幫這種治癒的情緒流創造一個空間，你必須被包覆在一個受保護且明確的界限內，在這個界限裡，你所有的情緒都可以和諧地行動與反應。這代表你的情緒健康完全取決於你認同憤怒的能力，這是最重要的。記住憤怒與恐懼之間的正確關係：憤怒設定你的界限並保護你的自我意識；而恐懼保持你的注意力與本能，並讓你為任何可能發生的事情做好準備。它們是一組的。

恐懼傳達的訊息

自在流動的恐懼可以幫助你集中注意力，確定你與自己所感知的事

物之間的關係，並將你所有的能力都帶進當下。恐懼也會為你提供能量與注意力，讓你應對變化或新的情況。這通常代表你必須停止自己正在做的事情，或者至少要放慢速度。不幸的是，許多人都想要對抗那些「阻止我們前進」的事物，意味著大多數的人都在與自己的恐懼對抗。這是一個嚴重的錯誤，後果很嚴重。恐懼不是懦弱，是你內心的直觀機制知道你需要注意。恐懼常常會阻止你，不是要讓你動彈不得，而是要給你時間來組織自己並收集資源。當你需要額外的技能或時間來喘口氣，以便你能度過這一刻，流動的恐懼就會出現。如果你相信自己的恐懼並花時間集中注意力，恐懼會給你那些技能。

當你問自己的恐懼內心的問題：**我感覺到什麼？**以及**應該採取什麼行動？**你的恐懼會幫助你定位自己，並以多種方式做出回應：「站著不動。」「配合恐慌然後逃跑！」「說出來。」「保持沉默。」「閃避！」「淡出背景。」「強行離開。」「迅速向左移動。」「讓焦慮幫你提前計畫。」「看來你什麼都不知道。」「放慢並轉向。」「配合恐慌並大吼大叫，或捲成一團保護自己的頭。」「躲在你的書後面。」「抓好你的孩子，讓恐慌幫你走出家門。」「打電話報警。」「仔細聽並放慢呼吸。」「別擔心──虛驚一場！」「配合恐慌並反擊！」「別還手。」「在你答應之前先學習並研究。」「深吸一口氣並沉入水中。」「回家。」

當自在流動的恐懼告知你的本能，你的行動對你遇到的每種情況來說都是獨一無二的。你將會有數百種選擇，如果你願意，你的恐懼（及恐懼的朋友恐慌與焦慮）每次都將幫你做出正確的選擇。你的恐懼不是懦弱，而是覺察與謹慎。你的恐懼家族乘載著你的生存本能，包含數十萬年的資源與反應，幫助你的祖先在洪水、火災、戰爭、踩踏、地震、龍捲風、伏擊、飢荒、瘟疫、遠洋航行、騷亂、革命、審訊與跨洲交涉中倖存下來。如果你認同並傾聽自己的恐懼家族，你將在體內及時獲得

所有幫助你祖先生存並繁衍的資訊，同時間數以百萬計的人在同樣的情況下已生病或死亡。可以這樣想：你現在還活著的這項事實，證明你與你的祖先都是生存專家。如果你傾聽恐懼家族的聲音，你將可以獲得比所需的專業資訊、本能與資源還要多。

然而，如果你忽略恐懼，並漫不經心地往前衝（如果你忽視、擠壓或合理化自己的恐懼），或許你可能勉強度過難關，但你幾乎一定會啟動一個回饋循環，而那會導致你的恐懼加劇或減弱。拒絕認同恐懼（大多數人在童年早期都被教導這樣做）會導致焦慮症（但通常是恐慌症）。這代表看似無益的恐懼、焦慮與恐慌會在奇怪的時候出現，並沒有明顯的原因，而集中且有用的恐懼在需要的時候反而不容易獲得。這個問題並非源自恐懼家族的情緒本身，這是因為我們都學會貶低、拒絕且消除自己的恐懼。（它也可能是身體失衡的結果，所以如果你的恐懼家族加班保護你，請尋求支援。）恐懼就像其他情緒一樣，應該在需要時加強，處理問題，然後回到自在流動的狀態。如果我們因為想要變得勇敢、無畏、有禮或其他任何樣貌，而不歡迎自己的恐懼，我們就會削弱自己的生存技能，讓自己變得一團糟。

幾乎每個人都不聽恐懼的話，我們所聽到關於恐懼的羞辱性訊息幾乎千篇一律：「不要害怕！」「恐懼是愛的反面！」「沒有什麼好怕的，該怕的只有恐懼本身！」整個恐懼家族的情緒遭到毫不留情地評價，以至於即使大家了解恐懼的真實本質，也常常繼續拒絕其原始的智慧。很多人已經學會感謝自己的恐懼，因為恐懼在他們繼續進行引發恐懼的事件時，警告了他們。我的觀察是，這是一種將恐懼合理化的方法，而不是正確地引導恐懼。雖然重要的是不要讓你的恐懼家族完全阻止你（除非你打算去懸崖上徘徊！），但重要的是你要傾聽並找到方法來處理，而不是反對恐懼所帶給你的本能光輝。

當你能巧妙地引導你的恐懼，恐懼會為你帶來一種自我保護的感覺，同時會促使你學習、準備並更新你對勇氣的了解，因為恐懼是讓你按照自己的方式生活的能力，而不是把你扔進無所畏懼或膽大包天的行為中。雖然此類行為（極限運動、消遣用吸毒等）經常成為有趣的新聞，但它們可能會危害你的身體與生命。我對挑戰危險的觀察是，它是一種奇怪的情緒管理技巧，一下子就可以將所有未受認可與壓抑的恐懼從心靈中吹走。不幸的是，挑戰危險的人往往需要更大、更勇敢的壯舉或不斷重複令人上癮、尋求刺激的行為，因為他們常常理所當然地拒絕並克服日常生活中的恐懼，他們不斷壓抑自己的情緒，因此，開始需要恐懼爆發來維持自己正常運作。

事實上，我們每個人（不管我們是否是喜歡挑戰危險的人）都學會以多種方式阻止、拒絕並消除自己的恐懼。這沒什麼好丟臉的，我們就是這樣被養大、被訓練、教育與控制，這也是我們訓練與控制自己的方式。但糟糕的訓練並不是無期徒刑，如果你能有意識地與自己的流動恐懼連結，它的微調意識將會幫助你恢復自己的本能與資源，你的恐懼也會讓你重新與自己與生俱來的直觀能力聯繫起來。你的恐懼可以為你提供關於任何主題的免費資訊與建議，因為它完全掌握你所面臨的真實情況與障礙。當你需要關於未來、職涯、人際關係或其他任何事情的答案，問問自己害怕什麼。你的恐懼家族幫助你得知自己需要把注意力集中在哪裡，以便為下一步做準備。

恐懼對於即將發生的變化還有另外一個重要作用。當你即將接受一份新工作、開啟一段新戀情或人生中的新方向，你的恐懼可能會轉變為更明顯的狀態。如果你不理解恐懼，你可能會徹底停下自己的腳步，或者無所畏懼地投入新事物，然而，這兩種極端反應都無濟於事。如果你能歡迎自己的恐懼，將其當作自己面對新鮮事物的證明，你就可以放慢

腳步，集中注意力，並依靠它的本能與直覺來幫助自己安全且自信地進入新冒險。

▶ 恐懼的練習

當你可以自在地面對自己的恐懼，你就可以經常感到平靜且放鬆，因為你的直覺將完全為你所用，這也代表你將能夠毫不費力地避免不必要的危險。你常常會在馬路三寶做出可怕的動作之前，就先辨識出他們，並從他們旁邊輕鬆經過。你也常常會避免不安全的情況。這不是因為你感到害怕，而是因為似乎有什麼將你引導到另一個方向。所以你的首要任務就是支持自己的恐懼，並打造具有功能的個人界限，讓你的恐懼可以在其中自由發揮作用。你可以透過練習「定義你的界限」然後「接地」，並專注於自己的神聖空間來做到這一點。當你擁有強大的界限，流動的恐懼會帶給你清晰的焦點，以及足以消除所有過動感覺的能力，你將與自己與生俱來的本能與直覺建立緊密的關係。

你的第二個任務是，當你的恐懼要求你為某種改變做好準備，要仔細聆聽。這種要求可能是一種安靜的感覺，也就是你需要集中注意力，或者感覺某件事「很有趣」，或者以某種方式對你嘮叨，又或者是突然想做一個不尋常的動作或改變你的例行公事。當你重新認識流動的恐懼，以下這個方法會很有幫助：設計短句或身體姿勢（例如說「等一下」或以「等待」的姿勢舉起自己的手）。這樣會讓你有一些時間與自己確認，然後問恐懼問題：**我感覺到什麼？**以及**應該採取什麼行動？**當你為自己與恐懼打造出一個喘息的空間，你絕對可以注意到變化，然後對自己的姿勢、動作或行為做出任何必要的改變，並感謝恐懼提醒你。

在其他情況下，你的恐懼可能會助長你的羞愧，並在你準備做一些明知不該做的事情時提醒你，或者當你準備重新從事一個你一直在努力

改變的行為時提醒你。使用你的「等待」短句或手勢將幫助你放慢速度，傾聽自己的恐懼與羞愧，並打斷自己的舊模式。

如果你能以這些簡單的方式為流動的恐懼騰出空間，那麼當你處於實際的危險中，你會讓自己的恐懼更容易提升你的直覺與本能（這代表恐慌會出現來保護你）。如果你知道如何讓自己集中注意力並傾聽恐懼家族的聲音，你就能夠充分利用面對危險時所需的資源，並毫髮無傷地度過危險（如果可能的話）。你的恐懼家族、直覺與本能無法使你立於不敗之地，但如果你傾聽它們的聲音，它們可以為你提供可用的最佳資訊。

尊重他人的恐懼

尊重他人的恐懼可能很困難，所以要為自己在這個領域的失敗做好準備，因為我們都被教導要消除自己與周圍所有人的恐懼。我們每個人都學會如何對抗恐懼（「沒有什麼好怕的」，「別當膽小鬼」，「我不怕！」，「沒有必要擔心」，「懦夫未亡已死千百次」等），如果你不小心的話，這些話就可能會從你口中冒出來。不要將感到恐懼的人視為弱者或反應過度，而是將他們視為直觀的人，他們已經啟動自己的本能。如果你能改變自己的態度，你就能幫助他人與他們的直覺與本能建立聯繫。

當我們允許「恐懼」去全心專注在「恐懼」上面的時候，你的恐懼會拿出最佳的效果。對害怕的人來說，一個很有用的開場問題是**你感覺到什麼？**讓他們知道你認真看待他們的直覺，並幫助他們專注於他們所感覺到的任何情緒。讓自己接地並設定界限，因為當我們透露出自己的恐懼，你可能會感到恐懼（這就是為什麼我們經常壓抑他人的恐懼——我們不想要自己去感受那股恐懼！）當恐懼更加集中，你就可以轉向恐懼的第二個問題（**應該採取什麼行動？**）並問「**你覺得你該做什麼？**」

以這種方式歡迎恐懼的時候，恐懼會讓你們兩個都能熟練且敏捷地運用自己的本能。

恐懼受到歡迎與尊重的時候，它會提醒大家要改變或創新，讓大家準備好採取果斷的行動，並貢獻出完成行動所需的能量，這些行動在每種情況下都最為有效。恐懼總是在場且保持警惕，它不斷地收集資訊、技能、資源與知識。如果你能與恐懼的直覺、本能天賦取得聯繫，你就能（在他人與你自己身上）為恐懼創造神聖空間。

記得歡迎你所有形式的恐懼：作為你微妙且流動的本能、直覺與專注自己的能力、作為你察覺變化與辨識潛在危險（並在必要時通知恐慌）的中等水準能力，強烈的活化作用可以（在恐慌與焦慮的幫助下）保護你免於迫在眉睫的危險。歡迎並感謝自己的恐懼。

17. 焦慮與擔憂 ANXIETY AND WORRY 專注、動力與完成

獻禮

遠見——專注——完成任務——拖延準備的支持系統

內心的問題

是什麼導致這種感覺？
真正需要做的是什麼？

干擾的跡象

無法完成自己的任務，無法趕上死線，或無法集中精力並安排自己的生活

練習

焦慮（或擔憂）關注的是未來——它帶給你能量，為未來做準備、組織自己、完成任務與趕上死線都需要這些能量。這種充滿活力的情緒可能需要你的幫助，所以列個清單，檢查自己的截止期限，備齊自己的

工具，並做好準備。注意：如果你感到恐懼或危險，恐慌也在場。

請參閱第二十二章關於恐慌的治療方法。

焦慮的細微差別

輕微焦慮：有能力、頭腦清晰、有條理、做好萬全準備

中等焦慮：活躍、不安、具前瞻性、主動

強烈焦慮：富有成就、富有動力、瘋狂、精力充沛

焦慮（或擔憂）是一種不可或缺的奇妙情緒，有助於激勵你完成事情。真的，沒有焦慮你就無法完事。然而，大多數人不了解焦慮是如何產生的（或如何與之合作），許多人將其誤認為是恐懼、恐慌、羞愧甚至憂鬱[1]。

我們對焦慮的普遍誤解還有另一個面向。瑪莉・拉米亞（Mary Lamia）博士在一次電台採訪中幫助我理解了這一點[2]。她說明了人類面對焦慮的兩種方式：某些人是「任務導向的先行者」，他們在死線之前會不斷執行任務，以此應對自己的焦慮；其他人則是以「死線為導向的拖延者」，他們可以在執行自己的專案的時候，下意識地休息與工作，但似乎只有在非常接近截止期限的時候才會帶著（大量）焦慮工作。通常，以任務為導向的人（像我）會學習如何讓自己的焦慮保持柔和且自在流動，以至於他們可能不知道自己正在與焦慮一起工作！像我這樣以任務為導向的人，因為我們的焦慮風格而獲得稱讚，而不少人都沒有發現自己整天都在使用少量的焦慮。通常，以任務為導向的人完全不會顯

得不安。

另一方面，以截止期限為導向的拖延者不會因為自己專注於最後期限（而不僅僅是任務）的能力而獲得任何讚揚。在他們休息並信任自己的潛意識過程期間，以最後期限為導向的拖延者似乎並沒有在焦慮中工作。然而，當最後期限迫在眉睫，你會看到他們變得更加焦慮，他們也因此可以在最後期限之前完成所有事情。這是一種應對焦慮時完全有效的工作方式，但可悲的是，大家通常認為拖延者很懶惰（其實他們一直有在工作，只是不明顯）或者很幸運（在最後一刻趕上死線）。大多數天生的拖延者都沒有發現自己是熟練的焦慮工作者，於是受到父母、老師與老闆永無止盡的批評。

拉米亞博士寫了《是誰讓你完成事情：拖延、情緒，還是成功？》（*What Motivates Getting Things Done: Procrastination, Emotions, and Success*），這是一本關於焦慮的書，你應該讀一讀，尤其如果你是天生的拖延者。

我們對焦慮普遍誤解的另一個面向，來自恐慌與焦慮之間的聯繫方式。大多數人都把恐慌與焦慮搞混，事實上，這兩種情緒經常一起發揮作用，所以這是可以理解的錯誤。當截止期限極為接近或你有堆積如山的未完事項，可能會危及生命（或至少危及工作或破壞個人形象），並且隨著你的焦慮加劇，你的恐慌通常會站出來幫忙。

恐懼、焦慮與恐慌之間的區別

我在做研究的時候發現，除了瑪莉・拉米亞博士之外，幾乎沒有人知道焦慮是什麼。幾乎所有關於焦慮的定義（書上、治療師、媒體與我問過的每個人），實際上都是在描述「恐慌」。我們所說的焦慮症與焦

慮發作都（或大部分）涉及恐慌；社交焦慮涉及恐慌與羞愧；涉及懼怕或危機感的日常焦慮描述也肯定涉及恐慌。

以下是焦慮、恐慌與恐懼這三種情緒的區別。「**恐懼**」可以幫助你獲得當下的直覺與本能；「**焦慮**」是一種激勵情緒，它可以幫助你專注於未來、組織自己、完成任務且趕上死線；而「**恐慌**」則是一種基於生存的情緒，可以在危險面前挽救你的生命。這三種情緒密切相關，因為它們屬於同一個情緒家族，但它們各自的工作是獨一無二的。它們絕對可以一起工作，但重要的是你必須要分別辨識出它們，這樣它們一起出現的時候，你就可以接地並與他們好好合作。

我談到焦慮的時候，都會提醒大家，如果焦慮中有懼怕或危機感，那恐慌肯定也在試著幫忙。恐慌的練習與問題和焦慮（或恐懼）的練習與問題不同，所以了解其中的區別很重要。焦慮可以為你帶來許多精力與注意力，尤其是你背負著任務與截止期限的時候，但它的目的與恐慌不同，後者是為了拯救你的生命。

如果你的焦慮與恐慌密切相關，請跳到恐慌的章節。當恐慌的情緒混雜其中，最重要的就是「優先處理恐慌！」因為如果你的生命處於危險之中，那你有多少任務或截止期限都不重要了！

焦慮傳達的訊息

焦慮是你的動力中很重要的面向，它可以幫助你聚集所需的能量與注意力，以組織自己、提前計畫並完成工作。焦慮著眼於未來，往往會為你帶來巨大的能量。如果你沒有進行任何焦慮練習，這種能量可能會讓你感到不穩定或不踏實。焦慮有一個向前的面向，如果你不知道怎麼讓自己集中精神，它會讓你失去平衡；而如果你不知道為什麼會有這些

能量，那所有這些能量都會讓你感到困惑。

　　焦慮的第一個問題在於其特殊的天賦：**是什麼讓這種感覺出現的？**幫助你確定你與自己的焦慮正在回應什麼東西。是未完成的任務或專案嗎？

　　是不是任務與專案太多了？還是迫在眉睫的最後期限？你可能無法在最後期限內完成？是否有什麼事情讓你的任務或最後期限無法達成？抑或是未來的任務及截止期限太遙遠了，像是撫養小孩或計畫退休，讓你無法組織與沉澱自己？

　　焦慮是未來導向的，它可以單純因為你的身體不能活在未來而讓你不接地或不穩定。你的身體此時此刻就在這裡，在你的焦慮聚焦在離你很遠的未來時，它可以幫助你接地，並吸收當下的恐懼焦點，這樣你就可以為自己定位。同樣重要的是，將焦慮的時間框架控制在可控的範圍內，而不是讓它在未來幾個月或幾年內發揮作用。你可以透過創造自己現在可以完成的中階任務或截止期限，比如：尋找退休顧問，或者參加育兒課程，你可以在那裡立即提問並獲得支援，而不是為這些沒有任何支援的長程計畫而煩惱。

　　第二個問題「**真正需要做的是什麼？**」可以幫助你與自己的焦慮組織你所有的活動與優先事項。我會說它「可以」幫助，是因為有時候焦慮相當強烈，以至於很難組織好自己。另外，如果你的活化作用十分高，你的恐慌可能會出現，它只是想看看自己是否能支援你。這些活化作用還不少，所以我們等等會學習「有意識地向焦慮提問」的練習，這個練習可以幫助你辨別正在發生的事情並組織自己。但當然，如果你的焦慮中有懼怕或危險的感覺，請跳到恐慌的章節。

　　你可能已經注意到，我在第二個問題中特別強調「真正」這個詞。這是一個很重要的重點，因為如果你沒有專注於真正需要做的事情，你

與你的焦慮可能會瘋狂地跑來跑去，最後去做無關緊要的事，而與此同時正有另一個重要的事需要你的注意。你可以從這些隨機的活動中看到焦慮努力的本質，也可以看到焦慮需要你的幫助才能有效地集中注意力。那些無關緊要的事，真的需要在今天完成嗎？**真的嗎？**

在沒有時間壓力的情況下，釋放你的焦慮去做任何自己喜歡的事情可能很有趣，但重要的是，你必須要能夠在自己需要的時候集中注意力，並直接使用焦慮。這些焦慮問題，連同下面的「有意識提問」練習，都可以幫助你整理自己與焦慮，以便你可以專注在特定的專案與任務上。

焦慮不僅集中在明顯的外在任務上，例如：修車或準備會議，它也關注你的內在任務與未完成的事情[3]。舉例來說，如果你沒有為自己的憤怒設定界限，或者你沒有用自己的悲慟來哀悼自己的損失，你的焦慮就可能會讓你注意到這些感受不到的情緒。又或者，如果你對過去某個情況應該做什麼或應該說什麼，有一種痛苦的感覺，那通常就是你的焦慮指出某件未完成的事情。焦慮持續為未來進行盤點，但它也會盤點你的資產、技能、能力、支持系統與任何其他可以幫助你正常運作（或阻止你正常運作）的東西。通常，當你內心有未完成的事情或無法獲得的技能，焦慮會需要你去完成或取得。焦慮會定期與你其它的情緒配對，以幫助你完成工作。

焦慮與它的好朋友羞愧

羞愧是一種與焦慮特別相關的情緒（當然是在除了恐慌之外的情況下）。羞愧的工作是密切關注我們的行為，確保我們遵守自己的道德、倫理、協議與心理契約；而焦慮的工作則是做支持那些協議與心理契約的工作。舉例來說，如果我們答應要準時抵達某個地方或完成一個專案，

羞愧與焦慮都會密切影響我們的表現。焦慮將確保我們擁有技能、物資、支持與能力去履行我們的協議並按時完成任務；而羞愧將確保我們負責任地好好完成工作。焦慮與羞愧共同激勵我們，並確保我們盡最大的努力並按照自己所說的去做[4]。

然而，如果我們沒有針對這兩種強烈的情緒進行練習，那麼我們完成工作的能力可能會減弱。當我們感受到來自焦慮的額外壓力，就會發生這種情況，而羞愧會試著使用未經審查（未經過我們批判性思考）並且具有羞辱性的訊息與心理契約，批評我們所做的一切，阻止我們正常運作。強烈的焦慮會把我們推來推去，而強烈的羞愧則會阻止我們做任何事情，因為我們可能會做錯事。當我們不知道該如何處理自己的焦慮與羞愧，它們兩者都會讓人感覺是痛苦、異常的情緒，不應該出現在世上。然而，如果我們試著壓抑它們，我們就會犯下兩種情緒歸因謬誤，而且沒有得到這兩種奇妙情緒的支持，我們可能會覺得它們在虐待、追捕或傷害我們。這種情況很悲慘，我們與我們的情緒都不應該受到這種對待。

焦慮是一種極為聰明且認真的情緒，如果你能坐下來傾聽它的訊息，它會支持你變得有能力且充滿健康的動力；羞愧也是一種奇妙、聰明且認真的情緒，如果你學會如何引導它，它將幫助你成為一位具有健康道德的人，依據一套能夠舒適過生活的內在規則、協議與心理契約來行事。

還有一種經常與焦慮配對，但可能令人困惑的情緒，因為它似乎是焦慮的對立面：情境型憂鬱。

焦慮與它的好朋友情境型憂鬱

如你所知，焦慮會為你帶來巨大的能量，幫助你推進專案、計畫或

想法。在關於情境型憂鬱的第二十五章中，你會了解到憂鬱會降低你的能量，並在你冒失往前衝的時候阻止你。情境型憂鬱保護你的方式是，限制你在出問題的時候往前衝的能力。出問題的可能是：一種情況、一段關係、一個想法、一個計劃、一份工作、你的健康……反正就是某件事情。情境型憂鬱會降低你的能量，而焦慮會增加你的能量，你可能會認為這兩種看似矛盾的情緒永遠不會同時出現，但它們就是會同時出現！

正因為它們會同時出現，所以重新建構它們之間的聯繫很有幫助。榮格分析師羅伯特・強森（Robert Johnson）在《掌握自己的陰暗面》（*Owning Your Own Shadow*）一書中，把衝突重新定義為「矛盾」。將情況視為衝突常常會讓我們陷入沒有益處且僵化的思維中，但將它們重新定義為矛盾，可以恢復我們思考、琢磨與夢想新想法與新方法的能力。焦慮與情境型憂鬱是矛盾的情緒，將我們拉向完全不同的方向，如果我們只看到衝突，我們將無法好好理解這兩種情緒，也無法理解為什麼它們會同時出現。

然而，在它們之間的矛盾空間中，我們可以看出它們為何會互相支援。舉例來說，身為一個高度任務導向的人，我經常答應做一些我有能力做，但很可能不應該做的事情。在我答應接受任務之前，我通常不允許我的憤怒提醒自己我重視什麼（例如：空閒時間、呼吸空間或遊戲時間），而我最終會陷入我所謂的焦慮列車——我不是列車的司機，而是不斷把煤炭鏟進蒸氣機裡面，使列車加速的人。如果我只有焦慮可以傾聽，我就無法停止，因此焦慮與我最終會把那列火車開下懸崖！

在這樣的時刻，我的情境型憂鬱會站出來以減少我的精力，這是應該的。但我在火車上啊，該死！看看我正在處理多少任務！而且，我的憂鬱還在。如果我與憂鬱抗爭，我最終將陷入過勞且精疲力盡的悲慘境

地，而這最終將使我的焦慮列車停止運行。但如果我能停下來傾聽我的情境型憂鬱，它會告訴我是哪裡出問題。它會阻止我出於錯誤的原因、以錯誤的動機做錯事，然後我可以將焦慮的能量重新集中在長遠來看更有價值的事情上。我也可以下車休息一下。謝謝你，情境型憂鬱！

情境型憂鬱出於重要的原因發揮作用的時候，焦慮也會有所幫助。舉例來說，你可能正在從事一份你還無法擺脫的糟糕工作；你可能處於一段需要改變或結束的掙扎關係中；你的健康可能受損；或者你可能面臨不公不義、不平等或不公平的情況。因此，你的情境型憂鬱可能必定會阻礙你的能量，因為讓你知道這種情況行不通很重要，這不是你想陷入的處境。謝謝你，情境型憂鬱。

但是，你所有的能量都因為重要的原因而受阻的時候，你將如何正常運作呢？焦慮通常會在這種情況下出現，為你提供度過難關所需的能量。如果你不知道這一點——如果你不知道焦慮與情境型憂鬱是如何相互支援，你可能就只會看到衝突。你可能會想知道為什麼你會同時沒有精力又精力過剩？這根本說不通！完全相反，這確實說得通。這在矛盾的更深層次上完全合理。如果你能傾聽每一種情緒，你就能進入它們的矛盾之處，並發現新的方法來處理自己所面臨的情況。無論你是在漫不經心的焦慮列車上，需要放慢速度，還是處於相當沮喪的境地，並需要一些能量來讓自己繼續前進，這些互相矛盾的情緒都能以令人驚訝且足以改變人生的方式來支持你。

焦慮是你具有前瞻性、激勵性與內部盤點能力的情緒。當情緒聚集在一起幫助你的時候，焦慮通常會出現。但正如你所知，焦慮通常會帶來精力充沛的幫助，這可能會造成你的不穩定，尤其是你沒有針對焦慮做過任何練習的時候。接地與專注是重要的焦慮練習，因為它們可以幫助你在活化作用（或過度躁動）的情況下穩定自己，而且提出焦慮問題十分重要。

然而，特定的焦慮支持練習可以讓所有焦慮的活化作用更清晰。

▶ 焦慮的練習

有一種應對焦慮最重要的做法非常簡單：**寫下自己需要做的事情**。這會立即達成兩件事：它會讓你專注在焦慮能量，能讓你完成任務且滿足最後期限；也會幫助你將所需要做的一切從短期記憶中移出，讓你的大腦與焦慮獲得休息，安頓下來並重新組織。清除你的短期記憶並讓你的焦慮知道你有在傾聽，這些事情本身就可以讓你集中注意力。你可能仍然很活躍，但把事情寫出來是一種專屬於焦慮的練習，會提升你的焦慮天賦。若想安撫或讓自己平靜，則會適得其反。焦慮是一種極為有活力且激勵人心的情緒，了解它的本質很重要，這樣你才能理解並支持它。

如果你是以任務為導向的人，按照時間順序列出的列表可能會對你有幫助。如果你是以截止日期為導向的人，你可能更喜歡心智圖類型的列表，你的核心專案位於頁面中間，你的不同想法與任務則根據你認為合理的概念領域，以線條與幅條的方式與之相連。不論是哪一種情況，請注意你的情緒如何回應你的清單。如果你列清單的風格引發你的焦慮（或焦慮的任何朋友），那你現在就可以好好了解列清單是否適合你，或者你所面臨的情況是否存在更深層次或更複雜的問題。

關於恐慌的小提醒

如果你大部分的時間都在擔心與不安，請密切注意自己的懼怕與危機感，它們會告訴你：恐慌會幫助你。我們為這種混合狀態創造出一個詞：**恐慮 panxiety**（恐慌 panic 加焦慮 anxiety）。如果你在焦慮中苦苦掙扎，你的身體將需要充足的休息、接觸大自然、營養補品，以及瑜珈、太極

拳、在大自然中散步或游泳等讓人平靜下來的運動——以上所有都可以幫助你恢復平衡。在康復期間減少或根除刺激（咖啡、茶、糖、巧克力、草本能量飲、減肥藥、過度運動、過度性行為等）也很重要。當你的恐懼相當活躍，你的身體就會像火一樣燃燒，而上述這些刺激物只會雪上加霜[6]。

心理治療師在治療他們所謂的焦慮症（實際上是恐懼或恐慌）的時候，很多人會採用去敏感化（desensitization）與認知重建（cognitive reframing）技巧，將智力融入其中。這可能是個好方法。假設你十分害怕蜘蛛，在認知重建與去敏感化的過程中，你的治療師會幫助你逐步忍耐蜘蛛，同時你用內心的聲明來讓自己平靜下來，像是「蜘蛛不是在追我，牠只是在牆上行走」。這個過程可以大大減少恐懼，而對某些人來說，這樣就足夠了。然而，在長時間處於高度恐懼狀態之後，許多人還需要透過藥物（例如：β-阻斷劑或抗焦慮藥物）來緩解自己的過動，這些藥物有助於讓他們疲憊的身體平靜下來。

冥想也可以治癒，但要小心：不少形式的靜坐與正念冥想會增加某些人的焦慮與恐慌。如果是這樣，最好改用太極或氣功等運動冥想（對於容易患恐懼症的人來說，能夠讓人平靜的運動似乎比靜坐更能治癒）。但請記住，應對恐慌的練習不同於應對焦慮的練習，因此繼續閱讀恐慌的章節，並以適用於它的方式來處理恐慌非常重要。

前面提到的「有意識的抱怨」對循環焦慮與恐懼也很有幫助。如果你能透過有意識的抱怨來發洩自己的憤怒與暴躁，你通常有辦法恢復自己的本能與幽默感；如果你能大聲抱怨一件事情，你就不會再為它擔心，它將會公開，而你可以以積極的方式與之共處。有意識的抱怨可以幫助你表達無固定形式的焦慮，因為它可以恢復你的界限與你的聲音。當你的界限回歸，你通常可以專注於真正需要做的事情。

針對焦慮，做有意識的提問（Conscious Questioning）

如何表達焦慮的能量等級（尤其是它很強烈的時候），可能會很棘手——它可以讓你同時朝五個不同的方向前進。然而，壓抑焦慮並不是很好的選擇，因為焦慮會不斷冒出來——它有事情要做！因為焦慮可能會讓人感到不知所措或感到困惑，所以我們有一種針對焦慮的集中練習，稱為「有意識的提問」。

在這個練習中，你會轉向自己的焦慮並確定它正在回應的每個問題，這樣你就可以組織自己所有的任務、顧慮與想法。這種練習會幫助你接地並專注於真正需要做的事情。有時候，如果你問自己強烈的焦慮需要做什麼，它可能會回答「檢查瓦斯爐，看看是否關好了。現在再檢查一遍。現在去擦亮汽車。現在洗手。手真的乾淨嗎？你最好再洗一遍，重新整理衣櫃或去作木工。喔，你檢查瓦斯爐了嗎……？」然後就過了四小時，你一直在做無關緊要的事。焦慮啊，那些事情真的需要今天做嗎？

但如果你在拖延（這是應對焦慮的有效方式），並問自己需要做什麼，你的拖延傾向可能會回答「騎腳踏車、滑臉書、喝點酒、讓自己麻木、看電視！」四小時後，你在哪裡？焦慮，今天真的需要做的是什麼？

透過這種快速且集中的練習，你可以回答這個問題，並獲得焦慮的獻禮。你可以辨識出任何即將到來的任務或截止期限，組織自己需要的一切，並支持自己拖延傾向中的獨特天賦。

這是書面的練習，所以請準備一些可以寫的東西。寫作可以幫助你用身體表達自己的焦慮，意識到焦慮，並刻意組織焦慮。說出或寫出你的焦慮是一種高情商的行為，可以幫助你接地，並專注於需要做的事情。

▶ 如何有意識地向焦慮提問

1. 以明確的陳述開始你的「有意識提問」，例如：「好吧，我現在正在有意識地向我的焦慮提問。」

2. 詢問你的焦慮真正需要做的是什麼，並寫下答案。如果你需要一些協助，以下是一些你可能可以問的有用問題：

   - 我過去是否做過這件事？或做過類似的事？
   - 我的優勢與資源是什麼？
   - 我需要更多資訊嗎？
   - 我可以把這份工作委派他人嗎？
   - 我可以聯繫曾經成功做完這件事的人嗎？
   - 有即將到來的截止日期嗎？
   - 有什麼是我忽略的嗎？
   - 有什麼未完成的事嗎？
   - 我需要做什麼準備？
   - 我現在可以完成的小任務是什麼？
   - 為什麼這很重要？

3. 你覺得完成的時候，以清楚的陳述結束活動，例如：「謝啦，焦慮！我完成了。」

4. 然後做一項你與你的焦慮確認的小任務，同時做一些有趣的、接地的或舒緩的事情。第十章的「回春練習」還可以幫助你在自己最喜歡的地方度過一些治癒的時間，並將其舒緩的氛圍吸入你的身體。照顧好自己，記住焦慮總是在關注你並提供幫助。此外，了解一句座右銘可能會有所幫助：**每件重要的事情總是有足夠的時間。**

但請記住，如果你盡一切努力以同理心解決自己的焦慮，但無法解決，或者它包含懼怕感或危機感，請繼續閱讀恐慌章節並尋求協助。有時，尤其是在焦慮等相當活躍的情緒下，我們都可以利用一些支持來讓自己的情緒與身體恢復平衡。

嚴防讓焦慮蒙羞的焦慮支持

許多人以為，應對焦慮的唯一方法就是忽略、抑制焦慮。有不少做法可以教你怎麼讓自己平靜下來，擺脫高度緊張的狀態，而肯定的確認（如果你對某件事感到焦慮，這就是徹頭徹尾的謊言）會教你在焦慮想給你的訊息上方，貼一則快樂又充滿活力的聲明。但那些缺乏同理心與抑制的做法則是落後且無益的，倚賴（而不是遠離）你每種情緒的天賦，才是與情緒們合作的方法。

「有意識的提問」練習可以幫你倚賴焦慮，並幫助你學習如何用它的語言來應對它。你的焦慮可以幫助做好準備，它可以幫助你發現未來的問題與你自己內部的問題；它可以幫助你發現自己一直壓抑的情緒。基本上，它可以幫助你變得更加清醒、更有意識、更有能力、為生活做好更充分的準備。沒錯，焦慮很活躍且勇往直前，但這是它工作的一部份，你可以在焦慮的重要工作中支持它。

演員常說，治療怯場（最常見的焦慮之一）的唯一方法就是準備、準備、再準備。如果你做好準備，你就可以走上舞台，享受表演的過程，即使遇到道具故障或有人忘詞也能保持鎮定。當你做好準備且擁有做到最好所需的一切，即使事情分崩離析，你也可以充分發揮。這就是學習與傾聽焦慮中的天賦一個很好的例子。

尊重他人的焦慮

我們都被教導要強力克服擔憂與焦慮，所以別人感到不安的時候，我們很難支持他們。我們每個人都被教導不要信任甚至討厭焦慮，我們對它嚴苛地效價，而且經常視它為一種疾病而不是一種情緒。幾乎每個人都在焦慮上犯下兩種情緒的歸因謬誤：他們會將焦慮幫助他們面對的任務、截止期限與未來情況都怪罪在焦慮身上，並將他人（與他們自己）無法與焦慮合作也歸咎於焦慮。正因為如此，你可能會發現自己內心湧現出令人焦慮、羞愧的訊息：「冷靜！」「沒什麼好擔憂的！」「擔憂代表你正在為失敗做準備！」或者一些諸如此類的廢話。有人感到不安的時候，我們甚至很難找到言語來支持他們！

以下是一些你可以提供的緩解焦慮訊息：「你感覺到什麼？」「有什麼需要你注意的嗎？」「是否有某個最後期限即將到來？」「你是否具有完成一切所需的協助？」「我可以幫你組織什麼嗎？或者你可以把什麼事情委託給我嗎？」（當然，只有在有時間的情況下，你才會問這個問題。）基本上，你會在他人的焦慮中深入了解他們的智慧，並與焦慮的天賦交談，也與他人的天賦交談。

當然，如果你的問題揭示他們焦慮中的懼怕感或危機感，你就會知道恐慌是有幫助的，而且恐慮在場。恐慌的章節中有很多支持恐慌與恐慮的建議。

學會尊重並傾聽自己的焦慮是一項巨大的轉變，可以讓你的生活變得更好。尊重他人的焦慮，可能使他們自己或他們的焦慮第一次感受到尊重，即使你做得不正確或說得不完美，這也仍是一件充滿力量的事情，我們都在學習。

當你可以幫助他人為自己的焦慮創造出神聖空間，你就會幫助他們

連接到深層智慧與動力的泉源，這本身就是一種治癒。

記得要歡迎並為你的焦慮慶祝，不管它是在大多數人稱之為有組織或有準備的輕微程度，還是在更明顯的中等程度，或者在截止日期逼近或巨大的任務堆積如山的時候，可能為你帶來的強烈程度。

歡迎並感謝你的焦慮，因為它具有出色、激勵人心、有計畫、善組織又能完成任務的能量。謝謝你，焦慮。

18. 混亂 CONFUSION
恐懼與焦慮的治癒面具

獻禮

意識分散──天眞──遺忘

可塑性──暫停片刻

內心的問題

我該如何歡迎無知與無爲呢？

我的動機是什麼？

干擾的跡象

無法決定、行動或相信自己或自己的決定：在變化與過渡期間無法重組自己：或未經深思熟慮就採取不明智或衝動的行動

練習

混亂是恐懼與焦慮的面具，你有太多事情需要同時處理，或者你沒有足夠資訊的時候，混亂就會出現，它帶給你必要的停頓。花一點時間

靜下心來單純做自己，而不是向外尋找答案。等你休息好並準備好的時候，問出你內心的問題——它們會幫助你再次找到自己真實的想法、動機與答案。

混亂的細微差別

輕微混亂：可塑性高、開放、若有所思、不易專心

中等混亂：迷茫、沉思、眼神空洞、注意力不集中

強烈混亂：糊塗、滿頭問號、懸念、缺乏時間感

混亂可能是一種令人沮喪的狀態。但正如「冷漠／淡漠」具有的遮蔽效用一樣，混亂在你的情感領域中佔有重要的地位。混亂是恐懼與焦慮的保護面具，外在訊息太多、改變太多、任務太多、需要做出太多決定的時候，混亂就會出現。當你正在拖延，而死線迫在眉睫，或者你完成任務的出色能力讓你工作量暴增的時候，你也可能會感到混亂。

混亂會掩蓋你的恐懼並模糊你的本能，讓你的焦點變模糊、不清楚，你也變成了一幅抽象畫。它會消除你確定的心意，扼殺你的決策能力。混亂也會降低你的焦慮，阻止你完成任務、阻止你趕上死線，甚至無法列出有條理的清單。

如果你習慣採取果斷的行動，並確切知道該做什麼，那麼混亂可能會讓你煩惱與沮喪。但它有一個重要的目的：混亂是「你的情感領域需要暫停一下」的訊號。

混亂傳達的訊息

有時候，活動、忙碌、計畫與任務可以發揮自己的生命力，你可能會沒聽到悲傷的聲音，它輕微地在告訴你放手；你也可能會錯過憤怒的聲音，它叫你確定自己重視的是什麼。你的喧囂繁忙會讓你保持忙碌，以至於你不會注意到自己從一個自我實現的人變成一個過度活躍、完成任務、被死線制約的機器人。

混亂有時候可能會出現，讓你陷入困境。混亂可能會讓人感到非常尷尬（哈囉，羞愧，你好嗎？），因為我們認為自己應該是果斷又幹勁十足的人！我們應該現在就知道，當下就決定，並且立即了解一切。但有時候，我們會因為錯誤的原因與錯誤的動機而走向錯誤的方向。值得慶幸的是，這時混亂就會出現。

有時候，你還在實現夢想的過程中，你的夢想就會發生變化；有時候，你的價值觀會偏離自己認為重要的東西；有時候，你會發現自己走錯路。在這些關鍵時刻，你可能會聽到一個安靜、質疑的聲音（或者是另一個方向的一股輕輕的拉力——與你正在做的事情背道而馳），但你前進的動力不會輕易停止。在這樣的時刻，你繼續前進的時候，你的混亂（或者你的冷漠或憂鬱）將會拯救你。

混亂會為你的注意力與本能蒙上一層薄紗。你可以把混亂想成是一場美好的短假期——讓你從過勞、躁動、必須知道一切、必須完成一切、僵化的必然之中度個小假。如果你能花時間去歡迎並漂浮在混亂的無知與無為中，你可能會聽見悲傷想要你放棄某些東西，或者你可能會感覺到一個新的動機想要冒出頭來。

你處於變化與過渡期的時候，混亂也會出現，它可能會在之前與現在（或一段時間內將成為現實）的真實情況之間，產生一個界限或過渡

之用的空間。混亂可以為你提供休息站與神聖空間，讓你停止自己的行動與計畫，只是單純地做自己。

我有個朋友在探討自己的健康、家庭與職涯轉變中的混亂，她發現混亂始終伴隨著她，而且真的無法擺脫。值得慶幸的是，她沒有與混亂對抗，而是堅持下去，並發現混亂與「關鍵時刻」（kairos time）這個概念之間的重要聯繫。

關鍵時刻與時鐘、時間表與計畫等時序上的時間不同。關鍵時刻是時間背後與時間之下的時刻，也是時間之外的時刻；是瞬間頓悟的時刻，也是看似簡單的知識永遠不會到來的時刻。它是一種過渡的空間，我將關鍵時刻稱為「儀式時間」。你不能匆匆忙忙地安排關鍵時刻，也不能帶著自己的日程計畫表去找它，它自己就是一種神聖時間。當你將自己持續存在的混亂視為關鍵時刻的一部份，就可以融入其中，並接受其中的智慧。此時你會發現自己正處於一場改變、放手與重生的深沉儀式中。你或許無法確知會發生什麼事（那不是混亂與關鍵時刻存在的目的），你必須處於無知與無為的狀態，才能展開變化與儀式（前方爆雷：變化與儀式一定會展開）。

當你思考自己不知所措或轉變的時期，請注意你在混亂、無知或無為中的空間有多小，幾乎沒辦法休息與下班，也幾乎沒有機會感到迷茫。然而，混亂是一種極為重要的狀態，它可以讓你進入關鍵時刻與儀式時間，這樣你就可以從你的行程安排、工作量、確定之事、人際關係、計畫甚至自我中，抽出時間來休息並重新調整自己。混亂是你靈魂的重要休息站。

研究也顯示，休息時的大腦並不是在偷懶[1]。休息時間對於內在歷程來說相當重要，可以幫助你確認自我意識（哈囉，憤怒與羞愧），發展你對人類行為的理解（哈囉，嫉妒與羨慕），並支持你的道德準則（哈

囉,羞愧與滿足)。休息時間讓你的大腦有機會理解你最近學到的東西,辨識生活中未解決的緊張局勢,並將你的觀察力從外在世界轉移開來,這樣你就可以專注在自己身上。

休息對於學習與記憶也十分重要——所以很多研究人員建議,學生應該要在考試前小睡一下,而不是死記硬背!混亂所提供的寧靜、浮動的關鍵時刻可以對你的大腦、你的情緒與你的整個第五元素進行深層的治癒與恢復。

然而,正如我們都看到的,混亂具有非常負面的效價,我們感到迷茫或保持迷茫的時間不會超過幾秒鐘。因此,我們需要針對混亂進行支持練習。

▶ 混亂的練習

首先,你能歡迎無知與無為嗎?如果你像大多數人一樣,答案是否定的。這並不罕見,混亂生活在深深的陰影中,幾乎不受歡迎。如果你想要找有關混亂的情感歡迎訊息,你很可能會失敗,因為它們本質上不存在。相反地,我們被要求知行合一,更深入去了解,做更多,然後了解一切並做到一切。沒有時間混亂!我們死了才會休息!

一開始要為混亂的治療效果騰出空間很困難,但會變得越來越容易。你需要做的就是什麼都不做,你需要知道的就是你不知道,至少還不知道。你需要休息時間、休息、關鍵時刻與空間。混亂會為你帶來這一切,甚至給你更多。

我是一個超級任務導向的人,尤其是我在寫作的時候,我會像對待煩人的小蟲一樣把混亂趕走。幸運的是,我不再這樣做了,我學會怎麼站起來走到外面或者躺在沙發上,然後感覺迷忙。沒有思考、沒有計畫、沒有活動——只有我與我的混亂情緒在關鍵時刻裡徘徊。在那些美妙的

浮動時刻中，我發現一些重要的東西一直處於我意識的邊緣，而我則陷入了「從旁衝過去且對這些重要東西視而不見」的危險之中。我還發現自己只是累了，需要休息一下，在許多情況下，我會打瞌睡，醒來的時候會感到神清氣爽。定期抽出時間遠離注意力與工作是絕對必要的。

幾年前，我無意中聽到我的朋友兼合氣道老師阿齊亞（Azzia）與尼克·沃克（Nick Walker）在談論衝刺這件事，我聽到他們在說混亂的天賦：「如果你衝刺，你就是在跳過某些東西。大概是比較容易損壞的東西吧，這就是你最需要放慢腳步並感受的地方。」謝啦，阿齊亞與尼克。

混亂練習極為簡單，但由於我們同時追求確定性與快速，練習就變得很困難。混亂可以幫助我們學習無知、無為，並放慢腳步，感受關鍵時刻的神祕天賦。混亂練習就是單純且深刻地感到迷茫。

▶ 選擇與決定的混亂練習

有時候，你會對選擇感到混亂——要做出哪個決定、要選擇哪個東西、或者要走哪條路。通常，選擇周圍有太多雲霧，或者有一種感覺，好像需要做出完美的選擇，否則一切都會崩潰（哈囉，恐慌）。我的丈夫提諾經常在選擇與決定中掙扎，他曾在夢中聽過這句話：「動機會消除所有歧異。」這是一個很好的想法，確實可以幫助我們理解要如何應對選擇的混亂。

如果我們問自己：「我的動機是什麼？」混亂的迷霧通常會變得清晰一點，幫助我們看到自己正處於相互衝突的想法中，以及我們正在一些不重要的事情上投入大量的精力。那麼，選擇混亂的練習就是，問自己你的「動機」是什麼——不是你應該走哪個方向，你應該做出什麼選擇，或者你應該做什麼，而是「**我的動機是什麼**」。質疑自己的動機幾乎總是能幫助你查明，為什麼混亂會使你的直覺與注意力蒙上一層模糊

的薄紗。當外界情況與你既定的人生目標不相容的時候，混亂就會出現，使你遠離自己的道路。在這些情況下，你的混亂會成為重要的情緒障礙。此時如果你不加注意，你幾乎肯定會犯錯，但如果你能停下來並質疑自己的動機，你就能夠重新評估自己的立場。等你能做到這一點的時候，你就會發現為什麼自己無法清晰思考或行動。當你知道自己的動機，你就會知道為什麼自己會如此迷茫。

下面是這種作法的一個例子：假設你想在兩份工作之間做出選擇，但你沒辦法選。如果你強迫自己去選，你會變得越來越矛盾，直到陷入嚴重的混亂。如果你急於前進，你可能會做出一個自己永遠不會感到舒服的決定（但至少你決定了，對吧？）。然而，如果你能停下來探索自己的動機，你或許會發現這兩項工作都有嚴重甚至難以克服的問題，而最好的決定就是放棄這兩份工作。這可能是一個令人痛苦的發現，尤其是你因為要付房租而必須立即找到工作的話。然而，如果你致力於過上充實而有意義的生活，你會更喜歡這個月拼命湊房租，並重新聚焦在求職上，而不是忽視自己的直覺並失去自己的願景。我們都知道有人會為了房租而接受一份不明智的工作，且十四年後仍然在那裡工作——痛苦而且陷入困境。你的混亂讓你停下來是有原因的！

可是，有時候探究自己的動機並不能讓你找到問題的癥結所在。在這些情況下，我發現一一探究每個元素，將會為我照亮問題所在。舉一個例子：我曾獲邀到郵輪上做教學，這並不是我想要與人合作的方式，我對這份工作感到相當混亂，於是我探究自己的動機，但我的混亂變得更加嚴重，我不知道該怎麼辦。

最後我稍微整理一下自己，詢問自己的每個元素，看看它們是否願意接受這份工作。我的火象遠見告訴我，這不是我從事教職的初衷，所以它不想要這份工作；我的水象情緒則表現得十分明確——它們對這份

工作毫無興趣；我的風象智力質疑，這樣做是否明顯違背自己所能做出的更好判斷，所以它也不想接受這份工作；但我的土象身體卻毫不掩飾渴望，很想去參加那次航行！這就是為什麼我會陷入混亂：我自己的內心就有強烈的分歧。我當時的工作是去理解為什麼我的身體會渴望郵輪（當時我迫切需要度假），並找到更好的方法來滿足身體的需求（我休息一段時間、洗熱水澡、去河邊，並安排一些按摩，讓我的身體很高興）。請注意，我並沒有懲罰或忽視自己的身體——我也沒有允許自己的任何其他元素或智力這樣做。我身體的需求絕對合理，但要滿足這些需求，還有比在郵輪上教學更好的方法。

混亂出現的時候，你所有的同理心正念練習都可以為你提供支持；接地會帶來輕微的專注與悲傷，幫助你集中注意力；定義你的界限可以幫助你的混亂辨識什麼屬於你，什麼不屬於你；有意識的抱怨可以幫助你用言語明確地表達自己的混亂；回春可以幫助你讓自己充滿舒緩的喜悅，這樣你與自己的混亂就會有更多呼吸的空間。

燃燒心理契約則可以幫助你消除隱藏在混亂之下的顧慮與想法，然而，在以混亂為基礎的燃燒心理契約活動中，你實際上並不知道需要銷毀哪些心理契約，因此看起來與一般的活動會有點不同。

你感到混亂迷茫的時候，你可以想像一份空白的心理契約，並要求查看發生什麼事。你可以耐心等待，看看是否有什麼答案，或者空白的心理契約上是否有出現什麼具體的內容。如果什麼也沒發生，那也沒關係，你的混亂可能需要停留在關鍵時刻裡一陣子。

你感到迷茫的時候，重要的是要明白，你內心深處的某些意識（有時是在你內心極深處）實際上正在替你發揮作用。如果你能讓自己停下來，休息一下，重新評估自己的動機，你就能夠與自己聯繫起來，找到一條路重回有意義的完整生活中心。混亂不是問題——它是信差。停下

來仔細聆聽它的訊息，它會幫助你暫時休息一下，然後再次恢復你的注意力、你的洞察力與你的方向。

尊重他人的混亂

尊重他人的混亂可能有點棘手，因為你身為知情者與答案的提供者，你可能會採取錯誤的立場。雖然你的智慧很重要，但更重要的是支持混亂迷茫的人恢復他們自己的智慧與本能。如果你變成答案專家，你只會加深迷茫之人的困難。如果你能提醒自己，其他人之所以存在混亂，是因為他們需要休息與休息時間，你就可以採取有用的立場，支持他們的無知與無為。

如果他們的混亂與決定或選擇有關，你可以幫助他們瞭解自己的動機與分歧。如果他們能夠陳述自己的動機或探索自己的每一個元素，他們可能會找到這個關鍵時刻為什麼出現的重要原因。當大家知道自己想要什麼與需要什麼的時候，你的任務就是藉著「支持他們找到他們自己的方式」，來繼續保持神聖空間。混亂並不是一種毫無意義的狀態，而是恢復性的休息、關鍵時刻、儀式與重新提醒一個人明確動機的巧妙入口。如果你能幫助他人滿足他們對這種暫停的需要，你就會幫助他們恢復自己的本能與聰明才智。

當你能夠接受自己的混亂，你就可以進入它所創造的浮動而恆久的世界，以幫助你休息、重新認識自己的動機並治癒。歡迎混亂的輕微狀態，會幫助你從注意力與活動中解脫出來；歡迎混亂的中等狀態，會幫助你獲得更充分、治癒身體與大腦的暫停；歡迎混亂無知與無為的強烈狀態，則可以邀請你進入改變、新鮮、治癒與重新連結你最深層動機的關鍵時刻儀式。歡迎並感謝自己的混亂。

19. 嫉妒 JEALOUSY
關係雷達

獻禮

愛——承諾——公平——安全感——親密——聯繫——忠誠

內心的問題

我渴望並想要提供別人什麼樣的親密關係？
哪些背叛行爲必須獲得承認與治癒？

干擾的跡象

無法辨識或選擇單身、穩定且忠誠的伴侶；或陷入懷疑的循環，這些懷疑不會爲你的關係帶來有用的覺察或穩定性

練習

你在人際關係中與愛、忠誠或安全感的聯繫受到挑戰的時候，嫉妒就會出現。要辨別你是在回應他人的不忠誠，還是在回應自己缺乏自尊與自我價值。你與你的伴侶（們）擁有你想要的愛與安全感嗎？如果沒

有，先恢復你的界限，然後聽聽你對這段關係的直覺。為了回應你的嫉妒，你可以對任何內在或外在的問題做出健康的決定。

嫉妒的細微差別

輕微嫉妒：關心、有聯繫、沒有安全感、脆弱
中等嫉妒：不信任、嫉妒、孤獨、表達愛意
強烈嫉妒：熱情、好色、激情、佔有慾強

　　嫉妒與羨慕是不同的情緒狀態，但它們會一起發揮作用，在社交世界中支持你。嫉妒關注你的親密關係，而羨慕則關注你在資源與認可方面的社會地位。兩者都包含設定界限的憤怒家族與直觀的恐懼家族的混合體。在直觀地評估你的人際關係與社會地位的風險之後，兩者都有助於幫助你駕馭自己的社交世界，並設定或恢復失去的界限。如果你能認可這兩種情緒，它們將為你的個性與人際關係帶來高度的穩定性。

　　你的嫉妒自在流動的時候，你就不會表現出過分的嫉妒或佔有慾；相反地，你天生的直覺與健康的界限將幫助你本能地選擇、支持與保留值得信賴的伴侶與朋友。然而，當你拒絕認可自己嫉妒的時候，你可能會很難辨識愛與忠誠，或很難與你的同伴建立關係。

　　我將嫉妒與羨慕稱為「社會學」情緒，因為它們幫助我們理解並精彩駕馭自己的社交世界。很少有人持這種觀點，因為我們被教導要把最困難的情緒病理化，但嫉妒與羨慕似乎比其他情緒更普遍。表達這些情緒的人很少會受到尊重，大家經常會說他們是「瘋狂嫉妒」或「眼紅」，

這些說法都是將這些情緒藏到陰影下。這從來都不是好主意，尤其是對於帶有直觀與保護性資訊的情緒來說，你發現自己的社交與個人安全面臨風險的時候，就會產生嫉妒與羨慕。關閉這些情緒就像把吵鬧的煙霧警報器丟出窗外，而不是找出觸發警報器的原因！你抑制嫉妒與羨慕的時候，你不但會看不清導致這些情緒出現的情況，還會失去情緒靈敏力、本能與駕馭社交世界與人際關係的能力。

有些心理學家與外行人將嫉妒與羨慕歸類為「原始」情緒，它們更適合尼安德塔人，而不是現代人。這是濫用智力來分類且不尊重情緒狀態的另一個例子。當人類允許智力與情緒發動戰爭，我們內心的村莊就會不穩定，功能智商（functional intelligence, FQ）就會驚人地下降。將嫉妒與羨慕歸類為原始且過時的行為，等於忽略了一項事實：自人類有史以來，人類群體對嫉妒與羨慕的需求都沒有減少過。如果這些情緒真的過時，它們現在早就消失了。既然它們沒有消失，我們的工作就是找出為什麼它們很必要。本章中我們先從嫉妒開始，並在第二十一章討論羨慕。

嫉妒傳達的訊息

想像一下你與愛人在一場派對上，你們兩個已穩定交往很久，這是你們第一次以情侶的身分出現在公共場合，你們很期待這一晚。你的愛人去幫你倒酒的時候，他看到自己的前任並露出喜悅的微笑，讓你感到心裡一陣劇痛。你立即將這股疼痛推開，讓自己蒼白的臉重新露出微笑（以防有人正在看你）。接下來你只知道，你的愛人與他的前任相互擁抱與親吻，讓你覺得他們之間的關係還沒有結束。當你的愛人帶著你的酒回來，你會做什麼？

你會抑制住嫉妒，露出幸福的表情嗎？如果你這樣做，你的愛人可能會很欣賞你，但你靈魂的一小部分會崩潰（你可能會整個晚上都不經意地生悶氣或沉思）。或者你會表達自己的嫉妒並指責你的愛人背叛你？如果你這樣做，你會佔上風，但你會損害你愛人的自我形象與聲譽（他可能沒有不正當的意圖）。如果這些是你唯一的選擇（傷害自己或傷害你的愛人），嫉妒果然符合它的臭名。幸運的是，還有另一種選擇。如果你能理解嫉妒產生的原因（以及它為你帶來什麼），你將能夠恭敬地引導這種強大的情緒。

在上述情況中，你的嫉妒讓你能夠準確地解讀情況，因為你的愛人與前任之間顯然保有很強的聯繫。嫉妒包含輕微狀態下產生的直覺（恐懼）與自我保護（憤怒）的結合，幫助你選擇自己的伴侶，而在你的重要關係受到威脅的時候，會以更明顯的狀態出現。親密關係中的親密感與安全感對你的健康與幸福來說非常重要，以至於你感覺到伴侶背叛你的時候，你實際上會感到身體受到威脅（哈囉，恐慌！）。這種威脅的感覺當然可以透過我們的血統追溯到更「原始」的時代，當時擇偶與留住伴侶都是為了確保身體在惡劣氣候下得以生存。然而，在演化過程中，我們親密生存需求的重要性絲毫沒有減弱。直到現在，我們每個人的健康、安全與福祉仍然面臨著威脅。

即使你被物質享受所包圍，你在人際關係中仍然需要親密感與安全感，因為可靠的伴侶仍然有助於確保你的社會與物質生存。可靠的伴侶仍然會撫養並保護你的孩子與家人，他們仍然會提供親密感、愛、安全感、陪伴、性交流、友誼與保護。健康且長期的穩定關係對你的社交、情感健康與你的生存來說極為重要。

如果你的伴侶不可靠，或者你作為伴侶焦點的地位受到威脅（就像上面的情況一樣），你的心靈會傾洩出情緒與訊息來幫助你面對安全與健

康所面臨的真實威脅。這並不存在任何病態——這是一種自然而健康的反應。然而，如果你不傾聽並認可你的嫉妒，它往往會把你拖進一個回饋循環，讓你的生活變得相當不舒服。如果持續的嫉妒是你主要的絆腳石，請閱讀戴維・巴斯（David Buss）有關嫉妒在社會學與生物學的必讀優秀著作《危險的激情：為什麼嫉妒與愛和性一樣必要》（*The Dangerous Passion: Why Jealousy Is as Necessary as Love and Sex*）。這是一本令人大開眼界的書，它捍衛嫉妒，認為嫉妒是一種自然且準確的情緒，書中也記錄嫉妒的壓抑與無能的表達所造成的可怕濫用。巴斯提出一項令人著迷的發現，對接受治療以應對其中一方「病態」嫉妒的夫妻，他進行後續追蹤研究發現，絕大多數的病例都存在明顯的「隱藏式不忠」（hidden infidelity）行為，以及一般夫妻間明顯的嚴重內部不安全感。在每種情況下，嫉妒都指向外部或內部不安全感真正的危險狀況，並按照其應有的方式行事——提醒主人親密關係、留住伴侶與社會福祉都受到嚴重威脅。

請記住，所有的情緒都是真實的，即使它們感到不愉快或充滿看似危險的強度。嫉妒處於中等或強烈狀態的時候，它這樣做有正當理由。你的任務是認可並歡迎它，而不是假裝自己在最重要的關係中不需要安全感。嫉妒在愛與愛的聯繫扮演著重要角色。事實上，真正持久的愛情會深刻地打開你的心靈與靈魂，而這需要嫉妒的支持。你真正讓另一個人進入你內心的時候，你基本上就放棄所有的界限——這代表你的心靈需要保護這段現在已經成為你一部份的關係，而嫉妒在這項保護工作中發揮重要的功用。

克服嫉妒的關鍵是區分兩種情況：你所感覺到的忠誠風險，來自於伴侶的背叛，還是來自於你自己在這段關係中的自卑感或不安全感。正如所有其他情緒一樣，除了引導嫉妒之外，沒有其他健康的選擇，唯一的出路就是撐過去。

▶ 嫉妒的練習

在輕微且自在流動的狀態下，嫉妒可以幫助你辨識、選擇與支持健康的關係（如果你聽它的話）。然而，因為嫉妒向來獲得負面效價，所以我們大多數人不聽它的話，甚至不知道它如何運作。我們只有在嫉妒進入中等或強烈狀態的時候才能辨識它，因此這個練習的重點是中等或強烈狀態。

在中等與強烈的狀態下，你發現自己的親密關係受到背叛或挑戰的時候，你的嫉妒就會出現。嫉妒包含憤怒，所以你應該將它送進自己的界限，在它面臨過侵犯界限（boundary violation）之後幫助它鞏固。中等與強烈的嫉妒通常讓人感覺十分激烈，要嘛是引人注目而強烈，要嘛是一觸即發而殺氣騰騰。不論是哪一種情況，將它從你的身體中引導到你的界限中，都會增強你的個人空間感，並幫助你在不脫離它的情況下擺脫它的部分強度。用你的嫉妒設定自己的界限將能有意義地解決你的憤怒，並且在你重新散發活力的神聖空間中，你將能夠以新的力量來解決自己可能感受到的震驚與貶低，然後你就可以利用嫉妒為你帶來以恐懼為本的本能與直覺。

如果你試著在用憤怒恢復界限之前採取行動（這是應對嫉妒中恐懼的正確反應），你可能會因為過度補償（overcompensate）作用而爆炸，或者因為補償不足（undercomensate）而崩潰。然而，你的界限獲得加強與穩定的時候，你就可以以堅實的力量為基礎採取行動。你為自己創造神聖空間的時候，你將能夠充分利用自己的直覺與本能，這代表著你將有幾十種反應的方式（而不是平常的兩種：爆炸或崩潰）。你可能會決定更仔細研究情況（**我渴望並想要提供別人什麼樣的親密關係？**），搜索自己的記憶看看是否有任何其他的背叛事件（這是嫉妒中直覺的絕

佳運用），與你的伴侶恭敬地討論你最誠實的顧慮，檢查自己的價值感與安全感（**哪些背叛行為必須獲得承認與治癒？**），或者進行一次燃燒心理契約的活動，以便了解自己在建立這段感情關係時所做的協議（這段感情，儘管此刻感覺很重要，但說不定一夫一妻制並不是你最初的期望）。不管你採取什麼行動，你都會表現得像一個正直且情感豐富的人，而不是一個無能為力的環境受害者。如果你傾聽自己的嫉妒，它會提高你的覺察力以及尊重自己與伴侶的能力

　　但如果你透過壓抑或爆發來消除嫉妒，那麼你辨識與適度應對不忠行為的能力就會下降，那麼你選擇的關係很可能會非常不相容且不穩定，以至於你無法安心地照顧自己、平衡自己的生活或審視自己最深層的問題。但如果你能夠認可並傾聽自己的嫉妒所要提供的精采訊息，你將完全能夠承受經常充滿痛苦的必經旅程，以達到任何令人不安的關係問題的核心。在這個核心，你不僅會發現關於伴侶的資訊，還會發現你對自我價值與他人價值的基本信念、你所吸收的關於愛與歸屬感的家庭計畫、你仍在承擔的父母或照顧者（例如你的初戀）的心理契約，以及你為了保護自己免受損失而使用的這個巧妙技巧：你在潛意識就選擇了與自己不合、永遠無法與他真正連結的人。

　　在受你認可的嫉妒的幫助下，你可能會發現與同儕壓力、家庭公約與不協調、媒體洗腦以及任何其他事情有關的親密心理契約。如果你能把那些受困與陷於陷阱之中的訊息放在漂亮的心理契約上並看一下它們，你就會開始理解為什麼人際關係與嫉妒一直是你的絆腳石。你現在想要什麼樣的親密關係？你知道答案的時候，就可以利用嫉妒來釋放自己。當你可以將心理契約捲起來並緊緊綁好，你就可以將它們封裝起來，好讓你自己與它們所帶來的影響分開（現在你知道自己的心理契約包含什麼，以及你同意執行心理契約的原因），然後你就可以把心理契約丟

掉，並以任何你感覺到的強度燒毀它們（你的嫉妒可以幫助你用這些心理契約點燃熊熊篝火！）。然後你就能夠充分利用情緒的力量，而不是被情緒淹沒。

你的心靈將得到淨化，你的意識將獲得擴展，你將找回自己的定義、直覺與資源。也許引起你嫉妒的關係會繼續下去，因為你能夠成為這段關係中更有意識的合作夥伴。如果你的伴侶不誠實，或者你一開始就發現自己在這段關係中不誠實的原因，那麼這段關係也許就會消失。也許你會發現嚴重的不足感，需要先治癒才能真正投入任何關係中。無論你的故事是如何展開，受你擁戴的嫉妒都將使你能夠保護自己與伴侶的心。擁抱嫉妒中的智慧，裡面有強大的治癒作用。

如果你在生活中花不少時間來壓抑或爆發你的嫉妒，你可能會發現那個困在嫉妒背後的情緒世界——尤其是憤怒與恐懼。你可能會發現羞愧、仇恨、狂暴與憤怒在湧動，或者你可能會感到不安、驚惶或迷茫；你可能會陷入冷漠或憂鬱，或者你可能會陷入悲傷、絕望或悲慟。不要病理化或效價這些感受！如果你單純地歡迎它們、引導它們並認可它們提供的精采資訊，那麼所有的情緒都會在你身上流動。如果需要，你可以轉而關注那些找上你的任何情緒的章節，但首先要知道這一點：運動與流動的增加代表你所做的一切都是正確的！站穩腳步並祝賀自己，你的情緒流又回來了！運用你的多重智力，感受你的身體，與你的視野連接，並記住：你有情緒，但你不只由情緒組成。情緒不是來折磨你的，它們是你的工具、你的嚮導、你的保護者與你的盟友。

當你完成嫉妒現在可以辨識的心理契約，請重新集中自己，更新自己的接地，照亮自己的界限，並儘快讓自己回春。嫉妒可以幫助你發現並消除大量的資訊與舊的行為。你心靈的這種深刻變化會立即警告你的停滯傾向，所以你應該讓自己的每一部分都回春，重新獲得活力。有意

識地為自己補充能量，會讓你邁向停滯的行動就像你邁向改變的行動一樣，經過仔細的思考。你完成的時候，感謝你的嫉妒，並讓它知道，未來還是很歡迎它幫助你選擇、維持與守護你生命中最重要的關係。

在這個練習中，我想推薦一本關於如何選擇關係的書。這本書沒有專門討論嫉妒的天賦，但你學習如何辨識與選擇伴侶的時候，這本書必讀，這本書叫《你是對的人嗎？》（*Are You the One for Me?*），作者是芭芭拉‧德‧安吉利斯（Barbara De Angelis）。沒錯，這是一本關於關係的書，充滿承諾、原則、極為重要且令人興奮的內容[1]。這本書是稀世珍寶，因為它可以幫助你辨識自己過去同意的內在關係心理契約，以便你**現在**就可以針對這些心理契約重新談判，並建立可行且健康的戀愛關係。這本書對於那些具有超高度同理心的人來說尤其重要，他們常常會先滿足別人的需求，然後再考慮自己的需求（如果他們有考慮的話），並在十年後陷入一段無法為他們提供愛的關係中。讀這本書就對了！

我還推薦一種名為「道德同理八卦」的夥伴練習，它可以幫助你了解嫉妒與羨慕中的社會與社會學天賦。該練習的內容很多，但你可以在我的網站 karlamclaren.com/the-language-of-emotions-book 上找到這個練習與其他資源。

如果你的嫉妒陷入困境該怎麼辦

持續不斷的嫉妒很少是病態的，它可能會造成破壞、不舒服，而且常常令人尷尬（羞愧與嫉妒經常一起出現，因為兩者都會幫助你監控自己的行為與人際關係），但它很少無緣無故突然出現。然而，強烈的嫉妒往往令人痛苦，加上我們都不敢跟別人談我們的嫉妒，以至於當事人很容易認為是自己精神錯亂。儘管上述嫉妒練習中的所有技巧都將幫助

你克服任何程度的嫉妒陷阱，但這種情緒如此強烈（並且已經極度不受歡迎），以至於光是接近它就可能會讓人感到畏懼甚至不可能接近它。如果是這樣，那就是時候尋求協助了。有一種以依附為本的療法，稱為情緒聚焦治療法（emotion-focused therapy），可以幫助你克服嫉妒。不過，最重要的是，不要讓任何人想辦法消除你的嫉妒，叫你去追求某種「更好」的情緒。在嫉妒的領域中，你的神聖任務是恢復你的界限、你的直覺與你選擇與維持忠誠關係的能力，而不是永遠擺脫嫉妒令人難以置信的治癒力量與它的關係天賦。

尊重他人的嫉妒

如果你能單純地幫助他人認可並傾聽他們的嫉妒，你就是在提供很好的治療服務。如果你因為別人的嫉妒而與之爭論或羞辱他們，你就會削弱他們的本能與界限。然而，如果你能接受嫉妒有效果且有目的，你就會幫助這個人恢復界限與本能。你不需要成為聖人或顧問，嫉妒有其獨特的訊息與本能，所以你只需要詢問嫉妒的人感受到什麼。這將會幫助他們認可嫉妒中的直覺，並證實那些提醒他們遇到麻煩的信號正確無誤。

如果你認識那些在持續的嫉妒循環中掙扎的人，你可以幫助他們認識自己的嫉妒，了解嫉妒總是在他們的福祉與親密安全受到真正挑戰的時候產生，透過這些幫助從而創造神聖空間。如果他們與不忠的伴侶糾纏不清，你可以透過單純讓他們說出來來幫助他們確認情況。如果問題不是出在伴侶身上，而是出在他們自己的不安全感或擇偶不當上，你也可以讓他們說說看，幫助他們認清情況。然而，如果他們的嫉妒持續不變，你應該要幫助他們找一位好的治療師，幫助他們發現隱藏的問題，

這些問題會擾亂他們體驗治癒親密關係的能力。嫉妒是一種強烈的情緒，如果使用不當，就會陷入回饋循環，讓人陷入急流之中──這代表朋友所能提供的幫助無法滿足他們的需求。

記得歡迎各種形式的嫉妒：你對人際關係與親密關係的輕微且自在流動的智力、你辨識與回應忠誠與背叛的中等狀態能力，以及你對自己的關係或親密關係遭受嚴重威脅時的強烈認知，或你以健康的方式與他人建立聯繫的能力。歡迎並感謝自己的嫉妒。

20. 孤獨 LONELINESS
聯繫的渴望

孤獨不是一種情緒，它比較像一種渴望或動力，但它包含很多情緒，因此需要單獨的章節。

自從本書的初版出版以來，大家一直希望我將渴望或動力（例如：慾望或飢餓）添加到情緒列表中，也有許多人會詢問某些特定的狀態是否是情緒，通常問的是一種已經存在的微妙情緒，例如：沮喪（輕微憤怒）、懷疑（中等恐懼）、羞辱（強烈羞愧）等等。書末附錄中的情緒詞彙表幾乎包含大家可能會問的所有情緒狀態。

但大家最常問到的狀態就是孤獨。它在我們的詞彙表中被列為「中等嫉妒」，不過我並不認為孤獨本身是一種情緒。孤獨的簡單形式是「一種聯繫的渴望」，我們想要與需要跟他人在一起的時候，就會感到孤獨。孤獨屬於嫉妒（與羨慕）的範疇，但它也是一種多重情緒狀態。我將這一章關於孤獨的內容放在兩種社交情緒（嫉妒與羨慕）之間，因為兩者都有助於我們辨識與培養健康的社交聯繫與社會安全。然而，如果你問大家在孤獨中還有什麼感受，你會得到幾十種不同的答案，有些人將能夠辨識許多不同類型的孤獨，每一種都有自己的情緒分組[1]。

舉例來說，如果孩子因為父母忙碌而感到孤獨，他們可能會感到憤怒與悲傷，會羨慕與嫉妒任何讓父母忙碌的人、事、物，還會對父母何時有空感到焦慮。如果一個沒有朋友的孩子因為缺乏人際關係而感到孤獨，那麼他們的孤獨經歷中也可能會感到悲慟與憂鬱。如果一個人因為

身處在陌生的新城市而感到孤獨，他們可能會感到恐懼、焦慮、悲傷、幸福（關於未來可能發展的關係）或憂鬱。

　　如果某人的配偶去世，他的孤獨可能會包括哀悼、回憶、回想、思念失去親人時的所有情緒。如果一個人比朋友與家人都活得更久（或者已經與他們分離），並且無法找到新的聯繫，那麼他的孤獨也可能包括恐慌與自殺衝動等生死攸關的情緒。每一種孤獨的情況都說明「人對聯繫的渴望」，但每個人的情緒組合都是獨一無二的。

共同調節的渴望

　　研究員麗莎・費德曼・巴瑞特（Lisa Feldman Barrett）在她的著作《情緒跟你以為的不一樣》（*How Emotions Are Made*）與《關於大腦的七又二分之一堂課》（*7½ Lessons about the Brain*）中，描述了所謂的「身體預算」及我們如何共同調節彼此的情緒。孤獨可能是一種渴望，讓我們知道自己需要情緒上或生理上的共同調節。人是社交物種，在嬰兒期與兒童期需要其他人來幫助我們的大腦發育，然後一輩子都需要溫暖的社會聯繫來幫助自己生存與發展。我覺得，聯繫與共同調節的渴望，可比為飢餓與口渴的渴望，我們需要其他人與健康的社交結構，來讓我們自己穩定。人際關係以一種極為真實的方式在滋養著我們，嫉妒與羨慕尤其可以幫助我們辨識與培養健康的關係，以及我在《工作中的情緒力量》（*The Power of Emotions at Work*）一書中所說的「情緒調節良好的社會結構」。我們都知道，強制社會隔離或不健康的社會結構所造成的孤獨，是極大的健康風險。我們在身體與情感上都**需要**彼此，我們需要愛、歸屬感、人際關係與社會聯繫等滋養生命的食物。

　　因此，孤獨可以是一種可以解決的渴望，例如：擁抱愛人的渴望或

與叔叔交談的渴望，因為他十分了解你。然而，有些形式的孤獨是無法解決的，也無法對他人的存在做出反應。舉例來說，你可能會覺得極度孤獨，覺得過去和未來都沒有人會愛你，沒有人能真正了解你。這種持久而無法解決的孤獨，就像連食物都無法滿足的持續飢餓，或者你喝多少水都無法滿足的持續乾渴。持續的孤獨在某種程度上會削弱共同調節與歸屬感的渴望。一些針對持續孤獨者的研究發現，他們常常在身體上與他人（甚至是伴侶）保持距離，因此即使他們與人在一起也會感到孤獨[2]。不論他們與其他人之間的距離有多近，他們與他人「建立聯繫並體驗滋養的共同調節」的能力，都彷彿都被阻止了（這有可能是界限／憤怒／羞愧問題嗎？）。另一項研究發現，睡眠不足、社交退縮與孤獨之間存在關聯性，這可能代表持續孤獨的人缺乏與他人成功聯繫與共同調節所需的能量（這有可能是憂鬱或冷漠問題嗎？）[3]。

依附理論（attachment theory）將我們與人聯繫的方式分為安全型（secure）、焦慮型（anxious）、迴避型（avoidant）或迷失型（disorganized），它可以為我們提供一條途徑來理解對他人的存在沒有反應的持續孤獨。一個持續孤獨的人在尋求共同調節的過程中可能會出現迴避或迷失。但也有人認為依附理論並不穩健[4]，它沒有考慮到人的個性特質，而且常常將依附類型普遍化，而不是將其視為獨立情境（舉例來說，你可以安全地依附你的伴侶，但同時迴避他的家人或你的家人，又在工作中焦慮依附你的主管）。這些依附類型可能不像情境決策那樣具體，但如果你經歷持續孤獨，而你在共同調節的夥伴面前無法解決這種孤獨，那麼不同形式的依附概念可能會有所幫助。

心理學家雪莉・奧蘭德（Sherry Olander）也關注兩種有助於辨識的孤獨：與他人沒有聯繫的孤獨（不論原因為何），以及感覺與自己沒有聯繫的孤獨。第二種形式的自我孤獨可能包括不平衡，也就是憤怒的界

限設定情緒無法使用，但羞愧的行為控制情緒卻用不切實際的羞辱訊息淹沒自己。憤怒與羞愧這兩種情緒幫助我們搭建舞台並創造神聖空間，讓第五元素的自我得以生活與呼吸，但如果它們無法完成自己的工作，我們可能會與自己的靈魂中心變得疏遠。如果我們沒有健康的界限，如果我們的羞愧被有毒的訊息取代，我們就很難或不可能與自己或他人真正建立聯繫或建立深厚的親密關係。

如果你追求共同調節的渴望不足以幫助你體驗健康的聯繫與親密關係，那麼觀察你的關係（過去與現在）的狀況可能會獲益良多——不但有與其他人的關係，還包括與你的情緒的關係，特別是與憤怒家族的情緒、你的嫉妒與羨慕之間的關係。

孤獨的重要性

「獨處」的孤獨有一個重要的成分（其實有不少人喜歡獨處，並且在獨處時並不感到孤獨）。這種形式的孤獨在藝術、哲學與靈性中非常重要，因為在藝術或哲學裡，我們有時候會需要獨處或感到孤獨，或需要體驗分離，才能思考與夢想新的想法、新的形式新的未來。

這種獨特的「追求無法解決、無法取得的聯繫」的渴望，可能是我們遠見火象元素的一個面向。很多偉大的藝術家、思想家與神祕主義者在試著與他們的神、新的藝術形式、原始意象或普世真理聯繫的時候，經常進入深刻且持久的孤獨狀態。有時候，這種「無法透過聯繫或共同調節來解決」的神聖孤獨，是通往新的認知或存在狀態的必經之路。

在第五章中，我們探討了平衡元素本性的方法，你為第五元素自我騰出空間，而遠離元素不平衡的系統、人與想法的時候，可能會感到孤獨。當你達到這種新的存在狀態，你可能必須放棄那些只能從不平衡的

位置（或從與你的一個或多個元素或智力脫節的地方）共同調節你的關係。有時候，孤獨是一種必要的狀態，了解孤獨時出現支持你的每一種情緒可以幫助你理解、忍受孤獨，並以耐心與希望度過孤獨的時期。孤獨雖然令人不舒服，但往往是從一種存在狀態到另一種存在狀態的必經之路。

當你探索自己的孤獨或探究別人的孤獨時，請觀察出現的情緒。每個人對孤獨的情緒反應有很大的差異，除了嫉妒與羨慕之外，我們無法真正創建一個適合每個人在每種孤獨情況下的情緒列表。學者也指出，我們推動共同調節的渴望極為重要，以至於許多（或全部）情緒可能會參與其中，幫助我們滿足這項渴望。孤獨不是單一的情緒，而是一種複雜的情緒狀態，但這些複雜的情緒相當個人，而且具有高度情境性。當然，當你探索自己的孤獨經歷，請關注嫉妒與羨慕，但要知道你不少（或全部）其他情緒也可能參與其中。

21. 羨慕 ENVY
互動雷達

獻禮

公平——平等——獲得資源與認可慷慨——安全感

內心的問題

我希望爲自己與他人提供哪些資源與安全感？
哪些不平等的現象必須改正？

干擾的跡象

無法要求或接受你需要與渴望的東西，或者狂熱的貪婪將你的需求
置於一切之上，包括道德與同理心。

練習

羨慕的出現是爲了幫助你在資源與認可方面建立安全感與平等。辨
別你是否在社交交往中對公平性做出回應，並檢查自己的自尊與自我價
值。你是否能夠健康且適當地獲得資源與認可？

其他人也有同樣的情況嗎？如果沒有，請先恢復你的界限，然後聽從你的直覺，這樣你就可以做出尊重自己與他人的決定與行動，以回應自己的羨慕。

羨慕的細微差別

輕微羨慕：公平、受到啟發、保護、慾望
中等羨慕：貪婪、慷慨、妒忌、平等
強烈羨慕：富裕、匱乏、貪財、貪心

你的羨慕自在流動的時候，你並不會公開表現出妒忌或貪心，相反地，你為他人的成就與認可（即使他們不配獲得這些成就與認可）而慶祝的時候，你內在的安全感會讓你在世界上處於有利的位置。然而，當你拒絕認可你的羨慕，你可能會很難開口要求自己需要的東西，要不然就是你可能會因為已經抓住自己所能得到的一切並積極努力獲取（或批評）別人擁有的東西，而破壞自己的人際關係與社會結構的穩定。

羨慕傳達的訊息

羨慕與嫉妒相似，它綜合了恢復界限的憤怒與直觀的恐懼。這兩種情緒之間的區別在於，「羨慕」幫助你建立並維護你的社會地位與物質安全，而「嫉妒」則側重於你的友情與愛情關係的健康與穩定。羨慕可以幫助你理解與支持資源與認可的公平、公正分配，它可以回應所有對

你的社會地位以及你與資源（金錢、食物、特權、保護、歸屬感與地位）的聯繫所產生的威脅。在遇到不公平或偏袒的情況下，或者你的資源因為尊重他人而（似乎）被剝奪的時候，羨慕會為你挺身而出。

大家不公平地將羨慕與嫉妒一起視為原始的、破壞性的情緒。但正如嫉妒一樣，自人類誕生以來，人類群體對羨慕的需求都沒有減少過。我們本質上就是一種社會物種，這代表我們需要嫉妒與羨慕來監控我們的社會關係、社會壓力與社會地位。這兩種情緒都有助於我們在人際關係與社會結構中發揮作用。

縱觀人類歷史，一個人在社會群體中的地位受到嚴重侵犯（侵犯者可能是入侵者、排拒者、或掌權的權威者）的時候，就會產生羨慕。在這些危機之下，羨慕會提供重新設定界限的力量，以及理解應該採取哪些行動（因為有太多行動可以選擇），來恢復公平與社會地位所需的直覺。如果個人的地位不穩定（或者更糟的是，被群體驅逐），羨慕中的力量與資訊會提供生存所需的能力與直覺，或許還會因此尋找新的群體。

在現代世界中，我們的社會地位與收集資源的能力所面臨的挑戰與威脅絲毫沒有減少。與我們的祖先相比，我們現在需要更多的金錢、更多的資源、更多的物品與更廣泛的基礎建設來養活自己。

這代表羨慕的力量與直覺（幫助我們連接與監督物質與社會保障的來源）對於我們的生存仍舊十分必要。我們的關鍵任務不是為了看似更愉快的情緒而消除羨慕，而是理解（並充分利用）羨慕在我們高度依賴資源的生活中，所提供的直覺與恢復界限的能力。羨慕具有非常重要的保護功能：它讓我們跟生活與成長所需的社會結構與物質支持安全地聯繫在一起。

想像一下這樣的情境：你已經做這份工作六年，而且你是慢慢晉升上來的。你現在已經搞清楚這份工作的結構、危機、職場的盟友、賤人

與八卦散播者，你知道如何解讀主管的情緒，並且知道何時以及如何以最有可能實施的方式建議改變。你喜歡自己的工作，且有優秀的遠見，但你覺得自己的遠見不可能得到充分支持。你考慮離開，但在其他地方你無法獲得目前的薪水或特休假，而且你才剛剛享有福利可以用七折費用去處理你早就需要處理的牙齒問題。總而言之，這份工作並不差。

然後有一天，公司進用了一位聰明的年輕人，你對他羨慕不已，他知道怎麼用你從未想像過的方式來對付你的主管，甚至是那些職場小人。如果你不知道怎麼應對羨慕，你可能會在兩個無效的選擇中擇一。第一個選擇是**壓抑**並踐踏你的羨慕，這可能會讓你看起來更專業，但由於你的羨慕是為了應對一個極為真實的威脅而出現的，它必須重新出現（很可能是以偷偷摸摸的方式讓你難堪）。當受你壓抑的羨慕再次襲來的時候，你可能會發現自己無意識地攻擊新人（或你的老闆！），而且「忘記」你自己重要的工作任務，或者無緣無故地犯下完全可以避免的錯誤。壓抑你的羨慕會顛覆你的界限，削弱你的直覺，降低你的效率，以至於你可能會自己危及自己的工作職位。這位新人甚至可能會被叫來幫助（或監督）你！你需要集中注意力並完全能夠獨立思考的時候，壓抑你的羨慕會讓你偏離使命。

你的第二個無效選擇是透過詭計或破壞來**表達**自己的羨慕。你可能會公開攻擊新人，進行秘密結盟以在他周圍進行操作，或者巧妙地冷落他迫使其退出群體。問題是：這種好戰的舉動都會傷害並貶低你與新人，擾亂你的工作環境，甚至可能使整個公司癱瘓——這些都會以陰險的方式威脅你的地位。

如果上級認為你欺負新人，你馬上就會很丟臉，並成為自私的「壞人」。如果新人的社交技巧比你更好，他就會找到繞過你的辦法（這代表他為了拯救自己，會不惜破壞你在公司的地位）。如果戰鬥佔用你大

量的時間與精力，你的工作表現就會受到影響。看了以上例子，不難理解為什麼羨慕的名聲如此糟糕。這種強烈情緒的壓抑與好戰的表達只會對其他人、你自己的地位以及你在這個社會結構中運籌帷幄的能力造成傷害。當羨慕沒有受到妥善管理的時候，很容易會兩種歸因謬誤都犯。

幸運的是，還有第三種治癒方法可以運用羨慕中的社交天賦。當你認可並歡迎你的羨慕，你就會擁有所需的內在力量與直覺，以有價值的方式重新評估自己的立場與這個新人所構成的威脅。不要透過壓抑來削弱自己，或者試圖透過破壞來削弱你的新同事，你可以利用羨慕中的活力來增強自己，並為這個人必定會為你的工作場合帶來的不少變化做好準備。當你能夠恢復自己的界限，在自己的神聖空間內觀察情況的時候，你就能承受這個人突然出現在你的社交圈所帶來的震撼。這個人的到來為你帶來令人震驚的新資訊，在這些新資訊的幫助下，你也會重新獲得審視自己在工作場合的行為時所需的平靜。如果你喜歡他，你可以歡迎他加入這份工作，並直接學習他寶貴的社交技能，或許還可以透過採用（或至少評估）他的一些技巧來增加自己的技能。

如果你不能容忍他，你可以做一些重要的黑暗工作（參見仇恨章節），這會提供你所需的力量，以便檢視為什麼你在工作場合的策略效果不佳，而對方的策略卻明顯有用。有了這些新資訊，你就可以重新評估自己在公司內的工作與職涯道路，這也許是你第一次看到自己對於在這種公司結構中工作的能力有多迷惑。

這不是什麼有趣的體驗，有時候甚至具有破壞性，而這就是羨慕出現的原因。你的社會地位以及你與認可、資源的公平分配間的聯繫受到威脅的時候，正如本例中明顯所示，你需要立即為自己注入界限的定義與直覺。你需要能夠獨立思考（**我希望為自己與他人提供哪些資源與安全感？**），迅速採取行動，恢復自己的自我意識。如果你的行為低於預

期，你可能會感覺到必要的羞愧。重置自己的界限，並立即打造並執行任意數量的雙贏局面（**哪些不平等的現象必須改正？**）。只要你願意使用，羨慕就會給你所有這些能力。

羨慕提供你所需的精確技能與能力，以有效應對你的社會地位或財務所面臨的任何變化或挑戰。如果有得到適當的認可與引導，羨慕就不會讓你變得好戰或服從，它反而會使你理解社會結構，使你有能力在這些結構中工作，或者拋棄這些社會結構（如果你不能在其中工作）；它還能幫助你在不貶低他人的情況下收集並培養資源與認同（貶低他人是一種短視近利的社會策略），增加你的社會生存技能。當你拒絕認可自己的羨慕，你就會變得不穩定、孤立且危險；但若你允許其自在流動，它會為你帶來內在的安全感與直覺。在我們的現代叢林中，當你努力恭敬地收集資源並創造平等與公平的時候，會出現很多挑戰與突然的變化，而你需要內在的安全感與直覺來迎接與應對它們。

▶ 羨慕的練習

當羨慕是處在輕微且自在流動的狀態下，它可以幫助你為自己與他人辨識並創造公平、平等與安全感。有一些羨慕的輕微狀態練習是創建夢想藍圖、五年計畫、目標與使命宣言。羨慕可以幫助你知道自己要什麼，但許多人還沒有學會如何處理輕微形式的羨慕（正如嫉妒），或者即使學會了，可能也沒有清楚地將其辨識為羨慕。我們大多數人只能在羨慕進入中等或強烈狀態後才能辨識它，因此這個練習會側重於羨慕的中等與強烈強度。在中等與強烈的狀態下，只要你發現自己的社會、物質或財務的地位與安全受到挑戰（或威脅）的時候，你的羨慕就會出現。羨慕中的憤怒很強大，所以一旦你感覺到，它就應該進入你的界限，你甚至可以想像自己點燃界限以增強自己（並保護你的羨慕目標免受傷

害）。當你能夠擁戴羨慕內的強烈憤怒並將其移出自己的身體，你就能夠讓自己夠平靜，集中注意力並獲得羨慕所帶來的直覺。就像嫉妒一樣，如果你試著在恢復界限之前採取行動，你可能會過度補償而爆炸，或者補償不足而崩潰。然而，如果你的界限先獲得強化與穩定，你將能夠在你的神聖空間內接地並集中注意力，你將能夠在那裡發揮你的多元智力、情感、身體本能、遠見與誠信。

在這樣的時候，被你的資源村圍繞很重要，因為如果你沒有被圍繞，你就可能會堅持自己的行為與態度，就好像它們是珍貴的傳家寶或重要器官，而不是你當時為了什麼充分的理由而採取的決定與策略。如果你可以將自己的行為視為策略，你將能夠探索並修改它們（利用心理契約銷毀），以支持自己以更有利的方式採取符合當前社會狀況的新策略。這並不是說，所有激起羨慕的情況都需要你改變自己的舉止或行為。然而，羨慕會產生，是為了應對你的社會與物質安全所面臨的真實威脅，這些威脅要嘛來自闖入者、可能不把你的最大利益放在心上的權威人士，要嘛來自內心的不安全感，削弱你有效融入社交世界的能力。

羨慕中的憤怒會賦予你力量，但所產生的恐懼會賦予你選擇任何改正或治癒行動所需的直覺與本能。羨慕會調動憤怒與恐懼這兩種情緒，因為這兩種情緒在這種情況下都是必要的。這不僅是採取行動的時刻（尤其是你的界限受到損害的時候），也不僅是恢復自己的界限與過去地位的時候（你之前的地位可能處於危險之中）。改變已經發生，你的羨慕會升起，讓你在改變中持續受到保護、有作用且敏捷。

如果你可以向自己的羨慕目標、上級或工作的權威機構、自己的職位或頭銜（以找到你對這種身分可能已經產生的期望）及其他任何東西提出心理契約，或者向那些從你的羨慕自然而生的事物提出心理契約，你就能夠發現自己許多的信念與立場。你可能會發現與你在社會結構中

的價值與地位有關的核心信念，發現與你在父母與家人眼中的價值有關的童年規劃，曾經被壓抑但至今仍然主導你行為的兄弟姐妹與同儕問題，甚至可能是你試著透過拒絕輕易融入任何社會結構來維護自己的獨立性。

當你歡迎且恭敬地引導羨慕的時候，它將幫助你發現那些持續困擾你當前行為的未解問題與磨難。你恢復自己的界限、直覺與社交專業知識的時候，你就不必因為羨慕而崩潰或爆炸，因為你將能夠以不少可行的辦法來評估與面對導致羨慕出現的情況。

請注意，羨慕管理不當，會為你的整個情緒領域帶來麻煩——尤其是憤怒家族與恐懼家族的情緒。如果你在引導羨慕的時候感到羞愧、憤怒、狂暴、仇恨、淡漠、恐懼、焦慮、驚惶與混亂，請不要感到驚訝。任何壓抑的情緒都會在你的情緒領域形成一座水壩，釋放它可能會讓你其他的情緒往前湧動一段時間，直到你的情緒流恢復。這當然是緊張的經歷，但你已經掌握應對任何情緒波動所需的技能與練習。如果你能注意到並歡迎這些情緒（你可以跳到負責處理你所感受到的情緒的章節），它們提供你治癒自己所需的資訊與重點，然後直到你再次需要它們之前，它們會回到自己的輕微形式。

請記住，你的任務不是管理你的情緒，而是成為流暢且敏捷的媒介，讓情緒能量與天賦可以自在流動。無論你的情緒是愉快的、不舒服的、微妙的還是強烈的都無關緊要，重要的是你要運用自己的技能來歡迎它們、引導它們並尊重它們的重要資訊。記住能夠應對所有強烈情緒的經文：「唯一的出路就是撐過去。」

當你檢查並摧毀羨慕現在可以辨識的心理契約，請重新集中自己，更新你的接地，照亮你的界限，並盡快讓自己回春。引導羨慕會為你的心靈帶來巨大的變化，因此，你應該利用自己的回春練習來重新填滿個

人領域的每個部分，這樣你走向停滯的行動就會像你走向改變的行動一樣刻意且深思熟慮。你完成後，祝福你的羨慕，並在自己的情緒領域賦予它一個尊貴的位置。它會給你內在的力量與意識，讓你觀察甚至為他人的成就與認可慶祝，同時培養自己與資源、社會支持與認可間的聯繫。

在本練習，我想回到一本我推薦的書，這本書與「有意識的抱怨」相關。芭芭拉‧謝爾（Barbara Sher）的經典著作《願望魔法》（*Wishcraft*）幫助你在工作與生活中找到並追隨你的夢想，她引導你完成一些簡單的練習，幫助你確定對自己來說什麼很重要，你想要如何生活，你理想的一天與理想的職業是什麼，以及你希望自己的生活如何展開。《願望魔法》幫助你融入幸福的家庭情緒，幫助你夢想並展望光明的未來，同時，芭芭拉的著作會幫助你取得你的羨慕所擁有的天賦。這本書有點像夢想藍圖（這是一個很好的羨慕練習），但它也可以幫助你將夢想、願望與願景帶入日常生活。

如果我沒有讀過《願望魔法》，我就寫不出來現在你正閱讀的書。《願望魔法》是在我還是一名單親媽媽、剛擺脫無家可歸困境的時候所讀的書。我從小就想成為作家，但我卻無處可去，我窮得要命，我與兒子都因為失去一切而精疲力盡。我十六歲就輟學，我有語言學習障礙，而且我在寫作這一行不認識任何人。《願望魔法》讓我與自己不可能的夢想保持聯繫，而芭芭拉的「困難時期」抱怨練習（我將其修改為「有意識的抱怨」）有助於讓我與自己的情緒、動機、價值觀與夢想保持聯繫。我們都需要幫助與支持來創造出夢想中的生活，而《願望魔法》已經為數百萬個像我這樣的人提供幫助與支持。

感謝芭芭拉‧謝爾為羨慕天賦創造一個空間！

如果你的羨慕受困該怎麼辦（或陷入貪婪）

如果羨慕對你來說是一顆巨大的絆腳石，並且在你嘗試引導幾次之後，你的羨慕卻根本沒有消失，那麼你可能需要尋求治療師的協助。受困的羨慕很強大，它會把你扔進急流中。我發現嚴重且持久的羨慕常常與父母管教前後不一致或兄弟姊妹之間的競爭從未得到妥善處理有關。孩子的權利持續受到不公不義的對待與威脅，注意力與資源又不斷轉移到他人身上的時候，界限可能就會出現嚴重的損傷。反之亦然，如果孩子在太多權力的環境中長大，那麼他們的界限可能會出現嚴重的損傷，因此針對「什麼才是足夠」這件事，永遠無法形成健康的感受。這種界限損傷必定會導致不穩定的行為，從而擾亂孩子的其他情緒與社交技能。

如果孩子長大成人後沒有與羨慕建立健康的聯繫，他們可能會成為多疑、自私且極度貪心的人，為了超越別人不擇手段。二零零八年的全球金融危機就是一個貪婪在各類金融機構中肆無忌憚肆虐的完美例子，最終形成一個將一切都吸進去的漩渦，讓許多人破產，原因竟單純是許多人（而且是有錢人）無法控制自己的貪婪。若一個人或機構不理解「什麼才是足夠」的概念，未受認可的羨慕可能會轉變為掠奪性的貪婪，將這個人或機構變成不顧一切、充滿墮落渴望的無底洞。對於政治人物與政府來說也是如此：當政治人物與領導者（他們往往來自過度放縱的上層階級）向政府灌輸不勞而獲的權利意識，他們往往將地球上的每個地方都視為可以擁有或控制的地方。美國政府對九一一襲擊事件的好戰、沙文主義、仇外與孤立主義反應就是完美的例子，說明不受控制的權力貪婪只能維持一小段時間——最終會將一切與每個人都帶入地獄。

雖然本書中的技巧可以幫助你治癒童年時期變成貪婪與自私的羨慕，但當你試著解決背叛、情緒與經濟上的遺棄或過度放縱、忽視需求

以及對如何實際構成平等與正義感到混亂等核心問題的時候，你會需要一位技術純熟的治療師在你身邊。如果你感到不知所措，請向外求援，找回自己的本能、直覺、界限、羞愧、榮譽感與羨慕足以改變人生的天賦。

尊重他人的羨慕

羨慕支持大家辨識與接收我們需要的東西，還幫助我們為他人創造公平與平等。羨慕的產生是為了應對社會地位以及與資源、認可之間的聯繫所面臨的真實挑戰，不論是在社會結構的外部世界還是在精神結構的內部世界都是如此。不幸的是，羨慕達到更明顯狀態的時候，可能很難與它相處。原因如下：對大多數人來說，羨慕往往與羞愧並存，因為幾乎沒有人學會如何引導羨慕，大多數人都為此感到羞愧。如果大家一生都在壓抑羨慕，他們的羞愧可能會因為自己不斷放棄的立場而不爽地出現（壓抑你的羨慕，有時候會保護你羨慕的目標，但壓抑總會危害你，且你的羞愧也完全不會喜歡）。另一方面，如果大家選擇以貪財與自我陶醉的方式來表達自己的羨慕，他們的羞愧也會不爽地啟動（你拒絕認可他人的時候，你的羞愧會加劇，不只是因為你的行為不好，更因為拒絕認可他人是糟糕的社交策略）。結果，很多人在自己的羨慕面前感到羞辱。

與羨慕打交道的另一個障礙是它的名聲很糟糕，有時甚至比嫉妒更糟糕。我們似乎更常被允許去嫉妒，而不是羨慕。然而，如果你能創造神聖空間，並透過幫助妒忌之人關注羨慕的獻禮（我希望為自己與他人提供哪些資源與安全感？以及哪些不平等的現象必須改正？）來認可妒忌之人，你將幫助他們再次與自己的直覺與資訊聯繫起來。這代表著他

們將能夠辨識自己所面臨的挑戰，探索多種可能的反應，並恢復自己的本能。你不需要提供建議或成為無所不知的聖人，羨慕會為這種情況帶來強大的治癒智慧。

如果你能透過邀請妒忌之人發言並探索他們的看法來支持、傾聽並認可他們，你將幫助他們發現自己與公平、平等、健康的社會結構、正義與不公不義有關的本能。然而，如果一個人的羨慕持續不變或反覆循環，你應該幫助他們尋找技術純熟的治療師，幫助他們挖掘更深層次的問題。有時候，人需要的幫助比朋友所能提供的還要多。

記得在羨慕以任何方式出現的時候好好歡迎它：它可能是你與社會結構有關的自在流動社會學智力；也可能是辨識與解決不公平與不平等的中等程度能力；以及你（與他人）的社會地位與安全受到嚴重威脅的強烈意識（或者你要求自己需要的東西並保留自己所擁有的東西的能力）。歡迎並感謝自己的羨慕。

22. 恐慌 PANIC　立即定格呆住
強大的保護者與治癒的見證人

立即的恐慌

強大的保護者

獻禮

突然出現的能量——集中注意力——絕對靜止——生存本能

內心的問題

目前的威脅是什麼？

請幫助我戰鬥（fight）、逃跑（flee）、僵住（freeze）

或逃往安全地帶（flock to safety）。

干擾的跡象

無法辨識危險或保護自己，或威脅到你健康與安全的魯莽行為

練習

你面臨生存威脅的時候，你會產生立即恐慌，它會給你四個主要選擇：戰鬥、逃跑、僵住或逃往安全地帶。相信你的身體會選擇完美的求生行動，立即恐慌蘊藏著你的生存天賦。等你安全的時候，花一些時間釋放自己強烈的能量（顫抖、移動、哭泣、談論發生的事情等），並安撫自己。

立即恐慌的細微差別

輕微立即恐慌：憂慮、覺察、謹慎、有方向

中等立即恐慌：驚慌、尋求安全、準備就緒、隨機應變

強烈立即恐慌：創傷癒合、高度聚焦、驚恐、聚焦在生存

恐慌有兩個非常重要的面向：「**立即**」與「**定格**」。面對危險的時候，立即恐慌有助於挽救你的生命，而定格恐慌則有助於你處理與治癒以前的創傷。首先，我們來關注立即恐慌。

恐慌是一種聰明且足智多謀的情緒，它的出現確實可以拯救你的生命。但與恐懼與焦慮一樣，我們大多數人還沒有學會如何清楚辨識恐慌。以下是恐慌正常發揮作用的兩個例子：一是你用本能操縱汽車避開危險以避免車禍，或是你以極為平靜且專注的方式處理緊急情況（如房屋火災），等到危險已經過去**之後**，才會感到刺激或驚惶。我們或許會說，在危險情況中自己並沒有感到恐慌（恐慌只是在事後才出現）。但我們

錯了。恐慌是一種智力，它接管我們的身體、思想與情緒，並將我們變成令人驚訝、掌握全局的救星。事實上，我們確信自己沒有感到恐慌，以完全的專注及具有出色的本能，驚人地隨機應變的時刻，正是我們的恐慌自在流動的時候。

可悲的是，恐慌（與恐懼家族的其他成員一樣）具有負面的效價，而我們多數人都被教導要把自己的恐懼家族視為問題。結果，我們往往不去學習要如何處理這些強烈的情緒。我們也容易將恐懼、焦慮與恐慌相互混淆。它們之間的區別如下：**恐懼**包含你對當下的本能與直覺，它可以幫助你辨識周圍環境中的變化與新奇事物；**焦慮**關注的是未來以及你需要做什麼來完成任務並按時完成；而**恐慌**則在你的生命處於危險之中的時候出現。恐慌是你內心的生存專家，它提供你戰鬥、逃跑、僵住或逃往安全地帶所需的能量，並拯救你的生命（或他人的生命）。驚恐也是恐懼家族的一員，但我現在對它的看法略有修正，因此我將有關驚恐的部份移至附註[1]。

一旦你從創傷性磨難或傷害中倖存下來，恐慌也有一個重要的治癒功能，它可以幫助你重回當時的情境，重回當時助你生存的巧妙反應，並將當時的情境與你的巧妙反應加以研究與整合。恐慌的這個面向通常被歸類為問題或障礙（情景再現、焦慮發作、恐慌發作、創傷後壓力症候群等），導致大家將恐慌視為問題。事實並非如此。以下我們先關注立即恐慌，接著我們將探討恐慌的本質與治癒形式，而這些我在本章後面將其稱為**定格恐慌**。

立即恐慌所傳遞的訊息

我在創傷章節中曾說到，危險是生活中的事實。路樹會倒塌，牙科

治療會出問題，壓力會跑出來，汽車會偏離線道，有人會暴怒又出手揍人，性騷擾者徘徊不去等等，危險無處不在。問題不在於危險或我們對危險的反應，而在於一旦危險過去，我們可能沒有能力重新整合自己或恢復平衡。恢復韌性是創傷事件後重新整合自己的關鍵，但當我們碰到大洪水等級的恐慌時，這項任務可能會變得困難。恐慌會讓人衰弱，但它與我們所擁有的其他情緒有一些共同點：有些情境會將恐慌召喚出來，而恐慌擁有「要處理這些情境所需要的精確能量，不多也不少」。我們的情緒不會無緣無故地讓我們充滿巨大的能量！

你處理危險而產生恐慌的時候，如果有機會戰鬥或逃跑，此時需要的力量與能量，就是由恐慌來提供。它可以幫助你逃往安全地帶、僵住、必要時解離，並釋放大量的止痛腦內啡，這樣你就更有可能在受傷的時候倖存下來。所有這些準備工作都需要大量的精力，而恐慌中當然也包含著這種精力。危險過去後，你的恐慌會消退，但不會完全消失。它將保持啟動狀態，以便為你提供整合自己、搖晃與顫抖，以及以多種方式回顧痛苦所需的能量。

如果你不利用這段冷靜期，你可能會一直處於過動的狀態，然後你的定格恐慌就會被啟動，因為磨難沒有真的結束。

在危險中，與「立即恐慌」合作

當你處於真正的危險中，你的立即恐慌會迅速選擇最合適的行動來幫助你生存，並且以多種方式引導你度過危險。而選擇哪一種度過危險的方式，則依據於哪種方式可為你提供最大的生存機會。在某些立即恐慌的情況下，你可以問，目前的威脅是什麼？這可以幫助你關注當下，且關注自己是否處於危險之中。然而，在很多危險情況下，你沒有時間

詢問，此時你的身體會直接接管並拯救你。第二個問題（實際上是請求）——請幫助我戰鬥、逃跑、僵住或逃往安全地帶——幫助你專注於恐慌的時候可以採取的行動。但同樣地，如果你處於真正危險的情況，你無須發問——恐慌會在你思考之前就接管一切。

你讓恐慌來幫助你的時候，你可能會發現自己會以意想不到的方式行事：當你堅強的時候卻選擇躲開；當你溫和的時候卻選擇反擊或巧妙地處理情況；當你有活力的時候卻選擇放棄所有外在的情緒；或者你通常很平靜，卻顯得情緒激動。你的生命受到威脅的時候，你的恐慌會幫助你採取在日常生活中可能從未發生過的救命方式。當你可以相信自己的恐慌，你就不會壓抑這些本能，你會明白讓自己的恐慌與數十萬年來祖先所擁有的本能去掌舵是多聰明的一件事。你的恐慌會比你思考得更快，行動得更快，更快做出決定，如果你讓恐慌運作，它會不惜一切代價讓你活下去。

危險過去並且脫離危險後，你的恐慌會減弱，這樣你就可以冷靜下來審視情況。如果你能利用這個冷靜期，你激動的身體將能夠擺脫多餘的活化作用與腎上腺素（實際的身體搖晃與發抖是有益的，並且可能會自動發生），你的情緒將能夠恢復自己的情緒流，你將能夠以多種不同的方式回顧危險的情況。

不幸的是，我們大多數人都沒有利用這個機會冷靜下來。我們常常壓抑自己自然的發抖、情緒的高漲與精神的激動，假裝沒有發生任何異常情況。我們告訴別人自己很好，真的很好，不用擔心。這非常不明智，因為這個冷靜期會讓我們擺脫過度的活化作用，返回到日常功能，還可以透過多次運作來分析自己的經歷。這可能是恐慌最傑出的面向：如果它獲得尊重並好好引導，它就會（在我們的記憶仍然清晰的時候）立即給我們機會，以多種不同的方式審視並針對我們的緊急情況與磨難進行

談判。

這些演練或情景再現可以幫助你整合那些處於危險之中的時刻，它們對於你未來的生存來說絕對必要，因為你的生存技能不只是依賴祖先傳下來的本能，還依賴你在不知所措或面臨危險的時候，檢查並理解當前情況的能力。危險過去的時候，你的恐慌會消退，足以幫助你冷靜下來，但也會讓你保持精力充沛並專注於任務，這樣你就可以在精神上與情緒上重播這場磨難，並充分整合自己的經歷。這個重播過程利用危險情況裡的內容來幫助你深入研究自己的優勢與劣勢，以便你在未來變得更加熟練並懂得隨機應變。

可悲的是，我們大多數人並不會祝賀自己存活下來，感謝自己的恐慌所提供的出色幫助，也不會召集全村來幫助我們回顧並整合自己的經驗，而是學會壓制這種治癒過程。我們會質疑這種恐慌後的狀態（我活下來了！為什麼我現在要害怕？），或者透過迴避或轉移的行為（例如：分心或成癮）來抑制它。這種情緒壓抑的行為會讓我們陷入過動的恐慌後狀態，注定在未來造成問題。

定格恐慌的治癒天賦

如果你不整合自己的創傷經歷，你可能會一直處於警惕與準備狀態，你可能會發現自己疑神疑鬼、容易受驚且引人注目。你的身體將會無法放鬆，你的睡眠可能會受到干擾，你自我保健的習慣可能會消失，你也可能會開始以一種近乎強迫的方式循環回憶引起恐慌的情況——你可能會經歷持續的情景再現、惡夢、幻肢痛、迷失方向、情緒波動與任意次數的行為干擾。這裡，也就是定格恐慌的領域，是進入創傷式觸發行為第三階段的入口——歡迎回來。

定格恐慌

治癒的見證人

獻禮

治癒過去的創傷——擺脫循環模式——完成未完成的觸發行為

內心的問題

什麼東西被時間定格了？
必須採取什麼治癒措施？

干擾的跡象

恐慌的循環發作會使你無法動彈、解離或折磨你，或採取非治癒的行為，進而增加你的痛苦

練習

定格恐慌會幫助你處理未癒合的創傷，並為你帶來治癒與解決問題所需的能量。關鍵是利用恐慌帶來的能量採取治癒行動。記住：

你已經活下來了，定格恐慌可以幫助你重新面對創傷性的磨難，從

基本的生存轉變爲韌性與健康。

定格恐慌的細微差別

輕微定格恐慌：恍神、煩躁、猜疑、心神不寧

中等定格恐慌：神經質、顫抖、多疑、手足無措

強烈定格恐慌：解離、麻痺、恐懼、暴力

恐慌「發作」或情景再現的時候，你的心靈會極爲清楚地發出訊號，表明該進入階段三了，並重演那個「將你與日常生活的世界隔絕」的情況，探索「導致你恐慌的刺激因素」，並以本能與有力的方式走出創傷記憶。

這種練習可以幫助你重新整合並引導自己的恐慌，但它不會消除你靈魂中的恐慌——它不可以這樣，因爲你需要恐慌。生活充滿危險，有時候這是最好的生存策略，由你的恐慌挺身而出，幫助你戰鬥、逃跑、僵住、逃往安全地帶或解離。恐慌不是問題，在恐慌裡你的任務是雙向的：恢復自己的情緒流，以便恐慌可以在需要的時候流遍你全身，並在你的恐慌出現之後恢復你的韌性以挽救你的生命。恐慌是你的盟友。

如果你的生活中，一直碰到無法解決、持續發生的恐慌發作，而且變成了問題（而且你正接受醫生的治療），那麼你應該專注於接地練習，以便釋放一些困在體內的活躍能量，並將自己與大地連接起來。爲了安撫並治癒過度勞累的身體，限制使用興奮劑也很重要（咖啡、茶、汽水、減肥藥、草本能量飲、古柯鹼、甲基安非他命與巧克力）。另一些「不

太明顯」的興奮劑也最好加以限制，例如糖、賭博、過度消費與性愛成癮。興奮劑會讓你過動，常常將你的注意力從身體上移開，因此實際上可能會引發你的恐慌。

如果你使用興奮劑來提振自己並擺脫恐慌，那麼你很可能需要在睡前服用一些東西來讓自己鎮靜下來。另外，請檢查自己使用酒精或麻醉劑（止痛藥、香菸、海洛因、抗憂鬱劑、大麻、追劇與暴飲暴食）的情況，並重讀第六章關於逃避與成癮的內容，以便更清楚了解自己的心靈在生活中針對成癮行為與成癮物質所尋求的協助。

請善待自己，並了解成癮與干擾具有重要的情緒調節功能，可以讓你繼續前進。在這場邁向解脫的行動中，有重要的自我意識與生存資訊，要找到它們有比成癮更好的方法。該向定格恐慌提出的問題是：**必須採取什麼治癒措施？**這相當重要，因為恐慌會為你帶來許多能量，讓你得以採取數百種行動。但它們會是治癒性的行為，還是模稜兩可的行為？

以下的表格，探討模稜兩可的行為與治癒行為之間的區別。

應對定格恐慌的治癒行動	為了避免定格恐慌而採取的模稜兩可行動
接地並安撫自己	忽視自己的身體與需求
與你的恐慌密切合作	將你的恐慌視為負面效價
花時間休息	在電視或電腦前失神
尋求創傷知情治療	獨自堅持並承受痛苦
尋求友愛的支持	拒人於千里之外
在接地的焦慮幫助下，用心組織自己的任務	自己辛苦地工作，任務失敗，或者錯過最後期限
定期吃營養豐富的食物	吃得過少或暴飲暴食以麻痺自己，對完美的飲食著迷，或者完全避免進食

養成規律、健康的運動習慣	變得一動也不動，或者透過鍛鍊來分散自己的注意力，將自己的恐慌燃燒殆盡，或者讓自己精疲力盡
為自己提供資源並回春	利用藥物、行為或解離來獲得片刻平靜、解脫或幸福
有意識的抱怨	無意識的抱怨或讓自己沉默，因為不論怎樣都沒人會聽
燃燒你的心理契約	透過拒絕探索或挑戰有害的舊心理契約來強化它們
有意識地設定自己的界限	讓環境或其他人為你設定界限
尋找由正在應對類似挑戰的人所組成的互助社群	孤立自己或說服自己不可能治癒
選擇安全、舒緩且充滿愛的健康伴侶	選擇得不到或不穩定的伴侶來啟動自己的恐慌反應

　　以慈悲心觀察自己的任何模稜兩可行為，這點十分重要。我們大多數人不僅沒有學會如何應對恐慌，我們甚至不知道恐慌是什麼！請表揚自己已盡力設法度過人生。也請試著採用一些治癒行動（或創建自己的治癒行動）來支持自己，看看它們對你是否有效。我們都在學習並邁向完整，這些模稜兩可的行為會讓你繼續前進，所以要感謝自己。這些模稜兩可的行為是喬治‧波南諾（George Bonanno）在他優秀的著作《彈性心態》（*The End of Trauma*）中所說「應對醜陋（coping ugly）」的例子。當你學習如何應對定格恐慌並重新制定應對痛苦磨難的方法，這是一本非常有幫助的書。

　　我還在彼得‧列汶（Peter Levine）寫的一本名為《喚醒老虎》的書中學會如何應對定格恐慌。他發展的工作方式「身體經驗工作（Somatic Experiencing,®）」教會我如何以健康的方式處理恐慌後的狀態，這不僅

能賦予我力量，而且還有助於我找回恐慌的本質[2]。它幫助我認識到，我在可怕的童年中所做出的每個生存反應都幫助我生存下來，且避免更深的傷害。具體來說，解離是一種定格與逃跑的形式，幫助我盡可能遠離發生在自己身上的事情。對於一個沒有其他力量的小孩子來說，這是一種極棒的反應。我可以全身而退，謝謝你，恐慌！

但我花了幾十年的時間才從解離狀態中恢復過來，因為沒有人知道如何幫助我，也沒人知道我使用了哪種形式的恐慌。醫生不理解恐慌，也不理解我作為生存專家的立場，他們只認為我破碎且精神錯亂。我看到很多抹除技術如雨後春筍般湧現，幫助大家忘記事件、壓抑與消除恐慌、回歸「正常」生活。對我來說幸運的是（儘管這代表我在沒有幫助的情況下掙扎許多年），我以前太窮，無法獲得這種類型的心理保健。《喚醒老虎》這本書讓我了解恐慌的本質並學會如何治癒自己。

如果你能有意識地重演一次創傷性的磨難，你就可以用上所有的生存天賦，並在你哭泣、喊叫、渾身發抖、到處亂跑、講述自己的浮誇情節或陷入困境的時候，釋放你多餘的能量與腎上腺素，或陷入精疲力盡的睡眠——所有這些都可以恢復你的情緒流與韌性。如果你能在恐慌的幫助下有意識地刻意處理情景再現，你就會以一種安全且可控的方式回到第一階段的孤立與第二階段的磨難。回去之後，你可以觀察到自己出色的生存技能，並得意洋洋地完成觸發行為，然後歡迎自己進入第三階段的神聖領域——結局將會很美好。

準備與定格恐慌合作

如果你很容易出現強烈的定格恐慌，請不要漫不經心地進行這種練習。在開始之前，請先讓自己與身體平靜下來。在你進入「與定格恐慌

合作」之前，你得先擁有所有的技能與練習，並且對自己何時處於與脫離解離狀態，有清楚的感覺。你還必須能夠辨識與引導所有其他情緒，因為你引導定格恐慌的時候，所有其他情緒中的任何一個都可能會出現來幫助你。你也必須極為敏捷。此外，由於定格恐慌會擾亂你的身體與能量水準，因此在嘗試引導恐慌之前，你可能需要透過多種方式來增強自己的身體。尋求醫療與心理幫助是個好主意，無法緩解的定格恐慌可能很不穩定！

你這樣做的時候，可能會需要一位身體治療師陪伴你。透過情景再現讓身體工作，看起來會像這樣：你集中注意力，讓自己在強大的界限內接地，並用憤怒點燃自己的界限（這會為這個過程創造出一個儀式空間）。如果你的恐慌相當令人痛苦，你可以將一些恐慌從自己的身體中傾倒出來，進入自己明確定義的個人空間，這樣你的身體就可以放鬆一點。你可以將自己的恐慌想像為一道光、一種顏色、一種聲音或一種運動模式，然後看到或感覺到它流入你的個人空間，用這種方法來傾倒恐慌。你甚至可能想跳來跳去，身體搖擺一下，以釋放一些過度的激動。然後，你處於中心位置的時候，你可以有意識地在你資源豐富的神聖空間內重演需要恐慌的情況。

「**有意識**」這個詞在這裡十分重要，你別只是單純重溫該事件（你的恐慌早已知道發生什麼事，你現在需要的是「新資訊」）。你在腦海中經歷這種情況的時候（腦海裡就是你的神聖空間），你可以帶著想像力處理它，而不是受它困擾。你可以加快或減慢它的速度，可以倒帶、操縱並仔細研究它，你還可以透過身體動作來表演場景，並進行角色扮演，模擬當初如果拿出不同的反應會怎樣，要模擬幾次或幾種反應都可以。如果你當時在實際情況中僵住，但你想跑，你現在模擬時應該要想像自己在跑，也許你可以真的在房間裡跑起來。然後，你可以嘗試定格、

大喊大叫、突然轉向、拳打腳踢、哭泣、逃往另一個人或群體所在的安全地帶，或者任何發生在你身上的事。

理解、整合與解決這些情景再現的關鍵是去做完你做出的每一個動作，然後以勝利的姿態結束你的重播（即使你在實際的事件中沒有勝利）。你身處神聖空間的時候，當初的事實情況如何並不重要，重要的是，你的任務是利用自己的恐慌來學習、嘗試新事物，增加自己的選項並提高自己的生存技能。提醒自己，你已經是生存專家了，你活下來了！這些情景再現只是想讓你成為更有技巧、更足智多謀的生存專家。

若我們將「情景再現」作為一種很有效的生存工具，則這些重播會變得有趣，幾乎滑稽。你可以從崩潰的受害者姿態，轉變為強大的倖存者姿態。你的恐慌可以帶來敏捷、足智多謀且幽默的「魚躍龍門則成龍」立場，這將幫助你以全新的眼光看待自己。如果你需要反覆執行情景再現（因為場景中可能還隱藏更多的生存資訊），你並不會因此認為自己頭腦混亂，你反而想要專注且充滿活力地參與每一次重播。然後，你取得事件中包含的所有資訊後，你就可以鍛鍊自己，燒毀任何你需要的心理契約，並讓自己回春。我們大多數人都遠離自己的恐慌，無法擺脫恐慌後的狀態。這樣真是太可惜了，因為恐慌實際上可以救我們一命。安全專家蓋文・德・貝克（Gavin de Becker）在他精彩的著作《求生之書》（The Gift of Fear）中寫道，幾乎他採訪過的每一位暴力受害者都能夠回憶起很久以前的細微線索與揮之不去的感覺，這些線索與揮之不去的感覺會幫助他們預測並避免即將發生的暴力。他大部分的工作是致力於幫助大家傾聽自己具保護性又巧妙的恐懼（實際上是恐慌，因為會需要恐慌的救命天賦），不管他們的恐慌是公開出現還是以不太明顯的方式出現。德・貝克本人就是童年暴力的倖存者，他深入自己的傷口，帶回關於恐懼與恐慌的驚人真相，而這些真相可以挽救生命。他就是一個很好

的例子，他已經完成三階段的觸發行為，現在成為我們所有人的導師與保護者。

恐慌知道這個世界充滿危險與新奇的情況。只要你願意，它會努力幫你為危險與新奇的情況做好準備。恐慌希望你能活下來，請感謝、關愛並認可你的恐慌。它會喚醒你的生存本能，讓你不會做出危險的舉動，也會在危險不可避免的時候保護你，並在危險過去後幫助你重新整合自己並為你提供資源。

「定格」的獻禮

在不少危險或帶來創傷的情況下，「戰鬥」與「逃跑」並不是我們最好的生存選擇，因為我們可能不夠強壯或跑得不夠快，也可能沒有安全的人或地方可以逃往。如果我們的恐慌可以幫助我們在面對極端危險的時候「定格僵住」與「解離」（或進入驚嚇或麻木狀態），我們往往就能在無法生存的情況下倖存下來。很多時候，定格僵住是絕妙的選擇，它可以使我們的感官在承受到無法忍受的痛苦時變得遲鈍，保護我們免於無法承受的刺激，並向我們的攻擊者呈現出屍體般的舉止。我們沒有表現出任何情緒與發出聲音或動作的時候，攻擊者可能會對攻擊失去興趣（這是負鼠的求生策略，而且很有效！）。然而，當你使用這種策略，等到你安全了，很可能無法重新檢視、重新談判與整合局勢，因為一般人常常將定格視為懦弱。如果你不明白恐慌的目的，你可能會鄙視自己與其他人的定格行為，這代表你可能無法度過與定格有關的創傷事件。

讓我再次提醒你，引起恐慌的創傷性磨難並不限於重傷害、戰鬥受傷或犯罪行為。這些磨難可能源於目睹事故或暴力等平凡事件，也可能源於日常的醫療或牙科手術，甚至可能源於我們許多人所遭遇的日常謾

罵、偏見、過度刺激或孤立所帶來的情感攻擊。如果你經歷過定格恐慌，但你無法將其追溯到任何你會稱之為創傷的事情，請觀察自己的需求與自己的敏感性（而不是聽那些希望你堅強或「克服它」的人所說的話）。不要犯這種錯，將恐慌反應歸咎於暴力犯罪或血腥車禍。你是敏感且獨特的生物，這代表著你會以自己獨特的方式對自己所遭遇到令人震驚或不知所措的事物做出反應。觸發行為的第一階段與第二階段對你來說是獨一無二的，進入第三階段也是如此。

可是當你的恐慌迫使你定格與解離的時候，你根本就動彈不得——更不用說進入第三階段。這就像同時著火，同時又被困在冰塊裡一樣。這種恐慌讓你充滿熱量與能量，但卻迫使你完全定格動彈不得，這在理智上完全說不通。然而，若你能夠充分認知到這種情況，你就可以利用自己的技能來認可恐慌的兩個面向：你可以透過集中注意力、安靜地坐著來認可強制的靜止狀態；也可以透過強烈地照亮自己的界限、讓自己牢牢地接地、將恐慌從自己的身體轉移到充滿活力且受保護的個人空間等三個策略，來認可過動的狀態。

恐慌會帶來足夠的力量幫助你在經歷創傷後重新整合自己。如果你能保持接地並依靠它的幫助，恐慌將幫助你重新克服創傷，恢復本能，並恢復生機。但請不要誤會——這還是一個很緊張的過程。恐慌可能會讓人感覺高溫熾熱、天寒地凍、疼痛時隱時現；你可能需要亂踢、大吼大叫或在房間裡跑來跑去。你從瀕死經驗中恢復過來並重新整合自己的時候，你可能需要發抖、搖晃、咒罵、亂踢或打架——就像我童年照護的動物在被汽車撞或被狗咬傷後回到自己身體的時候所做的那樣。但是，你恢復原狀的時候，你的恐慌就會自然消退（它自己想要這樣做），你的生活也會恢復正常。你重新整合的時候，你將能夠再次移動、思考、做夢、睡覺、感受、歡笑與關愛。這並不是因為你完美無瑕，也不是因

為你已經從靈魂中抹去所有創傷的痕跡，而是因為你資源充足且再次完整了。

如果你能學會將定格行為視為天才級別的反應，你就可以充滿活力與勇氣地重新進入定格狀態，恢復自己的情緒流，並有目的地進入創傷式觸發行為的第三個也是最後一個階段的縝密領域。

▶ 定格恐慌的練習

應對定格恐慌的身體需要大量的舒緩，而接地練習可以提供令人輕鬆的解脫感。提升你的接地將幫助你解除定格狀態，而每一個其他的同理心正念練習都將幫助你準備好重新審視並針對最初的磨難重新談判，以創造不少新的結果。

你處於定格恐慌狀態的時候，你可能會發現自己體內儲存大量的能量。很棒！在你進入情景再現前，將這種能量注入你的界限與個人空間會有幫助。這種技巧可以幫助你平靜自己的身體，重振自己的界限，它也可以使「你自己」與「你的恐慌蘊藏之能力與力量」之間保持聯繫。你可以在重播的過程中使用它來像風一樣奔跑、躲避與佯攻、擺脫困境奔向自由、像血腥謀殺一樣尖叫，或者哭得死去活來。在重播的過程中，你應該要將自己的身體視為生存專家，並遵循其智慧。如果你想蜷縮成一顆球，那就這麼做吧；如果你想要拳打腳踢與自由搏擊，那去做吧；如果你想顫抖、嚎叫、躲在衣櫥裡或渾身發抖，那就去做吧。你採取的每個行動都會增加你的生存技能與資源。

然而，你可能會遇到一個困難：當你用想像力重新審視最初的磨難，你可能會解離！由於恐慌可以啟動解離（這是其重要功能之一），因此重播第一階段的分離與第二階段的磨難可能會讓你再次經歷解離與麻木。這當然具有破壞性，但你擁有技能的時候，它實際上並不會成為治

癒時的障礙。如果你無法在整合狀態下完成重播（如果你從身體中抽離，或者如果你對事件缺乏有意識的記憶），你可以先從富有想像力且解離的位置來處理情況與自己的反應。

基本上，你要（在安全的地方）接地並專注於當下，並想像或設想與你類似的磨難，然後你可以想像自己是救援者──拯救自己！我必須使用這種技巧來讀取我自己的性侵記憶，因為第一次性侵發生的時候我還很小，氣氛與情況都很糟糕，我無法以任何有用的方式讀取這些記憶。一旦我開始以這種想像的方式讀取並處理我的創傷經歷，我就能夠以成年人的身分進入並一次又一次地拯救年幼的我（我可以告訴你，我家裡出現很多大吼大叫與打拳的場景！），而且效果很好。幾天之內，我的身體開始產生自己儲存的痛苦（我能夠處理並消除這些痛苦），我的思想開始能夠組織其破碎與斷開的記憶（這使我能夠焚燒該行為的心理契約，以及我現在可以將其視為創傷信念的心理契約），而且我的情緒變得更加清晰且流暢（這為我提供深入了解那些重播時所需的資訊、勇氣與資源）。

在這種解離的位置上努力幾週後，我開始能夠進入自己的身體，將自己置於我從小就記得的幾個位置，並在重播中打架、尖叫並擺脫困境──而且總是從得勝的姿態完成每一次情景再現，感覺超棒的！我的身體重新甦醒，我的想法充滿資源，我的情緒成為我的盟友（而不是來折磨我的），我的注意力牢牢地依偎在我的身體裡──因為它不想去其他地方。現在，創傷記憶出現的時候，我可以留在自己的身體裡，因為我知道我夠安全、夠敏捷且夠足智多謀來處理這些創傷記憶。幾十年來，我為了要「快樂」而逃離那些可怕的記憶，誰知道跳進其中反而會帶來力量、治癒、歡笑與喜悅呢？

每次你經歷定格恐慌的週期時（無論你是解離還是整合），使用你

的回春練習很重要。引導恐慌會在你體內傳遞出驚人的力量，並在你心靈的各個部分產生巨大的變化。這些變化會提醒你的停滯傾向，它們會想盡一切辦法為你補充能量。有意識地為自己補充能量非常重要，這樣你邁向停滯狀態的行動就與你邁向改變的行動一樣刻意。在緩解定格恐慌後，吃或喝一些有營養的東西也是很好的主意，因為你的身體需要一些舒緩與穩定的東西。

如果你可以將自己浸入水中（在游泳池、湖泊、海洋、浴缸甚至淋浴），你就可以幫助自己的身體平靜下來。擁抱與按摩也是極好的接地活動，但請等待幾個小時或一天後再進行性行為。性會與親近與親密有關，你的身體需要一些私人時間來自我重組。你不必長期戒掉性生活，但你確實需要尊重自己身體的新動向與敏感性。你還需要一些時間來治癒過動與疲倦的感覺，因此讓自己充分休息、放鬆、吃療癒食物與接觸大自然（尤其是靠近水體的地方）極為重要。去看治療師，了解如何避免陷入逃避行為也是個好主意。

在你經歷定格恐慌週期的時候，活動身體將幫助你治癒並重新整合自己。瑜珈、氣功與太極拳可以幫助你恢復靈活；而跳舞、游泳與運動可以恢復你的情緒流、力量與玩興；武術與自衛課程也相當有幫助，因為它們會教你應對身體衝突的黃金守則。模擬搶劫工作坊（穿著厚厚襯墊的教練會教你，在有人想要搶劫你的時候，如何保護自己）也是一個好主意，但一定要告訴教練你正在努力克服恐慌與創傷。模擬搶匪必須知道，你反擊的時候，你的恐慌可能會賦予你超人般的力量！模擬搶匪穿著厚重的衣服，訓練有素足以自保，但告知他一下沒有壞處，懂的人就懂。

請記住，這種練習不會消除你靈魂中的恐慌，相反地，你只會恢復自己的情緒流，這樣定格恐慌就能幫助你完成創傷式觸發行為。當你的

情緒流恢復，你將能夠與恐慌中的天賦健康地聯繫起來，如果有必要，且這是最好的生存策略的話，你就可以在未來逃跑、戰鬥、僵住、逃往安全地帶或解離。然後，磨難或緊急情況過去後，你將能享自己內在的全村之力，利用自己的恐慌強度來完成重播。

如果你的定格恐慌無法緩解怎麼辦

如果你試著引導定格恐慌，但它的循環加劇，那麼就是時候尋求治療師或醫生的專業協助了。恐慌週期可能很不穩定，你可能需要支持、治療、恢復、介入與時間才能恢復平衡。向外求援，就可以獲得幫助。

尊重他人的恐慌

如果你有機會照顧處於恐慌後狀態的人，你可以透過讓他們感受自己的情緒與感覺來打造神聖空間。幫助他們將顫抖、大笑、咒罵、哭泣或激動視為「他們剛經歷的極端經驗之必要成分與重要冷靜期」，這一點很重要。這對他們來說是一個脆弱的時期，所以如果你能在支持他們的時候，將自己的身體擋在他們與任何旁觀者之間來保護他們（不是以居高臨下的方式，也許只是透過陳述顯而易見的事情：「哇！太驚險了！」），你就能為他們打造一個治癒的容器。

重要的警告：他們處於冷靜期的時候，盡量不要抓住他們。他們的身體正在處理大量的能量，如果你抓住他們，你就可能會中斷他們的情緒流（就好像你是他們線路上的斷路器一樣）。輕柔、最少的接觸可能沒問題，但不要包圍他們，否則你可能會干擾到他們的進程。如果他們主動希望你抓穩他們，則一定要抓住他們，但要等到他們主動向你詢問

才行。在這個治療儀式中，你正確的定位是成為恐慌天賦的助手，基本上，你會從對方那裡得到指示，而不是主導。

他們準備好的時候，會想要口頭上或心理回顧一下該事件，並從多個不同的角度進行審視。一樣，讓這個人與他的恐慌主導。如果你告訴他們「應該」做什麼，他們將無法找到自己的解決方案（而且你可能是錯的）。以支持者而不是權威的身分來關注他們的故事，恐慌本身就是生存領域真正的權威，如果一個人能夠與自己的恐慌聯繫起來，自己也會成為權威。

他們經歷顫抖、大笑、哭泣、多種情緒與講故事的時候，最好用食物、水或擁抱來幫助他們安定下來。然而，重要的是要等到他們真正走出冷靜期，因為飲食與觸摸可以幫助他們專注於當下並放鬆接地，但冷靜期實際上會要求他們稍微過動並專注於苦難。這個過程不要著急，等他們完成多次複述，等他們的情緒穩定下來，等任何顫抖與活躍的活動停止，等他們的臉色恢復正常，等他們能夠正常呼吸與說話。這個冷靜期會把大家與自己情緒的治癒之心聯繫起來，賦予他們力量並教育他們，這可能代表定格恐慌不再需要與此事件相關。讓這種治療按照自己的節奏進行，等到大家平靜下來，然後（如果看起來合適的話）提供食物、水或肢體接觸作為接地。

兩隻小貓的故事（動作對於緩解創傷的重要性）

我從心愛的兩隻流浪貓盧夫與賈克斯身上學到，有關肢體動作治療方面的重要教訓。兩隻貓都是透過某種雷達主動來到我們身邊的，因為我們並沒有打算養動物。盧夫是一隻肌肉發達的灰色虎斑貓，每當我們走到院子裡的時候，就會看到牠蹲在我們車道外的樹林裡，可憐兮兮地哭泣，想

接近我們。我的丈夫提諾開始對盧夫喵喵叫，幾週後牠就靠近到可以正常餵食了。盧夫絕對有受到創傷，一聽到任何聲響或動靜就會跑開並彈跳起來，但牠總是在吃飯與提諾喵喵叫的時候出現。最終，牠允許我們兩個觸摸牠，很快地，牠就要求我們在每頓飯前撫摸牠。牠仍然很不安，不喜歡任何陌生人，但牠變得很安全、吃得飽並且願意被關愛。

賈克斯是一隻毛髮光滑的黑色小貓，牠母親（另一隻流浪貓）在搬家之前把牠送到我們家。雖然賈克斯成長過程一直是流浪貓，但牠一直受到極好的母親所保護，牠很快就能與我們建立起親密的關係。我們對於觀察賈克斯與盧夫對世界不同的反應方式感到很著迷，賈克斯是個好奇寶寶，而盧夫則總是多疑而且常常感到害怕。賈克斯喜歡打鬧，經常會在遊戲時間進行到一半的時候對我們猛烈攻擊（好像是為了教我們如何公平遊戲），而盧夫則需要以十分具體的方式被觸摸，或者根本不摸。如果我們觸及牠的禁區或以禁忌的方式觸摸，盧夫就會用力打我們，然後逃跑，幾個小時都不會出現，中斷所有接觸。

賈克斯與盧夫對新刺激的反應也幾乎相反。如果賈克斯遇到新的氣味、景象或感覺，牠會退後一步，如果身上有水牠會甩掉，然後重新接觸新奇的事物，直到牠理解為止。

另一方面，盧夫很少允許新奇的刺激靠近牠。如果牠被迫接觸新事物，牠不會像賈克斯那樣擺脫困境，相反地，牠會僵住，然後像子彈般快速逃跑。牠們之間的差異讓我著迷，而且可以直接轉化為人類行為。經歷過創傷磨難且未治癒的倖存者身體常常會很僵硬，對周圍的環境做出非常有限且被動的反應，他們的動作比較像盧夫而不是賈克斯。

我在自己受過創傷的身體上進行實驗，改變了自己嚴格遵守的鍛鍊方式（那種方式只會增加我僵硬的程度）。我開始採用先前不習慣且會避免的方式跳舞、伸展身體與移動。許多舊的記憶進入我的意識，不少

埋藏的痛苦浮現出來，很多不尋常的想法開始循環。我使用本書中的同理心正念練習來幫助自己緩解我的創傷姿態，很快地，我的身體與心靈恢復到更自由的動作，單純是因為我選擇更像賈克斯而不是像盧夫那樣移動。我發現，嚴格控制自己並保護身體受傷的部位是密封傷口與創傷記憶的方法。我小時候，這是一種很好的應對技巧，但隨著我長大，也給我帶來痛苦。恢復沒有組織的動作幫助我釋放許多因為創傷磨難而留下的身體痕跡，並恢復我的情緒流。

我們能夠將這種治療方法的簡化形式應用在盧夫身上。當然我們無法教牠跳舞或打太極拳，但我們找到幫助牠放鬆並解除身體武裝的方法，引入不同的撫摸節奏，並以「禁忌」的方式觸摸牠，然後在我們安撫牠的時候，以盧夫願意接受的方式一遍又一遍地觸摸牠。果然，牠的動作變得更加流暢，對刺激的反應也更加靈活。牠變得更有能力應變突然出現的聲響，並且開始在每次看到我們的時候就要求我們撫摸牠，而不是只有在吃飯的時候。我不知道盧夫是否會像賈克斯那樣快樂，但牠已經進步不少了。

如果你經歷過痛苦的磨難，請注意自己的移動模式以及身體定格或麻木的區域。不要將它們病理化（定格與麻木是極好的生存技能）或責怪自己對它們抱有希望。封閉疼痛或受損的區域是一種極好的應對機制，因為在你掌握技能之前，你所承受的痛苦可能會令人感覺難以承受。恢復受傷身體的情緒流與動作是一種強烈的體驗，因為記憶開始移動，疼痛開始出現，思想與情緒開始覺醒。你沒有定義、沒有接地並解離的時候，這並不是容易的轉變——你的心靈知道這一點，這就是為什麼武裝仍然存在。在恢復真正的動作並讓傷口自行癒合之前，你需要掌握所有技能。不過，你掌握技能後，你就可以以一位接地又資源豐富的生存專家的身分，來完成這個治療過程。

請記住，你可能會為自己武裝或解離，以應對任何痛苦的事件，因為你幾乎永遠無法控制此類痛苦事件會在何時或如何發生。你受到驚嚇的時候，很可能沒辦法後退並擺脫（就像賈克斯與所有健康的動物一樣），壓倒性的刺激向你襲來的時候，你也不可能有辦法收集自己的資源，就像你可能也沒辦法在危險過去後發抖、哭泣或冷靜下來。我們大多數人都被告知要保持不動、停止哭泣、停止抱怨、停止後退、停止戰鬥、停止扭來扭去！因此，我們的自然本能、反應、動作與情緒可能會受到壓抑並短路。等你能夠有意識地重新進入這些定格的區域並再次恢復自己的本能並能自由移動的時候，你將能夠擺脫創傷殘留並恢復賈克斯般的力量與敏捷。等你能夠恢復心靈各個部分的情緒流，你內心的一切都會被喚醒，獲得資源，並能夠應對你能想像到的任何危險或機會。情緒流是關鍵。

我的同事雪莉‧奧蘭德這樣說：

情緒是心靈中唯一見證我們生活中一切的部分，它們會記住我們可能已經忘記的事情，它們掌握著深刻的真理。

情緒知道解決方案是什麼；情緒知道下一步是什麼（如果有的話）；情緒知道我們需要什麼，如果大家能夠順應自己的情緒，那麼其餘的事情就會水到渠成。

記得以不同強度與不同形式的行為來歡迎你的恐慌：不論它是幫助你戰鬥、逃跑、定格僵住還是逃往安全地帶，你的恐慌都知道自己在做什麼。感謝你的恐慌幫助你存活下來，並利用它的強度來重新審視與重新面對你可能在自己內心發現的任何定格區域──並且要知道，幫助你重新審視未治癒的創傷是其生存天賦極為關鍵的一部份。歡迎並感謝自己的恐慌。

悲傷家族
The Sadness Family

停止、放手與恢復

悲傷——悲慟——情境型憂鬱——自殺衝動

悲傷家族的情緒可以幫助你釋放沒有在運作的東西，哀悼已

經消失的東西，這樣你就可以放鬆、放手並讓自己回春。

23. 悲傷 SADNESS
悲傷是個水瓶

獻禮

釋放──流動性──接地──放鬆──回春

內心的問題

必須釋放什麼？什麼必須回春？

干擾的跡象

無法或不願意放鬆或放手；或無法帶來緩解或放鬆的堅定絕望

練習

悲傷可以幫助你釋放那些不再協助你的東西，這可以恢復你的情緒流與眼淚，並為你的身體與行為帶來治癒的柔軟度。你能夠真正放下的時候，回春與放鬆一定會隨之而來。然後，你將擁有所需的空間與時間來找到真正協助你的東西。

悲傷的細微差別

輕微悲傷：失望、接地、低氣壓、放鬆

中等悲傷：情緒低落、回春、悲傷、舒緩

強烈悲傷：絕望、淒涼、傷心欲絕、釋放

　　我們一直依靠輕微且自在流動的悲傷來讓自己接地，進入自己的身體，與大地相連，並釋放自己不需要的東西。在本章，我們將探討更加激活的悲傷。

　　悲傷是你心靈的水瓶，你變得枯燥且僵化的時候，它可以恢復流動性與活動性，以賦予生命。悲傷可以幫助你放慢腳步，感受自己的損失，並釋放需要釋放的東西——讓你變得柔和，融入生活的洪流中，而不是僵化地堅持己見，一味往前衝。悲傷會要求你相信時間的流逝，相信願景與靈感的驚人情緒流，相信人際關係的消長，這樣你就可以將自己與他人從無法治癒的心理契約中釋放出來，並融入到更深入且更充實的關係中。悲傷還可以幫助你擺脫那些讓你遠離真實自我的行為或想法，如果你能真正放手，悲傷的溫和本質會引導你獲得內心的平靜，這種平靜不是來自於將自己束縛在一套正式的信仰或意識形態上，而是來自於傾聽自己與生俱來的智慧。

　　悲傷還具有重要的生物治療作用：眼淚可以淨化你的眼睛與鼻竇，並從你的身體中釋放神經化學物質（與過度的緊張）。哭泣是一種有效的排毒過程，可以幫助你以明確的方式讓自己保持流動性。當你歡迎治癒的悲傷與眼淚，並釋放那些必須釋放的東西，你會感到更自由、更輕

鬆、更專注於自己的每個部分。這可能是理解悲傷最重要的一點：如果你真正放下過時的依戀，你就會因為悲傷的治癒情緒流而回春並精神煥發。然而，如果你不肯讓悲傷發揮治癒作用，你就會失去情緒流，你的注意力與敏捷度會消失，你會感到過度緊張，並且很難找到或連接到自己內心最深處的道路與自己最深愛的人。如果你不放手，你對不合適的人與想法所產生的陳舊執念就會掩蓋你內心真正的知識。你拒絕悲傷的時候，你就無法回春，因此，你的活力與情緒流將會被你未滿足的需求、未說出口的話語、未流下的眼淚與受盡磨礪的疲勞靈魂所阻礙。

迎接你的悲傷不只是讓真實的悲痛與眼淚回到自己生活的過程，如果這麼容易的話，我們早就都已經做到了。我們都有很好的理由去壓抑、忽視自己具有治癒能力的悲傷，令人驚訝的是，這些原因與悲傷的關係並不像與憤怒的關係那麼緊密，或者更準確地說，是跟悲傷與憤怒如何共同運作有關。

悲傷所傳達的訊息（及其與憤怒的關係）

很多人認為憤怒與悲傷是對立的情緒——憤怒中的強烈力量與悲傷中的悲痛柔和毫無關係。事實上，憤怒與悲傷在奇妙而流暢的舞蹈中緊密相連。不幸的是，這種舞蹈的舞步似乎對我們來說是隱藏的。當你進入輕柔釋放悲傷的姿態，你可以將自己與那些你已經不再需要的想法、財產、情況或人或你懷有不正當意圖的人脫鉤——你先前緊抓著這些，或許是因為你感到同情或責任，或許是因為你需要安全感或地位，或者因為沒有更好的選項。悲傷會以緩慢且持久的方式質疑你過時或空洞的依戀，它會要求你將它們（與你自己）釋放回生活的洪流中。如果你真的度過悲傷，你會遇到真誠的痛苦、真誠的悲痛、真誠的空虛，最後，

確實重新連接到自己內心深處的自我並回春。

你穿越悲傷的光榮之旅將使你的心靈回春，然而，如果沒有那些陳舊依戀的偽裝，回到生活中後，還是可能會讓人感到迷失。因此，你的憤怒會向上前，幫助你恢復界限，保護你的新立場，以便你能夠支持並維持自己的重大改變（而不是因為你感到空虛或不確定而往後倒退到你的舊執著中）。你的憤怒會增強你的決心，這代表著對那些只知道你好欺負的人來說，你可能會表現得有點缺乏同情心。這種轉變既美妙又必要，但如果你接受過訓練，將憤怒與悲傷視為對立的情緒，那麼這種自然的情緒發展可能會讓你感到驚訝。

你的憤怒也可能會在你悲傷之前出現，以便在你執行必要的放手過程時保護你。你有意識地陷入悲傷的時候（進入一種故意軟化的姿態），你的界限很可能會因此而軟化，而你的憤怒可能會將你包裹在一個保護繭中。你是否曾經完全陷入悲傷，並感覺臉上或胸口散發出不尋常的熱量？你是否曾經讓自己深深地哭泣，並在那些時刻感受到永恆？那是你的憤怒在心靈悲傷的周圍創造一個隱私保護的界限。

在悲傷的時候，憤怒往往會挺身向前，使你在內心發生巨大變化的同時，幫助你保持「你自己」跟「力量與安全感」之間的聯繫。如果你能接受憤怒的溫暖與保護，作為你悲傷情緒的盟友，你就可以利用自己的憤怒讓自己被一圈溫暖包圍，這樣你就可以深入自己的內心，做出悲傷所要求你做出的重大改變。你在由憤怒定義的警戒界限之內受到保護的時候，你也許能夠放下自己長期堅持但已經無法滿足你的想法或目標，因為你的憤怒會提醒你，你的力量不需依賴任何外在的財物或成就。當憤怒的哨兵平靜地巡視你的心靈，你將能夠改變或結束一段對任何人都沒有好處的關係，因為你的憤怒會幫助你以榮譽與尊嚴乾淨俐落且相互尊重地分手。

「憤怒情緒的高貴哨兵」與「悲傷情緒的優雅水瓶」一起工作的時候，你將能夠放下陳舊的想法或行不通的關係，同時恢復自己真正的目標。當你在憤怒與悲傷的幫助下放下沉重的負擔，並恢復到專注且站穩腳步的姿態，你實際上會感覺到回春、感覺更加有智慧且更加清醒（而不是空虛或迷失）。你會因為依附於無法滿足你真正需求的人、情況、事物或想法而感到痛苦，但你也會因為再次走上自己真正的道路而感到深深的解脫。因此，如果你想有效地處理其中一種情緒，那麼在憤怒與悲傷之間打造和諧相當重要，因為它們都以一種充滿活力且有目的的方式支持另一種情緒並為對方貢獻。

　　憤怒與悲傷在你的心靈中不能協調一致，它們就會讓你陷入不穩定的行為。如果你拒絕悲傷且只運用憤怒，你就會傾向於一再保護與恢復，卻不問自己所保護的東西是否值得保留（**我看重什麼？**）。如果你無法感受到悲傷，你將無法辨識或放棄不再協助你的事物，因此你最後會捍衛早已站不住腳的立場。你與某人激烈爭論並突然失去整個思路的時候，你可能會感覺到這種不平衡。爭論會開始顯得荒謬，你會因為自己開始爭論而感到尷尬。如果你能擺脫困境並道歉（謝謝你，羞愧），你的悲傷就能挺身而出，幫助你放下任何你正在爭論但本質上毫無意義的事情，但這種情況並不常發生。如果你與悲傷沒有適當的聯繫，即使沒有任何理由繼續爭論，你的憤怒還是可能會為了保全面子而爭論。

　　同樣地，如果你只運用悲傷，而沒有憤怒的保護性幫助，你可能會放下太多，以至於在洪流中失去自己的一部份。缺少憤怒的確定性與決心，你的悲傷可能會釋放太多東西。

　　如果你曾經覺得任何悲傷或哭泣的舉動都很危險（如果你開始哭泣，你將永遠無法停止），你可能會感覺自己無法完全感受憤怒。如果沒有憤怒的存在，你的悲傷就會為你的系統添加大量的水分，你就會被沖走。

你的憤怒（以及你隨之而來的界限）受到損害的時候，你可能會表達出深深的悲傷，並發現自己不僅結束人際關係，而且為了應對悲傷而放棄自己的藝術、夢想與自尊。這是一種明顯的跡象，顯示你的悲傷在身上湧動的時候，你的憤怒無法保護你。

如果你可以自由地表達憤怒，那麼當你周圍的環境不安全或情緒上不支持的時候，它通常會保護你免於陷入悲傷。悲傷會要求你放下所有的輔助與偽裝，回到你獨一無二的自我中心——去感受只有你能感受到的事情。這不是一個漫不經心的要求，而是真正需要靈魂的工作。你的憤怒知道這一點，它不會讓你陷入悲傷，直到你夠安全去完成這項工作。你可能會如此經歷這種保護性動作：除非你完全獨自一人，不然無法哭泣，但這並不是情緒上無能的表現。在大多數的地方，哭泣或表現出深深的脆弱確實很危險。許多人認為哭泣是不穩定、軟弱甚至不安的表現。在公共場合哭泣會威脅到你為自己樹立的形象，也會讓你在朋友、家人與同事眼中丟臉。你的憤怒明白這一點，它會試著保護你與你在世界上的地位。如果你明白自己的憤怒想要做什麼，你就能夠感謝自己的憤怒，並將其引導到你的界限中，以增強自己並創造一些隱私。

如果可能的話，你可以找一個隱密的地方來哀悼與哭泣。如果找不到，你可以讓自己接地、嘆息，然後軟化到輕微的悲傷中，即使你還不能哭。這是一種歡迎悲傷而不壓抑悲傷的方法。

不過，如果你在這樣的時候對憤怒的存在感到迷茫，你可能會堅強起來。你可能會認為自己的憤怒正在阻止你陷入悲傷，你可能會強迫自己的眼淚流回淚腺，壓抑自己的悲傷，並堅定地繼續前進。也許你稍後會哭泣（或許是看到感人的廣告），或者你可能會不小心身體受傷，這給了你一個合理的哭泣理由。眼淚最終都會流出來，但是你還不明白自己的憤怒與悲傷是如何共同合作的時候，你可能無法感受到（甚至記住）

你的眼淚與最初的悲傷事件間的聯繫。

很多時候，如果憤怒與悲傷的情緒失控，就會導致彼此之間產生爭議。舉例來說，你的憤怒舉動可能會以毫無幫助的方式放大你的悲傷（你生氣的時候，可能會哭泣或變得沮喪，這無助於你恢復自己的界限），而任何悲傷與釋放的舉動都可能會讓你的恐怒震撼登場（你實際上十分悲傷的時候，可能會發現自己莫名其妙地憤怒猛擊）。正如你可以想像得到的，這種內心的混亂很不穩定。你在失去界限、狂怒、疲倦與悲痛之間來回搖擺的時候，很難保持平衡。很快地，你就會失去注意力，你的人際關係會變得漸行漸遠，你可能會因為羞愧而掙扎——這不只是因為你管理不善的憤怒與悲傷傷害自己與他人，也因為你時而充滿狂暴，時而被悲痛壓垮，可能會感到尷尬。你的憤怒與悲傷持續產生衝突的時候，你既不會受到保護，也不會被軟化，你只會被這些看似敵對的情緒所困擾。

不過，如果你有技能，你就不必面對這樣的混亂。你能夠保持專注並接地的時候，就可以對悲傷與憤怒做出適當的反應。這就是兩個情緒共舞的時候——你的悲傷會支持變化與脆弱，而你的憤怒會提供穩定與保護。你的憤怒與悲傷能夠共同發揮作用的時候，它們可以幫助你以力量與優雅走向它們的共同目標：明確、釋放、回春、保護、真實與完整。當你有能力與憤怒及悲傷這兩者共舞的時候，你就不必預測或對抗那些（出現在悲傷面前的）憤怒。相反地，你會發現，憤怒實際上「**應該**」排在你的悲傷之前，因為你的界限與自我形象受到挑戰的時候，憤怒可以增強你的力量（只要你的界線與自我形象受到挑戰的時候，你一定會感到悲傷）。你也不必懷疑自己的悲傷或壓抑它。你將能夠把自己的憤怒引導到界限之內，創造出你需要的時間與空間，以便採用正念來解決自己的悲傷。同時間，你還能夠把「你自己」與「你依戀的、那些一開

始造成你悲傷的想法、行為、情況或關係」之間的心理契約，予以燒毀。

以悲傷為主導（並迷失方向）

在調節良好的心靈中，憤怒是主要的情緒（是靈魂的界限設定者與哨兵），而悲傷則以更內在的方式發揮作用：恢復情緒流、接地並恢復完整性。然而對很多人來說，這種關係變了，悲傷成為他們的主要情緒，而憤怒（如果有的話）則在後。在一般人認為「很軟弱或被動」的人身上，常可看見這種變化——他們較敏感、可塑性強、關心他人，但沒有得到足夠的保護。這些軟弱的人無法好好將自己與周圍的世界區分開來，也無法有意識地處理自己的憤怒。從心理學的角度來說，這些人可能被稱為消極抵抗型（passive-agressive）的人，但這種標籤會使人喪氣，將正常的人類行為貼標籤為病態狀態。以悲傷為主導不是一種狀況，而是一種選擇。

那些以悲傷為主導的人，通常他們的父母就是憤怒或成癮者（或其他持續受到童年創傷的倖存者）。這些孩子經歷了以憤怒（這實際上是恐怒）為名犯下的恐怖行為，因此通常會完全避免憤怒，以應對腥風血雨的情況。這其實不是軟弱的舉動，往往是近乎虛張聲勢的玩命決定。所有的孩子都知道憤怒可以保護他們（這顯而易見），但這些孩子選擇與家人或施虐者不同的生活方式——感受不同、行為不同。他們做出完全放下憤怒的選擇，這是一個極為勇敢、危險卻又肯定生命的選擇。悲傷的是，這種選擇的後果很痛苦，因為生活在充滿狂暴的家裡（或經歷殘酷的童年），又沒有界限，是需要勇氣的。有時候，「選擇沒有憤怒」是唯一的生存之道，因為在大多數狂暴的家庭或殘酷的獨裁結構中，沒有足夠的空間容納一個以上的狂暴之人。如果你在這些場合表現出憤怒，

你可能會遭受攻擊，所以最好放下憤怒並生存下來。

問題是：勇敢的生存技能（狂暴、解離、定格、戰鬥、逃跑或放下所有憤怒）既奇妙又出色，但它們只應該用於應對危險或創傷性的考驗。你需要的時候，生存技能很完美，但它們只適用於需要的時候。生存技能蘊藏著巨大的力量，但不幸的是，如果你日常不斷使用它們，你就會一直處於過度活躍的生存模式——不斷地為危險做準備並預測危險，而不是完全恢復原本的生活。

經歷過反覆創傷磨難的倖存者學會了依靠自己的生存技能，因為他們很少有機會放鬆，回到自己的真實性格。他們身為倖存者，成長後常常將自己的「生存技能」表現為「自己的個性」，這代表他們經常受到那些能夠發揮自己技能的關係所吸引，而這些關係幾乎總是與無法控制憤怒的伴侶、老闆、同事或朋友有關。因此，在我們情緒受損的社會中，以悲傷為主導的人會發揮令人著迷的作用，因為他們不會以憤怒來主導，也沒有嚴格的界限，所以這些柔和的人經常能在令人不安的事件中發現令人震驚的真相，或者以非凡的方式對待狂暴的人。柔和的人會依附於狂怒的人或狂暴的情況（或具攻擊性的工作），他們通常不會採取防禦措施，而是接受一切。他們通常會以高度同理心處理自己身體內的攻擊性混亂，並深入了解那些陷入困境的人的內心折磨。如果他們的同理心與憤怒的保護與解方相平衡，這就可能是一項很好的技能，但對於以悲傷為主導的人來說，這種平衡很罕見。

悲傷的人常常會掙扎於身體及情緒的不穩定、循環性的憂鬱與焦慮、無法維持的人際關係、難以忍受的孤獨感（儘管他們通常周圍都是人）等等之中。一段時間後，他們又會陷入可怕的循環，一遍又一遍地去穩定那些不穩定的人與系統，接著筋疲力盡地重複童年創傷的前兩個階段。要等到他們發現以自己的生存技能（而不是自己的情緒與自己完整的第

五元素自我）為主導可以確保自己處於生存模式的時候，才會打破這種衰弱的循環，並走向第三階段的解放。消極與過度柔和的人的任務，是要去重新熟悉憤怒所攜帶的治癒能力，並摧毀他們在父母、權威人士、同儕或兄弟姊妹身上看到、跟墮落與恥辱的恐怒有關的心理契約。

「以悲傷為主導」既然是一種選擇，因此我們可以把它拿出來，認定它是一種心理契約，然後採用燒毀心理契約、同理心正念練習等兩個方法來處理。如果你是一位過於柔軟的人，你可以使自己免於「不斷治癒憤怒的人」與「你遭到虐待的情境」等等吃力不討好的任務，你可以將憤怒的光榮哨兵恢復到你心靈中應有的前進位置。等你能夠恭敬地用憤怒來保護並恢復自己的時候，你已經具備足以處理悲傷的高階能力，這種能力將幫助你放下自己對行不通的關係、行為、情況或想法所產生的痛苦又疲憊的依戀。

▶ 悲傷的練習

悲傷的練習十分簡單：你只需要停下來，投入到自己的內心中（這幾乎會讓你自動接地），並在提出內心的問題「必須釋放什麼？」與「什麼必須回春？」的時候，強烈地設定自己的界限。這兩個問題都要問，這很重要，因為我們大多數人只將「悲傷」與「失去」聯繫起來，這就是為什麼我們的保護性憤怒常常不幸地與悲傷相對立。然而，在真實且光榮的悲傷中，肯定會有失落，但隨之而來的總是令人驚嘆的安寧與放鬆的感覺。如果你不肯放棄過時或不適當的依戀，從而阻礙了自己的悲傷，或者你容許你的憤怒去抑制悲傷，你就體驗不到在精心引導之後恢復流動的悲傷。這樣的話你會放不下，你的憤怒會加劇，你的情緒流會消失。結果就是你的悲傷將別無選擇，只能加劇成為全面的絕望或憂鬱，你將無緣無故陷入急流之中。

進入悲傷的過程既簡單又具有治癒作用，你所要做的就是透過設定一個強而有力的界限（不管你是否感到憤怒），來為你的悲傷創造神聖的空間。如果你在悲傷的時候感到非常憤怒，你可以疏導自己的憤怒，並極為明亮地照亮自己的界限；如果你沒有感覺到太多憤怒，你可以用明亮的顏色想像自己的界限，然後繼續進行想像的支持。通常你所要做的就是保持安靜，歡迎憤怒具保護作用的熱度，如果必要的話就盡情流淚，釋放需要釋放的東西，然後再次放鬆地融入生活的洪流中。你可能會想提出一些心理契約，但悲傷通常會自行沖走舊有的依戀或心理契約的陷阱，而且不需要任何特殊的技巧。

　　如果你陷入更深的絕望狀態（參見稍後幾頁），你就需要銷毀許多心理契約。但你處於悲傷境地的時候，你很容易取得「將自己從不適當的依戀釋放出來」所需的情緒流。你完成後，甚至可能不需要讓自己回春（除非你想要），因為悲傷會帶來令人難以置信的治癒力量。悲傷帶著它自己的工具箱到來，可以讓你接地並感到安慰，洗掉舊的依戀與心理契約，並治癒你的靈魂。

　　你歡迎悲傷並讓它流過你身體的時候，一開始可能會哭泣，如果你不了解眼淚的治癒力量，這可能會讓人感到不安。不要抗拒情緒流，也不要低估大哭的治癒力量。哭泣是一種相當簡單的方法，可以將水的緩和作用重新帶回你的心靈。如果你感到緊張與過度刺激，哭泣會幫助你冷靜下來並安撫自己。如果你很剛硬又不屈不撓，那麼哭泣會擊碎你靈魂中的巨石。如果你過度關注智力的刺激，哭泣會恢復你系統的癒合濕度（healing humidity）。在辛苦工作、失落、忙碌的情況或自我犧牲之後，哭泣可以幫助你放鬆身心。所以，只要你需要就哭吧。哭泣（悲傷）是治癒心靈的萬能良藥。

　　當你與治癒的悲傷建立更密切的關係，請注意自己對忙碌情況的習

慣性反應。注意你的眼淚與悲傷試著出現的時候，你有多少次會分散自己的注意力，並注意是否有任何朝著「樂趣」移動的警報。你變得僵化或枯竭的時候，需要讓生活恢復流暢與放鬆的時候，請注意自己是否經常遠離治癒的悲傷。如果你像大多數人一樣，你會想要藉由替生活帶來更多歡樂，以便處理緊張與停滯，但這永遠不會奏效，因為情緒流與放鬆兩者生活在悲傷的領域，它們並不是生活在喜悅中！

喜悅與它的同伴（幸福與滿足）是可愛的情緒，但它們的作用與悲傷不同。製造喜悅、追逐幸福、追求興奮等等這些都是干擾與逃避行為，無法也不會治癒你。你需要深度放鬆與深度釋放的時候，你必須光榮且有意義地進入自己的悲傷之中。你這樣做的時候，你幸福家族的情緒自然會跟隨你的悲傷，樂趣自然會回到你的生活中。這可能看起來違反直覺，但這是情緒上的事實。

尊重他人的悲傷

你身邊的人難過的時候你會怎麼做？我們面對悲傷的時候，大多數人做的第一件事就是微笑並表現出樂觀的態度，或要求對方振作起來。比較有技巧的人可能會支持性地傾聽對方，但最後一定會要求對方表現出快樂，不管他正遇到什麼悲傷。很少有人能夠隨著自己的意思，想悲傷多久就多久。因為我們會去擦乾他們的眼淚，跟他們說笑，拿出安撫兔娃娃（Mr. Bunny）朝他們揮舞。不幸的是，這會延長他們停留在失落之家的時間，阻止他們接受悲傷帶來的回春活力。

悲傷受到許多誤解與羞辱，它常像孤兒一樣在我們的生活中徘徊，抓住任何它能抓住的人。如果你不知道如何應對悲傷，其他人的悲傷可能會進入你緊張且界限受損的心靈，並像你自己的悲傷一樣拖累你。舉

例來說，若你內心有不少未流的淚水，則別人的悲傷會讓你哭泣，你不會擁有優良的心理健康，你的界限可能也會因為你需要哭泣而降低。然而，如果你能設定自己的界限，在你受到適當保護的心靈中留下柔軟與釋放的空間，你就可以歡迎別人的悲傷——而無須把悲傷分享給他們。

一旦你設定界限，讓自己變得軟化一點，你才能有空間容納他人的哭泣與悲傷，因為你擁有了坐下來傾聽所需的耐心與永恆——而不是提供不請自來的建議或不恰當的鼓勵打氣。你不必成為智者或顧問，如果你能讓悲傷的人在神聖空間裡說話，他們的悲傷就會完成所有需要的工作。請相信這種美好的情緒，請相信自己與他人。它可以而且確實有讓靈魂恢復完整。

如果你的悲傷陷入困境該怎麼辦：絕望

悲傷是針對特定問題而產生的，會帶來有意識的釋放，且有助於回春、更新與放鬆。當我們不允許悲傷自由發展的時候，它會陷入絕望的困擾（亦即意志消沉）。絕望代表悲傷已經被囚禁在無限回饋中，無法回春。

當我們允許悲傷發揮真實效用的時候，它會以波浪的形式穿過你的身體（有時溫和，有時強大），這種流暢的移動會讓你沐浴其中並回春。然而絕望卻不會流動，即使你哭紅雙眼它仍然停滯不前。當我們沒有完整體驗悲傷，當我們只關注悲傷帶來的損失，而沒有關注悲傷的釋放與回春能力的話，此時絕望就會出現。絕望是停滯的跡象，它也可以成為受虐待者的生存工具，這些人學會了以絕望與心碎的姿態（而不是憤怒或報復）做出反應，以獲得施虐者的寬容對待。這種絕望感覺不像是一種情緒選擇，而是一種生存所需的特定立場。然而，絕望並不是一個很好的長期生存工具，因為它會阻礙情緒領域，最終破壞心靈的穩定。

如果你能讓自己的身體擺出絕望的姿態，你會立即感受到絕望與悲傷的區別。在絕望中，悲傷的自然軟化與向內的姿態變成近乎垂頭喪氣的姿態。不幸的是，你面對絕望的時候，你的憤怒會隨之升級為不平衡。起初，你的憤怒可能會以一種有用的方式做出反應，也許會產生熱度或靜止，這樣你就可以私下感受自己的絕望。然而，由於絕望無止盡地循環而沒有解決辦法，你的憤怒也將開始隨之循環。你可能會開始依靠狂暴或仇恨為自己設定緊急界限——無論是公開的還是被動的。通常，絕望會讓你陷入混亂，可能會導致你無意中傷害別人，因為你未受尊重的憤怒會不經意地滲透到你的人際關係中。你的行為會令別人不快，最終你可能會孤立無援，而這又會加劇你的絕望。你在潛意識裡決定不惜一切代價保持絕望且受傷的時候，你所付出的代價就會超出想像的大。

　　你的悲傷被困住的時候，你的思想與身體就會受阻，你可能會從整場混亂中解離。絕望會禁錮你，但如果你能理解絕望的目的，你就能開始擺脫它的束縛。重要的是要明白，待在絕望裡不肯釋放悲痛，會讓你處於一種不正常的權力地位，成為受委屈或受傷的人。我們無法避免受委屈與受傷，重要的是要認識並認可那些你受傷的時刻。然而，日子過得好不好，標準不在於發生在你身上的事，而是你如何**處理**發生在你身上的事。你讓自己陷入絕望的話，你就變成一個物品（一塊寫滿世上錯誤的石板，或者一張痛苦與麻煩的紀錄表），而不是一個完全覺醒的人。你能夠衝破絕望並恢復情緒流的時候，你就能覺醒並重新生活。你可以從受害的一蹶不振進入生存的站穩腳步。接著若你能讓自己接地，把受傷與絕望的心理契約燒掉，你就會從生存走向完整。

▶ 絕望的練習

　　你引導絕望的時候，心靈中的巨大障礙就會被釋放。如果你沒有接

地並集中注意力，你可能會因為自己的情緒流突然恢復而被擊倒，所以在開始之前一定要確保自己接地並集中注意力。你可能需要有治療師陪伴來執行，以幫助你保持安全與集中注意力。你還需要準備好很多想像的心理契約，因為你要去感受、檢查並釋放許多當初舊的、未治癒的事。在引導絕望的過程中，重要的是讓自己做好準備，去經歷當初受傷之後本來應有的情緒與態度。儘管你的情況應該是獨一無二的，但當初發生了嚴重破壞人生之大事的時候，原本應該會伴隨著憤怒、恐慌、憂鬱與悲慟，可是你在絕望的時候，這些自然狀態就無法正常流動。因此你引導絕望的時候，你或會發現受困的憤怒可能會演變為狂暴；受困的憂鬱與悲慟或許會變成自殺衝動；或者受困的恐慌可能會讓你覺得生命永遠都很危險。面對障礙的時候，你的情緒別無選擇只能增強（這就是為什麼可能需要治療師）。

引導絕望的時候，會需要各種不同的同理心正念練習。在你由憤怒支持的明亮界限後面保持安全與專注，會讓你重新整合自己，並讓你從內心的絕望折磨中獲得一些急需的隔離。接地會幫助你的身體釋放受困的傷口與失落的記憶，釋放一切阻塞的情緒，並讓你把注意力放在「以前的人生是多麼不公平且殘酷」的自我對話。接地還會將你與自在流動的悲傷聯繫起來，幫助你補充缺少的情緒流。燃燒心理契約的練習也將發揮核心作用，幫助你擺脫以前那些為了應付絕望而採取的立場與行為。你還應該充分利用有意識的抱怨，這會恢復你的活力與熱情。如果你能大聲抱怨某種情況，就很難對它保持絕望！

引導絕望之後，或許會感到有點疲憊。如果這樣的話，恭喜你！你已經有了一些成就，釋放了大量的精力，因此，你需要讓自己回春。這點很重要，因為絕望會耗盡你的能量與界限；而回春將幫助你重新建立力量感與平衡感。另外，你從絕望循環中恢復過來的時候，請確保自己

以輕微與中等的狀態迎接你的憤怒與悲傷。認可並引導這些具有保護性又軟化的情緒很重要，它們會恢復你的界限與情緒流，並保護你免於再次陷入絕望，歡迎它們兩個吧。

如果引導了幾次之後，你的絕望仍然沒有消失或轉移，請向治療師或醫生尋求更深入的幫助。我們都需要協助來平衡自己的情緒，尤其是絕望已經在我們的生存扮演必要的角色時。

尊重他人的絕望

我們不可能替那些缺乏適當技能的人創造絕望的神聖空間，因為絕望會囚禁悲傷（悲傷的功能是恢復心靈的情緒流），絕望會在自身周圍建立一種扼殺生命的漩渦。你會發現自己不知不覺地陷入絕望之人的誇張情節裡，但你所做的一切都無法減輕痛苦。縱使你解決一個問題或滿足一項需求，後面還會出現另外好幾個問題——因為絕望的人沒有真正的方法來解決自己的麻煩。老實說，他們還無法進行轉換，因為他們沒有資源，也沒有活在當下。

絕望的人在人際關係中也有點危險，因為他們以悲傷（或受困的悲傷）為主導，代表他們的憤怒可能會以看似無意義的方式傾瀉而出，他們會在無意中或甚至沒有意識到的情況下傷害你。如果你試著幫助一個長期處於絕望之中、沒有技能的人，你最後可能會與他們一起陷入一場沒有結局的戲。請注意，有時候你所能做的最有愛心的事，就是讓某人知道他們正處於急流中，而且朋友所能提供的幫助無法滿足他們的需求。絕望會造成一種困難且複雜的局面，最好讓訓練有素的治療師來解決。

絕望與憂鬱之間的區別

我把絕望與憂鬱區分開來，因為它們的狀態很不同。絕望像是一種人格類型，許多人似乎把整個心靈都搬進絕望裡了，他們以絕望、一蹶不振、失敗的姿態過濾自己遇到的一切。可是憂鬱比較像是很多不同情緒的不斷循環。憂鬱包括絕望，但它比絕望擁有更多的面向，在某些情況下，它與興高采烈之間有一種絕望所沒有的不尋常聯繫。我認為憂鬱是對心靈中的麻煩、不平衡與衝突的一種保護性反應。一種情緒狀態不斷地重複並且永遠無法解決的時候，總意味著有些東西沒有被正確地感覺到或表達出來，但對憂鬱來說，發生的事情遠不止這些。憂鬱常常伴隨著絕望，但它不只由絕望組成。有關這種巧妙的保護性情緒的更多資訊，請參閱有關情境型憂鬱的第二十五章。

記得要歡迎各種形式的悲傷：你放手的時候，能夠自在流暢地接地並放鬆自己的能力；你處於中等悲傷狀態的時候，擁有獲得眼淚的流動性並讓自己回春的能力；進入強烈悲傷程度的時候，絕望可以幫助你在一段時間的壓抑與停滯後恢復並讓心靈回春。請歡迎並感謝自己的悲傷。

24. 哀慟 GRIEF
靈魂的深河

獻禮

哀悼——深度釋放——完全沉浸在萬靈之河中的哀歌

內心的問題

什麼是必須哀悼的？

我如何承認失去的人、事、物？

干擾的跡象

不願意或無法接受或擁戴失去、死亡或深刻的轉變，或幫助你假裝死亡無法觸及你的自殘、尋死之行為

練習

死亡發生的時候，悲慟就會出現——不論是一個生物的死亡，還是一個想法、一段關係或對你來說非常重要的事情之死亡。悲慟出現的時候，停下來，放下一切，問自己內心的問題。當靈魂之河承受你的重量，

你就可以將死去的東西釋放到下一個世界——這樣你就可以尊重自己在這個世界失去的人、事、物。

悲慟的細微差別

輕微悲慟：沉思、脫節、釋放、依依不捨

中等悲慟：灰心、悲慟、哀嘆、回憶

強烈悲慟：痛苦、失去親人、心碎、成聖

悲慟是一種美麗、慵懶且強烈的情緒，會在死亡發生的時候產生，不管是生物的死亡還是深刻的依戀、想法或關係的死亡。悲慟並不像悲傷那樣簡單地帶水來給你，悲慟會讓你直接掉進在日常生活下面流動的河流——萬靈之河。悲慟會將你帶到最深的地方，在那裡你別無選擇，只能放手，失去重要的關係或重要的依戀，感覺就像死了。死亡、戀愛關係的結束、無法挽回地失去健康或幸福、失去珍惜的目標或財產，或者你的信任遭受令人震驚的背叛，都會帶來悲慟。無法擁有一般人都認為理所當然的東西也會產生悲慟，比如健康、力量、安全感或快樂的童年。悲慟會將你沉浸在生命的深河中，從而使你能夠從失落中倖存下來。如果你無法進入悲慟，那麼你將會因為失落、不公不義、不平等與死亡的衝擊而經歷不穩定與解離，卻無法在萬靈之河中得到淨化與更新。

悲慟傳達的訊息

我稱悲慟為靈魂深河的時候，我指的是靈魂，我指的是資源充足的村莊。它整合我們的身體、我們的各種情緒、多元智力以及我們所有的夢想與願景。我認為悲慟之所以如此強大，是因為它能夠保護我們的身體與情緒，能抵禦會讓我們的智力與遠見靈魂變得專橫的文化訓練。我們有遠見的自我無法與悲慟聯繫起來，因為有遠見的自我看不到死亡與失落，它翱翔在未來，在世界之上，因此它並不因為死亡而哀悼或悲慟。如果我們過分強調自己的火象遠見，我們將很難與悲慟產生聯繫，而若我們躲在風象智力內，也將無法與悲慟連結。我們的邏輯與語言智力通常想繞過悲慟，將它驅趕；它們喜歡談論死亡與失去，尋找原因，讓一切看起來合乎邏輯、井然有序，這與悲慟所需的行動相反。悲慟要求我們變得安靜，停止向前，以便我們可以潛入深處。但智力不知道該如何深入——它不像情緒能夠做到。在我們還沒有真正沉浸在悲慟之中的時候，智力通常會想將我們從水中拉出來並擦乾。

另一方面，我們的身體與情緒對死亡與失去會有一種發自內心的理解。它們無法再觸摸或看到死者，但它們仍舊可以感受到失去愛人的擁抱，或聽到死去已久的孩子的笑聲。我們的身體會懷念失去的肢體並記住痛苦。身體與情緒每天都會經歷傷害、失去、分離、不公不義與死亡，這兩個元素了解悲慟，意味著身體與情緒可以擔任我們的嚮導與導師。如果我們能夠接地，阻止自己因為悲慟而陷入純粹的精神或智力分心，我們將能夠獲得令人驚奇的悲慟治癒效果。儘管在現代社會中，越來越少見這種神聖的、向下的悲慟行動，但它是絕對必要的行動——當然，為了我們自己的靈魂，也為了我們所愛的人、我們的祖先與我們的世界中的靈魂。

幾年前我看到一則電視新聞報導，一個小孩誤入鄰居的泳池溺斃。新聞記者迅速趕到現場，捕捉到失去孩子的非裔美國人大家庭的反應。在鄰居家門前的草坪上，全家人（包括十幾歲的男孩）都在哀號、哭泣、擁抱、癱倒在地，呼喊著耶穌。我被這種悲慟迷住了，不但是因為它是全然發自內心，也因為我在白人文化中社交，從未表現出真正的悲慟。在我參加過的葬禮上，每個人都很安靜，穿著正式且不舒服的衣服，說著乏味的陳腔濫調，有時有些哀悼者會哭泣，但他們通常會為此道歉。在我的文化中，沒有真正的悲慟，只有禮貌的悲傷與不舒服的沉默，不時夾雜著對人類情緒的羞愧。這個家庭的悲慟既真實且誠實，我可以清楚地看到悲慟將他們拖垮。

　　就像很多人一樣，我一生中大部分的時間都避免陷入悲慟。我從小就像飛蛾撲火一般受到死亡與恐怖的吸引。就像許多倖存者一樣，我利用痛苦的事件與恐怖片來進一步磨練自己的解離能力。在我童年全期，我都會與不穩定的人建立關係（或者去看恐怖片），因為我無意識地試著重新進入創傷的前兩個階段──我那時候還不知道第三階段，所以我無止盡地循環經歷可悲且危險的創傷後情節。每當不穩定的人無可避免地引起麻煩，或者恐怖片中驚恐爆發的時候，我會乾脆解離，遠遠地觀看那一場混亂。與遭受創傷的人往來，並觀看會造成創傷的電影，賦予我能力來充分鍛鍊並保有我的解離能力（那是我唯一真正的防禦）。每當遭受重大傷害的時候，我會透過從身體中抽離，來避免自己掉入悲慟的療癒之水中。我停留在身體裡的時間不夠長，無法去感受任何適當的情緒，因此，我沒有學會如何做出適當的行動來面對失落與悲慟。我的祖父母們都在我十一歲之前就去世了，但我從來沒有為他們感到悲慟或哀悼，因為我不夠接近自己的身體去感受到任何失去。我從來沒有哀號過，我從來沒有癱倒在地上，我甚至沒有哭。

我十幾歲開始進行「唯火精神研究」（fire-only spiritual study）的時候，我與悲慟進一步分離。我了解到死亡並不存在，生命無論如何會以某種形式繼續下去。這個極為受歡迎的信仰體系讓我能夠想像靈魂在生命中進出，但它並不能幫助我以任何方式連接到我的身體或情緒，我的觀點越來影響我，越來越使我解離。我在十幾歲的時候進行的身體靈性體驗可以幫助我想像出悲慟，但我實際上並沒有感受到它。我明白悲慟比悲傷更深，但我與生命還有太多抽象的距離，無法有效地進入悲慟。我花了一段時間才學會悲慟，我參加過無數次達加拉（Dagara）悲慟儀式（參見「更多資源」部分中馬力多馬・索梅 Malidoma Somé 與索邦夫・索梅 Sobonfu Somé 所著的書籍）與大量的放鬆，最後終於學會讓自己的身體與情緒與我分享它們數千年的智慧，並且在三十幾歲的時候，我總算學會停下、放下、悲慟。

　　我寫這本書的時候，我的母親陷入昏迷，而我根本沒有與悲慟鬥爭。我的所有想法，我對未來的願景，這一切都不重要，因為我的**身體**知道她已經走了。我的靈魂可以想像她去另一個世界並不重要，因為我的**心**再也感覺不到她在我身邊了。所有關於該做什麼以及她的藥物是否加速她的死亡這些心理事實——它們都是胡言亂語。我身體的一部份與我的心都消失了，我需要在母親昏迷的身體前深深地哀悼她的去世，所以我就這樣做了。悲慟抓住我，把我扔進萬靈之河，在那裡，我是一個活人，我獲得一項相當重要的任務：我的工作就是流盡自己的淚水，讓河流得到滋潤與更新。如果沒有這些眼淚，河水就會太淺，無法載著媽媽去另一個世界。

　　現在回想起來，我發現自己幾十年來不願哭泣與悲慟，是我讓死者活下去的方式，這是我阻止死亡的方法。我以為這讓我比其他人更強大、更有靈性，或者更進化，但事實並非如此。它只是讓我陷入一種帶有真

正的失去與死亡的不成熟且不平衡的關係中。我充滿智力與遠見——充滿風象與火象。我可以描述死亡，我可以武斷地談論死亡，我也可以飛越死亡，但我的內心感受不到死亡，萬靈之河也乾涸了。等我終於學會如何悲慟的時候，河流又開始流動，我感覺到我的祖父母與我內心所有未獲悲慟的人與動物都鬆了一口氣，因為他們終於繼續進入下一個世界的旅程。我親愛的逝去之人無法在河對岸站上他們應有的位置（以便成為我的祖先、我智慧與記憶的守護者、我的支持者），因為我不肯進入自己的身體去悲慟，而讓他們困在陰間。

如果你是知識份子，而這種關於靈魂與另一個世界的討論對你來說聽起來像是胡言亂語，那麼你可以這樣想：如果你不為自己失去的人而悲慟，那些死去的人要嘛會從你的意識中被抹去（就好像他們不重要一樣），要嘛他們會在你的心靈中徘徊（就好像你被靈魂糾纏一樣）。這兩種立場都不值得尊敬，也不合乎邏輯。尊重逝去之人的生命並真正感受到失去他們，這點很重要，這樣你才能生活得更充實，整合自己失去的人、事、物，並深深感到自己是人。對於你「永遠失去某些東西」的經歷或情況也是如此，思考它並理智地釋放它是很好的第一步，但真正完全人性化的下一步是深深地悲慟。邏輯智力與遠見靈魂無法像身體與情緒那樣深入到生命的深處，它們就是做不到，因為那不是它們的本性。

智力與遠見靈魂都喜歡在生命之上與周圍翱翔，它們並不擅長降落到生活中。然而，悲慟強而有力地超越了智力與遠見飛翔、監督或描述死亡的需求，悲慟會要求我們直接涉水，沉入水下。如果我們不陷入悲慟，我們就無法正確地與死亡聯繫起來，也無法在其神聖而必要的儀式中佔據一席之地。眾所周知，在不少原住民傳統中，嚴肅的公開悲慟可以幫助死者進入另一個世界。據說，哭聲可以告知祖先有人死亡，並為死者在迷失或迷路的時候開闢一條通道。這些故事告訴我們，如果我們

活著的人不哭泣，不真誠地哀悼自己的失去，死者就不會意識到發生什麼事，靈魂世界（祖先）也不會得到適當的提醒。如果我們不走入河中哀悼，河裡的水就會不夠，死者就無法穿越到下一個世界成為祖先。我們活著的人透過自己悲慟的程度與眼淚的量，將死者運送到另一個世界。

如果悲慟是必要且神聖的，那麼在悲慟發展不全的文化中，我們為自己與死者創造了多麼可怕的傳統。在這些文化中，我們把屍體裝進盒子與甕裡，穿著陰鬱的衣服，安靜聚集在擺滿食物的桌子旁。我們告訴彼此這一切的安排都是最好的，小巴比現在已經生活在更好的世界。我們的思想會設計出完美的解釋，我們的靈魂會想像死者在天堂或涅槃，我們的情感被麻醉，我們的身體無人居住，我們「撐」得很好（這還真是對悲慟發展不全精準得令人驚訝的描述！）。看到某人陷入深度悲慟與哀悼的時候，我們常常會轉身走開。太丟臉、很可怕、很令人厭惡！我們迴避悲慟，因為我們不想有那麼深的感受，那太可怕了。所以我們會整肅衣襟然後轉身走開。不過，這才是真正的死亡──同情心、社群、情感與理解的死亡。

我們不允許自己悲慟的時候，就會不斷地因為死亡而受到創傷；而當我們拒絕感受失去的痛苦，就會拒絕認可自己的各種聯繫。我們欺騙自己，認為如果自己拒絕悲慟（或思考或為死亡做好準備），我們就可以保護自己免受所有痛苦。然而，在拒絕的過程中，我們犯下一個致命的錯誤：我們離自己越來越遠，無法與生活中的人建立深入聯繫，失去與生命之流的聯繫，內心枯竭──因為河裡沒有人來紀念我們失去的親人或我們失去的夢想。每一次的死亡與每一次的失去，因為我們沒有正確地感受到它，就只是堆疊在前一次的死亡或失去之上（就像凌亂桌子上的文件一樣），直到我們心中充滿無法感受到、未經歷過、未解決的死亡。

不悲慟帶來的嚴重後果

許多人面對死亡的反應是讓死亡變得不真實，讓悲慟變得不必要，就像我以前那樣。他們高度依賴自己的精神信仰，以免死亡降臨到自己身上；或者他們隱藏在自己的智力中，編造出冗長而雜亂的死亡與失落故事。一陣子之後他們就麻木了，與世界脫節。我在唯火玄學（fire-only metaphysical）的圈子裡看到這種麻木的影響，大家失去了同理心，因為他們將別人的疾病與貧窮視為是「因為他頭腦不清，或他的祈禱無效」的結果。這種麻木的心態使他們只會斥責或藐視那些陷入困境的人，卻沒有提供愛的支持或同情。這種冷酷無情、靈性麻木的人，看不見困境的真相，他們沒有發現痛苦、疾病、創傷性磨難與悲慟是自然且深刻又有意義的過程。若沒有這些過程，就不可能發生真正的精神或道德進化。

我在唯風的知識份子圈裡也看到類似的麻木，尤其是在政治圈。無家可歸的人與移民因為貧困而受到指責；在競爭激烈的市場中，血汗工廠被視為必要之惡；戰爭與酷刑被吹捧為維護民主的必需品；有色人種遭監禁與處決的數量驚人地不公平；有人利用自己的天賦來引誘大眾以進步的名義接受本來不可接受的事情；真正令人髮指的事情每天、每時、每刻都在發生，卻無人理睬與哀悼。

我還看到，這種麻木感清楚地反映在我們充滿暴力的美國文化與可笑的暴力娛樂中。許多人一直宣傳說暴力娛樂可為我們的暴力衝動提供安全的發洩管道，但這完全錯誤！暴力電影、書籍或遊戲會讓我們習慣暴力。我們選擇一遍又一遍地觀看棍棒重擊、槍擊、刀傷、強暴與性騷擾的時候，實際上就是在麻醉自己。我們在整個文化中對暴力（以及荒謬的性化）娛樂的沉迷並沒有讓我們發洩任何形式的暴力衝動，如果確實有的話，我們的暴力文化就會減少，對暴力圖像的需求也會減少，但

我們的需求沒有減少。隨著我們悲慟的能力不斷下降，電影、書籍、流行音樂與電視中的暴力程度不斷增加。你看，我們並不是為了理解暴力或我們自己的衝動而追求暴力娛樂（相信我，真正的暴力與暴力娛樂幾乎沒有相似之處）。我們所做的只是要求娛樂為我們帶來一次又一次的創傷，這樣我們就可以麻木自己，以便面對痛苦、恐怖與死亡。但這樣沒用，因為不論我們看到多少殘酷或虐待行為，我們的悲慟仍然存在，依舊在等待著我們。

如果我們能夠從這種麻醉的昏迷中甦醒過來，我們就能重新整合自己的心靈，最終連接到自己真正的悲慟；如果我們能夠擺脫火象或風象的妄想，脫下脆弱的盔甲，涉入悲慟的水域，我們才終於得以真正活著。當我們沉入悲慟的深淵，我們一定會感受到失去的痛苦，但我們也會在萬靈之舞當中，找到自己的神聖地位。

在很多原住民充滿智慧的傳統中，如果一個社群沒有好好地為他們所愛之人進入死亡旅程而感到悲慟，他們就無法好好地歡迎自己的孩子進入生命旅程。這是多麼美的真理。當我們不能為自己深重的損失感到悲慟並紀念我們親愛的逝去之人，我們就沒有足夠的空間來容納我們的孩子、我們所處世界的年輕靈魂，或者準備迎接死亡的長者。這當然是我們目前的政治與社會狀況，我們無法好好餵養或教育我們的年輕人，我們也不認同或保護長者。如果我們能夠學會充分為自己所失去的人感到悲慟，並將自己的親人送去下一個世界，讓他們適得其所，我們就能學會如何為新的聯繫、新的依戀、新愛意與新生命騰出空間。我們可以在兩個世界中都為愛與生命騰出空間，而悲慟是愛當中很重要的一部分。

在墨西哥文化中，每年都會舉辦名為亡靈節（Dia de los Muertos）的優美節日來紀念死者，其中蘊含著關於死亡的偉大智慧。我在芝加哥歐海爾機場的亡靈節神殿長椅上發現這樣一句話：「La muerte nunca muere; la muerte es la ventana al otro mundo.」意思是:「死亡永不朽,死亡是通往另一個世界的窗口。」

悲慟與儀式的重要性

人類擁有大量關於悲慟的原始智慧,因為我們內心的祖先智慧比現代知識的資訊更佔優勢,而許多祖先的智慧可以透過儀式獲得。

所有的文化都有神聖悲慟、哀悼與葬禮儀式,雖然這些儀式不少部分都存在於我們的現代世界,但它們的情緒與神聖脈絡在大多數情況下都被剝奪。在短短兩、三世代之間,很多人就失去跟精神與文化傳統的重要聯繫,但這些傳統卻能幫助我們為死亡與巨大失落之後的震驚,創造出神聖空間。我們將死者從起居室(傳統家庭的起居室實際上是為了守靈而建的!)搬進殯儀館,我們正在慢慢失去與社群悲慟儀式之間的聯繫。然而,我們都看到大家在事故現場建立路邊神龕,或為社群中突然發生的死亡進行臨時燭光守夜,所以我們知道自己還是有舉辦哀悼儀式不為人知的驚人能力。幸運的是,儀式與神聖空間回應我們的個人動機,這代表我們可以為自己與我們所愛之人創造新的、有意義的悲慟儀式,即使我們失去了與傳統之間的聯繫。

在大多數的葬禮傳統中,某些元素會固定出現。通常會有一個死者的神龕,不管是真正的棺材或屍體、神龕或祭壇、照片、圖像或與死者相關的物品。哀悼者通常成群聚集在遠離神龕的地方,而那些與死者最親近的人則被授予離神龕最接近的尊位。音樂經常是用來勾勒出哀悼的空間。總會有人走出來,背對神龕站立(不會太接近神龕),然後告訴哀悼者關於死者的事。哀悼者會聚集在一起對死者進行集體紀念的時候(用他們的故事、悲慟、歌曲、笑聲、遺憾與淚水),也會一個個向前,

透過直接向神龕表達敬意來探望或與死者交流。

進行最後告別的時候，哀悼者或者是回到哀悼區，以歌曲或一篇講道結束儀式；或者是直接哀悼的空間，聚在他處共享食物、陪伴彼此。這個儀式的各個方面都有助於區分生者與死者，為死者創造神聖空間，並為哀悼者在這個世界上建立一個神聖的社群。如果這些儀式的組成部分被忽視，界限就會變得模糊，哀悼者本質上就會跨越到中間的位置，在那裡他們不會真正釋放死者或再次完全融入生活，他們會與自己的親人被困在陰間。

儀式的存在是為了幫助我們度過人生中必要的（而且常常是痛苦的）階段並生存下來。不幸的是，若我們與有意義的儀式脫節，不僅使我們失去了社群與神聖性，而且還剝奪了我們充分生活、愛、感受與悲慟的能力。大多數人都參加過葬禮，但我認為很少有人真正感受到死者被釋放到另一個世界，因為我們沒有時間或條件，讓自己能夠做出悲慟所需要的深刻行為。許多葬禮的時間根本不足以讓哀悼者創造真正的共同空間，更不用說向死者表達充分的敬意。

我與我丈夫提諾有幸與已故的索邦夫・索梅一起參加過西非原住民的悲慟儀式，索梅是我先前提到的古代達加拉部落的儀式守護者（請參閱「更多資源」部分，了解達加拉人優美的儀式）。這種悲慟儀式持續整整兩天，但在索邦夫的村子裡，會持續三天。我以前不認為有任何方法可以使人在整個週末保持悲慟與哀悼，現在我則不理解，如果沒有花這麼久的時間，那怎可能真正感到悲慟。整場儀式充滿悲慟，因為悲慟是一段漫長且深刻的過程。然而，如果你能單純地將注意力集中在自己的身體上，你就可以優雅地進入自己的悲慟。你的身體是出色的哀悼者，如果你相信它，它會把你帶入淚河，並再次安全地帶你出來。你的身體了解悲慟，如果你相信它，它就能幫助你度過這段過程。

▶ 悲慟的練習

　　你的首要任務是透過接地與集中注意力來整合自己，而不是匆忙分心或完全解離（如果你把自己的身體拋在後面，你將失去好好悲慟的能力）。你的第二個任務是為死者（或失去的事物）創造神龕，這樣你就可以為自己的哀悼創建一個容器，並在這個世界與另一個世界之間做出一些劃分。如果你的悲慟與肉體的死亡有關，你的神龕可以包含照片、個人物品或自己逝去親人的紀念物；如果你的悲慟與失去一段關係、一個目標、一個想法、你的健康、你的信任或你從未擁有過的事物有關，那麼你的神龕可以包含任何象徵你的失去的物品。重要的是在你的悲慟神龕中放置一些一次性的東西（最終可以在葬禮中埋葬或燒毀的東西），這樣你就可以很有儀式感地結束這場特定的悲慟儀式（你可能會想要執行好幾場儀式，讓自己的悲慟轉移與改變），就像你充滿儀式感地展開這場儀式一樣。

　　你的悲慟過程可以單獨進行，也可以在社群或家庭團體中進行。如果有其他人參加，請讓他們也將自己的物品放入悲慟神龕中。如果你可以將這個悲慟神龕放置在你家中一個可進入但私密（而非中央）的地方，你就可以劃定一個哀悼的區域，你（與其他人）可以在穿梭不同層級悲慟的時候自由進出。透過這種方式，你可以在需要悲慟的時間內維持你的神龕——無論是兩天、兩週還是兩個月。這個過程需要多長時間並不重要，哀悼期因人而異，也因文化而異。重要的是，你有一個僻靜的物理空間，你可以在自己的時間裡在那裡認可自己的悲慟，用你自己的方式聖化自己的損失，並透過眼淚的量與哀悼的品質將死者釋放到另一個世界。

　　你陷入悲慟的時候，可能會感到巨大的壓力壓在自己身上。如果你

不明白發生什麼事，你可能會因為失落而感到沮喪且窒息，而且你可能會因此而解離。如果你記得悲慟時所需的行動是向下的，你就會明白這種沉重的必要性，它會固定在你身上並將你壓進身體，這樣你就能感受到這種情況的重量與深度。重要的是要整合自己，並在整個村莊的中心佔據一席之地，這樣當你陷入悲慟的時候，你的身體與情緒就可以不受干擾地一起運作。

你不應該壓抑自己的遠見靈魂或你的智力，相反地，你應該在悲慟的時候平衡並安撫它們，而且你只能從整合的角度來做到這一點。悲慟的時候要問的正確問題是：**什麼是必須哀悼的？**與**我如何承認失去的人、事、物？**如果你的智力過度活躍，它可能會回答「需要解釋與合理化什麼？」然而，如果你能讓自己的智力平靜下來並歡迎它進入你悲慟的過程，它將幫助你觀察並解讀你與那段失落有關的記憶與想法。

如果你的火象元素過度活躍，它可能會補充「需要超越什麼？」如果你能夠安撫並平衡你的遠見靈魂，它可能會提供你需要的敏銳洞察力，讓你在悲慟的時候感覺到存在周圍的陪伴與支持。你的調解任務不是扼殺自己的智力與靈魂，而是幫助它們在神聖的悲慟儀式中發揮適當的支持作用。

當你具備足夠的技能而陷入悲慟的時候，你雖會感到痛苦，但它不會壓垮你。在真正的悲慟中，你的心會破裂，但不會破碎。如果你能將自己的悲慟（不論是淚水、狂暴、歡笑還是完全的沉默）送入神龕，你與你的心將成為生命之水可以流動的管道。如果你讓河流流經自己，你在萬靈之河中的彎道將會加深，並恢復具有治癒性的流動。你的心不會空虛，它會擴展，你將有更多能力去愛，去擁有更多的呼吸空間。你完成第一次悲慟儀式後，你將不需要也不想抹去失去親人的記憶，相反地，你的損失將成為你的一部份，成為你的祖先血統、你的力量與你對生命

脆弱的認識的一部份。你不會變得刀槍不入、變得堅強，相反地，你以神聖的方式跟悲慟與失去聯繫起來的時候，你會軟化為真正的力量。

你的悲慟過程暫時結束的時候（當你不再有眼淚可以送入神龕的時候），你或參與悲慟儀式的其他人應該拿起神龕的一部份，並以某種象徵「釋然」的方式包裹或密封它。拿著這個包裹，接著舉行儀式燒毀或埋葬它，並完全拆除你的神龕（你可以繼續展示神龕中的照片或物品，但你應該將它們從神龕區域移走並放置在新的地方）。結束這場哀悼儀式非常重要，這樣你熱愛儀式並以意象為食的靈魂才能紀錄這個悲慟過程的結束。用音樂與某種以食物為主的慶祝活動來紀念自己的結束也是一種療癒，音樂與食物可以治癒、接地並歡迎自己的身體與靈魂。葬禮儀式完成後，請記得讓你的祖先融入你的生活中——透過與他們交談或唱歌、向他們提問、向他們祈禱或尋求他們的幫助與智慧，並了解自己可能會希望稍後再進行一次悲慟儀式。我們並沒有「完成悲慟」，我們只是「完成特殊的悲慟儀式」。記住：死亡永不朽，死亡是通往另一個世界的窗口。

也請記住，悲慟是自然的身體過程。如果你能留在自己的身體裡，熱可悲慟的儀式，你會本能地知道該怎麼做，而不需要太多的精神概述或分析說明。你從悲慟之河走出來的時候，你的智力與靈魂可能會沉默並祈禱一段時間，因為它們會將自己在這個深刻的轉變過程中所目睹的一切整合起來。引導悲慟（並認可你的身體與情緒的現實）將有助於你的智力與靈魂整合及成熟。你的靈魂與智力將不再以它們平常優越且孤立的方式盤旋在世界之上，而是會變得成熟，並在悲慟的深淵與治癒之水中體驗完整的感覺。

如果你的悲慟卡住該怎麼辦

悲慟真的會卡住嗎？還是我們根本不明白悲慟是如何運作的？重要的是要區分到底是因為「遭遇很慘的事」還是「因為悲慟過程尚未完成」而卡住。大多數人都匆匆走完公開的悲慟，然後獨自承受真正的悲慟——沒有儀式、典禮或社群。很多時候，所謂卡住的悲慟，實際上是未獲認可的悲慟。如果你的悲慟只是因為沒有得到關注而卡住，那麼讓自己經歷悲慟儀式的練習可以幫助你獲得悲慟過程的治癒力量。悲慟需要時間，它會等待你去執行自己的神聖任務。如果你的悲慟儀式仍在進行中，你會透過與失去的人、事、物之間依然保持聯繫的品質來知道這一點，你仍舊會感覺到一種痛苦的身體聯繫與一種沒完成事情的感覺，你會需要更多的時間來擁戴與感受。

即使在心理學中，悲慟也可能有不合適的時間限制。有一種診斷稱為「複雜性悲慟（complicated grief）」或「延續性悲慟（prolonged grief disorder）」，它會妨礙悲慟的自然進程。很多失落都需要很長時間才能整合，這並不是精神錯亂。如果你悲慟持續得太久，那麼有兩本優秀的書可以幫助你在必要的悲慟之水中找到自己的位置。梅根・德凡（Megan Devine）關於悲慟的研究深入而美麗，她的書《沒關係，是悲傷啊！》（*It's OK That You're Not OK*）能帶來支持與鼓勵。瑪莉・拉米亞博士關於悲慟與記憶的書《悲慟不是用來克服的》（*Grief Isn't Something to Get Over*）尤其令人心酸，因為她結褵四十四年的丈夫在她完成手稿的時候突然去世。

當你像我一樣陷入分心與解離的陰暗世界，你可能也會體驗到一種陷入悲慟的感覺。在這種情況下，你可能無法辨識自己的情緒狀況。你不會感到真正的悲慟，因為你實際上並沒有處於悲慟的境地。你會陷入

逃避悲慟、合理化悲慟、麻木悲慟或讓悲慟變得不真實的境地。結果，你可能會感到灰心喪志、憂鬱、不安、狂怒、驚惶或甚至有自殺傾向。你可能會覺得與人類還有自己的靈魂隔絕──被死者欺騙、被生者背叛。你可能也無法尋求幫助、陪伴或諮詢。但不管怎樣，向外求援就對了。你身處急流中，你需要人與人的接觸，你需要支持與社群，才能讓自己進入河流並悲慟。

尊重他人的悲慟

　　為他人的悲慟創造神聖空間的第一個關鍵是，不要衝進去把他們從河裡拉出來，也不要他們說教死亡、過去或未來等等主題。悲慟的人就是一個神聖的器皿，生命之河挾帶著全部的力量與美，流淌在這些器皿裡，因為靈魂的一半在這個世界，另一半卻在另一個世界。哀悼者處於深層的儀式空間中，你的行為應該尊重正在發生的靈魂工作。我們都傾向說些陳腔濫調、說教或鼓舞的話，但你必須克制自己，現在讓哀悼者透過言語、哭泣、狂暴、完全沉默、絕望、大笑、否認或任何哀悼者選擇的方式，去充分體驗他們的悲慟。如果你能把自己視為悲慟的助手，而不是顧問，你就能在這個儀式中找到自己應有的位置。

　　為他人的悲慟創造神聖空間的第二個關鍵是，與死亡或失去保持足夠的距離，以便能夠充當儀式的守護者，而不是哀悼者。如果你還沒有為死亡或失去感到悲慟，你很可能會與哀悼者一起掉進河裡，讓河的這一邊沒有人在看顧。我在「憤怒」一章中做過這個類比：在幫助別人戴上氧氣面罩之前，先保護好自己的氧氣面罩，這種情況現在同樣適用。悲慟之河是一個美麗的地方，但悲慟中深刻的活動會消耗你所有的能量。如果你自己在哀悼，你就沒有能力為他人創造神聖空間，變成你還需要

另請其他人來幫助你與主要哀悼者。

你不需要冷漠無情才能成為一名好助手——這完全不是必要的。你只需要在你自己與哀悼者的深層過程之間建立並保持清晰的界限。你的接地與專注能力也很重要，因為你必須能夠在情緒出現的時候，將情緒轉移到自己身上。悲慟會散播（因為它既是一種公共情緒，也是一種私人情緒），所以即使你很專注，你也可能會與哀悼者一起陷入悲慟。這很自然，你可以有意識地放鬆自己的身體，讓悲慟流過你的身體，深深接地（這本身就是一種神奇的治癒）。這樣，你就可以在保持助手位置的同時，迎接並擁戴悲慟。

如果你可以設置悲慟神龕或哀悼區（用音樂、照片或聖物、蠟燭、私人物品或你或哀悼者發生過的任何事情），你將能夠為哀悼者與你自己建立神聖的空間，哀悼者可以將他們的話語與情緒傾注到神龕中，而不是傾注到你身上。作為助手，你的任務不是在你自己的身體裡收集並處理哀悼者的悲慟，而是創造容器或神龕，讓哀悼者釋放他們的情緒，讓他們的親人安全地進入另一個世界。

悲慟儀式暫時完成的時候（根據失去的深度，大家可能會需要許多不同的悲慟儀式），將自己與哀悼者移離神龕或哀悼區域，並吃點東西或喝點東西作為接地的方法，信任你的本能去決定是否拆除神龕。既然有一個悲慟的神聖空間，哀悼者可能想保留神龕並繼續獨自悲慟。哀悼者可能還想讀完這個悲慟章節（或梅根·德凡與瑪莉·拉米亞關於悲慟的書籍），以獲得如何走下去的建議。請尊重哀悼者的願望，並以感謝神龕的方式結束你的活動。檢查一下你自己的接地、界限與注意力，並確保等等當你有幾分鐘獨處時間的時候，燃燒心理契約或讓自己回春。即使是作為助手，悲慟會改變你，會給你警告：你快要停滯了。如果你能讓自己回春，你就可以整合這些變化，讓你不管是邁向改變還是停滯，

都能夠意識地去做。

　　悲慟是愛的重要成分，所以請記得以各種強度來迎接悲慟：輕微的悲慟可以感受與思考失去，中等強度的悲慟會哀悼與悲慟，強烈的悲慟會與痛苦、心碎與萬靈之河聯繫。相信自己，相信這個過程，讓你的身體來掌控你的悲慟儀式。如果你在內心村莊的幫助下進入河流，你就會以新的身分出現在河的對岸。請歡迎並感謝自己的悲慟。

25. 情境型憂鬱 SITUATIONAL DEPRESSION　巧妙的停滯狀態

獻禮

向內聚焦——靜止——刻意不從事活動

反思現實——靈魂停滯的巧妙跡象

內心的問題

我的精力跑去哪裡了？為何跑掉了？

干擾的跡象

無法或不願意停下來重新評估不可行的情況，或者循環的情緒使你不穩定或阻礙你前進

練習

你生活中的事情進展不順的時候，情境型憂鬱會讓你放慢腳步，所以要仔細聆聽。總會有一個很好的理由讓精力與情緒流來騰空你的心靈——無論是否與健康、神經化學、不公不義、人際關係、職業還有未治

癒的創傷有關。

在你了解並解決引發情境型憂鬱的情況之前，你不應該試著繼續前進。

情境型憂鬱的細微差別

輕微憂鬱：淡漠、不感興趣、平淡、現實

中等憂鬱：持續煩躁、憤怒或狂暴（參見憤怒章節）、憂鬱、向內聚焦

強烈憂鬱：痛苦、自我毀滅、折磨、轉變

憂鬱是一種受到激烈評價的情緒，但它絕對是一種重要的情緒，我稱之為「靈魂停滯的絕佳跡象」。憂鬱是一種巧妙（而且常常讓人不知所措）的心靈行為，它會因為一些決定性的因素而讓你失去工作能力。在本章中，我們將著重在討論我所說的「情境型憂鬱」，這種憂鬱源自於「你可以辨識」的情境，例如：健康問題、令人困擾的關係、錯誤的工作、混亂、不公不義等。情境型憂鬱蘊含著深刻的智慧，它實際上會降低你的精力，並在你不應該前進的時候阻止你前進——此時在你內心與周圍發生的事情不會帶來任何好處，該停下來了。

憂鬱與冷漠不同，儘管這兩者一定可以同時出現。在冷漠中，你會創造出一種被動的界限，並切斷你與「不會為你騰出空間」的情況之間的關係。冷漠是對不當的情況與關係所產生的保護性反應，但你不會像憂鬱的時候那樣失去精力。在你的冷漠中，你仍然可以思考、夢想、計

畫與抱怨，你可以在「自己」與「當下處境的無意義或荒謬」之間劃定界限；而在情境型憂鬱中，你無法輕易設定界限，相反地，你甚至可能會因此而失去精力。

憂鬱也與絕望不同，儘管這兩種情緒很容易同時出現。你自然的悲傷受阻或受困的時候，絕望就會出現——而情境型憂鬱可能會為了應對這種絕望而出現。這種情況會讓你感到憂鬱，因為有些事情不對勁，在解決問題之前你都不應該繼續前進。然而，如果你不知道如何辨識或處理這兩種情緒狀態，可能會出現新問題！在情境型憂鬱的領域，你的情緒詞彙、情緒技巧與練習都極為重要。

情境型憂鬱具有破壞性，其原因相當重要，而且它具有非常重要的治癒目的。大家經歷憂鬱的時候，幾乎總是會同時出現四、五種深刻而痛苦的情況或健康問題。儘管憂鬱肯定會日漸嚴重，也會破壞身體系統、破壞情緒、心理功能與遠見覺察力，但回過頭看，似乎當初總是有一個起點，是憂鬱為了處理正在發生的麻煩或不公不義，而以一種可控的方式出現。將憂鬱視為一種單獨的疾病，卻不解決其所指向的真實情況，是一種不完整的治療方法，因為憂鬱是對令人沮喪或不穩定情況的自然保護性反應。當我們面對的或正在處理的，是一種令人無言的情況，此時情境型憂鬱就是針對這種情況所發出的明智評論。針對憂鬱而做的同理心練習，並不是要你一頭栽入「為了快樂而快樂」（其實這樣到最後也不會快樂），而是要了解自己內在、外在到底發生了什麼事，導致你不穩定。你的首要任務不是消除自己的憂鬱，而是把自己聚焦在內心村莊的中心，這樣你就不會把「自己的憂鬱」認定為是「對我價值觀的負面評論」，反而會是「關於我所面對的事物」之精采資訊（這種資訊，經常被掩蓋）。

我為自己制定了一份詳細的憂鬱清單，因為我需要密切關注我的憂

鬱，並將這份清單放在我的網站上，以便其他人可以找到。我的清單包含不少建議，旨在採用一種具有治癒功能、且有同理心的方式，與自己的憂鬱一起運作。查看請上 karlamclaren.com/the-language-of-emotions-book。

　　如果你正在服用抗憂鬱藥（包括聖約翰草 St John's wort 或其他任何草藥），都歡迎你去上述網站查閱。一面服用抗憂鬱藥物，你同時在情緒領域依舊有很多工作要做。事實上，如果你服用正確的抗憂鬱藥物，你可能會更擅長處理情緒；如果你選擇合適的藥物，你就會受到保護，不會掉進無底洞。我理解藥物治療的必要性，因為三十多年來我一直在對抗可怕的自殺性憂鬱——任何形式的緩解都是上天賜予的禮物。然而我被洗腦成反對傳統醫學，無法尋求幫助，在別無選擇的情況下我學會了如何不靠醫療支持，而處理嚴重且令人衰弱的重度憂鬱。這是很好的訓練，幫助我去協助那些不願意或不能夠忍受藥物的人，但這個訓練確實讓我付出很大的代價。

　　有些研究指出，未經治療的憂鬱，尤其是重度憂鬱，會教大腦下次如何更容易陷入憂鬱。未經治療的憂鬱會在大腦中留下痕跡，就像其他重複或管理不善的情緒一樣。不幸的是，這條通路還會影響內分泌系統、睡眠模式、記憶力，甚至腦細胞中的 DNA。未經治療的憂鬱可能會損害你的大腦，所以不要拿它們來開玩笑，快尋求幫助！我最後終於尋求幫助，得以在反覆發作的重度憂鬱底下爭取到休息，我還努力恢復了正常的睡眠模式與內分泌平衡。目前尚無法確定大腦化學物質與憂鬱之間的聯繫，但抗憂鬱藥在許多情況下都可能有所幫助。

　　了解自己患有哪種類型的憂鬱症也很重要。我患有早發性重度憂鬱症（我第一次自殺發生在我十一歲的時候）與輕鬱症，但我沒有狂躁的特徵或循環焦慮。伴有狂躁特徵的憂鬱症稱為雙相憂鬱症（bipolar depression），它的治療方法不同於重度憂鬱症。雙相憂鬱症是一種複

雜的疾病，正確診斷與治療十分重要（治療重度憂鬱症的藥物實際上會使雙相憂鬱症變得更糟）。伴有焦慮、恐懼症或強迫症症狀的憂鬱症則需要另一種形式的治療，通常可以透過抗焦慮藥物與短期認知行為療法得到幫助。持續兩年或更長時間的低度慢性憂鬱症稱為持續性憂鬱症（dysthymic depression）。對某些人來說，陽光不足的條件可能會引發季節性憂鬱症（seasonal affective depression）。此外，女性可能會經歷與賀爾蒙相關的憂鬱症，例如在月經週期中或在產後（產後憂鬱症）。精神性憂鬱症（psychotic depression）可能看起來像精神分裂症，伴有幻覺或幻聽。而非典型憂鬱症（與持續性或稱為循環性憂鬱症的輕度雙相憂鬱症有關）則包括高度敏感、喜怒無常、食慾增加、體重增加與睡過頭。而在前面關於憤怒的章節中，提到了循環的狂暴常常意味著潛在的憂鬱狀況（尤其是男性）。如果你經常感到恐怒與義憤填膺，請諮詢你的醫生或查找線上憂鬱症調查問卷，並進行誠實的自我評估。憂鬱症需要照護與關注，你也是一樣。

在另一方面，**情境型憂鬱**則是我們大多數人都熟悉的憂鬱症形式：我們可能會感到情緒低落、沒有動力、孤立、流淚、廣場恐懼症、無法入睡、無法進食或工作。為了處理情境型憂鬱，不少人會依賴藥物、草藥、冥想練習、運動、飲食限制等等。他們這樣做並沒有錯。情境型憂鬱具有驚人的可塑性，會對任何日常生活的變化做出反應。而我們這些患有重度憂鬱症、雙相憂鬱症、賀爾蒙相關憂鬱症以及與憤怒或焦慮相關憂鬱症的人，可能需要更深入的介入。請祝福自己，能夠以迄今所知的一切方式擺脫憂鬱。

本章中憂鬱練習的重點是情境型憂鬱。但如果你正在經歷更嚴重的憂鬱症，這種練習還不夠。請愛自己，照顧好自己，不要讓自己陷入困境，可以尋求幫助。

情境型憂鬱傳達的訊息

在一個重視工作而非反思、智力凌駕於情緒、將身體與精神視為絕對對立的世界裡，情境型憂鬱已經成為一種可怕的情緒。情境型憂鬱背後的基本因素是自尊，是保護性的，它是在我們內心村莊的要求下產生的。你的某些（或全部）部分失去平衡並陷入麻煩的時候，情境型憂鬱就像一條止血帶，這是你的本能所做出的刻意決定。問題是：大多數人與自己內心的整個村莊都沒有任何聯繫。我們用不穩定的狀態來看待自己：身體先於精神、邏輯先於同理心、精神先於情緒，或其他種類的不平衡組合。結果，大多數人已經讓自己的元素與智力彼此分離，並將自己大部分的靈魂推入陰影中，使我們無法察覺到自己一開始為什麼會引發憂鬱症。

陷入情境型憂鬱的時候，我們可能都心知肚明，這份麻煩或多或少也算是自找的。不幸的是，沒有人教我們要認同或歌頌自己的自我侷限，我們不知道自己的侷限乃是必要甚至是神聖的事。相反地，我們認為（或被迫認為）自己是精神錯亂了。儘管憂鬱症的存在實際上是為了保護我們免受危險的行動與行為的影響，但我們普遍無法生活在靈魂的覺醒中央，這反而導致我們將憂鬱症視為危險的行動。幾十年來，我們一直在研究、追蹤、分析、治療、用藥並追捕憂鬱症，試圖將其從我們的心靈中驅逐出去。但這些介入措施中都只能處理表面的症狀，缺乏更深的作用。事實是：心靈需要的時候，情境型憂鬱就會捲土重來，因為這是對我們日常生活中所面臨的內部、家庭、社會、金融，以及政治衰退與不公不義等情況，所做出的合乎邏輯又合理的反應。我甚至想說，如果你深入研究我們世界的狀況（我們的政治制度，資本主義末期的日常殘酷行徑，我們如何對待年輕人、老年人、窮人、身心障礙者、遊民、精神

病患者，以及我們監禁與征戰的對象），而你一點也不憂鬱，那你確實有問題！情境型憂鬱並不是問題所在，它乃是對問題的回應，它為我們所有人都帶來一份獻禮。

如果你沒有練習，你可能會在憂鬱面前崩潰並迷失方向。然而，如果你能夠集中注意力、接地並設定自己的界限，你就可以創造出自己需要的神聖空間，將自己的憂鬱症當作導師，而不是來折磨自己的。情緒是你靈魂最深的語言，如果你試著消除憂鬱（或任何其他情緒狀態），你實際上就等於殺死了信差，讓自己的靈魂失去發聲的機會。相反地，如果你能夠恭敬地應對憂鬱症，你就會對自己、你的生活方式、你的人際關係、你的文化與世界有驚人的了解。

我花費二十年的時間才以一種榮耀的方式面對自己的憂鬱症。當我終於鼓起勇氣問我的憂鬱症，它想從我身上得到什麼的時候，我滿心預期它會像一隻瘋狗一樣攻擊我。那時我坐在明亮的界限內顫抖著，帶著一種淒涼的絕望讓自己接地並集中注意力，準備好迎接即將到來的尖苛批評，結果那並沒有發生。相反地，我腦中浮現了二戰期間，倫敦居民將孩子送到鄉下親戚那裡的驚人景象。這幅畫面就是開場白，它告訴我憂鬱症並沒有攻擊我，而是把我靈魂的一部份送到安全的地方避難，而它自己卻堅守在戰區。

這真是令人震驚，而且它與我所聽到的有關憂鬱症的任何事情都沒有任何關係。我體內出現一種明確且明顯的保護性運動──不是失能或精神錯亂，而是一種果斷且刻意的策略，是我內心的一部份做出的決定。而直到那一刻我才知道它的存在。突然，在我自己之前未曾發現的一面幫助下，我能夠看到自己的情緒在努力讓別人聽到（掙扎、喘息），因為我的憂鬱症拼命想挽救我的生命。我特別感受到壓抑在憂鬱之下的憤怒，這種憤怒無法保護我或恢復我遭受破壞的界限，而是在面對混亂的

時候，負責做出權宜之計的痛苦決定。

　　那一刻，我發現了自己心靈正在進行的那場殘酷戰爭，其根源何在：我也搞懂了為何我的靈魂之子必須為了避難而被送走。那時候，我依然在創傷性解離、情緒壓抑，以及我的各個元素與智力之間巨大內部衝突的煙霧中奔跑。然而，由於我（像大多數人一樣）學會掩飾並解決自己內部所有問題，因此我對它們並沒有清晰的認識。事實上，我的外表看起來非常不錯（運作極為正常），除了我那令人厭惡、持續不斷的憂鬱症之外。在我看來，憂鬱症是我唯一的問題，如果它能消失，我會很高興，一切都很好。我的憂鬱症所呈現的景象使我從自滿、壓抑的恍惚中清醒過來，因為它對戰爭的描述是如此尖銳，又無庸置疑地準確。

　　我在這一個願景的支持下，重新建構了對自己的看法。這時我驚訝地發現，自己除了憂鬱之外，什麼都感受得到，因為我的心靈已經變成一個全新的戰場。我在憂鬱症中經歷的極度缺乏精力、注意力、平靜與幸福，並不是問題所在，也不是錯誤或偶然出現。我的能量被耗盡，因為我的某些部份故意將它送走──以確保它的安全與活力，直到我的戰爭結束。從那時起，我在遇到的每一個情境型憂鬱案例中都觀察到同樣的情況（儘管每場戰鬥的組成與強度對每個人來說都是獨一無二的）。靈魂中某些有知覺的東西，為了回應極端的外部或內部不穩，於是將能量隱藏在外圍區域，直到靈魂的中心適合居住並能夠進行有意識的行動。

　　如果你能體會這個戰爭比喻，它可能會幫助你去除讓自己陷入憂鬱的病態汙點。不要將自己視為一個無能或破碎的人，你可以對自己的鬥爭充滿同情，並從根本上捲起袖子開始努力，而不是任由自己被打壓。你可以明瞭憂鬱症背後的邏輯，這將幫助你了解，在衝突與不穩定的情況下，不能也不應該採取任何健康的前進行動（如果你自己的元素想要互相殘害，你就無法做出連貫的決定或採取有效的行動！）。你可以尊

重憂鬱症的抑制策略，而不是進行一場徒勞的鎮壓戰鬥，這只會加劇你的內部衝突。你可以傾聽自己的憂鬱並聆聽它的智慧。雖然這是一個必要的治癒步驟，但在一個敦促你前進而不是停下來反思自己生活方向的世界中，這是一個很困難的步驟。

不幸的是，我們往往不重視反思，這代表我們不容易理解憂鬱症具有的「拯救靈魂的本質」。相反地，憂鬱症已經被褻瀆且病態化，而我們解決內部與外部不公不義問題的能力卻在惡化。如果你同意妖魔化憂鬱症，那麼不管你做什麼，你都無法真正緩解它。你將沒有技能，缺乏敏捷，也無法真正掌握自己的心靈或世界正在發生的事情。但是，如果你能創造神聖空間，保護自己免受我們對憂鬱症錯誤又效價的信念影響，你就可以完成憂鬱症要求你完成的尊重靈魂並拯救生命的任務。

憂鬱症的光榮任務不是要獲得快樂，也不是恢復你失去的能量（或增強你現有的能量），這些壓抑、抹除的方法無法以任何方式解決最初引發憂鬱症的原始不平衡。壓抑可能會在短期內消除你的憂鬱，但從長遠來看，它們會為你帶來什麼？你會擁有更多技能或內部資源嗎？你是否完全站穩腳步且具有情緒能力？導致你憂鬱的真正問題得到解決了嗎？或者你只是不那麼憂鬱了？情境型憂鬱的存在有其特定的保護性原因，它不是敵人。它不是你內心戰爭的創造者，甚至不是戰鬥部隊。內戰已經開始的時候，憂鬱症會限制你的精力，這是吃力不討好的任務，它會故意阻礙你走上錯誤的道路，以錯誤的動機做錯誤的事情。

你精神上的任務不是消除憂鬱並繼續前行，而是為了瞭解自己在停滯中該採取什麼必要的行動，並以同伴而不是戰鬥者的身分來面對自己的憂鬱症。你神聖的任務是處理你生活中的麻煩，結束元素之間的戰爭，清除瓦礫，恢復你內在王國的情緒流，並建造一個你的靈魂之子想要回來的家。

▶ 情境型憂鬱的練習

在不受歡迎的憂鬱症期間，很難讓自己接地或集中注意力，因為憂鬱症會吸走你的精力，讓你對任何形式的努力都不感興趣。**這是一個線索**。憂鬱症是你的心靈提醒自己嚴重混亂或不平衡的方式。它的作用類似電流瞬間過大的時候，斷路器所發揮的作用。斷路器將跳脫，以保護斷路器以外的線路免受中斷或電流突波的影響。如果你能以這種方式看待自己的憂鬱症，你可能會立即感覺它的毒性減輕，它的存在證實你的線路上有一種保護性的斷路器。

憂鬱症的第一個行動與其說是一種機電的功能，倒不如說是一種姿態的改變。重要的是，要關注內心並仔細傾聽自己的情境型憂鬱（而不是在它面前崩潰或瘋狂地追逐自己失去的能量）。在憂鬱症中，你內心出色又被埋藏的部分正在擔任你的保護者，你的同理心回應應該是傾聽與感激。請記得將自己的憂鬱症視為一個重要的警告訊號，代表你的村莊內正在爆發戰爭，你的能量正在激增且流失。你的工作就是紀念自己所經歷的失敗，並利用自己的憂鬱症之精確聚焦來幫助自己帶著榮耀重新站起來。你這樣做的時候，你的活力就會自然恢復。

特別是如果你正在治療重度憂鬱症、雙相憂鬱症、賀爾蒙相關憂鬱症、憤怒或焦慮相關憂鬱症，憂鬱症的練習是一種終生的練習（可能包括療程與藥物治療），這不是一套技巧。當然，第十章中的所有練習都是必要的，但研究自己的每個元素與智力之間的關係也是必要的，特別要關注自己的火象遠見與風象邏輯。在很多憂鬱症病例中，其中一種或兩種都會在你的心靈中佔據主導地位（你會過於理智或極度超脫，或兩者兼具），這將使你的土象身體、水象情緒與內心的村莊陷入混亂。這種內心的混亂會讓你走上一條危險的道路，導致分心、成癮與解離——

所有這些都會放大你的憂鬱傾向，讓你進入一個不舒服的回饋循環。你陷入這個循環的時候，你的每一個元素與智力都可能陷入混亂與內訌，所以專注於第五章中的平衡元素練習很重要。你能夠全心投入應對這種情況的時候，你就可以在村莊的中心佔據應有的位置，並光榮地應對自己的憂鬱症。在那個神聖空間裡，你將能夠辨識出自己的哪個部分正在參與戰鬥，哪些情緒陷入交火之中。

你可以檢查自己的接地與注意力（或缺乏注意力），以發現自己的身體與注意力如何一起運作（或不運作）。你也可以研究迄今為止所學的任何練習中可能遇到的困難（某處可能會出現不和諧的掙扎）。或者你可以單純地讓自己接地，照亮自己的界限，並提出憂鬱的問題：我的精力跑去哪裡了？以及為何跑掉了？若你可以全心關注情境型憂鬱一直試著提醒你注意的嚴重問題，你就會完全理解將自己的能量與心靈之子送到鄉間避難的好處。它們在那裡過得更好，我想我們應該都到哪裡去！你能夠接地並整合自己的時候，你將能夠站在自己的私人庇護所中，區分自己內心掙扎的許多情緒狀態。舉例來說，你將能夠感受到悲傷與絕望、悲慟與憂鬱、焦慮與恐慌、冷漠與自殺衝動之間的差異。在每種情況下，你都可以針對自己感受到的每種情緒進行練習，並認可每種情緒。你也可以觀察並解決因憂鬱症而形成的身體、情緒與精神習慣，無論是缺乏活動還是過動、睡眠過多或失眠、運動過度或缺乏運動、某些情緒壓抑或爆發、大量的心理活動或一陣一陣的混亂、成癮、解離等等。然後，你將能夠用自己對憂鬱症的多種反應來檢查自己的心理契約，並在你讓自己接地並清除系統中所有阻塞與能量高峰的時候銷毀它們。

當然，你的回春練習相當重要，這種練習一次又一次讓你充滿恢復活力所需的能量。在憂鬱症的情況下，這些練習越多越好。有些從憂鬱症康復的人會連續幾週每天進行兩次回春練習。如果你的憂鬱症（曾經

是你停滯的一部份）已經成為一種生活態度或一種習慣，那麼這是一種恢復自我與保持技能的好方法。你可能需要回春練習的支持，來幫助你的心靈整合自己正在做出的改變。

有意識的抱怨是另一個很棒的工具，可以將之視為情境型憂鬱的緊急急救箱。有意識的抱怨會解開纏繞你心靈的鎖鏈，並以一種強而有力的方式啟動你的情緒流。這種作法對於治療憂鬱症十分重要，因此我建議創建一個特定的抱怨聖地（用醜陋或煩人的顏色、頑皮的孩子與脾氣暴躁的動物照片等等）來聖化並認可你的憂鬱症。起初，你的抱怨可能令人同情又令人沮喪，但如果你堅持下去，它們會開始升溫（這代表你的憤怒帶著所有的保護焦點回來了）。注意這些抱怨，它們直接指出是什麼樣的麻煩根源，導致你憂鬱。你的資源與村莊獲得恢復的時候，你的做法就是用你全力以赴、充分活躍的自我來應對這些麻煩，並盡你所能為自己的生活帶來平衡，為世界帶來正義。不要小看良好的有意識抱怨的力量，它可以淨化你，恢復你的能量，療癒你的靈魂！

針對情境型憂鬱的身體支持

運動與鍛鍊加上充足的休息，可以幫助你恢復情緒流。鍛鍊肌肉與提高心率也會使你的身體承受壓力，這些壓力比不受控的憂鬱症更容易控制。儘管讓自己運動可能很困難，但運動對於患有憂鬱症的身體具有治療與再訓練的重要功能。如果你能創造一種安全的壓力形式（舉例來說，五分鐘的跑步、短舞蹈或舉重），然後讓自己休息並恢復，你就會有一種發自內心應對壓力與緊張的體驗，管理它並從中恢復。不論你選擇哪種運動或運動形式，對你的身體都是極好的治療。重要的是，你以安全且刻意的方式鍛鍊自己，然後留出足夠的時間讓自己的身體從鍛鍊

中恢復。這個恢復時間非常重要，因為過度運動與不運動一樣會讓你陷入憂鬱。你在應對憂鬱症的時候，很容易強迫自己進行嚴格的運動（或停止所有運動），這可能會加劇你的憂鬱症。從憂鬱症中恢復過來的關鍵是將活動與休息視為同等重要的事情（請參閱第十三章與第十八章，以了解休息的重要性）。

如果你情緒低落且缺乏運動，你可以開始溫和地鍛鍊，然後慢慢恢復健康狀態；如果你是患有憂鬱症的運動員，你可以混合鍛鍊，這樣你就不會每隔一天就重複一次特定的活動（過度疲勞且沒有足夠的恢復時間或充足的睡眠可能會導致憂鬱症）。運動對你的健康極為重要，但平衡與情緒流更為重要。

在生活的其他方面保持情緒流也很重要，尤其是在冥想練習。確保你的練習不是超脫且解離，否則它可能會加劇最初引發憂鬱的內在鬥爭。如果情境型憂鬱一直伴隨著你，請考慮進行冥想練習，以認可你四位一體中的多個元素（例如舞蹈、瑜珈、太極、氣功、自然漫步、藝術、閱讀、學習等）。運動、情緒流與四元素平衡可以幫助你以情緒上尊重的方式解決憂鬱螺旋。

睡眠對於你的情緒與身體健康也相當重要，不少關於身體自然晝夜節律的心理與醫學研究表明，睡眠中斷（例如夜班或輪班勞工）與睡眠不足會導致憂鬱症與賀爾蒙失調。人類這個物種本應日出而作，日落而息，但我們的現代生活（與夜間的電燈）幾乎完全將我們跟白天與季節的自然循環分開。這種分離肯定是我們過度關注工作與生產力，忽略其他一切的結果。而我們現在才開始理解它所產生的後果。我們極端的生產力造就一群工作過度且過度疲勞的人，他們可能會感到憂鬱（並且不健康），單純因為他們在不合理的睡眠不足中掙扎，而這干擾他們的晝夜節律。

如果你有憂鬱症問題，請注意自己的睡眠模式。如果你早上需要興奮劑（咖啡、茶、糖、尼古丁或草本能量飲），晚上需要鎮定劑（酒精、暴飲暴食、鴉片類藥物或大麻），那就表示有問題。所有興奮劑與鎮定劑都會擾亂你的化學反應、賀爾蒙、晝夜節律、睡眠週期與能量。它們可能會幫助你度過白天並在晚上虛脫，但這只會加劇你的憂鬱症。良好的睡眠是無可取代的。

　　你的情緒或憂鬱開始發展的時候，觀察自己與食物的關係並觀察自己的飲食行為也很重要。你會放慢腳步來感受自己的情緒，還是會急著吃療癒食物（或極端的飲食與養生法）？實際上，你可以透過食物來分散注意力，從而產生食物敏感度。如果你把自己的身體當作一個東西，並利用食物（或缺乏食物）來擺脫憂鬱症，你就會破壞自己的內在平衡，這代表你會增加自己的憂鬱傾向，並陷入更麻煩的飲食習慣。當你陷入這樣的惡性循環，請不要完全停止進食，你只需要站穩腳步，讓自己清醒一下，把食物當作食物，並把情緒當作情緒，與情緒共處。如果你喜歡巧克力（或其他什麼東西），請因為它味道不錯而適量服用，但不要因為自己悲傷、不安、憂鬱或憤怒而吃（也不要因為自己在任何情況想要吃而懲罰自己）。再說一次，這一切都與平衡以及尊重且擁戴四位一體中的每個元素有關。

　　你可能聽說過這種飲食方法：情緒低落的時候，絕對不應該進食。雖然這有一定道理，但你憂鬱的時候，這可能代表你會好幾個禮拜不吃東西！在強烈情緒存在的情況下，平衡飲食的作法是有意識地指出情緒，並指出自己的飢餓。如果你的情緒與你的飢餓沒有好好地聯繫起來，你馬上就會知道，因為你說出來的言語常導致情緒混亂：「我不是真的餓，但我很憂鬱，巧克力牛奶聽起來很舒緩」或「烤起司三明治代表愛！」為了讓你的飲食有意識，你可以學著說：「我現在很憂鬱，但我很想吃

午餐」或「我真的對工作感到很沮喪，但我想要一些番茄汁」。這個簡單的意識練習可以幫助你停止心煩意亂的飲食，因為它表達你水象情緒與土象飢餓的聲音——它們是（或應該是）某種程度上獨立的實體。你的情緒陷入困境與困擾的時候，需要認可與引導它們，而不是餵食它們！

那幸福呢？

幸福又如何呢？憂鬱症並不是缺乏幸福，而是對不公不義與內部不平衡的反應，消除你向前邁進的能力。憂鬱症患者確實會體驗到幸福，但他們的生活陷入混亂，以至於他們的幸福無法以真正治癒的方式在他們身上產生作用。話又說回來，他們的憤怒、悲傷、恐懼、羞愧或其他任何情緒也不能。就算我可以揮舞魔杖，憑空為憂鬱症患者增加更多幸福（而不解決他們任何真正的問題），那麼患者也無法守住這份幸福。這種注入的新幸福最終會隨著其他情緒一起流失——而它的喪失會讓他們陷入更憂鬱的螺旋。不！更多的幸福並不是答案。

每當我告訴大家，情境型憂鬱乃是正在召喚靈魂，去進行認真的練習，以應對長期的衝突，大家都可以理解。但大家也幾乎總是會重新講述一次他們前來尋求幫助的最初原因，彷彿我還沒搞清楚他們的處境似的。與憂鬱症奮鬥的人通常會告訴我，他們想回到自己感到快樂的時光——那時候他們精力充沛，世界上的煩惱不會困擾他們，他們可以做任何自己想做的事情而不會受到影響。我總是微笑，因為我聽到的是他們想要回到「最初讓他們憂鬱」的生活方式，但他們卻以為自己這次能夠擺脫它！他們想要在生活中堅持自己的方式，不管自己的靈魂與文化發生什麼事。好吧，祝福他們的心（同時也祝福你我的心），因為我認為這就是我們很多人想要的：能夠安然度過一生，沒有疾病，沒有不快樂，

沒有死亡，沒有痛苦，沒有低潮，沒有混亂。我們想要所向無敵，永遠快樂，取得巨大的成功。我們希望成為傳記裡的英雄，永遠做出正確的選擇。可惜我們並不總是英雄，並不總是能夠做出正確的選擇。幸運的是，事情失控的時候，我們的靈魂有辦法阻止自己。

在困難時期，情境型憂鬱可以成為一個極佳的保護者。你生活中的情況不可行，但你正在努力讓它們發揮作用的時候，情境型憂鬱就會出現；不公不義與不平等猖獗的時候，情境型憂鬱也會出現。你的智力與情緒互相爭鬥的時候；你超越情緒並用邏輯打擊它們的時候；或者你逃離邏輯並只跟隨自己短暫慾望的時候，它就會介入。當你的智力開始失去連貫思考能力；當你的身體在沒有考慮任何情緒、精神或邏輯的情況下，努力滿足對食物、性與其他東西的需求；當你的遠見靈魂開始遠離你的生活；當你的情緒未獲認可、情緒膨脹或被忽視，憂鬱症就會介入。你的悲傷要求你釋放一些東西，但你不肯釋放；你的憤怒需要你設定界限，但你拒絕；你感到羞愧後，羞愧要求你改正自己的行為，但你仍舊繼續不當行為；你的恐慌提醒你有某種危險之後，你卻忽略自己的生存技能並繼續前行，而遇到一個又一個本來可以避免的問題，憂鬱症就會出現。

你只是不開心的時候，情境型憂鬱就不會出現。當你正在進行一場令人精疲力盡的戰鬥，而這場戰鬥阻礙你認真做事的能力，憂鬱症才會出現。儘管憂鬱症經常被指責會「使患者孤立，在社交與政治上無能」，但其實當你已經孤立且無能的時候，憂鬱症實際上會阻止你繼續這樣下去。如果你只是單純地為自己的系統添加更多的幸福，讓自己充滿喜悅，然後讓自己重新投入戰鬥（參見第二十九章的興奮單元），你的行為將會對自己與你周圍的每個人造成傷害，因為你的行為源自於內心與自身的戰爭（無論你感覺多精力充沛）。幸福是一種可愛且寶貴的情緒，但

它不是靈丹妙藥，也不是你身處戰爭時所需要的情緒。所有以幸福為本的情緒之所以會自然產生，都有其本身的原因（而不是因為你而產生），不應該囚禁、美化或用它們來掩蓋真實但你不想要的情緒，否則你會讓自己陷入混亂，也不應該用它們來讓自己陷入憂鬱症試著拖你離開的情況。憂鬱症並不是缺乏幸福，而是對麻煩與不平衡的必要且合乎邏輯的反應，唯一的出路就是撐過去。

個人憂鬱與文化憂鬱之間的相互作用

憂鬱症的練習全面且複雜，因為憂鬱症是對全面且複雜的問題所做出的反應，這些問題不但來自於你，也來自你周圍的文化。因此，你陷入憂鬱症的時候，重要的是從社會學的角度來處理這種情況，並利用自己的遠見與所有的智力來幫助自己辨識哪些部分是個人，哪些部分是來自外在。舉例來說，飲食與情緒方面的問題與你沒有太大關係，這是我們的大腦將甜食與脂肪跟獎勵與舒適聯繫起來的方式，以及我們所學到的飲食方式告訴我們吃比情感重要。因此，幾乎每個現代人都可以被視為患有某種類型的飲食失調。同樣地，你內心所經歷的鬥爭（你的元素與智力相互交戰）也不是你個人的病態。我們都受過訓練將自己的元素與智力分開，壓抑每一種元素與智力，這代表我們都會遭受由此產生的分心、成癮、解離與憂鬱。我們也被教導要調節自己的情緒並濫用它們（以及虐待我們自己），所以情緒問題也不是你個人的失敗。

等你完全能夠承受這種破壞性的文化條件並燒毀自己的心理契約，你的憂鬱症肯定會減輕，但更重要的是，你將開始減輕我們世界上的麻煩，因為在我們等待的世界裡，將會少一個文化病帶原者，多一個覺醒的靈魂。

當你處於四元素鬥爭與憂鬱的痛苦之中，很難相信這樣一個改變世界的事情可能發生，這正是為什麼你的心靈必須抑制你做出任何集中或有效的行動！你處於不健康的情況，而你的四位一體與你的智力發生衝突的時候，你的心靈知道你就是問題的一部份，它會試著阻止你在混亂嘈雜的現代世界中添加更多不平衡、憂鬱、無力的噪音。你的任務不是為了讓自己不要感到憂鬱而修復這個世界，也不是為了消除自己的憂鬱而讓自己高興起來，而是要認真對待自己的憂鬱症，開始努力清除你靈魂中的碎片。你平衡、專注，能夠在自己的心靈中站穩腳步的時候，你就會自然而然地在世界上採取站穩腳步的立場，而個人、社會與政治的正義就會自然地從這個站穩腳步的立場開始流動。

如果你的憂鬱陷入困境該怎麼辦

區分「真正陷入困境的憂鬱」與「尚未結束的憂鬱」很重要，因為你仍然有事情需要處理。請查看第五章中的平衡元素練習、第六章中的逃避與成癮主題，以及第十章中的打造小艇練習。請記住，緩解憂鬱症只是第一步。這段旅程是終生的，它需要持續覺察，這樣你就不會回到強大、受文化認可且破壞整體性的行為，而這些行為無可避免地會導致憂鬱症。

如果你盡可能用許多方式來應對情境型憂鬱（而且你有獲得安寧的睡眠），但它還是不為所動，請去看醫生或治療師，或者可以透過睡眠調查問卷來了解情況，看看你是否有睡眠障礙的跡象（打呼、高血壓、憂鬱症與白天嗜睡都是跡象）。面對復發性憂鬱症的時候，你會需要諮詢，或許還需要醫療支持，然後才能恢復平衡。憂鬱症代表有一個需要關注的嚴重情況存在，這不是單純的悲傷、憤怒或恐懼的情緒，因此，

憂鬱症的練習可能會更加複雜。你再次從不平衡狀態恢復到穩定狀態的時候，需要幫助、支持、介入與友誼，快向外求援！

尊重他人的憂鬱症

對於缺乏情緒技能的人來說，認可憂鬱症確實是一項艱鉅的任務，因為他們通常缺乏能力去辨識憂鬱症，或與憂鬱症要解決的情緒與問題共處。可悲的是，由於憂鬱狀態的週期性變化，試著為缺乏技能的人打造憂鬱症的神聖空間可能會對你自己的情緒健康造成一定的危害。如果你試著幫助憂鬱症患者克服這種困難，設定界限，或者感受這種感覺，你可能會注意到，一旦他們在一個領域發揮作用，另一個領域就會陷入混亂。不久之後，你就會發現自己與他們一起陷入一場沒有結局的戲。其中有一個重要原因：憂鬱症對靈魂有十分重要的保護作用，除非大家重新站起來或再次處於健康狀態，否則憂鬱症根本不會放過他們。

憂鬱症總是指向一系列複雜的內在與外在問題。憂鬱症患者的靈魂被召喚去進行儀式，而這種儀式將帶來令人難以置信的變化。對你來說，重要的是要堅定地設定自己的界限，並知道這個治療儀式不是由你負責——是由他們負責。儘管憂鬱症患者經常需要治療、成癮諮詢或某種緩解練習或物質，但憂鬱症真正的作用始終是內在工作。要慶幸自己願意提供協助，但也要知道自己的極限，幫助憂鬱症患者尋求支持與治療。憂鬱症可能是一件嚴重且危及生命的事情，憂鬱症患者需要的幫助可能比朋友所能提供的還多。

當你的情境型憂鬱以疲倦或不感興趣的形式出現，當情境型憂鬱進入中等激活或失去活力的狀態，當情境型憂鬱進入強烈的動彈不得或失去意義的狀態，請記得歡迎你的情境型憂鬱——但請專注於它正在回應

的「情況」。你的情境型憂鬱並不是性格缺陷，它是在告訴你不健康或不公正的情況、元素或智力的不平衡，或是你內心村莊裡的麻煩。

憂鬱症是一種**巧妙的**停滯，它阻止你是有原因的。歡迎並感謝你的情境型憂鬱。

26. 自殺衝動 THE SUICIDAL URGE 黎明前的黑暗

獻禮

確定性——決心——自由——轉變——重生

內心的問題

哪些行為或情況現在必須結束？我的靈魂裡再也不能容忍什麼？

干擾的跡象

黯淡、痛苦的感覺威脅著你的肉體生命，而不是帶來轉變與重新覺醒

練習

你生活中的某些事情需要結束的時候，自殺衝動就會出現——但需要結束的不是你實際的肉體生命！燃燒你的心理契約，為那些折磨你的人創造神聖的儀式性死亡。當你能夠以一種接地、同理心的方式擁戴並處理自己的自殺衝動，它們就能捍衛你失去的夢想，並清除你內心裡威

脅這些夢想的一切。從本質上來講，緩解你的自殺衝動可以爲你帶來新生命——它可以讓你恢復你自己的生命。

自殺衝動的細微差別

輕微自殺衝動：灰心、厭倦、堅決、退縮

中等自殺衝動：孤獨、解放、宿命論、沒有熱情

強烈自殺衝動：苦澀、尋死、釋放、自殺傾向

如果你目前有自殺傾向，且你拿起本書之後一開始就閱讀本章（而沒有閱讀書中的其他內容），請你立即停止閱讀！尋求幫助！致電給治療師、附近的自殺或危機熱線。在台灣，請二十四小時撥打安心專線1925（依舊愛我）[1]。你所感受到的痛苦與孤獨是真實的，這是非常嚴重的情況，但你並不孤單，請向周圍的人尋求協助。我們需要你繼續待在世上——尤其如果你是敏感的靈魂，我們需要你與我們一起在河的這一邊。請尋求協助，站穩腳步，並在安全後返回本章。

如果你在擁有了本書前面所傳授的所有情緒技能與練習後，來到了本章，歡迎你！這裡是急流洶湧彭湃的地方，在自殺衝動的領域裡，存在著不少明顯的危險，但正如所有其他強烈的情緒一樣，也存在著同樣數量的治癒力量與光芒四射的智慧。你內在的一切都具有治癒性與破壞性的屬性，每一種悲痛、喜悅、勝利、災難、恐懼或羞愧都在你的整體中佔有一席之地。每一個都可以讓你走向啟蒙，就像每一個都可以讓你陷入絕望的混亂一樣。你的每一部份都是一把雙面刃，可以保護你、治

癒你，也可以將你切成碎片，自殺衝動也不例外。

在自殺衝動的領域，你將處理生與死的關鍵問題。如果你沒有親密朋友或治療師的支持，而且你還沒有進行練習——如果你還不知道如何讓自己接地並集中注意力、建立嚴格的界限、燒毀自己的心理契約，或者引導自己的情緒（特別是憤怒、恐慌、仇恨與羞愧）——你就還沒準備好進入這個領域。只有當你在充滿活力的熾熱界限內（在憤怒支持的神聖空間內）感到舒適的時候，才可以靠近自殺衝動這個議題。在這裡，對死亡的渴望可以透過神聖的儀式表達與引導。如果你無法進行每一項練習，你需要為自己創建一個神聖的容器並尋求治療支持。在繼續閱讀之前，請閱讀第十章中有關定義你的界限的資訊，以及有關憤怒、仇恨、羞愧與憂鬱的章節。專注於你的靈魂並培養自己的技能與盟友。接下來的內容，要面對的都是洶湧的急流。

自殺衝動傳達的訊息

在自殺衝動的領域，你的同理心練習以及你資源充足的元素與智慧村是絕對必要的，因為當你「最深處的自我」與「你在充滿干擾與創傷磨難的世界中成為的人」兩者之間存在極端的差異，自殺衝動就會出現，到達再也無法容忍的境界。

自殺衝動是來自你心靈中缺失部分的緊急訊息——在你目前的情況下，這些部分確實面臨靈魂死亡的危險。自殺衝動挺身上前，手裡拿著劍高喊著：「不自由，毋寧死！」它們對自己要解決的問題極為認真，然而，你的自殺衝動**並不想殺死你**！它們想要的是**擺脫你現在的生活**，但它們當然不希望你的肉體生命結束。從演化上來講，你所有的能量與所有情緒的存在都是為了讓你活著並發揮作用、活著並保持聯繫、活著

並獲得保護，以及純粹活著。如果你能明白自己內心的原始智力始終致力於你的生存與完整，你就能夠以神話與神聖的方式看待自己的自殺衝動，而不是將其視為字面上的肉體死亡。我經歷過許多的自然死亡，能夠明確地說：死亡發生的時候，自然產生的氣氛與情緒跟自殺衝動周圍的氣氛完全不同。

自殺衝動並不是字面上的求死欲望，它們實際上是受折磨的靈魂之最後手段。當健康或睡眠問題徹底破壞你的穩定性，自殺衝動就會出現。你的恐懼被壓制，你陷入一個又一個危險的境地之後；你的憤怒被壓制，你的界限被踐踏之後；你與自己的悲傷與悲慟分離並陷入無情的絕望之後；你的羞愧變得很嚴重，以至於你不再能夠調節自己的行為之後，自殺衝動就會出現。你忽視自己的狂暴與狂怒後；在劇烈的磨難讓你在創傷式觸發行為的前兩個階段之間來回反覆，以至於你因為失落而精疲力盡之後；經過多年的解離、分心、逃避與成癮之後；在經歷深刻的劇變之後，你幾乎不記得正常生活是什麼樣子，自殺衝動就會出現。你的處境如此難以忍受，以至於你需要注入強烈能量的時候，自殺衝動就會以最強烈且最兇猛的方式出現，**但它們不是來殺死你的。**

當你需要足夠的能量來從身體、情緒、心理與精神上擺脫已經在在置你於死的情況，你的自殺衝動就會出現。

自殺衝動是你最後的防禦，這就是為什麼它們如此強烈。唯一一種強度接近的情緒是恐慌，它在立即狀態下出現可以挽救你的生命，在定格狀態下則為你提供衝向成功的第三階段觸發行為所需的能量。如果你不了解情緒的力量與療癒能力，那麼恐慌與自殺衝動可能會讓你陷入徹底的混亂。然而，如果你有同理心，並且能夠理解這些情緒在你的治療中扮演什麼角色，你將能夠充分利用這兩種狀態中令人難以置信的才華。

恐慌看似無力且嚴重混亂（似乎與懦弱有關），但你能夠用你所有

的技能與練習潛入其中的時候，你會發現其中蘊藏著不可思議的力量與無限的勇氣。同樣的矛盾情況也存在於自殺衝動中：如果你沒有針對自己的情緒進行練習，而且你不了解它們的本質，那麼你在自殺衝動中只會看到瘋狂與死亡；但如果你能帶著明確的動機與同理心敏捷地進入它的神聖領地，你的自殺衝動將幫助你重新發現自己的理智、你靈魂的真實道路，以及你對生命的虔誠與視死如歸的熱愛。

重要的是學會如何與這種強烈的情緒相處並認真看待它的存在。把幸福拋給它不但無法發揮作用，而且還是一種濫用這兩種情緒的方式。用生命內在意義的美麗故事來消除自殺衝動，並不能解決現實問題。世界上所有的甜蜜與光明對自殺衝動來說都是謊言，它們只會貶低並忽略自殺衝動的訊息，有自殺傾向的人不會想在美妙的歌曲中入睡。自殺衝動充滿狂暴、悲慟，只有在你的問題變得如此嚴重且危及靈魂，且只有戰士般的兇猛立場才能解決它們的時候，自殺衝動才會出現。這不是安撫兔出場的時機，自殺衝動需要儀式性地結束那些折磨且危害你的情況。當你能夠在自己接地且明確的避難所中處理自己的自殺衝動，你就可以為那些使你遠離真實自我的靈魂毀滅想法、依戀、心理契約、態度與行為創造一個神聖的死亡儀式。

你虔誠地發問**哪些行為或情況現在必須結束？**與**我的靈魂裡再也不能容忍什麼？**的時候，你自殺衝動中的力量將幫助你進入你所經歷過最深刻的靈魂工作。它給你的答案總是指向一種或多種（通常是多種）情況，這些情況正在破壞你的和諧、破壞你的運作以及你自在生活與呼吸的能力。當你以祈求與儀式的方式面對自己的自殺衝動，它總會告訴你某些必須結束的事：某個行為、某個成癮、想法、未完成的創傷、關係、無盡的絕望、某份工作、某些藉口、某些完全缺乏藝術與音樂的狀態、某種貧窮與不公不義、某些毫無價值的感覺、某些情景再現……如果你

能以一種接地且充滿儀式感的方式歡迎它，你的自殺衝動就會精確地辨識出你最深的問題與情況，並提供你拯救自己、拯救生命所需的精確能量。

如果你能抓住它帶來的強烈強度，你就能點燃自己的界限，讓自己牢牢接地，在大火與地獄中燒毀你痛苦的心理契約，並讓自己獲得自由。以這種同理心的方式，在這個神聖空間裡，你的自殺衝動將會被消滅，然後它就會後退，正如它的本意。如果你能以這種接地儀式的方式處理自殺衝動，它們就會創造一個充滿活力的新界限，將你牢牢地置於村莊的中心，並給予你所需的注意力，讓你自己再一次恢復完整、敏捷並找回完整資源。

如果你知道如何恭敬地引導自殺衝動，那麼自殺衝動就不會危害你。事實上，在某些情況下，想自殺的感覺甚至可以安慰你，讓你想到逃離這個世界的殘酷，結束自己這齣戲，進入永恆的睡眠。雖然自殺的想法可能會令人感到莫名的安慰，但自殺的事實卻是一場徹底的災難。留下來的人常常心碎，悲慟會持續多年，他們的世界支離破碎。大家因為陷入自殺衝動的痛苦中而來找我的時候，我總是試著幫助他們理解，他們的問題確實很可怕，但他們自己必須在河的這一邊，大家想要且需要他們在河的這一邊，才能以他們獨特的方式解決自己生活中的這些問題。我試著幫助他們不要將自己視為破碎且毫無意義的人，而是將自己視為神聖的神廟，透過他們，大家會發現世界上最深的煩惱，以便得到治癒。

如果有自殺衝動的人可以用這種神聖的方式表達自己的自殺衝動，並且能理解世界上沒有其他人擁有與他們一樣的才華，可以處理他們最深層的問題，此時感覺就轉變了，有自殺衝動的人就會成為「自殺衝動希望他們成為的人」：真實、深刻、深情且強大。沒錯，自殺衝動中的訊息深刻、強大且強烈，但我們也是如此，這代表我們可以將自己的力

量與強度帶入這些衝動，並將它們引導到轉變與深度治療中。

請注意，自殺衝動包含大量的狂暴與恐怒。如果你不知道如何應對恐怒，你可能會壓抑它並陷入解離性混亂（以及成癮的「輕微」自殺）。然而，如果你能學會引導自己的恐怒與狂暴，你就可以使用它們的強度，拿來摧毀你與任何讓你陷入痛苦的行為、關係、信仰或情況之間的負面心理契約。你兇猛的恐怒可以給你斧頭、大木槌與火焰噴射器，用來對付那些一開始導致你產生自殺衝動、具破壞性且致命的情況。你能夠引導自己的狂暴與恐怒的時候，你可以利用它們的強度，不是用來傷害自己，而是將自己的靈魂從地獄帶回來。

請記住，你生活中的情況已經嚴重失控，以至於需要儀式性死亡的時候，自殺衝動就會出現。如果你能以神聖、具儀式感與同理心的方式控制自己的自殺衝動，它們就能為你提供想像中的死亡體驗，而不會以任何方式傷害你。

▶ 自殺衝動的練習

自殺衝動是急流大洪水，沒有準備就不要進入。如果你想在自殺衝動出現期間不被淹沒，你必須是一名出色的急流運動者。第一次引導的過程通常是雲霄飛車加蘇聯大革命加新入職第一天的結合。之後會變得容易一點（如果你有自殺衝動，你可能會繼續以不同的程度經歷它們；但如果你知道如何引導它們，這就不是問題）。請提醒自己，這種練習無法消除你的自殺衝動，因為沒有任何東西可以或應該消除你的情緒。自殺衝動是你遇到嚴重麻煩的時候，出現的一種十分重要的情緒狀態，你需要它們！如果你學會引導並認可它們，等到它們下次再度出現，請歡迎它們！它們是你的盟友。你這樣對待它們的時候，它們的心情就會變得輕鬆起來。讓我告訴你我的意思。

我將分享我自己為自殺衝動進行的一次引導的流程，這樣你就可以看到這種急流是什麼樣子。我的自殺衝動來自於多年來身為一名站在舞台前的治療師（觀眾帶來大量無意識的需求、願望與要求）。我接受了這些東西，並試著在表演、教學與看時間的同時解決問題。

情況是這樣的：多年來，我在舞台上經常汗流浹背，多到我不得不尋找特殊不會顯露出汗漬的衣服。但即使穿上合適的衣服，我也會汗流浹背，汗水會順著我的身體流下來，積在我的鞋子裡，唉！舞台工作進行到這個時候，我的健康狀況開始惡化，體重難以控制，睡眠品質下降，出現慢性疼痛，很早就停經。我的憂鬱症（情境型、持續性與重度）一直伴隨著我，但我沒有時間去處理它們，而且我的自殺衝動也在背後醞釀。

等我最終面對自殺衝動的時候，我坐下來集中注意力，點燃自己的界限（自殺衝動包含大量的恐怒，所以在引導它們之前，建立一個真正強大的界限很重要），而且我讓自己深深接地。然後我把一張卷軸大小的心理契約放在自己面前（在我的界限內），陷入了我長期以來一直迴避的感覺——我說感覺，是因為上台所帶來的麻煩，一開始並不像自殺衝動。一開始是恐懼，我忽略它；然後又變成恐慮，我也忽略它；然後是羞愧、憂鬱、身體疾病，最後是自殺衝動（當時我已經忽略它大約一個月）。如果我一開始就聽從自己最初的恐懼，這種惡性循環本來可以很容易避免，但我太忙，不知所措，沒有為自己騰出任何空間。我造成了混亂。幸運的是，在這種試圖引起我注意的深刻情緒幫助下，它是可以解決的。

我要求自己的自殺衝動挺身而出，但我並沒有立即感受到它的強度。相反地，我感覺到一股不祥的預感，隨著我的能量下降，我感到有些憂鬱，還有一些悲傷。我將深色的水藍色悲傷與灰色憂鬱投射到我的個人

空間中，這樣這些情緒就會知道它們受到歡迎與認可。我沒有用安撫兔來填補我的個人空間，因為這不是安撫兔出場的時機，我的個人空間充滿我當時的真實情緒。然後我問出自殺衝動的內心問題：「哪些行為或情況現在必須結束？需要殺掉什麼？」（我很感激自殺衝動兇殘的一面，但我已經練習幾十年了。）突然，我在那張想像中的心理契約上看到我自己在舞台上的景象，以及圖像內所有的情緒碎片。我看到自己盛裝打扮，內心不舒服，但向其他人表現出溫暖與幽默，偽裝成火象表演者，而我的真實本性是觀看與傾聽，而不是被觀看。我已經成為舞台工作所需的人，但在這樣做的過程中，我幾乎完全抹去自己。

發現到這一點後，我感覺到一種從小時候傳來的巨大悲傷與悲慟，所以我把這些情緒傾注在心理契約上，哭了一下下。幾秒鐘之內，我開始感到輕鬆並咯咯笑，因為我終於看到自己並感覺到自己的感受（我的幸福是再次看到一絲充滿希望的未來）。然後我開始有意識的抱怨，大聲抱怨在舞台上無法做自己。我用了很多「無法」的片語（我無法做我自己；我無法唱歌來設定房裡的基調，但又不顯得像一場表演；我無法成為每個人的一切；我無法想通！），那些無力的、發牢騷的言論讓我手上拿著狼牙棒的自殺衝動蜂擁而至。作為回應，我把所有的「無法」都扔到心理契約上，緊緊地捲起來，然後猛烈地把它扔出我的界限。我的自殺衝動幫助我將一股強烈的火焰流集中到那份心理契約上，將其燒成灰燼。

當我瀏覽被自殺衝動困住的東西，我發現焦慮試著幫助我為自己正在做的非常困難的舞台工作做好準備；憤怒與羞愧試著幫助我以值得尊敬且認同自我的方式設定界限；滿足感幾個月來一直試著在我「把事情做對」的時候告訴我（我聽不到它們，因為我忙著忽略我所有的情緒）；妒忌試著幫助我從讓我感到害怕的表演者身上學習更好的社交技能，我

還發現我對自己失去私人生活的悲慟，以及所有其他的感覺。我完成這個過程（大約需要十分鐘）的時候，我知道我絕對不可以採用同樣的方式回到舞台，在我能夠再次出現在大眾面前之前，我必須先進行一些深入的研究、自學、界限設定與回春練習。

儘管我面臨一項艱鉅的任務，但我充滿希望、力量、快樂且接地，因為自殺衝動所引發的每一種情緒都讓我重新充滿生氣。它們幫助我了解自己所面臨的具體（並且完全無法承受的）問題，它們還提供我治癒自己所需的精確資訊與強度。我的舞台工作與我的舞台形象羞辱我的靈魂、觀眾的靈魂（因為我無法真實展現自我）、我的寫作生涯、我的健康、我的情緒生活與我的生計。在它摧毀我的人生之前，那個舞台角色必須先死掉。引導我的自殺衝動會幫助我消滅那個舞台角色，這樣我就可以重生，滿足自己真正的需求。在接下來的幾個月裡，我努力了解在舞台上感到舒適所需的身體、情緒、智力與精神支持，現在我可以以一個有同理心、不拘小節、唱著歌、敏感、傾聽、警惕之人的身分上台了（一滴汗也不流！），我沒有太多舞台形象，只是舞台上的一種存在，我可以忍受這一點。

現在，我通常會聆聽自己輕微的自殺衝動，因為引導的過程可以像焚燒一些心理契約，然後讓自己回春一樣簡單。

引導你自己的自殺衝動（如果你準備好了）

當你準備好應對自己的自殺衝動，重要的是要活化自己的界限，並加強自己的接地，因為這種情緒會帶來強烈的力量。它也伴隨著許多壓抑的情緒與創傷記憶，因此了解整個情緒領域也同樣重要。在長期的鬥爭結束之前，自殺衝動就會出現。它們確實是黎明前的黑暗，這代表你

必須要為自殺衝動的強度做好準備，方法是精通自己的每一個同理心練習，並熟悉自己的每一個元素與智力。擁有一個平衡且受認可的身體、充足的智力、與你的遠見靈魂間的良好聯繫以及強烈的情緒很重要，這樣你的中心本質就會變得敏捷、資源豐富，並且能夠在你問自己的自殺衝動為什麼會出現的時候，與遇到的不少情緒流合作。

你還應該了解有意識的抱怨，因為它可以作為任何強烈或壓抑的感覺（包括自殺衝動）的安全閥。如果你能不顧一切地大聲抱怨，並在這樣做的時候燒掉心理契約，你就會減少對自己靈魂的拖累，恢復自己的注意力，並突破任何可能讓你陷入困境的回饋循環。然後，如果你的自殺衝動仍舊活躍，你可以迅速介入並處理其根深蒂固的問題，而不必在壓抑與恥辱的情緒海洋中艱難地前進。有意識的抱怨可以治癒我們！

當你準備好應對自己的自殺衝動，你可能需要一位治療師陪伴你。遵循自己的直覺，傾聽自己的任何疑慮，並收集自己需要的所有支持。我們關於自殺衝動的第一條守則是，完全不考慮你的身體。這種練習不是為了傷害你自己或你的身體，而是利用這種情緒中的力量將完整的五元素自我從折磨中解放出來。

你準備好後，請創造一個燃燒的「火焰！」界限與集中力，讓自己牢牢地在自己的身體裡接地。如果你感到噁心或興奮，請輕柔地呼吸，並輕拍膝蓋或輕輕摩擦腹部來舒緩身體。如果你的身體不知道自己的死亡不是重點，那麼自殺衝動真的會嚇到你的身體，所以你應該安慰自己，讓你的身體知道你不會傷害自己。

如果你出現任何恐慌，請將其移至受保護的個人空間並持續接地（這將有助於使你的身體冷靜下來）。如果你想把自己的整個界限變成害怕的顏色，那就去做吧。歡迎你的恐慌，讓它知道你已經發現它，而且這不是生死攸關的情況，對你可能感受到的任何其他情緒也做同樣的事情。

帶它們進入你的個人空間，讓它們知道你認得並歡迎它們。如果你感到不知所措，請增加自己的接地，舒緩自己的身體，並用自己的情緒帶入意識中的任何資訊來燒毀任何數量的心理契約。如果可以的話，就支持情緒流。如果你現在無法忍受情緒流，你可以停止這個引導流程。

停止時，請彎下腰，雙手觸地，然後站起來，全身搖晃，以你感覺正確的方式移動。如果你有療癒食物，慢慢地小心品嚐一些美味的東西會很有幫助。吃點東西或喝點東西讓自己接地，然後去做一些有趣的事情或看有趣的節目或影片——不要太激烈、可怕或戲劇性。你需要輕盈的感覺！

如果你準備好可以繼續了，請將一份大的心理契約放在自己面前，並問**現在需要結束什麼行為或情況？**或者**我的靈魂裡再也不能容忍什麼？**如果你不會感覺不舒服，另一個可能對你有用的問題是「必須殺死什麼？」如果這個問題太刺耳，請改用前兩題，然後等待，看看心理契約上出現什麼內容。請記住，你不必「看到」任何東西。你可以透過聽覺、感覺、感官或純粹使用你的想像力，來辨識自己的心靈決定放入你心理契約中的任何內容。你可能會感受到圖像與聲音、一種或多種情緒、書面或口頭的文字、模糊的記憶或生活中的整個場景。你的心靈以它自己的方式運作，不論你如何體驗這個過程，都是正確的方式。

如果你看到或感覺到自己的影像，請記得這並不是真的「結束肉體生命」的願望。你現在處於一個儀式空間，死亡不是字面上的，而是象徵性且想像的。觀察眼前出現的你的影像：注意你穿的衣服、你的年齡、你在做什麼或感覺到什麼，或你的身體形象或姿勢對自己的影響（就像我對自己的舞台角色所做的那樣）。這個圖像中的某些東西正在危害你，你的神聖任務是辨識自己感覺到的麻煩，並將自己與它的破壞性影響分開。

你對出現在自己面前的任何形象、想法或感受有了充分認識之後，捲起這份心理契約，把它扔出自己的界限，並以你感受到的任何強度燒掉它。自殺衝動活躍的時候，你可能會產生很大的攻擊性，不要壓制它——用它來破壞自己的心理契約。用斷頭台將你的心理契約切成兩半，用大砲射擊它，用火焰噴射器點燃它，用戰車壓爛它。對這種情緒狀態保持誠實與真實，它將幫助你消除最初引發這種情緒的陷阱與扼殺靈魂的情況、行為、想法、健康問題與人際關係。

讓你的自殺衝動在這個神聖空間中盡情獵殺，它會竄流到你全身，正如所有的情緒一樣。要知道，不管你破壞心理契約的方法多麼凶暴，你都不會傷害自己或其他任何人。你接地並受到保護，你在自己的神聖領域中運用自己的情緒能量，並且在這種強烈情緒的幫助下讓自己自由。事實上，你銷毀這些心理契約的強度將與你獲得釋放的程度直接相關。自殺衝動出現的時候，它會帶給你「把自己的靈魂從地獄拯救出來所需的凶暴力量」。現在不是聽優美歌曲、逗弄毛茸茸小貓的時間。讓這種情緒發揮其神聖的治癒作用！

你毀掉第一份心理契約的時候，請留意自己內心的轉變與變化。如果出現新的情緒，歡迎它，為它制定新的心理契約，然後繼續工作。如果你的身體感覺不舒服，請輕拍並舒緩它，增加自己的接地練習，或者在不適區域前放置另一份新的心理契約，看看你的身體是否想將不適轉移到心理契約上。如果是這樣，請緊緊地捲起這份新的心理契約，將其扔掉，並以自己感受到的任何情緒強度將其燒掉。

如果有新的思緒與想法出現，歡迎它們，如果你願意的話，也可以把它們寫下來。如果這些想法令人痛苦，請將它們寫在心理契約上，並觀察自己的情緒對這些想法與訊息的反應。捲起這份心理契約，將其扔出自己的界限，然後以任何自己感覺到的強度燒毀它（或炸毀它！）。

繼續以這種方式運作，利用自己的自殺衝動（或你目前感受到的任何情緒）來刪除與銷毀這些心理契約。歡迎並引導出現的情緒，歡迎每一個想法、情緒、感覺與願景的出現，將它們全部放入心理契約中，然後徹底放手！讓自己自由。

你可以在感覺到完成的時刻結束這個引導流程，無論是因為你現在已經解決這個問題，還是因為你感到疲倦或不知所措。彎腰接觸地板，然後站起來，以你喜歡的方式移動自己的身體。喝一杯水或吃點小點心讓自己接地，然後透過回春練習來結束本次過程。這個過程在你身上傳遞了極多的能量，所以你基本上已是一個全新的存在了。讓自己回春極為重要，這樣你才能完全歡迎自己回到生命中。

引導完自殺衝動後，你將處於相當不同的位置，也可能會有新的靈魂。自殺衝動的引導總是能讓你重新連結到自己的夢想與自己與生俱來的智力。有了它的加持，你將獲得新的資訊，了解自己的哪些元素或智力需要振興與整合，你需要關注哪些技能與練習，你的人生與職涯需要往哪個方向發展，你需要結束、修正或恢復哪些關係，以及你內心與靈魂的哪些部分被拋棄了。你很可能還有很多工作要做，但現在這項工作將會跟你靈魂最真實的願景與你內心最真實的道路有關。如果你能完成，那就太好了！

祝福你的自殺衝動，歡迎它進入你的情緒領域，只有在你「最深刻且最重要的自我」以及「你在這個混亂的世界中成為的人」兩者之間的差異是極端且不可挽回的時候，自殺衝動才會出現。而只有神聖的儀式性死亡才能解決這個問題。如果你能在神聖空間裡平息自己的自殺衝動，它就會給你所需的精準能量，讓你疲憊的精神煥發活力，治癒你受苦的身體，撫慰你飽受折磨的智力，釋放你壓抑的情緒，並拯救你不可或缺的生命。你學會應對自殺衝動的時候，你將能夠辨識出輕微狀態的自殺

衝動,並使用燃燒心理契約的練習,以儀式性的方式結束那些可能使你偏離正軌的情況、想法與行為。

如果你的自殺衝動陷入困境該怎麼辦

如果你一直想結束自己的生命,並且這種願望無法透過引導獲得回應,請立即尋求醫生或治療師的幫助,或撥打附近的自殺與危機生命熱線。在台灣,請二十四小時撥打安心專線 1925(依舊愛我)[2]。請尋求協助!我們需要你在這個星球上,活著並且充滿活力,活著抱怨,活著掙扎,活著歡笑,但最重要的是活著。請尋求幫助!

尊重他人的自殺衝動

仔細聆聽自殺威脅,並將其視為真正的緊急情況。有人威脅說要自殺的時候,幾乎都不是在開玩笑。即使他們實際上沒有執行自己的計劃,但他們將這些計畫付諸語言文字這件事,代表他們正處於痛苦的世界中。這是大洪水等級的情況,需要治療師、醫生或自殺熱線的幫助(見前文)。

然而,你可以為有自殺傾向的朋友創造神聖空間,你只需要願意與他們討論就可以了。我有自殺傾向的時候,若我無法與他人分享我的感受(因為他們會感到害怕或被冒犯,或者因為我可能會拖累他們),將使我的自殺衝動更加強烈。如果你可以直截了當地說:「你的自殺衝動現在感覺如何?」或「諮商師是否有幫助你探索自殺的感受?」你就可以把自殺衝動從陰影中帶出來。在這樣的時刻,秘密與壓抑根本沒有幫助,如果你能清楚陳述顯而易見的事情,並提供傾聽與支持的耳朵,你

的朋友可能會大大鬆一口氣。自殺衝動會讓人產生強烈的孤立感，重要的是要介入並在「現世」為那些感到強烈死亡傾向的人創造一個歡迎的空間。你會驚訝地發現，這個簡單的舉動對於你想自殺的朋友很有幫助。如果你的朋友需要藥物，這個簡單的舉動也十分有價值，因為有時候可能需要一段時間才能找到合適的藥物。我們別讓他們有這種感覺：「只有我再次『正常』的時候，我才有價值。」

如果你遇到「輕微」自殺衝動，例如：成癮或創傷式觸發行為前兩個階段的週期性重複，請記得治療儀式正在進行中，即使看起來不像。這些動盪的狀態可能是大家靈魂塑造之旅中的必要步驟，但這種動盪如火如荼進行的時候，他們可能沒有精力去與風暴之外的任何人、事、物在一起。（請參閱第三十一章中關於情緒神殿的部分。）身為朋友，你必須明白，從這種混亂中恢復過來通常是一個複雜的過程，需要身體、智力、情緒、心理，通常還需要醫療介入。

然而，第一個也是最重要的治癒影響是，你朋友誠心誠意想要獲得治癒。如果他們想要康復，你一定可以替他們找到充足的幫助，並在康復過程中用你的愛與陪伴支持他們。如果你的朋友不感興趣，那麼你保護自己就很重要。為自己尋求幫助與支持，並盡你所能提醒專業人士，你的朋友遇到嚴重的麻煩，需要的幫助超過你一個素人所能提供的。

記得歡迎你的自殺衝動，不是字面上的死亡意念，而是出現某些東西已經威脅到你生命的跡象。如果你有自殺念頭，你感到厭倦或悲觀的時候，學會關注自己最輕微強度的自殺衝動，這樣你就可以在事情失控之前結束不健康的情況（或尋求幫助）。自殺衝動是黎明前的黑暗，讓它們以一種神聖、同理心的方式進行殺戮，你就會重生，進入一種滿足自己需求與靈魂真正呼召的人生。歡迎並感謝自己的自殺衝動。

幸福家族
The Happiness Family

希望、信心與啟發

幸福——滿足——喜悅

幸福家族的情緒可以幫助你帶著希望、滿意與喜悅看待自
己、周圍或未來。

27. 幸福 HAPPINESS
愉悦與可能性

獻禮

歡樂——愉快——愉悦——希望——樂事

奇妙——嬉戲——活力

內心的問題

什麼讓我高興？

是什麼讓我感到充滿希望？

干擾的跡象

對可能性或未來缺乏信心；不願意玩耍；或沒有根據的正面態度並且不願意傾聽你的其他情緒

練習

幸福的出現可以幫助你滿懷希望與喜悦地審視自己並展望未來。事情變得有趣且充滿希望的時候，幸福就會出現，所以讚揚自己的幸福，

然後隨它去吧！我們許多人被教導要過度使用並俘虜幸福，但只有在我們尊重它的作用並允許它與我們所有的情緒一起流動的時候，幸福才能正常發揮作用。

幸福的細微差別

輕微幸福：充滿希望、天真、微笑、輕鬆愉快

中等幸福：快樂、高興、樂觀、嬉戲

強烈幸福：輕狂、頭昏腦脹、容易上當、興高采烈

我們對所謂的負面情緒進行的效價，會損害自己與自己的情緒領域。所以你可能會以為，對情緒進行正面的效價，就沒問題了吧。實際上這會讓事情變得更糟──對於我們與我們所謂的正向情緒來說。我們向來受到教導，要過度使用且過度強調所謂的正面情緒（幸福、滿足與喜悅），實際上這是虐待它們與我們自己。這種效價也讓我們忽略幸福家族的負面影響（所有情緒都具有正反兩面的特質）。

不少人都被教導要操弄我們的正面情緒，以便迫使它們一直出現。正因為如此，《道德經》稱幸福為最危險的情緒，不是因為它本身，而是因為我們與它有關的行為方式。我們追逐它，為它出賣自己的靈魂，並試著將自己融入它的領地，不論我們的人生正在發生什麼事。這種對幸福的利用會危及自己，因為當我們沒有去認可幸福以外的任何情緒，我們的情緒領域就會變得停滯且不平衡，導致我們更加瘋狂地追逐幸福。結果使我們陷入情緒痛苦、心理混亂、身體失衡與精神萎靡的境地。我

們追求幸福，卻創造出最沒有喜悅的生活，並且非常不尊重幸福。

研究也表明，我們並不知道哪些事會使我們快樂或不快樂。心理學家丹尼爾·聶托（Daniel Nettle）在他的著作《幸福：微笑背後的科學 Happiness: The Science Behind Your Smile》中表示，許多研究表明人類對幸福確實一無所知。舉例來說，大多數人都確信金錢會讓我們快樂，但針對樂透得獎者的研究發現，一夕暴富實際上令人極為震驚，且不會對中獎者的基本幸福水準帶來正面的影響。此外，雖然貧窮肯定不利於健康與福祉，但人若獲得了一定程度的財富之後，更多的錢與更多的幸福之間幾乎沒有什麼相關性。

有趣的是，許多人用「**不快樂**」這個詞來描述任何令人不安的情緒，彷彿幸福是大家所期望且需要的狀態，而其他任何事情都只等於它的相反。然而，「**不快樂**」是一個廉價且懶惰的詞：它是否代表著你悲傷、憤怒、不安、淡漠、恐懼、憂鬱、灰心喪志、羞愧，或者什麼？知道這一點很重要，因為幸福並不是任何情緒的相反（儘管我們肯定被告知不是這樣！）。幸福並不是憤怒的相反，因為幸福不會剝奪你的榮譽或界限；它也不是悲傷的相反，因為幸福不會剝奪你接地、釋放或讓自己回春的能力；幸福也不是恐懼的相反，因為它不會消除你的本能或採取行動的能力。都不是，幸福並不存在於不同的情緒世界，它乘載著自己獨特的情緒能量，與你所有的其他情緒完美地融合並共舞。幸福有特定的功能，但前提是它受到尊重，並允許它以自己的方式，在自己的時間點出現。

有趣的是，儘管幸福的效價很正面，但不少人都被教導說它不是一種嚴肅或成熟的情緒。請注意，它經常與「缺乏智力」的詞語配對（快樂的傻瓜、幸福的無知、傻人有傻福等諸如此類）。但幸福不是無知或愚蠢，幸福乘載著我們對美好事物的好奇與期待，它對未來充滿期待。

從很多方面來說，它在這個世界上是屬於孩子的情緒，因為成長的過程幾乎總是會與幸福與安逸越來越遠。我們必須嚴肅起來，認真選擇職涯以及適當的退休福利與牙科保健；無數的警告都說：「當然，音樂讓你快樂，但它能支付房租嗎？」「藝術與舞蹈都不是正經的工作！」「我們不可能一直快樂，必須養家餬口！」為了處理這種針對幸福的攻擊，已有許多書籍與研討會告訴我們如何玩耍，如何找到我們喜歡的工作，如何以有趣的方式為自己帶來金錢等等。儘管這些書經常暢銷，但它們所傳達的訊息似乎仍未受重視，因為大家堅信只有孩子才有資格快樂，而成年人則認真且努力。

整個社會這種「反幸福」的論點，其實有個缺陷：事實上，孩子們除了快樂與頑皮之外，實際上相當認真且努力！如果你曾經與一群八歲的孩子一起建造過一座堡壘，或者幫助一個孩子完成一項特別艱鉅的家庭作業，你就會看到遠遠超過大多數成年人的工作倫理。不少孩子都有一種精湛的能力，能夠專注於巨大的問題與專案，但不會感覺自己被壓垮，我認為這是因為他們有權快樂與玩耍。讓孩子們大笑、胡鬧、鬼混與玩耍，可以讓孩子們不斷進入又離開掙扎，並透過在工作與玩耍之間流暢地移動來持續更新自己且獲得資源。玩耍、喜劇與幸福為我們帶來流動性與敏捷性。因此，它們不應該被放逐到童年的世界。如果我們想完成任何有價值的事情，我們都需要大量的玩耍與愚蠢來平衡我們的強度與嚴肅。

如果你覺得在當今嚴峻的氣氛中感受到幸福是一種錯誤的情緒，那麼不妨想想，自問一下：當前盛行的家庭、社會、情緒與政治問題，是否與成年人「應該努力工作、且不應該耍笨也不可以充滿希望與快樂」有關？如果你展望未來，你是否會看到殘酷的死亡、災難與全球暖化——然後你對此無能為力？嗯，你真的很成熟。但是你是否能放輕鬆

這樣想：我們翻轉了這個龐大的社會，讓它為我們服務，而不是我們受它役使？你能在最瘋狂的夢中看到這個景象嗎？你以前每天都可以看見——還記得嗎？

正如羅伯特・布萊在《淺談人性陰影》中所寫，你來到這個世界的時候，「我們十五萬年的生命之樹中保存完好的自發性，我們五千年部落生活保存完好的憤怒——亦即，帶著我們三百六十度全方位散發的光芒。」我記得我小時候，我很關注全球飢餓問題，想出了好幾百種解決方案，例如將我的皇帝豆運往中國。你還記得你自己的拯救世界計畫嗎？我們每個人來到世界上的時候，都帶著拯救世界所需的活力與才華，我們只是忘記如何取得這些活力與才華。

我注意到，真正成功的人（他們真正實現自己的夢想，一心拯救世界）允許自己快樂，甚至是傻人有傻福，同時也允許自己有同樣的時間去看待成人的觀點、憂鬱與我們周圍的墮落真相。真正成功的人會發現嚴重的問題，然後用他們全部的情緒全力以赴解決它。在不成功的人身上，我看到他們可悲地爭奪幸福，沒有在認真的反省與努力工作之間取得平衡；或者我看到他們不斷地追求無止盡的工作，而沒有玩耍與笑聲的平衡；或是在工作的時候為了未來表現出可笑的樂觀。這些不成功的人無法擺脫自己的方式，這代表他們無法成為特別有效率的工人、夢想家或改革推動者。另一方面，成功人士則允許自己在工作與娛樂、嚴肅與愚蠢、誠實的希望與誠實的悲傷之間流動與調節，這代表他們可以全心投入到他們選擇的任何任務中。他們的幸福感之所以產生，並不是因為他們壓抑所有其他情緒，而是因為他們過著完整且資源豐富的三百六十度生活。

幸福傳達的訊息

幸福是一種令人愉悅的情緒，它帶給你希望、樂趣、對美好事物的期待與樂觀的感覺。若你的幸福獲准去與你的其他情緒以團隊成員的身分一起工作的時候，它就會優雅地來來去去——不需要它的時候，它就會退到一邊。

但當幸福被效價為有史以來最好的情緒，它確實會變成一種十分令人不安的情緒——不是因為幸福有什麼問題，而是因為效價帶有惡意，它迫使我們切斷情緒之間的聯繫。沒有接地的幸福與樂觀可能會導致人們陷入不舒服的境地，要靠著他們的憤怒與恐懼提出的警告，才會知道自己陷入不舒服的境地[1]。不平衡的幸福也會導致人們寸步難行（「我知道，如果我愛得更多，工作更努力，事情就會好起來！」），此時他們的悲傷與悲慟（以及最終的憂鬱與自殺衝動）會出來幫助他們辨識並釋放。

這種內心的混亂是不必要的，對幸福同理心的方法與其他情緒的方法是一樣的：你的幸福需要知道，在需要的時候，歡迎它為你帶來獻禮；而且它也需要知道，其他情緒的獻禮是必要的時候，你會為它們騰出空間。當其他情緒是一個有價值、受尊重、同等重要的團隊成員而受到歡迎的時候，情緒會發揮最佳作用。停止效價你的情緒並釋放它們！

如果你想在生活中獲得更多幸福，請仔細看看你對自己說的故事。不管你是美化幸福還是認為幸福很無聊，你都可以透過公開自己與幸福的關係，將其放在心理契約上，將你自己與你的幸福從你創造的任何不可行的故事中釋放出來以治癒自己。讓你的幸福作為你的情緒之一來流動，並相信它會自然（且有趣地）出現，因為它可以幫助你恢復自己的情緒流。

▶ 幸福的練習

幸福自然出現的時候，你的任務就是大笑、胡鬧、微笑與做夢，然後流動進入你的下一個任務或你的下一個情緒。如果你試著囚禁自己的幸福，不讓它離開，你可能會陷入沒有接地的樂觀情緒，這可能會導致你走向非常無益的方向，或者陷入一種強迫性的愉快（這就是興奮，見第二十九章），這會削弱你的整個情緒領域，並使你更加需要平衡憂鬱症的影響。健康地追求幸福的關鍵，是將幸福視為短暫的過程，而不是最終的目的地。

如果你難以辨識或找到幸福，那麼你並不孤單。我們所學習到許多關於幸福的奇怪訊息、負面效價，以及幸福與「不正經」之間的錯誤聯繫，帶來如此多的混亂！關於幸福的問題（**什麼讓我高興？**與**是什麼讓我感到充滿希望？**）可以幫助你深入了解這種情緒，並傾聽它的智慧。你的幸福可以幫助你找到讓自己愉悅與高興的事情，它可以幫助你朝著有趣且美好的方向前進。你需要所有其他情緒來支持並告知你，但你的幸福可以為你指出愉快的方向，或者讓你知道什麼時候感覺有希望。

有趣的是，如果你給自己的幸福完全的自由，並歡迎在幸福出現前、後你所感受到的其他情緒，那麼你的幸福往往會更頻繁地出現。不為你的幸福效價可以為它與你自己創造自由與輕鬆。關鍵是讓幸福自在流動，而不是將其展示為你情緒靈敏力的證明。情緒流是關鍵！

尊重他人的幸福

你周圍的人感到快樂的時候，你除了享受它們之外幾乎沒有什麼可做的。然而，如果你自己與幸福的關係出現偏差，這可能是一項艱鉅的

任務。為了真正擁戴他人的情緒，你必須先了解自己的情緒。對於幸福來說，這代表知道如何慶祝與釋放幸福，而不是緊緊抓住幸福，或將其視為幼稚或愚蠢的標誌。

如果你能幫助他人將幸福視為一種瞬間的感覺，也就是事情感覺良好或充滿希望，你就會幫助他們（與你自己）了解幸福的訊息與目的。舉例來說，你不希望看到幸福因為不健康或不安全的情況而產生。幸福有它的時間與地點，若能理解這一點，那就更有可能傾聽它的訊息，而不是試著囚禁它不讓它走。

我先讓你做好失敗的準備，因為你幾乎肯定會在幸福這個情緒領域犯錯。你可能會不知不覺地貶低別人的各種幸福感，或是因為他們感受到「正面」的情緒而過度讚揚他們。你可能會無意中告訴大家，幸福是你想從他們身上看到的唯一情緒。我們要多次學習，才能避免重蹈覆轍，一直走回關於幸福的錯誤理解。

我們都對幸福（與整個幸福家族的情緒）經歷過如此奇怪的社會化，以至於我們經常在它們出現時，表現得很奇怪。因此，對自己溫柔一點，了解如果你犯錯了卻能再次站起來，你就會醒來，做出彌補（謝謝你，羞愧），並將上面記載著「我們對幸福的錯誤想法」的心理契約燒毀。

記住，按照幸福的時間表迎接你的幸福——而不是你自己的時間表。如果幸福不存在，則表示事情不對勁或沒有什麼可期待的，這是重要的訊息。請相信你的幸福知道它在做什麼，不要試圖追趕它或強迫它像馬戲團小馬一樣表演。相反地，它以輕微程度的希望與輕鬆、中等程度的頑皮樂觀，以及強烈程度的喜悅與慶祝出現的時候，學會歡迎它吧，認可並相信自己的幸福。

28. 滿足 CONTENTMENT
讚賞與認可

獻禮

享受──滿意──自尊──更新──自信──成就感

內心的問題

我如何體現自己真實的價值觀？

干擾的跡象

無法對自己感到滿意或自豪；不願意挑戰自己並冒失敗的風險；或擁有膨脹的自尊，將自己的需求置於所有人與其他一切之上

練習

當你以自己認可的方式行事，並完成對自己來說重要的事情，滿足就會出現，滿足可以幫助你自豪且滿意地看待自己。為自己出色的行為與技能慶祝，祝賀自己，然後繼續自己的下一個挑戰（而不是試圖在所有可能的時間感到滿足）。

真正的滿足伴隨著真正的成就。

滿足的細微差別

　　輕微滿足：平靜、舒適、鼓勵、具自我意識

　　中等滿足：自信、滿足、自我實現、自豪

　　強烈滿足：傲慢、過度自信、心滿意足、自我陶醉

　　滿足是幸福家族的一員，但我們常濫用且誤解它。這是多麼可惜的事，因為滿足是支持你最深層價值觀的重要情緒。

滿足傳達的訊息

　　你達到自己的期望與內在的道德準則，完成一項重要的目標或出色且正確地完成自己工作的時候，滿足就會出現。滿足是為了回應你所採取的實際行動與經歷的艱難挑戰。當你成功度過需要強烈情緒或多種情緒的困難情況，滿足也會出現。你恢復自己的界限，認可他人的界限，糾正自己的行為或做出彌補的時候，你的滿足就會出來確認並認證你的優秀行為。當你尊重自己與他人，尊重自己的情緒並讓它們指導你的行為，你的滿足就會可靠地出現。

　　你的行為讓你自己感到自豪的時候，以及當你完全按照自己想要的方式生活，滿足就會出現。那麼問題就變成「你打算如何生活？」為了回答這個問題，我們需要將自己親愛的朋友「羞愧」帶入這個對話中。

滿足與其最好的朋友羞愧

我們在前面的章節中已知道，你所有的情緒在情緒生態系統中都有朋友與夥伴。羞愧與滿足是夥伴：羞愧讓你遵守自己所同意的規則、道德、倫理與心理契約；而滿足則在你履行這些心理契約的時候認可你。如果你不常感到滿足，可能「**不是**」因為你的滿足無法正常運作，而是因為你很可能已經認同一套過時、不可行或完全不適合生存的道德與倫理。在這種情況下，你的滿足不會出現，也不會讚揚你，因為你沒有履行自己的道德協議。如果你沒有以一種值得你自豪的方式生活，那麼你的滿足就沒有太多話可對你說。

在這種情況下，你的羞愧可能會處於高度警覺狀態，你心中可能會充斥自我懷疑、自責與大量自我羞愧的訊息。你的羞愧（你忠誠的心理契約管理員）將以全心全意的奉獻與堅定的決心，來幫助你履行自己不適合生存的道德協議，而你將會受苦。

在這種情況下，你沉默或缺席的滿足，實際上正與你過度勞累的羞愧一起正常發揮作用。除非你做出一些值得自豪的事情，否則你的滿足**不應該**獎勵你！所以，你的滿足注視著你並等待著，等待著……等待你履行不可能達成的道德協議。

它還在等待。

燒毀心理契約就是針對這種情況的具體練習，我們將在下面的練習段落進行探討。

如果你的自尊心很低，而且你聽不到自己內心任何滿足的訊息，那可能是因為你的羞愧正在將一塊沉重的大石頭推上一座極為陡峭的山。在這種情況下，同理心的方法不是強迫自己的滿足要能隨處可見，而是要仔細審視自己的羞愧一直試圖維護的協議與心理契約。如果你的心理

契約不可行，你的滿足就會沉默。那麼，強迫你的滿足並不是解決辦法。

被強迫的滿足如何產生適得其反的效果

無論如何，強迫自己的滿足都是行不通的：社會科學研究人員發現，用正向的肯定來強迫滿足，會對那些最常使用正向肯定的人，產生適得其反的效果。研究人員發現，自尊心低的人在不斷重複正向的肯定之後，實際上會對自己感覺更糟[1]。有趣的是，自尊心強的人在重複這些肯定之後，感覺也只是稍微好一點而已。從情緒上來說，他們的滿足不需要幫助。

在一項後續研究中，要求受試者在正向肯定自己的同時，也從負面角度思考自己。這時候，尤其是那些自尊心低的受試者會表現得更好，感覺更好。研究人員認為這項發現自相矛盾，但我們理解情緒的時候，這根本就不奇怪。正向的肯定會強化幸福類情緒中的情緒表達，同時也會增強所有其他類情緒中的壓抑。從情緒上來說，強制的正面肯定對所有十七種情緒來說都是虐待！

我幾乎能聽見羞愧在說：「我早就跟你說了吧！」

請同理地觀察「正面」肯定的想法：如果你試著強制施行正面的肯定並始終保持滿足，接著若你碰到變化、新奇或危險，則你的恐懼與恐慌將無法幫助你處理這些變化或危機；如果有人挑戰你，你的憤怒將無法幫助你重新設定界限並恢復冷靜；如果有什麼事情危及你的親密關係，你的嫉妒將無法幫助你找出問題所在，也無法鞏固你維繫伴侶的能力；或者，如果你迫切需要放棄某件事，你的悲傷將無法幫助你。如果你只想感到滿足，你就會迷失方向，而這不是一個正面的結果。

外在稱讚的問題

大家試著強迫自己滿足的另一種方式是透過努力獲得外在獎勵：成績、獎項、金色星星、競爭、讚譽、更多的金錢或勝利。可嘆，這並不是滿足的運作方式。事實上，外在成績與獎勵真的會干擾內在動機與內在產生的滿足。

教育工作者阿爾菲‧柯恩（Alfie Kohn）鏗鏘有力地指出，我們試圖用成績、外在獎勵與懲罰來取代兒童與成人的內在動機、職業道德與自豪感的時候，我們會對他們造成傷害（參見柯恩的書《以獎勵來懲罰 Punished by Rewards》）。職場顧問湯姆‧柯恩斯（Tom Coens）與瑪麗‧詹金斯（Mary Jenkins）也表示，在職場使用績效評估的確是令人沮喪、居高臨下且浪費的作法（參見他們的書《廢除績效評估 Abolishing Performance Appraisals》）。學校、職場與其他社會結構經常試圖用外在的獎勵與讚美來取代或劫持你自然的內在肯定，從而干擾你的滿足與你的動機。金色星星、成績、獎項、額外特權與特別關注都是捏造的外在肯定，它們實際上會削弱你感到真正的滿足或自我價值的能力。

外在讚揚也包含一個麻煩的面向，它不是你內在滿足的一部份——它是競爭。所有外在讚美、獎勵與績效評估都有內建的比較能力，讓你可以與他人競爭。儘管獎勵與讚揚在不健康的社會結構中可能有價值，但它們往往會將你與同儕隔絕開來，讓他們將你視為競爭對手或拍馬屁的人，這常常會讓你感到羞愧，質疑獲勝的「樂趣」。在道德的內在滿足中，你的成就並不是做得比別人更好，而是因為你尊重自己的良好判斷力以及你所重視的規則、道德與倫理。

如果你無法與自己的滿足連結起來，你可能會遇到由學術、父母、職場或專制社會結構造成的短路。這種短路可能會導致你尋求讚揚與獎

勵，而不是你自己的內在肯定。這通常代表你會傾向於取悅別人並崇尚完美主義，而不是追求完整與情緒靈敏力。你會傾向於遵循這條規則，追逐那個獎項，並不斷根據外在期望來衡量自己，而不是讓你真實的情緒反應引導自己。幸運的是，你知道如何處理外在的期望與行為控制：燒掉自己的心理契約並重新啟動你自己真正的滿足！然後，你與自己的內在智慧聯繫起來的時候，你可以採用尊重自己的方式指導、糾正並驗證自己，而不是依賴會控制與損害動機的外在驗證。

滿足一些令人不安的面向

在我的《同理心的藝術》一書中，我寫到一種奇怪的狀況，在這種情況下，滿足可能會偏離軌道，並讓大家為「霸凌」這種相當不值得的行為感到自豪。

在霸凌行為中，施暴者顯然沒有足夠的羞愧，似乎沒有什麼能讓他們遵守道德或倫理標準。許多人認為霸凌者的自尊心很低（低滿足），但我們發現，霸凌者其實往往具有十分高的自尊！如果沒有成熟羞愧的調節作用，他們的滿足會膨脹，開始獎勵自己不道德的思想與行為，這種任性的滿足會使他們為了自己完全不值得讚揚的行為感到自豪。

如果一個群體的道德共識是有害的，但對群體成員來說又很重要的時候，此時「滿足」也可能會造成問題。例如在刻意的種族與性別歧視案例中，施暴者可能會對自己「歧視的行事方式」感到滿足——因為這是他們這個群體都同意的道德與倫理！這些道德與倫理可能是他們家庭或宗教傳統的一部份，當他們實踐這些道德與倫理的時候，他們的滿足就會自然而然地（而且是悲劇性地）出現。

請注意，在這些情況下，滿足反而是「適當的」，它之所以會出現，

正是因為人遵守了自己所選擇的道德協議。舉例來說，某些嚴格的宗教傳統中，女性與兒童的權利很少，被迫沉默並被視為低等生物。婦女與兒童認同這些理念、並且表現得沉默、溫順的時候，他們可能會感到滿足。他們履行道德協議的時候，他們的滿足會因此獎勵他們，即使他們的道德協議正在危害自己的自主權。人很難擺脫自己選擇（或伴隨自己成長）的過時或令人不安的道德協議，這不僅是因為他們對這些協議產生防禦性或佔有慾，還因為如果他們全心全意地遵守這些協議，他們的滿足會獎勵他們說：「你真有道德感！你承諾的一切都兌現了！」

為什麼人很難放棄那些令人不安的道德協議呢？原因很多，但令人驚訝的是，人們從履行這些協議所獲得的滿足中，獲得了令人愉悅的訊息。乍看之下，滿足似乎是一種簡單的情緒，但事實並非如此，一點也不是這麼一回事。

滿足（就像所有情緒一樣）只有在它是「在特定情況下的正確情緒」的時候，才是正面的。在某些令人不安的情緒下，滿足可能會變成一種深深的負面情緒，因為它不適合這種情況，或者它沒有以關懷或道德的方式與它最好的朋友羞愧一起工作。

我們被教導要追求滿足，儘管它存在於我們內心。如果你想以尊重與同理心的方式與自己的滿足聯繫起來，請觀察自己引以為傲的健康行為，你會感覺到自己內心的滿足做出反應。

▶ 滿足的練習

在一個充滿侵略性效價與破壞性外在獎勵與懲罰的世界中，一再獲得內心的滿足可能會常常發生。不妨問自己這個問題：我如何體現自己真實的價值觀？這樣問的時候，可以幫助你持續將自己的滿足與其最好的朋友羞愧連結起來。如果你的滿足沒有出現，請查看自己的協議與心

理契約，看看自己忠實的心理契約管理員正在努力維護著什麼。如果你發現自己的協議與心理契約不可行，燒毀心理契約可以拯救羞愧（也拯救你自己），讓你的滿足再次流動。

你努力遵守過時或濫用的道德、規則與倫理的時候，你的羞愧可能會過動。它可能必須不斷地監視你，並且可能會騷擾你或變得煩人或虐待你。這並不是因為羞愧是怪物，而是因為你（無意中）賦予它一項艱鉅的任務。羞愧全部的工作就是確保你遵守道德協議——即使這些協議很荒謬或完全不可行。你的任務不是逃避自己的羞愧，就好像它有害一樣，而是以同理心、有意識地與之合作，燒毀那些具有破壞性且有害的心理契約。

你可以想像自己面前有一份心理契約（或者你可以使用一張實體的紙），然後問自己「我答應了什麼不可行的事？我強迫自己的羞愧做了什麼？」然後，你的情緒就會告訴你內心發生什麼事，你就可以開始理解自己的心理契約並開始工作。燒毀心理契約是羞辱訊息的一種具體作法，因為羞愧與心理契約、道德、規則與協議有關。透過燒毀心理契約，你可以面對自己的羞愧並說：「我知道我用那些舊的規定與想法簽署了一份心理契約，但現在我正在修改它（或燒毀它）並制定一份真正有效的新心理契約！」

想想你可憐的羞愧，以及它是多麼努力地幫助你完成一項無法完成的任務。你的羞愧可能就像希臘神話中的薛西弗斯（Sisyphus）一樣，無止盡地將一塊岩石推上陡峭的山坡，每次到達山頂的時候卻只能眼睜睜地看著岩石滾落下來。只要你能從那座山下來，你的羞愧就會如釋重負。

你也會。

你與自己的羞愧可能需要一段時間才能擺脫那些舊的心理契約行為（而且你可能需要在一段時間內不斷燒毀自己的心理契約），但你將能

夠繼續前進。你知道什麼會有幫助嗎？你的滿足！你的滿足最終從沉默與無盡等待的監獄中被釋放出來的時候，它會獎勵你所做的幾乎所有事情。它會說一些微不足道的事，例如：「你的刷牙技術真是太棒了！」或「你剛才接電話的樣子真優雅！」你從可怕的協議中釋放出羞愧的時候，你的滿足將能夠再次呼吸。

話雖如此，重要的是在必要的時候讓自己的滿足保持沉默（舉例來說，你沒有履行自己同意過的心理契約時！）。如果你強迫自己的滿足（或任何其他情緒）成為你的主要情緒狀態，你會在一瞬間迷失方向。然而，當你實踐自己所選擇的價值觀，並以治癒且光榮的方式處理自己所有的情緒，你的滿足就會自然而然地出現。當你的滿足出現，張開雙臂歡迎它，感謝它並祝賀自己，然後放手並相信下次當你尊重自己並以讓自己感到真正自豪的方式表現，它會再回來。

尊重他人的滿足

你周圍的人對自己感到滿足的時候，讓他們感受到並細細品嚐它們內心的自豪很重要。小心不要因為你曾被教導過關於驕傲與滿足的奇怪且行不通的觀念，於是過度讚揚他們或抑制他們的幸福感。

找回我們自己的滿足與道德倫理，在個體發展中扮演著重要角色，但當你的滿足與羞愧在跟不健康的訊息、舊的心理契約以及關於我們應該如何感受與表現的外在期望進行鬥爭的時候，這可能是一項艱鉅的任務。如果你能為他人真正的驕傲與滿足騰出空間，你就可以幫助他們為自己正確且值得讚揚的感覺創造神聖空間。感謝你幫助大家歡迎自己的滿足！

請記住，歡迎並尊重自己一切強度的滿足：輕微程度的平靜確定感；

中等程度的自豪感與自信感；以及強烈程度的滿意感與覺得自己很優秀的感覺。你出色地完成工作並傾聽自己的道德、倫理與價值觀的時候，你就會感到滿足。歡迎並感謝自己的滿足。

29. 喜悦 JOY
親和力與交流

獻禮

延伸——溝通——啓發——輝煌——光輝——愉悦

內心的問題

是什麼爲我帶來深刻的連結與無限的拓展？

我如何整合這種光彩奪目的經驗？

干擾的跡象

無法感受到深深的快樂或感受到與人類或世界的連結；或狂躁症、無法接地與無界限的愉悦；或不願意傾聽自己的其他情緒

練習

喜悦的出現可以幫助你感受到與他人、想法或經驗開放連結的愉悦感，歡慶你的喜悦並讓它自在流動。

喜悦（以及所有情緒）應該按照自己的時間與方式流動，請注意：

應謹慎對待極度的喜悅（興奮），尤其是它與憂鬱或悲傷循環的時候。反覆的興奮或狂躁症可能是情緒困擾的跡象，請向外尋求支援。

喜悅的細微差別

輕微喜悅：鼓勵、受到啓發、開放、平和
中等喜悅：激動、擴展、喜悅、不接地
強烈喜悅：極樂、歡愉、狂躁、欣喜若狂

喜悅與幸福不同，因為它在某種程度上更深邃、更廣大。它的本質更接近滿足，但喜悅不是在「達成了成就」之後出現，而是在我們與自然、愛與美麗交流的時刻出現——你感覺自己與萬物化為一體的時候。如果你能回想自己在一天中最美的時刻，置身於自己最喜歡的自然環境中，或者與你完全喜愛且信任的人或動物在一起的時候，你所感受到的廣闊、充滿陽光且強烈平靜的感覺，那麼你就能辨識喜悅。

然而，喜悅可能是我們最棘手也最危險的情緒，主要是由於我們對待它的方式所造成的。喜悅遭受無情的效價，它被認為是所有情緒的女王——我們應該在任何時刻、任何情況下都保持在這種情緒中。它幾乎被視為一種高潮情緒狀態，一種巔峰體驗，這代表大家花費大量時間來追逐它，而不是有意識且適當地過著與喜悅相關的生活。喜悅甚至成為不少僅用火象的精神與宗教練習的中心目標，花了大量的時間與精力，一心一意追求喜悅中廣闊而歡愉的感覺。追逐喜悅會帶來很多問題，如果你不了解喜悅是如何運作的，喜悅還有一個面向可能會擾亂你的情緒領域。

喜悅傳達的訊息

喜悅是一種廣闊的情緒，它帶給你一種與每個人、每件事充分且深情交流的感覺，正因為如此，喜悅可以讓你放棄界限，讓你脫離接地狀態。在許多情況下，它應該做這些事情。可是如果你不知道為什麼，你可能會被喜悅所干擾。

喜悅出現的時候，你可以體驗到一種與經驗、想法、地點與所有生物完全合一的愉悅感（謝謝你，火元素！）。喜悅在很多方面會帶給你更新與重組自己心靈的機會，讓你對自己與世界充滿新鮮與廣闊的感覺。喜悅出現的時候，你的許多情緒會自然消退，以幫助你融入這種體驗。當你處於一種深深喜悅的狀態，你的界限可能會下降，這樣你就可以為靈魂注入「合一」——代表你的憤怒會消退，並帶走它的朋友冷漠。失去界限很重要，因為你需要擺脫以前的自我意識，才能進入這種喜悅的經驗或感覺，但這基本上會讓你毫無防備。

許多的恐懼家族情緒也可能會消退：在喜悅的幸福中，你會變得非常了解當下（你的輕微恐懼仍舊存在），但因為你與一切合而為一，你可能一無所缺，也無須為未來做好規劃——這樣你的焦慮與恐慌就會自然消退，因為你不覺得身體有危險。然而你的嫉妒與羨慕（這兩者都與欲求、渴望與擁有相關）很可能會與你的喜悅一起啟動。

喜悅在場的時候，你的悲傷也可能會消退，因為喜悅中沒有什麼需要釋放的，因此，你的接地可能會向上浮動或完全消失。此外，你的憂鬱可能會消退，因為你將擁有你需要的所有能量（甚至更多），所以你「評估現實」的重要情緒可能會消失。喜悅可以平息你不少情緒，但正如你所看到的，試圖囚禁喜悅可能很危險。你可能會破壞自己與周圍人的穩定，並且會陷入一種強烈且受困的喜悅狀態，稱為興奮或狂躁症，

在本章後面將討論這種令人不安的狀態。

即使喜悅強度較輕微的時候，我們也經常濫用它，這樣可能會破壞自己的穩定。我們被教導要追逐喜悅，將它當作目標、獎品、覺醒的跡象或榮譽勳章，但我們很少被教導將喜悅視為一種正常的人類情緒，它有它的獻禮與技能，其它的缺陷及產生的原因。這就是為什麼我創建回春練習來幫助你隨時進入與體驗輕微與中等的喜悅狀態，在練習中只需要使身體中接地，並召喚某個美好經歷的回憶即可。其他無需做任何事情。喜悅就是那麼簡單，那麼容易獲得，但如果我們一味追逐喜悅，把它像魔法斗篷一樣緊緊裹在自己身上，或者囚禁它不讓它離開，那麼我們就不會知道喜悅其實很簡單。

喜悅也與實際的勞動有關，它並不是一種完全超凡脫俗的情緒。當你走完漫長而艱辛的道路後，喜悅常常會出現。舉例來說，你要長途跋涉才能到達自己最喜歡的自然環境，正如你經常要在很多痛苦的關係中掙扎才能找到自己內心真正的伴侶一樣。然而，喜悅與努力工作之間的這種特殊關係尚不明朗，因為許多人對喜悅有誤解，看到喜悅出現時很驚訝，彷彿它是來自宇宙的神秘禮物，而不是人類的自然情緒。

為何會有這樣的誤解呢？可能因為我們雖然都努力工作，但我們的工作方式卻常常否定我們的完整性，這代表我們沒有充足的能力定期經歷喜悅。結果，我們大多數人將喜悅與其他情緒分開，並將其視為某種神奇的拜訪。但喜悅並不是魔法，它是一種你每天都可以在回春練習中感受到並使用的情緒，尤其是在你努力工作或經歷深刻改變之後。透過這個練習，我們可以適當地使用喜悅，就像我們在接地、聚焦與界定界限的練習中適當地使用自在流動的悲傷、恐懼、憤怒與羞愧一樣。

喜悅在我們的情緒領域佔有相當重要的地位，它也是在極度失落的時候出現的另一種強烈情緒「悲慟」的伴侶。

喜悅與它親愛的朋友悲慟

　　喜悅之所以會有可靠的消退與流動，不但是來自於我們努力工作，也是來自於我們的悲慟。喜悅常常伴隨著悲慟，如果你不明白喜悅與悲慟之間存在著互動，這可能會讓人感到困惑。這兩種情緒緊密相連，如果你進入悲慟深河中等待著你的美麗工作，你就會與靈魂的連續性合而為一，與所有靈魂的出生、死亡與轉變合而為一。這就是交流，它讓你立即進入喜悅的境界，不管是你在河中執行自己神聖悲慟工作的時候，還是當你從水中上來再次加入河這邊的生活。

　　我們將身體與遠見靈魂（以及我們的情緒與智力）分離，並尖叫著逃離死亡的時候，就阻礙了我們自己感受到自然喜悅的能力。長期以來我們一直想追求、抓住喜悅，想以各種註定要失敗的方式來強迫留住喜悅。事實證明，喜悅一直在尋找我們，如果我們能停止追逐它，並開始感受自己**所有**的情緒，喜悅一定會找到我們。我們整個人都會感受到真實、自然的喜悅——沒有人工興奮劑、逃避行為、否認死亡、艱苦的冥想練習或任何其他強迫的方法。我們整個人都會明白，喜悅本身不是一個目標，喜悅只會出現在充滿真誠的困難、勝利、磨難、失落、努力工作、愛、歡笑、悲慟與完整的生活中。

▶ 喜悅的練習

　　練習回春的時候，你已經獲得了自在流動喜悅的練習，幫助你以簡單且療癒的方式獲得溫和程度的喜悅。我希望你能習慣喜悅的出現，每當你完成跟自己與世界各個部分的交流工作後，喜悅就會自然而然地出現（**是什麼為我帶來深刻的連結與無限的拓展？**）。喜悅出現的時候，你的接地與整合任務就是提醒自己，努力工作與喜悅一樣美麗、一樣有

意義。如果你刻意延長喜悅的時間，你可能會經歷情緒不穩定，因為這時其它情緒們都得退後一步，好讓你充分體會喜悅。

當你能夠將喜悅中看似超凡脫俗的存在與你為了傳遞喜悅所做的十分世俗且全面的工作聯繫起來，你就能更輕鬆地歡慶，然後自然地釋放自己的喜悅（**我如何整合這種光彩奪目的經驗？**）。若你能為這種「重新整合」的時期騰出空間，你其餘的情緒才能重新上線，並把「快樂的經歷為你帶來的新資訊與意識」加以上傳。之後，你就可以回到真正的工作中，這一定會自然而然地引導你回到真正的快樂中。

尊重他人的喜悅

喜悅可能是一種巔峰體驗，所以很多人都不知道別人感受到喜悅的時候，自己該如何表現。如果你感到不知所措或不舒服，你可能會想要抑制別人的喜悅，或者你可能會試圖讓自己陷入他們的喜悅中，並說服他們要囚禁喜悅，別讓喜悅跑走了。其他人囚禁它，這樣你也可以間接體驗它。但就像幸福家族的其他成員一樣，你可以透過單純歡迎其他人的喜悅，讓他們感受喜悅。這就是你對他們的支持了。

其實你可以歡喜地與喜悅的人同在一起。當「喜悅的合一」已經完成了之後，喜悅就會自然退縮，回到其輕微的狀態。但是，如果喜悅沒有這樣做，未來可能會遇到麻煩。

喜悅受困的時候：興奮

當你努力到達歡愉且全面交流的地方，喜悅就會出現。然而，你試著讓自己進入喜悅境界的時候，也會出現一種瘋狂的情緒狀態：興奮。

興奮時，你不僅會變得喜悅且愚蠢，還會變得脆弱、精神錯亂且不接地。興奮促使你不斷地從一件「喜悅」的事情轉移到下一件事情——從吃一口療癒食物到一口氣吃掉整塊蛋糕，從一個好主意到四十多個，或者從一次刺激的外遇或欣喜若狂的採購到下一次，卻從未停下來對這些古怪的行為感到悲慟或羞愧。興奮會讓你陷入各種成癮與分心，這是你的精神與身體之間破裂的明顯跡象（因此你沒有接地），以及你的情緒與你的邏輯智力之間的衝突（因此你拒絕感受其他任何情緒，而且你無法清晰思考）。興奮可以讓人感到美好且充滿力量，但它的中心存在著元素的不平衡，在這個情緒領域你必須非常小心。

　　儘管全世界都在慶祝無盡的喜悅，但無盡的興奮帶來的麻煩與無盡的憂鬱、憤怒、恐懼或絕望一樣多。如果你囚禁並濫用所有情緒，它們都會帶來麻煩，正如同你若恭敬地引導它們，則所有情緒都可以治癒你。然而，興奮尤其令人不安，因為它幫助大家引誘並囚禁自己的幸福與喜悅，以便自己可以只看到生活中光明、樂觀與快樂的一面。興奮的人通常會忽略自己的悲傷，解釋自己的恐懼，趕走自己的憤怒，並完全壓抑自己的悲慟，以至於他們無法以任何有用的方式共感。從本質上來講，他們的興奮被當作迷幻藥物或興奮劑——分散現實生活的注意力。

　　任何情緒的不平衡都會帶來混亂，但興奮成癮者的誇張往往令人深感不安。如果興奮是狂躁症或雙相憂鬱症週期的一部份，它會使人陷入極端程度的活動，此時人可能會變得混亂且自我毀滅，或者瘋狂而持續保持勤奮。在某些情況下，興奮的人可能會吸引許多追隨者（不少邪教團體依靠興奮、高潮狀態或「愛情轟炸」來誘騙他們的追隨者），因為他們生活在極為誘人的謊言中，聲稱大家可以隨時保持喜悅，好像只有一種情緒就足夠了。不幸的是，等到困難與個性衝突出現的時候（一定會出現的），這些興奮的群體中的人常常會撕破臉，因為他們不知道如

何與興奮之外的任何情緒相處。在這些邪教、高度控制的群體中，憤怒往往會退化為消極型的狂暴；正常的恐懼會分解為偏執；真誠的悲傷會變成無法控制的絕望、睡眠障礙或自殺衝動。

　　真正的喜悅會為你的意識帶來光彩與歡愉，但前提是你要尊重它。如果你刻意假笑，讓自己陷入永無止盡的興奮惡夢中，你就會破壞自己的每一個部分。你的喜悅應該像你的憤怒、悲慟、恐懼或任何其他情緒狀態一樣轉瞬即逝。在情緒發育不良的世界裡，喜悅從來不該被當作人質或用來贏得威望。

▶ 興奮的練習

　　現在就集中注意力並讓自己接地。你做得到嗎？如果你一直試著保持興奮、喜悅、歡愉（或者這些情緒的其他名稱），而你覺得無法安定下來，也不必感到驚訝。另外，如果你的生活一片混亂，也不要感到驚訝。我注意到，一群興奮的人會彼此說服說，他們的躁動正好反映了自己持續興奮（就好像興奮之神正在測試他們一樣），但不要上當！與興奮相關的混亂，是對情緒失衡的自然反應，每當有情緒受囚禁的時候就會發生。如果你受到興奮殘忍地對待，請拿出你優秀的判斷力，仔細觀察那些正在處理絕望、仇恨、憂鬱或任何其他單一情緒的人，他們的不平衡會讓他們的生活陷入與你相似的混亂。興奮引起的騷動並沒有什麼特別精彩的地方。

　　你的治癒練習是回到本書的開頭，回顧每一個元素與智力（這樣你就能發現自己的村莊哪裡不平衡），研究關於成癮與分心的章節，了解創傷性傷害及其與情緒抑制的聯繫，並回顧第十章的同理心練習。你可以將自己的身體與遠見靈魂融合為一體，為自己創造神聖空間及與眾不同之處，光榮地運用自己自在流動的情緒，並重新與大地相連。然後，

你的興奮提升，所有其他壓抑的情緒開始出現的時候，你可以依次處理它們。

請記住，沒有任何情緒是負面或正面的，都是你認知中自然且必要的面向，都應該自在流動。請享受自己的喜悅與歡愉，然後按照自己的意願繼續前進。你有更多的工作要做，有更多的情緒要感受，有更多的生活要過。

尊重他人的興奮

興奮是一種解離狀態，因此，除非興奮的人重回現實，否則興奮無法獲得安全的尊重或支持。如果對方是一般穩定的人，你可以等到他們情緒低落後，幫助他們傾聽其他情緒想要表達的內容。如果對方是患有狂躁症或雙相憂鬱症的人，請幫助他們找到有能力的治療師或醫生，在這種情況下，朋友無法提供更多的幫助。請與你的朋友保持密切聯繫，提供幫助、支持、愛與祈禱，但也要知道週期性雙相憂鬱症需要協助。

如果你與那些虔誠地堅持僅用火象練習與團體的人往來，那麼為了你自己的健康與福祉，你必須保護自己免受他們的侵害。事實上，興奮成癮者可能必須等到自己完全耗盡了，才能脫離恍惚的狀態。如果他們參與邪教團體，那要等到他們失去一切，才能看清楚自己生活中發生的事情，因為他們經常受到嚴格控制與洗腦，受困在邪教團體裡。請向這些人表達你的愛，讓他們知道等他們逃脫的時候你會在他們身邊，但你也要知道自己的極限。興奮成癮與邪教成員身分都是危險的狀態，需要的幫助遠遠超過朋友所能提供的。請參閱〈更多資源〉章節，以了解邪教專家詹加・拉利奇（Janja Lalich）與我所寫的精采書籍！詹加（與我）倖存下來，逃脫並從參與邪教中恢復過來，所以是有希望的。

喜悅是一種奇妙的情緒，其實所有情緒都是如此。提防任何向你推銷喜悅的人，喜悅是一種存在於你內心的正常人類情緒，你不需要做任何事或買任何東西來經歷自己的喜悅。

　　記住，每次進行回春練習的時候，都要以自在流動的狀態迎接自己的喜悅，並且要為中等與強烈的喜悅狀態騰出空間，具體方法則是帶著同理心、幽默、專注與愛，在你的內在與外在世界運作。請感謝你的喜悅，也感謝你自己。你實際的工作與你的整合練習，會以尊重健康與情緒的方式為你帶來真正的喜悅。

30. 壓力與阻力
了解情緒物理學

  想像這樣的場景：週六早上你醒來，睡眠惺忪，搞不清楚方向，發現電子鬧鐘既漆黑又寂靜。你家裡停電，你不知道現在幾點。你從床上跳起來，搜尋手機，發現現在是九點十五分，而你要主持的父母週年紀念派對將於中午開始。你的焦慮會幫助你集中注意力，安排行程的優先次序，並趕快做好準備。你跳進淋浴間，但沒熱水，因為你用的是電熱水器。然後你突然發現自己的吹風機與所有的廚房用具都需要用電，這代表你不能烹調任何你為派對買的食物。好吧，你仍然可以挽救局面，你可以去熟食店買起司與蔬菜拼盤——雖然不完美，但也可以了。你穿上衣服，拿一個蘋果當早餐，九點三十分跑到車庫，頭髮還濕著，發動汽車，然後才想起車庫門的開關也要用電。你下車，試著撬開車庫門，但它完全卡住。你找到一把扳手，專心撬門，等到發現自己身體靠在車庫門上沾滿汙垢的時候為時已晚，而且依舊打不開門。現在你不只遲到，而且還又餓、又濕、又髒，還被困在車庫裡。你感覺如何？如果你像大多數人一樣，你會回答「壓力很大」。

  我在此向你提出，也希望你向自己提出的同理心問題是：「『壓力過大』到底代表什麼？」當你進入自己認為有壓力的狀態，你有什麼感覺？生氣嗎？為自己感到羞恥嗎？不安嗎？迷茫？驚惶？狂怒？憂鬱？以上皆是？你有想哭的感覺嗎？好像每件事都跟你作對的時候，你有何感受？你遲到的時候，有什麼感受？你犯錯或看起來笨拙或無能的時候，

你有什麼感覺？你的電器、工具、車子與電力公司讓你失望的時候，你有何感受？行程安排有衝突，該做的事一個接一個堆積起來直到你不知所措的時候，你有什麼感覺？你無法掌控自己人生的時候，會有什麼感覺？

無論是哪一個問題，「壓力過大」都不是可以接受的答案，因為壓力不是一種情緒。**壓力**這個詞甚至不是來自情緒世界，它來自物理與工程領域，它被定義為一個物體對另一個物體施加的壓力、拉力或力量，或物體對外力施加的內部阻力。有趣的是，這個指涉事物（無生命的物體）的字詞已經進入我們的情緒詞彙。我們對**壓力**的情緒定義幾乎就是工程上的定義，把我們自己視為受力作用的物體，而不是活生生、敏捷又充滿資源的生物。對於那些不懂情緒的人來說，**壓力**這個詞已經成為普遍的情緒統稱。現在，如果我們感到悲傷、狂怒、害怕、興奮、疲憊、灰心喪志、羞愧、哀悼、驚惶或甚至自殺式的憂鬱，我們都可以用**壓力**這個詞來描述自己的狀況，也等於我們缺乏同理心意識，而且情緒不流暢。

在上述有壓力的情況下，一個能夠充分描述情緒的人會做什麼？我們每個人的處理方法都不同。或許可以打電話告知賓客，請大家幫忙預備食物，或者換個派對地點。也可以花點時間哭泣、悲慟，感受一下失去美妙的派對經驗。你要做什麼，才能恢復自我，為即將到來的派對做好準備？你可以打電話去電力公司詢問何時復電。你可以向車庫門大聲抱怨，告訴它「你死定了！」或拿扳手狠敲它幾次，或許這樣你就可以排除障礙，並恢復自己的韌性與幽默感。也可以把派對改期，或改到餐廳或公園舉行。也可以請鄰居幫你打開車庫門或帶你去熟食店。如果你擔心大家會認為你是個失敗者，那又如何呢？你讓別人失望的時候，你會感到羞愧嗎？如果誠實表達自己的情緒，這樣好嗎？

如果你能以「一個活生生、有呼吸、有情緒的人」的身份來應對壓力情況，你就可以用一百種不同的方式來應對。你可以在情緒物理學中進行很多不同的實驗，採用「能提高你意識、資源、應付深層問題之能力」的方法，來處理你碰到的麻煩、考驗與壓力（有壓力的情況總是會暴露你最深層的問題）。你的任務不是創造一個無壓力的完美存在（完美主義絕對證明你已經失去情緒流），而是學會在壓力源出現的時候明智地做出反應。

壓力是你的生命與世界力量之間的關係，你對這些力量的反應，會決定你的結果。並不是每次碰到壓力，都需要做出痛苦的壓力反應，你可以採用許多方法去回應壓力。「壓力」這個東西（腎上腺素的增加、壓力感、身體緊張）只是一種基於焦慮與恐慌的先期反應，想要讓你活動起來，做好準備去處理變化與不可預測，這是正常且健康的反應。麻煩不是來自你的壓力反應，也不是來自劇變或不可預測（它們引起了壓力反應），而是在你失去敏捷性、情緒流、豐富資源與活力，並成為無生命物體的時候，麻煩就會出現。

你的情緒流與敏捷性消失的時候，實際的壓力源變得不重要了。事實上，墜入愛河為你帶來的壓力，與失業帶來的壓力一樣大。墜入愛河會使你放棄界限，這樣通常會迫使你要處理最深層的信任與親密問題；而失去工作會擾亂你的社會地位與財務安全，這會迫使你質疑甚至重新規劃自己的職涯與人生。如果你能夠接地、專注並認可這些在挑戰中前進的情緒，你將能夠以敏捷且資源豐富的方式應對它們。但如果你沒有任何情緒技巧或練習，這兩個挑戰都可能會讓你崩潰。事實上，如果你沒有技能，任何事情都可能讓你崩潰——錯過約會、同事斜眼看你、搞丟鑰匙。壓力源的大小幾乎無關緊要，你對此做出反應的能力才重要。

如果你沒有能力機智地應對生活為你帶來的許多失望、突然的變化、

壓力與衝擊，你可能就會躲在壓力背後。我們都是這麼做，我們都會隱藏自己的真實情緒，告訴別人自己壓力很大，這代表我們不必向他人解釋我們那些「掩飾自己憤怒、焦慮或壓抑眼淚」的緊繃行為，也不必質疑自己為何為了掩飾憂鬱與絕望，而有「緩解壓力的瘋狂購物行為」。我們不必解決因為壓力而產生的成癮與分心，這些成癮與分心掩蓋我們的恐慌、狂怒或創傷記憶。我們不必改變會造成壓力的飲食與保健習慣，這些習慣掩蓋了我們的情緒困擾、智力混亂、身體疲憊與精神委靡。我們隱藏在「**壓力過大**」這個詞背後的時候，我們不需要解釋自己或質疑自己的行為，最重要的是，我們不需要放慢腳步來感受任何東西。我們感到壓力很大的時候，就不再對自己負責。我們變成石板，上面寫滿世界的煩惱；我們變成「物品」，不是充滿活力與探索的生物，而是行程安排、公用事業公司、財務、性格衝突、疾病、天氣、磨難與生活本身的受害者。

你感到壓力很大的時候，可能會失去接地、情緒流、敏捷性、幽默感、本能、設定界限的能力與內心的村莊。深呼吸與放鬆等緩解壓力的作法很可愛（哭泣通常比其他緩解壓力的作法都更放鬆），但如果你不深入了解自己的感受，你就會持續經歷那些不平衡的感覺，無可避免地導致壓力痛苦。如果你能學會透過接地與為自己設定清晰的界限來應對壓力源，你就能對壓力情境有全面的洞察力。

舉例來說，如果你胃痛、脖子痠痛、肌肉緊繃或僵硬、強烈想吃東西，或任何生理感受，你可以詢問自己的身體，這些感覺對你來說代表什麼。你可以順應自己的身體，而不是逃避不適。你還可以與自己的情緒聯繫起來。如果你害怕，你可以問自己感覺到什麼，以及你需要採取什麼行動。如果你很生氣並且有太多事情讓你煩惱，你可以點燃自己的界限並（有意識地）拼了老命在抱怨。如果你想哭，你可以哭！如果你

感到不安，你可以問自己，**真正需要做的是什麼？**如果你被無法動搖的絕望壓垮，你可以問，**必須釋放什麼？**讓自己回春。如果你感到憂鬱，你可以問問自己的精力都去哪了。如果你累了，你可以洗個熱水澡，然後睡一覺。不論你的感受如何，你都可以利用自己的技能與練習來解決壓力情況下，總是會發現的深刻且通常令人痛苦的問題。

如果你的思維混亂或躁動，你也可以觀察自己的想法，找找看有沒有方法擺脫困境。你可以重新與焦慮的本質聯繫起來，讓內心的掙扎變得有序、有焦點。你也可以與自己的老鷹本質進行有意義的聯繫（而不是濫用它的遠見能力來逃避當前的處境），並請求它指導。你可以專注於自己的夢想與願景，你也可以在有壓力的情況下讓自己停下來，以鷹眼的視角觀察它。舉例來說，每當你讓別人失望，你總是感到非常羞愧，或者如果你一直不願意尋求幫助，也許你會發現這次停電事件讓你終於有機會正面面對這些問題。

你能用自己的遠見靈魂觀察生活的時候，你就會明白，每一天的流程與其說是行程安排、工作或聚會，不如說是延伸自己、挑戰自己，這樣你才能更充分地生活。如果你能發揮自己火象老鷹的本質，你會發現這次停電並不是針對你或你的計劃而來的人身攻擊。這可能是你與鄰居見面並合作的機會，可以依靠你兄弟姊妹與朋友的機會，以新的方式與父母聯繫的機會，甚至可以採取行動來翻轉你與電力公司的關係：為自己買一組太陽能電池。你真的不知道為什麼事情會變這樣，也不知道每天會發生什麼事——就像你無法確定那些你認為是錯誤、是障礙與壓力源的事情是否是真的一樣。

我們無法控制世界的流動，但我們可以透過培養自己內心的情緒流與平衡，並成為誠實、聰明才智、遠見、洞察力與情緒流動的管道，為任何可能發生的情況做好準備（有壓力的情況或其他情況）。

壓力本身並不是問題，壓力是生活中必要甚至神聖的一部份。沒有它，你將未經考驗、無法脫穎而出、不受挑戰且資源不足。甚至連「**壓力**」這個詞也是以另一種定義告訴我們這一點，也就是強調、特別指出或著重某事。你感到壓力山大的時候，你會在很多事情上都放慢速度，去注意、著重與強調（儘管是無意識的）自己內心出現的重要問題。有壓力的時候，你的關鍵任務不是努力追求無壓力的生活或堅不可摧的心靈，而是以誠實且尊重靈魂的方式來應對壓力反應。壓力源總是會發現重要的問題，因此，如果你能用自己所有的技能與資源來深入研究自己的壓力反應，你就能進入自己靈魂的最深處。如果你試圖避免壓力或壓抑自己的壓力反應（或以不稱職的方式表達自己的壓力行為），你將無法獲得所需的敏捷性來應對充滿壓力與不可預測的生活。

如果你的身體已經接地且很靈活，那麼你的靈活性將幫助你以資源豐富的方式應對不斷變化（且通常不穩定）的環境；如果你思維敏捷且適應力強，你的智力與專注力將幫助你思考、規劃與策劃如何度過任何機會或逆境；如果你情緒清醒且敏捷，你源源不絕的天賦將幫助你帶來豐富的情緒能量，來應對你遇到的任何困難或喜悅；如果你的精神保持警覺，並對願景、夢想與白日夢持開放態度，那麼你的火象力量將幫助你將遠大的願景帶入生活的各個部分——從極為喜悅或悲痛時刻到最平凡的煩惱；如果你培養每個元素與智力之間的平衡，你的內在村莊將擁有你所有的智慧以及數十年的祖先智慧，這代表你將獲得比你所需還要更多的力量、智力、情緒才華與遠見。你資源充足且平衡的時候，就不必逃避壓力。事實上，你擁有技能的時候，可能會像一些最有洞察力的老師一樣學會接受自己的壓力反應。《壓力的好處：為什麼壓力對你有好處，以及如何善用它》（*The Upside of Stress: Why Stress is Good for You, and How to Get Good at It*）這本重要的書中，說明了壓力與壓力反

應的正面好處[1]。

以這種五元素的方式保持自己的意識，好像很費力，但實際上，過著有意識的生活所需的精力（與金錢），遠少於從壓力中尖叫著逃避、成癮、行為混亂、解離或緩解壓力的分心等等行為。意識傾向於在現實中尋找美麗與安慰，而分心則傾向於需要更多、更大、更新且不同的事物。

找出壓力與阻力的獨到之處

當我們抗拒當下的情緒流，就會出現壓力過大的反應。讓我們來看看「**阻力**」這個詞的定義，它也來自物理（與化學）世界。阻力是反對、抵抗或抗拒某種行為或事物的能力。舉例來說，電路中的電阻會干擾並阻止電流流動，以便將其轉化為熱能或電能，而化學電阻器會阻止腐蝕劑（例如：酸）的作用，並保護物質免受侵蝕或腐蝕。在物理與化學中，電阻器可以產生變化，也可以充當防止變化的保護措施。電阻器具有近乎煉金術的能力，可以利用其相反的能力將一種事物轉變為另一種事物。

同樣的特質也存在於情緒阻力中。在先前關於成癮的章節中提到佛教的說法「苦難為痛苦與抵抗的加成。」雖然理解自己的阻力是你走向意識之旅的必要步驟，但這裡還有一個更深層的故事。如果抵抗行為可以將一種簡單的不適轉變為全面的痛苦，那麼這代表阻力具有神奇且如煉金術般的能力，可以承受普通的煩惱、令人不安的情況或計畫的改變，並用它來讓你深入問題的核心，以及我們在這個陷入困境的世界中所面臨更大的系統問題之核心[2]。如果你的作法或你的態度要求你忽略任何形式的阻力（並避免痛苦），你可能會不小心錯過成為情緒與同理心天才的機會。在你強迫與人為的平靜中，你實際上可能會失去反應與改變的

能力、直覺的能力、挑戰自己的能力，以及發現最深層問題的能力。

請記住，正如巴魯赫・史賓諾沙之言：「一旦我們對痛苦形成清晰而準確的認識，痛苦就不再是痛苦。」這告訴我們，只有與痛苦共處，直到證得內觀，痛苦才能得到緩解。如果你明白，阻力會神奇地讓你陷入痛苦，而這種痛苦如果能光榮地堅持下去，將直接通往洞察力與治癒（以及神聖的第三階段觸發行為），那麼你將學會把自己的阻力當作一種神聖的運動，它甚至可以將最平凡的情況或事件轉化為輝煌與擴展靈魂的機會，帶來覺醒與啟蒙。

阻力不是問題，阻力其實是情緒煉金術的獻禮。如果你能夠擁戴自己的阻力，並有意識地轉向自己的痛苦（以及你的壓力反應），你就會變得相當足智多謀，這是那些不惜一切代價努力保持平靜且不受影響的人無法想像的。你的任務不是消除阻力，而是擁抱它。注意自己在抗拒什麼以及為什麼，注意自己在刻意或無意識地強調什麼，以及為什麼，並理解為什麼你會讓自己的靈魂完全停止，使自己陷入痛苦的神聖領地。我學到的是，在這樣的時候對自己說：「我奉召前去參加儀式。」會改變一切。真正的覺醒不能來自於掩蓋自己的靈魂、病理化自己的情緒或你的情緒阻力，只有在你允許情緒、阻力與痛苦去觸動、告知甚至嚴重擾亂自己的時候，真正的覺醒才會發生。唯一的出路就是撐過去。

你擁抱煉金術般的阻力並與它合作的內在能力，肯定會提高你的意識，但它也會提高你為我們的世界帶來治癒的能力。如果我們想要獲得做為一個物種生存所需的洞察力，就**需要**有意識地抵制與忍受不少事情：種族主義、好戰份子、野蠻、無知、性別歧視、恐同、跨性別恐懼症、年齡歧視、體能歧視、商業主義、對自然世界、動物與其他人類的剝削、對貪婪的美化、環境的惡化、童年與老年的喪失、性別與階級的分離，以及以犧牲大自然所有生物為代價的企業結構賦權。如果你有能力運用

阻力的煉金術魔法，你不但可以成為自己心靈深處的深情探索者，而且還可以成為充滿感情的管道。透過這個管道，人類的變革意識、社會正義與社會治癒可以在我們等待的世界裡成為現實。

　　朋友啊，阻力召喚我們進行儀式，而我們擁有回應這項召喚所需的技能與完整的五元素意識。

31. 情緒就是你的母語
美好生活的藝術

　　現代人類首次出現大約是在十九萬五千年前，雖然人類何時習得口語的時間還未有定論，但估計可追溯到四萬至五萬年前。人類創造語言之後，可以分享自己對過去、現在與未來，甚至純粹想像的想法。我們能夠傳遞自己的知識、訓練、經驗、想法、夢想與幻想──而我們的語言智力能為未來的所有人類文化奠定基礎。

　　如果根據上面的年代計算一下，就會發現我們的「語前時期」比當前的語言時期長三倍，但這並不代表我們有十四萬五千年沒有辦法交流。如果你與動物相處過，你就會知道，在我們擁有正式語言之前，我們就已經進行過清晰的**溝通**。我們只是透過觸摸、手勢、姿勢、眼神接觸、表演、發聲、音樂、舞蹈、幽默與情緒來表達訊息。

　　今天我們依然這樣做。

　　人類是具有高度同理心的物種，對我們大多數人來說，我們對非語言與前語言技能的依賴，遠遠超過對口頭或書面文字的依賴。我們對觸覺、視覺與音樂藝術的熱愛、對自然與感性的熱愛、對實際幽默的熱愛、對動物與嬰兒的熱愛──所有這些愛都可以培養我們的同理心與語前溝通技巧。我們先具有同理心，在我們的演化史上，我們使用同理心技能的時間是我們使用語言的三倍。即使在今天，我們仍舊高度依賴自己的同理心技能來理解語言。當你踏上自己的同理心之旅，記住這一點會有所幫助。情緒是你學會的第一個語言，它們是你的母語，它們與源自情

緒的人類語言一樣，乘載著同樣甚至更多的光彩與力量。

你是一個具有同理心的人，你可以處理情緒，因為你有能力辨識並歡迎它們作為認知、智力與天才的獨特而具體的面向。正如愛爾麗·霍克希爾德所說，情緒是你最重要的感覺，它們為你帶來無盡的訊息與能量。你可能會被一些情緒擊倒，因為水的領域是非常活躍且經常動盪的地方。但再次強調，榮耀不在於永不跌倒，而是利用你的情緒在每次跌倒的時候，給予自己活力以站起來。你的同理心技巧與練習不能讓你永遠萬無一失，但它們可能讓你更有能力、更足智多謀、更能深入工作、更能活出精彩、有活力、更有意義的人生。它們會讓你有能力流動與漫步，在陌生與不尋常的地方停下來，體驗奇特、令人震驚甚至令人不安的事情，並以開放與探索的方式充分參與你遇到的任何事情。

當你擁有充分處理情緒所需的資源，它們就會增強，但真正重要的是，你處理與辨識情緒的能力正在增強——就像你有優質運動計畫的時候，你辨識與找到以前忽視的身體感覺之能力將會增加一樣。你的技巧增加的時候，你的情緒可能會變得更加明顯，你情緒領域的水域可能會變得不那麼清澈。如果是這樣，恭喜你自己，這是水元素健康的跡象！

如果你經研究過水體生態，你就知道健康的湖泊、溪流與海洋永遠不會完全清澈。舉例來說，健康的湖泊應該含有大量的有機物質（這會使湖泊渾濁）。這種渾濁的湖泊甚至有一個名字：**優養湖**或「滋育」湖。如果一個湖泊清澈見底，它可能看起來很漂亮，但它沒有足夠的食物來維持生命（清澈的湖泊被稱為**貧養湖**或「寡養」湖）。最健康的湖泊同時包含優養區與貧養區，因為過多的有機物（且流量不足）最終會堵塞湖泊，而水晶般的清澈度則是湖泊即將死亡的跡象，同樣的原則也適用於你靈魂的水道。

你的情緒領域應該包含大量的材料（甚至是黯淡渾濁的材料）：你

的憤怒與恐懼應該在需要的時候表現出來；你的悲傷、悲慟與憂鬱應該知道自己是受歡迎的；你的嫉妒與羨慕應該能夠流遍你的全身；你的仇恨、羞愧、喜悅與滿足應該進入你的生活；你所有燦爛的情緒與內在的情緒流都應該得到滋養與鼓勵。再想一次健康的優養化湖泊：有時候湖泊在某些區域是清澈的；有時候，藻類大量繁殖，為魚類與昆蟲提供食物，而這些魚類與昆蟲也反過來為湖泊提供食物；有時候（通常在春季與秋季）湖水會出現上升流，湖底的渾濁物會向上循環，為整個湖注入食物與有機物質。你滋養自己內在水道的時候，你體內也會發生同樣的活躍循環。你的情緒是充滿活力的實體，它們自己有出現的理由，有自己上升與清晰的時間表，還有自己的智慧。這種智慧已經有數十萬年的歷史，你永遠無法完全掌握，然而，做為一個具有同理心的人，你可以隨心所欲的運用你的心靈給你的資源。

當你以同理心對待自己的情緒，你不會變得優越或無敵，你會變得更能讓自己的情緒、身體、多元智力、老鷹本質與內在村莊隨心所欲地流動。這種情緒流是值得慶祝的，因為它讓你在世界上更有價值，對你自己，以及對任何有幸認識你的人來說都是。你與生俱來的同理心將幫助你解決深刻的問題、深刻的痛苦、深刻的冒險以及與所有生物的深刻連結。

擴大神聖空間：了解情緒聖地

你已學會了認可自己與他人的情緒來創造神聖空間。你持續進行同理心工作的時候，你可能會更加感覺到周圍的痛苦，並參與更多你生活中的人經常經歷的痛苦旅程。這是一個重要的轉變，因為它代表你正在讓自己周圍的世界對情緒與情緒意識更安全。然而，這也代表你將更頻

繁地調用自己的情緒靈敏力，因為你認識的一些人可能會因為各種原因而經歷各種情緒動盪（神經失衡、成癮、孤立、解離、未完成的創傷式觸發行為、對不平衡練習的依戀等等）。袖手旁觀，看著他人重複情緒或創傷式的回饋循環（或一遍又一遍地進入創傷式觸發行為的前兩個階段），並且知道自己幫不了他們，這實在令你很為難。

一個人深深陷入創傷性混亂（並且不需要任何幫助）的時候，他可能看起來受困，但在許多方面，他正在靈魂最深處且最麻煩的區域執行英雄任務。如果你能擴展自己對神聖空間的概念，並將他視為那些陷入困境地區裡的在世神廟（作為在壓力、阻力與痛苦的深處掙扎地深情探險家），你就可以神聖化他的旅程，並重新塑造你對他的態度。他也是奉召前來參加儀式。如果你能改變自己的觀點，並認可處於混亂中的人之力量與勇氣，你就可以改變自己的行為與舉止，這樣你就不會因為擔心他們或將他們視為破碎或紊亂的受害者，而加劇他們的負擔。如果你能將他們視為在世神廟並認可他們，你就會減輕他們的負擔，並為他們最終的康復做出貢獻。你可以透過辨識他們的主要情緒來完成這項任務，了解他們所具有的獻禮與挑戰，並發現他們可能是什麼樣的在世神廟。

舉例來說，憤怒神廟或深陷持續的憤怒、狂暴、狂怒、冷漠或仇恨之中的人，乘載著界限設定、榮譽、自我保護與社會正義的獻禮與挑戰；悲傷神廟或處理不動如山的悲傷與絕望的人，乘載著釋放、回春與擁戴失去的獻禮與挑戰；悲慟神廟乘載著深刻且具變革性的損失與哀悼儀式的神聖獻禮與挑戰；恐慌神廟或處理持續恐慮、恐慌或驚恐循環的人，乘載著本能、動機與通往神聖的第三階段觸發行為之旅的獻禮與挑戰；羨慕與嫉妒的神廟乘載著刺穿社會意識、愛、忠誠、慾望與安全感的獻禮與挑戰；憂鬱神廟乘載著巧妙的停滯與找回真實自我的獻禮與挑戰；而自殺神廟則乘載著深刻轉變、自由與重生的神聖獻禮與挑戰。每一次

掙扎、每一次磨難、每一種情緒、每一個痛苦領域都蘊藏著獻禮與挑戰。

如果你能將陷入混亂的人視為在靈魂深處進行儀式、尋求救贖的在世神廟，你就可以將他們的掙扎視為神聖的掙扎，而不是讓你陷入對他們的絕望。儘管你的本意可能立意良善，但你對他們的關心（以及你希望結束他們的痛苦）可能是錯誤的，因為這些人可能正在以他們現在需要的方式工作（參見喬治・波南諾的重要著作《彈性心態》以尋找治療創傷的新方法）。請記住，只有完全理解痛苦，痛苦才能停止。你了解這一點的時候，你對受苦之人的希望就會變得更加準確，也更加有用。你不必祈禱他們結束痛苦（這是整段生命的必經之路），你可以認可他們的掙扎，並祈禱他們的明確性、力量、敏捷性與在深處工作的能力，能夠得到增強。如果他們願意接受建議，你也可以為他們塑造你自己的同理心技能與意識。

你無法真正知道為什麼其他人仍然處於痛苦之中，或者他們何時會對痛苦有清晰且解放的理解。然而，你可以相信他們與生俱來的改變與治癒的能力，默默地向他們鞠躬，感謝他們如此專注地處理自己的困難，感謝他們成為在世神廟，透過他們世界上的麻煩可以獲得揭示、理解與解決。

照顧自己的聖地

你也是一座在世的聖地——意識、同理心與情緒流的在世聖地。你應該將自己視為神廟，利用那些「需要你全身都參與」的活動來維持自己的平衡與靈敏。你可以從事藝術與音樂，感受與思考，放鬆與做白日夢，閱讀與學習，運動與舞蹈，享受感官與舒適，休息與睡眠，工作與緊張，以及充足的歡笑與玩耍。認可你的多元智力、生理感受、靈魂遠

見、情緒現實（還有你抱怨的需求！），以及你內在的村莊。你是一座無可取代的在世神廟，情緒、思想、感覺、遠見、夢想與天才可以透過你流入這個世界，你是一個富有同理心的人、一位深情的探索者、一件珍寶。

感謝你與我一起踏上這段旅程，並全心投入這項工作。感謝你的光臨，感謝你讓我們的世界在同理心與情緒上變得更加安全。我通常的告別辭是「祝福你平安」，但現在，你可以接納更多的訊息了，所以我的告別辭會是：祝福你憤怒、祝福你恐懼、祝福你滿足、祝福你深深的悲痛、祝福你擁有幸福感、祝福你羨慕、祝福你飛揚的喜悅、祝福你強烈的悲慟、祝福你羞愧、祝福你巧妙的憂鬱、祝福你有意義的痛苦、祝福你擁有讓你的飲料從鼻子噴出來的笑聲⋯⋯

祝福你完整。

附錄 情緒詞彙表

大量且清晰的情緒詞彙表可以幫助你培養情緒調節技能。更重要的是，研究表明，大量的情緒詞彙甚至可以保護你的心理與情緒健康！

為了支持你的情緒意識，以下的詞彙表可以幫助你辨識並命名自己的情緒。原書的順序是按英文字母排列，並包含每個情緒類別所包含的獻禮與技能。

憤怒、冷漠與仇恨 ANGER, APATHY, AND HATRED

▶ **輕微憤怒、冷漠與仇恨**

舉棋不定～惱火～有主見～平靜～確定～自信壞脾氣～暴躁～挑剔～生氣～疏離～堅決～有鑑別力

不關心～不高興～心煩意亂～沮喪～值得尊敬不耐煩～獨立～急躁～惱怒～保護～安靜耿耿於懷～安全～自我肯定～分離～穩定～沒有想法

▶ **中等憤怒、冷漠與仇恨**

冒犯～惱人～憤怒～被惹怒～淡漠～傲慢自主～意識到自己的陰暗面～無聊～寒毛豎立～有眼光冷酷～大膽～防禦～有尊嚴～不感興趣激怒～氣憤～冷漠～憤慨～火冒三丈～無精打采惱火～被冒犯～受保護～不滿～義憤填膺～嘲諷

具自我意識～敏銳～主權～忠貞不渝～界限分明

▶ **強烈憤怒、冷漠與仇恨**

攻擊性～震驚～捲入衝突～苦澀～輕蔑～厭惡精力充沛～兇猛～狂怒～帶恨意～敵對～虛偽～整合忿忿不平～盛怒～憎恨～威脅～麻木～激情～敏銳地

注意強大～投射～狂暴～咆哮～胡言亂語～正義魔人～沸騰～陰暗面資源～防護～惡意～轉型置之不理～無反應～復仇～惡毒～記仇～暴力

羞愧與罪惡感 SHAME AND GUILT

▶ **輕微羞愧與罪惡感**

尷尬～有責任心～體貼～正派～狼狽道德感～臉紅～慌亂～寬容～猶豫～誠實謙虛～有所保留～被束縛～自我意識

▶ **中等羞愧與罪惡感**

窘迫～抱歉～慚愧～懊惱～悔悟～有罪有尊嚴～不好意思～罪惡感～光榮～謙卑～恐嚇公正～道德～高尚～懺悔～有原則～後悔～悔恨～責備～受人尊敬～苦笑～自嘲～自尊～羞怯抱歉～說不出話～正直～願意改變～退縮

▶ **強烈羞愧與罪惡感**

被輕視～良心不安～喪失尊嚴～被貶低醜聞～內疚～自責～被羞辱剛正不阿～無地自容～被排擠～投射～正義魔人自我譴責～反求諸己～害臊～汙名化

混亂 CONFUSION

▶ **輕微混亂**

適應力強～多變～多疑～天真～可塑性高開放～若有所思～全神貫注～困惑～不易專心

▶ **中等混亂**

舉棋不定～措手不及～不清楚～迷茫～沉思漂浮～模糊～選擇性障礙～混亂～含糊～茫然～眼神空洞～不確定～注意力不集中

▶ **強烈混亂**

糊塗～慌亂～迷失方向～逃跑～動彈不得～迷失滿頭問號～不知所措～分散～懸念～缺乏時間感～等待

焦慮 ANXIETY

▶ **輕微焦慮**

有能力〜頭腦清晰〜有條理〜做好萬全準備

▶ **中等焦慮**

活躍〜不安〜用心〜有能力〜有責任心有截止日期意識〜高效率〜精力充沛〜
激動〜具前瞻性主動〜緊張〜準備好〜任務導向〜警惕〜擔心

▶ **強烈焦慮**

富有成就〜富有動力〜瘋狂〜過動高度聚焦〜緊迫〜精力充沛

恐懼與恐慌 FEAR AND PANIC

▶ **輕微恐懼與恐慌**

警覺〜憂慮〜覺察〜小心〜謹慎〜頭腦清晰〜關心有意識〜好奇〜恍神〜憂
慮〜急躁〜煩躁猶豫〜沒有安全感〜本能〜直覺〜猜疑〜清醒〜留意有方
向〜若有所思〜洞察力〜害羞〜膽怯〜心神不寧〜警惕

▶ **中等恐懼與恐慌**

害怕〜驚慌〜用心〜反感〜不信任〜精神失常〜擔心受怕聚焦〜神經質〜煩
躁〜驚慌〜準備好〜隨機應變〜尋求安全顫抖〜吃驚〜懷疑〜手足無措〜不
安〜精力充沛〜謹慎

▶ **強烈恐懼與恐慌**

解離〜充滿懼怕〜瘋狂〜創傷癒合震驚〜過動〜動彈不得〜高度聚焦〜一動
也不動驚恐〜麻痺〜嚇呆〜恐懼〜重新整合〜自保〜驚嚇〜聚焦在生存〜恐
怖〜暴力

嫉妒與羨慕 JEALOUSY AND ENVY

▶ **輕微嫉妒與羨慕**

關心～有聯繫～懷疑～公平～沒有安全感～受到啟發保護～具自我意識～信任～脆弱～慾望

▶ **中等嫉妒與羨慕**

多情～野心勃勃～束縛～承諾～貪婪要求過高～渴望～奉獻～不尊重～不信任妒忌～平等～慷慨～守護～飢渴～嫉妒公正～孤獨～表達愛意～忠誠～主動～富足浪漫～安全～自保～受到威脅～謹慎

▶ **強烈嫉妒與羨慕**

富裕～熱情～貪婪～固執～匱乏～貪吃貪財～貪心～嫉妒得眼紅～盼望～好色～癡迷激情～持續嫉妒～佔有慾強～不滿～狼吞虎嚥

幸福、滿足與喜悅 HAPPINESS, CONTENTMENT, AND JOY

▶ **輕微幸福、滿足與喜悅**

有趣～平靜～舒適～鼓勵～投入～友善～充滿希望受到啟發～歡樂～天真～開放～平和～微笑～不自覺～輕鬆愉快

▶ **中等幸福、滿足與喜悅**

欣賞～開朗～自信～滿足～高興～激動自我實現～興奮～開心～欣慰～快樂～健康的自尊精神飽滿～喜悅～活潑～歡樂～樂觀～嬉戲～樂意值得讚揚～自豪～回春～呵呵笑～不切實際～不接地

▶ **強烈幸福、滿足與喜悅**

傲慢～充滿敬畏～極樂～狂喜～自我中心～得意洋洋～著迷歡愉～異常興奮～友善健談～輕狂～頭昏腦脹～容易上當～漫不經心膨脹～興高采烈～狂躁～健忘～過度自信～欣喜若狂～容光煥發狂熱～魯莽～恢復～心滿意足～自我誘惑～刺激

悲傷與悲慟 SADNESS AND GRIEF

▶ **輕微悲傷與悲慟**

沉思～失望～脫節～流暢～接地～無精打采低氣壓～穩定～後悔～放鬆～釋
放～寧靜～依依不捨

▶ **中等悲傷與悲慟**

洩氣～失去信心～灰心～情緒低落～精疲力盡～悲慟心情沉重～懷念～哀
嘆～傷感
哀悼～如釋重負～回春～回憶～尊重恢復～悲傷～舒緩～悲痛～沒有活力～
哭泣

▶ **強烈悲傷與悲慟**

痛苦～失去親人～淨化～絕望～灰心喪志淒涼～悲痛欲絕～心碎～傷心欲絕
鬱悶～釋放～重新喚起活力～成聖

憂鬱與自殺衝動 DEPRESSION AND SUICIDAL URGES

▶ **輕微憂鬱與自殺衝動**

淡漠～失去信心～不感興趣～灰心～受迫害厭倦～覺得自己毫無價值～平
淡～無助～無幽默感～衝動冷漠～孤立～昏昏欲睡～無精打采～悲觀～務實
無目的～現實～堅決～疲倦～退縮～厭世

▶ **中等憂鬱與自殺衝動**

失去親人～確定～持續煩躁、憤怒或狂暴（請參閱上面的憤怒、冷漠與仇
恨）～崩潰～憂鬱～孤立絕望～精疲力盡～解放～空虛～宿命論～陰鬱蟄
伏～無助～動彈不得～不活躍～向內聚焦～無趣悲慘～病態～不知所措～沒
有熱情～沒有樂趣～悶悶不樂

▶ **強烈憂鬱與自殺衝動**

苦澀～痛苦～黯淡～尋死～毀滅～死亡釋放～定格～重大打擊～解放～虛無～
麻木～重生魯莽～自我毀滅～自殺傾向～折磨～虐待～轉變

注意：如果你有自殺念頭，不要等到你很痛苦的時候才尋求幫助。如果你能在自殺衝動還處於輕微階段的時候，就把它辨識出來，你應可以阻止自己陷入痛苦深淵。有自殺衝動的時候，你的情緒意識能力與細膩覺察能力，確實可以挽救自己的生命！

　　如果你或你認識的任何人有自殺傾向，可以尋求免費且保密的協助。在台灣，你可以撥打安心專線 1925。在美國，你可以撥打 988 自殺與危機生命熱線 1-800-273-TALK（8255）或致電 988 或發送簡訊。在加拿大，請參閱加拿大自殺防治協會 suicideprevention.ca。在其他國家，可參考國際自殺防治協會（iasp.info）列出世界各地的危機與自殺防治中心。

如何幫助威脅要自殺的人（來自 988 自殺與危機生命熱線網站）

- 直接一點。公開、坦白地談論自殺。
- 願意傾聽。允許對方表達感受，接受這些感受。
- 不帶批判。
- 不要爭論自殺是對還是錯，或感覺是好是壞。
- 不要說教生命的價值。
- 參與對方的生活。讓自己有空，表現出興趣與支持。
- 不要挑戰他們敢不敢自殺。
- 不要表現得很震驚，這會拉開你們之間的距離。
- 不要發誓保守秘密，尋求支持。
- 表示希望有替代方案，但不要提供空洞的承諾。
- 採取行動，移走槍枝或藥丸等物品。
- 向專門從事危機介入與自殺防治的人員或機構尋求協助。

其他非特定情緒詞 NONSPECIFIC EMOTION WORDS

你可能已注意到，許多人缺少強大的情緒詞彙量，或者他們在談論情緒的時候會感到不舒服。幸運的是，這不會干擾你發展情緒意識與技能。

如果大家無法辨識或談論情緒（或如果他們被情緒的真實名稱所困擾或冒犯），你可以使用一些不特定的字詞來溫和地讓大家意識到現場的真實情緒。如果你可以將自己的觀察當作一個問題（或使用「你好像覺得……」的句式），就可幫助大家開始發展自己的情緒意識與詞彙。

以下有九個有用且非特定的情緒詞，其中三個非常神奇，因為你可以用它們來描述幾乎任何情緒。它們是：**很糟糕 bad、壓力很大 stressed、不快樂 unhappy**。

另外三個有用的詞是**受傷 hurt、不知所措 overwhelmed、心煩意亂 upset**。不過，使用時要小心，因為它們表明一個人正在掙扎或很脆弱，而且很多人不想承認自己是這樣。請運用你最佳的判斷力。

許多人也用三個字來避免或隱藏自己的情緒：**很好 fine、還好 okay、隨便 whatever**。

請注意，以上九個詞幾乎可以用來描述一切情緒，除了幸福、滿足與喜悅。這太令人震驚了，但這也解釋了為什麼許多人都缺乏情緒意識與情緒技能——這兩者都依賴豐富的情緒詞彙！

可隨意使用：很糟糕、壓力很大、不快樂。

要小心使用：受傷、不知所措、心煩意亂。

需要逃避的時候使用：很好、還好與隨便（當然，大家可以使用不少其他詞來避免情緒！）。

註釋

第二章

1. The chronicle of my transition away from my New Age career and metaphysical thinking, *Missing the Solstice and Discovering the World*, is available through my website: karlamclaren.com.

第三章

1. Lisa Feldman Barrett's work is mind-blowing, and she has shaken up the entire study of emotions, thank goodness. If you've read her work and wonder about the essentialism in this book, I did too, until I realized that DEI helps people reframe their emotion concepts as necessary aspects of cognition, meaning-making, and action. I agree with her that we cannot read emotions on people's faces, and that emotions don't feel the same from person to person or situation to situation, and I agree that emotions are not separable from "logic." What this work does is lean into preexisting emotion concepts to understand what is happening (and what is required) when what we identify as an emotion occurs. My hypothesis at this point is that we will soon understand that there is no such thing as a category of emotion separate from cognition; it's a made-up concept we humans created to explain the world to ourselves and to create and maintain the artificial (and often misogynistic) separation between the intellect and the emotions.
2. Arlie Russell Hochschild, *The Managed Heart: Commercialization of Human Feeling* (Berkeley, CA: University of California Press, 2003), 229.
3. In fact, there are only four mixed emotion words: *gloating, bittersweet, nostalgic, and ambivalent*. The English language only has four words to describe the normal way emotions work, so it's no wonder that many of us have such a hard time understanding and working with our emotions. The word *ambivalent* is also very telling: it means both valences and assumes that feeling a positively valenced emotion and a negatively valenced emotion at the same time makes you unable to think clearly or make decisions. Yikes, English language, thanks for nothing!

第四章

1. Howard Gardner later added *naturalistic* intelligence, or the capacity to understand and relate to the natural world, and he has also suggested *existential* intelligence, which relates to our concept of the visionary, spiritual fire element, and *teaching-pedagogical* intelligence, or the capacity to teach and share concepts and knowledge. Critics of Gardner's multiple intelligences note that these intelligences don't have a lot of research support behind them and also that they subjectively separate intelligence into pieces. Just to be clear: these are not scientifically tested and confirmed categories of intelligence; however, they do give us some much-needed freedom to think and explore.

第六章

1. K. Christoff, et al., "Experience Sampling During fMRI Reveals Default Network and Executive System Contributions to Mind Wandering," *Proceedings of the National Academy of Sciences* 106, no. 21 (2009): 8719–24.
2. Actually, Spinoza wrote, "Emotion, which is suffering, ceases to be suffering as soon as we form a clear and precise picture of it." But emotion isn't suffering, so he was only half right.

第七章

1. Though I am presenting indigenous initiations as positive things in the context of this discussion, I don't mean to glibly

ignore the fact that some groups perform ritual male and female circumcision and other horrors. Humans are primates, and all primates are violent and altruistic, delightful and terrible; it's not as if humans in initiatory cultures are somehow better than humans elsewhere. We're all just humans; every one of us embodies all of the glory and all of the horror inherent in our species. What we choose to do with our glory and our horror, however, is up to each one of us.

2. See *The Sober Truth* by Harvard researcher Lance Dodes, M.D., and Zachary Dodes for a look at the deeply troubling, unscientific, and nearly ineffectual twelve-step process that has overtaken the addiction-care industry to the detriment of us all.

第八章

1. If you don't know Jackie Chan, drop everything and Google "Jackie Chan ladder fight scene."
2. Louise Bates Ames and Frances Ilg wrote a series of books about the developmental stages of children between the ages of one and fourteen: *Your One-Year Old; Your Two-Year Old*; etc. These books can help survivors of traumatic ordeals in childhood understand what may have been occurring developmentally during their ordeals so that they can begin to understand their post-traumatic behaviors in the present day and separate from them in healthy ways.

第十章

1. If you're concerned about grounding seemingly unpleasant emotions into the earth, consider this: ours is a planet built by volcanic eruptions, ice ages, deluges, regular hurricanes, continual lighting strikes, and continent-splitting earthquakes. Your crankiness, your fear, your grief, your anger—even your rages or suicidal feelings—are nothing compared to the primordial forces that shape our planet. You are an earthling; nothing you feel is alien or unwanted and nothing you feel is unwelcome on our home planet.
2. See chapter 18, note 1 about the importance of rest.

第十一章

1. A version of this piece on emotional attribution errors first appeared as a post on my website in June of 2020: karlamclaren.com/two-big-emotional-mistakes-and-how-to-fix-them/.

第十二章

1. In the Dynamic Emotional Integration community, we have many trained DEI consultants who can help you work with your emotions. These consultations are not therapy – we set strong boundaries between DEI consultations and therapy – but learning to work empathically with emotions is helpful for everyone. You can find a DEI consultant on our international registry page: empathyacademy.org/all-dei-consultants/.

第十四章

1. See chapter 12, note 1 to find a DEI professional.

第十七章

1. I was one of those mistaken people. In the original version of this book, there was no anxiety chapter. I didn't see or feel or understand anxiety at all, and I treated it as a problem with fear! I was making *both* emotional attribution errors: I blamed anxiety for the problems it came to address, and I blamed anxiety for people's inability to work with it. I thought I could help everyone avoid the whole anxiety situation by focusing on ways to work with fear more effectively. Sigh. Thank goodness I addressed my emotional ignorance and learned how to identify, feel, and work with my dear friend anxiety!
2. You can listen to the archived 2010 Forum interview with Dr. Lamia on the KQED radio website. See "Emotional Kids" at kqed.org/forum/201012071000/emotional-kids.
3. Thanks to my DEI colleagues, most notably Sherry Olander and Sarah Alexander, for exploring this interior-task function of anxiety.

4. I called this mixed emotional state *shmanxiety* in Embracing Anxiety. *Shanxiety* would have been more correct as a blended word, but the sound of *shmanxiety* makes me laugh, and when shame is present, lightness and humor can help!

5. I called this mixed emotional state *depresxiety* in Embracing Anxiety.

6. I have thought a great deal about why anxiety and panic are so strongly linked. What's in our tasks and deadlines that brings panic forward? Why is our motivational emotion so strongly connected to a sense that our physical lives are in imminent (or constant) danger? I had an inkling about this, but the pandemic really helped me see it in horrifying Technicolor. In our current approach to capitalism (which I call end-stage capitalism because it's a cancer), only productive people matter.

Everyone else can basically die; capitalism doesn't care. We saw it in our deadly US approach to the pandemic, where elders, disabled folks, hospitalized people, healthcare workers, children, people of color, low wage workers, poor folks, unsheltered folks, and other nonproducing or nonvalued people were allowed to sicken and die. And because we removed our masks and opened our schools and businesses for purely economic reasons rather than public health reasons, more of us are still dying unnecessarily. In end-stage capitalism, panic and anxiety are linked because there is real, physical danger in not being productive. Thank you, panxiety, for keeping us alive in this catastrophically dehumanizing system. And fuck you, end-stage capitalism.

第十八章

1. Rest is vital to cognition and awareness. Recent studies have focused on the restorative and cognitive benefits of rest, neurologically speaking. In a review of research on the default mode network (DMN), Mary Helen Immordino-Yang of the University of Southern California and her coauthors argue that when we are resting, the brain is anything but idle and that, far from being purposeless or unproductive, downtime is in fact essential to affirming our identities, developing our understanding of human behavior, and instilling an internal code of ethics—processes that depend on the DMN. See Ferris Jabr's "Why Your Brain Needs More Downtime" in *Scientific American* at scientificamerican.com/article/mental-downtime/.

第十九章

1. Are You the One for Me? was written in 1992, and it's cisnormative and heterocentric, but it's so important that I hope you can read it and do some pronoun switching in your head. The author, Barbara De Angelis, has also moved on from the love of her life that she writes about in that book, but still, gender essentialism and all, this book is a gem.

第二十章

1. I searched for "types of loneliness" on Google and discovered numerous competing and nonoverlapping groups of 3, 7, and even 100 types of loneliness. Okay then.

2. E. A. Layden, J. T. Cacioppo, and S. Cacioppo, "Loneliness Predicts a Preference for Larger Interpersonal Distance within Intimate Space," *PLOS ONE* 13, no. 9 (2018), e0203491.

3. E. Ben Simon and M. P. Walker, "Sleep Loss Causes Social Withdrawal and Loneliness," *Nature Communications* 9, no. 1 (2018): 1–9.

4. There are many critiques of attachment theory that call out its lack of research support, its tendency to concretize attachment styles, its Westernized focus on mothers and the concept of the nuclear family, and the political implications of locating attachment problems in individuals (and mothers) rather than in the unhealthy and isolating social structures of end-stage capitalism. Google "attachment critiques" to look into this situation. For instance, the following study focuses on the unintended social and political implications of attachment theory: R. Duschinsky, M. Greco, and J. Solomon, "The Politics of Attachment: Lines of Flight with Bowlby, Deleuze, and Guattari," *Theory, Culture & Society* 32, no. 7–8 (2015): 173–195.

第二十二章

1. When people describe terror, they often talk about a horror-movie-like situation of paralysis and complete emotional overwhelm where they can't function or do anything to save themselves. That would be freezing, but it's a different kind of freezing than the one I've experienced in panic, where I go numb yet I don't feel a sense of terror; I'm

emotionally numb as well as physically numb. But I have experienced that type of terror in what's called a *hypnagogic hallucination*. As I lay in bed one night, I had a chilling sense of an evil presence in my bedroom. Within seconds, I felt a grotesque and malevolent being climb up on my chest and immobilize me. I was completely awake and aware, but I couldn't move or scream, and it was horrifying beyond anything I've ever experienced. Thankfully, when I looked it up the next day I found that this is a type of sleep disorder where your body has entered the sleep paralysis phase that's necessary for sleep, but you haven't actually fallen asleep completely. Being unable to move feels overwhelmingly terrifying, and the hallucinations arise to tell you a story of what's happening. It's thought that the concept of the succubus and the incubus were ways to describe hypnagogic hallucinations, and many cultures have stories of evil beings lurking around and waiting to suck out your soul at night. Many people think that there's also a hypnagogic connection to alien abduction stories.

Hypnagogic hallucinations occur as you're heading into sleep, and another type of hallucination called *hypnopompic hallucinations* can occur when you're waking up. For instance, the sense of falling or even hitting the bed as you wake can be a hallucination story that your brain tells you as you return from sleep paralysis and are suddenly able to move again. Here's a nice ending to this story of terror: Now that I know what hypnagogic hallucinations are, I can float through periods of sleep paralysis and strange wakefulness without needing to conjure up terrifyingly evil beings, thank goodness!

2. Though Peter Levine's work in uncovering the healing genius of panic is helpful, there is trouble throughout the somatic psychology community based on many practitioners' reliance on outdated or incorrect neuroscience. For instance, much of Levine's work includes the outdated concept of the "triune" brain (lizard brain, mammalian brain, neocortex) that has been known to be wrong for decades (see Daniel Toker's essay "You Don't Have a Lizard Brain" at thebrainscientist. com/2018/04/11/you-dont-have-a-lizard-brain/). Lisa Feldman Barrett also explores the false triune brain idea in her books *How Emotions Are Made and 7 ½ Lessons about the Brain*. Another serious problem in the somatic psychology community is an uncritical acceptance of the disconfirmed polyvagal theory, which is being promoted aggressively (and by Peter Levine himself). See Max Pearl's "The Problem with the Polyvagal Theory" at medium.com/@maxwellbpearl/the-problem-with-the-polyvagal-theory-c70f55ca6b2e and Shin Shin Tang's "R.I.P. Polyvagal Theory" at medium. com/@drshinshin/r-i-p-polyvagal-theory-897f935de675 for more information.

第二十六章

1. For other countries, the International Association for Suicide Prevention has a list of crisis and suicide prevention centers throughout the world: iasp.info/resources/index.php. In Canada, see the Canadian Association for Suicide Prevention: suicideprevention.ca/im-having-thoughts-of-suicide.
2. See note 1, above.

第二十七章

1. Positivity backfires when real problems are present. Psychological researcher James K. McNulty reviewed four separate long-ranging studies of newlyweds to identify the actual outcomes of so-called "positive" behaviors (including optimism, forgiveness, and upbeat speech patterns) on marital satisfaction. McNulty found that these so-called positive behaviors worked fine for couples who were not facing serious problems but that they were actually detrimental to couples whose problems were more severe. McNulty was surprised to find that "...less-positive expectations, less-positive attributions, more-negative behavior, and less forgiveness most effectively maintained satisfaction among spouses facing more-frequent and more-severe problems, partly because those processes helped spouses acknowledge, address, and resolve those problems. Accordingly, distressed and at-risk couples may benefit from interventions that teach them to think and behave in ways that motivate them to resolve their problems, even if those thoughts and behaviors are associated with negative emotions in the moment." ["When Positive Processes Hurt Relationships," *Current Directions in Psychological Science* 19 (June 2010): 167–171.]

Merely pasting happiness on top of a true difficulty is disrespectful: it's disrespectful to the true emotions, it's disrespectful to the happiness that is being falsely used, and it's disrespectful to the true needs of the people involved.

第二十八章

1. J. Wood, J. Lee, and E. Perunovic, "Positive Self-Statements: Power for Some, Peril for Others," *Psychological Science* 20, no. 7, 2009.

第三十章

1. Kelly McGonigal also explores the deeply troubling basis of stress research, which was mostly performed in horrifying ways on laboratory animals. The responses these animals had to what was done to them were very real, but they do not translate to human responses to typically stressful events such as power outages, financial troubles, or frustrations. Much of what we think we know about stress (and stress hormones) is wildly wrong because the research findings were based on the abuse and torture of animals.

2. My DEI colleague Heather Giasson is a traditional Chinese medicine practitioner who notes, "Something I've been reflecting on lately is the distinction between pain and suffering and how healing from simple pain differs from the path we take in suffering. I'm observing that suffering's roots are often revealed as we engage with emotional work, and that they're most often related to the impact that harmful and unjust systems have upon us."

更多資源
情緒與同理 EMOTIONS AND EMPATHY

Buss, David M. *The Dangerous Passion: Why Jealousy Is as Necessary as Love and Sex*. New York: The Free Press, 2000.

Devine, Megan. *It's OK That You're Not OK: Meeting Grief and Loss in a Culture That Doesn't Understand*. Boulder, CO: Sounds True, 2017.

Dodes, Lance. *The Heart of Addiction: A New Approach to Understanding and Managing Alcoholism and Other Addictive Behaviors*. New York: HarperCollins, 2002.

Durkheim, Emile. *Suicide: A Study in Sociology New York: Free Press, 1951. Ellison, Sharon Strand*. Taking the War Out of Our Words: *The Art of Powerful Non-Defensive Communication*. Deadwood, OR: Wyatt-McKenzie Publishing, 2008.

Empathy Academy's online learning site offers courses on emotions, empathy, and self-care and a licensing program for people who wish to become Dynamic Emotional Integration® professionals. See empathyacademy.org.

Feldman Barrett, Lisa. *How Emotions Are Made: The Secret Life of the Brain*. New York: Houghton Mifflin Harcourt, 2017.

HelpGuide is a website that contains valuable and accessible information about mental and emotional health, plus comprehensive suggestions to help you find support. See helpguide.org.

Hecht, Jennifer Michael. *The Happiness Myth: Why What We Think Is Right Is Wrong*. New York: HarperOne, 2007.

Hochschild, Arlie Russell. *The Managed Heart: Commercialization of Human Feeling*. Berkeley: University of California Press, 2003.

Lamia, Mary. *Grief Isn't Something to Get Over: Finding a Home for Memories and Emotions After Losing a Loved One*. Washington, DC: APA LifeTools, 2022.

———. *Understanding Myself: A Kid's Guide to Intense Emotions and Strong Feelings*. Washington, DC: Magination Press, 2010.

———. *What Motivates Getting Things Done: Procrastination, Emotions, and Success*. Lanham, MD: Rowman & Littlefield, 2018.

Lerner, Harriet. *Why Won't You Apologize? Healing Big Betrayals and Everyday Hurts*. New York: Gallery Books, 2017.

McLaren, Karla. *The Art of Empathy: A Complete Guide to Life's Most Essential Skill*. Boulder, CO: Sounds True, 2013.

———. *The Dynamic Emotional Integration® Workbook: The Practical Guide for Discovering the Genius in Your Emotions*. Windsor, CA: Laughing Tree Press, 2018.

———. *Embracing Anxiety: How to Access the Genius of this Vital Emotion*.Boulder, CO: Sounds True, 2020.

Nettle, Daniel. *Happiness: The Science Behind Your Smile*. New York: Oxford University Press, 2006.

創傷療癒 TRAUMA HEALING

Bonanno, George. *The End of Trauma: How the New Science of Resilience Is Changing How We Think about PTSD*. New York: Basic Books, 2021.de Becker, Gavin. *The Gift of Fear: Survival Signals That Protect Us from Violence*. New York: Dell, 1999.

Lalich, Janja, and Karla McLaren. *Escaping Utopia: Growing Up in a Cult, Getting Out, and Starting Over*. New York: Routledge, 2017.

Lalich, Janja, and Madeleine Tobias. *Take Back Your Life: Recovering from Cults and Abusive Relationships*. Berkeley: Bay Tree Publishing, 2006.

Levine, Peter. *Healing Trauma: A Step-by-Step Program for Restoring the Wisdom of the Body* (online course). Boulder, CO: Sounds True, 2011.

———. *It Won't Hurt Forever: Guiding Your Child Through Trauma* (audiotapes). Boulder, CO: Sounds True, 2001.

McGonigal, Kelly. *The Upside of Stress: Why Stress Is Good for You, and How to Get Good at It*. New York: Avery, 2015.

Perry, Bruce D., and Maia Szalavitz. *The Boy Who Was Raised as a Dog: And Other Stories from a Child Psychiatrist's Notebook; What Traumatized Children Can Teach Us about Loss, Love, and Healing*. New York: Basic Books, 2017.

大腦 THE BRAIN

Ariely, Dan. *Predictably Irrational: The Hidden Forces That Shape Our Decisions*. New York: HarperCollins, 2008.

Blakeslee, Sandra, and Matthew Blakeslee. *The Body Has a Mind of Its Own: How Body Maps Help You Do (Almost) Anything Better*. New York: Random House, 2008.

Burton, Robert. *On Being Certain: Believing You Are Right Even When You're Not*. New York: St. Martin's Press, 2008.

Feldman Barrett, Lisa. *7 ½ Lessons about the Brain*. Boston: Mariner Books, 2020.

Hood, Bruce. *Supersense: Why We Believe in the Unbelievable*. New York: Harper One, 2009.

Marcus, Gary. *Kluge: The Haphazard Construction of the Human Mind*. New York: Houghton Mifflin, 2008.

Newberg, Andrew. *Why We Believe What We Believe: Uncovering Our Biological Need for Meaning, Spirituality, and Truth*. New York: Free Press, 2006.

Purser, Ronald. *McMindfulness: How Mindfulness Became the New Capitalist Spirituality*. London: Repeater, 2019.

陰影，神話，儀式 SHADOW WORK, MYTHOLOGY, AND RITUAL

Barks, Coleman. *The Essential Rumi*. San Francisco: HarperSanFrancisco, 1995.

Bly, Robert. *A Little Book on the Human Shadow*. San Francisco: Harper San Francisco, 1988.

Bly, Robert, James Hillman, and Michael Meade, eds. *The Rag and Bone Shop of the Heart: Poems for Men*. New York: HarperCollins, 1992.

Brinton Perera, Sylvia. *The Scapegoat Complex: Toward a Mythology of Shadow and Guilt*. Toronto: Inner City Books, 1983.

Hillman, James. *The Soul's Code: In Search of Character and Calling*. New York: Random House, 1996.

Johnson, Robert. *Owning Your Own Shadow: Understanding the Dark Side of the Psyche*. San Francisco: Harper San Francisco, 1993.

Meade, Michael. *The Water of Life: Initiation and the Tempering of the Soul*. Seattle: Green Fire Press, 2006.

Somé, Malidoma. *The Healing Wisdom of Africa: Finding Life Purpose Through Nature, Ritual, and Community*. New York: Viking, 1999.

———. *Ritual: Power, Healing, and Community*. Portland, OR: Swan Raven, 1993. Somé, Sobonfu. *Welcoming Spirit Home: Ancient African Teachings to Celebrate Children and Community*. Novato, CA: New World Library, 1999.

Storr, Anthony, ed. *The Essential Jung*. New York: MJF Books, 1983.

Zweig, Connie, and Jeremiah Abrams, eds. *Meeting the Shadow: The Hidden Power of the Dark Side of Human Nature*. New York: Tarcher/Putnam, 1991.

多重智力之旅 ADVENTURES FOR YOUR MULTIPLE INTELLIGENCES

Callahan, Gerald. *Faith, Madness, and Spontaneous Human Combustion: What Immunology Can Teach Us about Self-Perception*. New York: Berkley Books, 2003.

Dement, William. *The Promise of Sleep: A Pioneer in Sleep Medicine Explores the Vital Connection Between Health, Happiness, and a Good Night's Sleep*. New York: Dell, 2000.

Fadiman, Anne. *The Spirit Catches You and You Fall Down: A Hmong Child, Her American Doctors, and the Collision of Two Cultures*. New York: Farrar, Straus and Giroux, 1997.

Gilovich, Thomas. *How We Know What Isn't So: The Fallibility of Human Reason in Everyday Life*. New York: Free Press, 1993.

Hoffman, Paul. *The Man Who Loved Only Numbers: The Story of Paul Erdös and the Search for Mathematical Truth*. New York: Hyperion, 1999.

Nuland, Sherwin. *How We Die: Reflections on Life's Final Chapter*. New York: Vintage, 1995.

Roach, Mary. *Bonk: The Curious Coupling of Science and Sex*. New York: W. W. Norton, 2009.

Sher, Barbara, and Annie Gottlieb. *Wishcraft: How to Get What You Really Want*. New York: Ballantine, 2003.

Shubin, Neil. *Your Inner Fish: A Journey into the 3.5-Billion-Year History of the Human Body*. New York: Pantheon, 2009.

Tavris, Carol, and Elliot Aronson. *Mistakes Were Made (but Not by Me): Why We Justify Foolish Beliefs, Bad Decisions, and Hurtful Acts*. New York: Harcourt, 2008.

Winter, W. Chris. *The Sleep Solution: Why Your Sleep Is Broken and How to Fix It*. New York: New American Library, 2017.

情緒想告訴你的事

解析 4 大情緒家族，讀懂 18 種情緒類別的天性，
學會情緒帶給你的天賦

THE LANGUAGE OF EMOTIONS
WHAT YOUR FEELINGS ARE TRYING TO TELL YOU

作者　　　卡拉‧麥拉倫（Karla McLaren）
譯者　　　紀揚今、張芸禎
行銷企畫　劉妍伶
執行編輯　陳希林
封面設計　陳文德
版面構成　綠貝殼資訊有限公司

發行人　　王榮文
出版發行　遠流出版事業股份有限公司
地址　　　104005 臺北市中山區中山北路 1 段 11 號 13 樓
客服電話　02-2571-0297
傳真　　　02-2571-0197
郵撥　　　0189456-1
著作權顧問　蕭雄淋律師

2024 年 5 月 1 日 初版一刷
定價　新台幣 499 元（如有缺頁或破損，請寄回更換）
有著作權 ‧ 侵害必究 Printed in Taiwan
ISBN 978-626-361-648-6
EISBN 9786263616448
遠流博識網　http://www.ylib.com　E-mail: ylib@ylib.com

THE LANGUAGE OF EMOTIONS, Second Edition　© 2023 Karla McLaren
Complex Chinese language edition published in agreement with Sounds True, Inc. through The Artemis Agency.
Complex Chinese translation copyright © 2024 by Yuan-Liou Publishing Co., Ltd.

遠流出版公司

國家圖書館出版品預行編目（CIP）資料

情緒想告訴你的事：解析 4 大情緒家族 讀懂 18 種情緒類別的天賦 學會情緒帶給你的天賦／卡拉‧麥拉倫 (Karla McLaren) 著；
紀揚今、張芸禎譯 . -- 初版 . -- 臺北市：遠流出版事業股份有限公司，2024.05
480 面；17×23 公分
譯自：The language of emotions : what your feelings are trying to tell you.
ISBN 978-626-361-648-6（平裝）
1. CST：情緒　2. CST：心理學
176.52　　　　　113004375